HIPPOCRENE STANDARD DICTIONARY

UKRAINIAN-ENGLISH

HIPPOCRENE STANDARD DICTIONARY

UKRAINIAN-ENGLISH

Olesj Benyukh
Raisa Galushko

HIPPOCRENE BOOKS
New York

For information, address:
HIPPOCRENE BOOKS, INC.
171 Madison Avenue
New York, NY 10016

ISBN 0-7818-0189-3

Printed in the United States of America.

Contents

Introduction

Since the independent and sovereign state of Ukraine has been recently formed, its multifarious foreign ties grew tremendously. So did the interest in the Ukrainian language and culture, art and literature, history and—most of all—today's life. To help facilitate this long awaited process we were willing to contribute our humble share.

Hence this dictionary, which has been compiled as a clear, convenient and concise reference aid. It can be used both by those who speak fluent Ukrainian and those who have just acquainted themselves with the Ukrainian ABC. We hope it will be of interest and value to students of Ukrainian, businesspersons, tourists, participants in various conferences, symposiums and meetings and all those who, while on a visit to Kiev or Lvov,Poltava or Odessa, may simply want to understand Ukrainian street signs, notices, menus, theater and concert programs, rally slogans, newspaper headlines, etc.

The dictionary contains over 15,000 vocabulary entries. They are arranged alphabetically and supplied with the basic grammatical information. The verbs are given in the imperfective aspect, which is normally treated as the basic form of the simple verb. The sign ' in the transcription follows the vowel which is stressed.

This dictionary's innovative feature is the transliteration of every Ukrainian word and expression, which the users will find most helpful. For this purpose we have chosen the Library of Congress transliteration system. It is the least confusing and at the same time provides the necessary pronunciation guides.

Now, dear reader, you have in your hands a reliable vessel which will help to make your voyage through the bottomless ocean of the Ukrainian language a safe and pleasant one. Rich and flexible, euphonic and pure, melodious and expressive, the language of immortal Taras Shevchenko, Ivan Franko and Olga Kovylanska, Panas Mirni and Vasil Stefanyk, Lesa Ukrainka and Marko Vovchok will introduce you to the heart and soul of the 55 mln. people nation, its great history and art, literature and philosophy, modern developments and cherished dreams and hopes for the future.

Olesj Bunyukh
Raisa Galushko

Условны скорочення

Українські		Англійські	
анат.	анатомія	*adj*	adjective
астр.	астрономія	*adv*	adverb
безос.	безособова форма	*conj*	conjuction
біол.	біологія	*f*	feminine
військ.	військова справа	*gram*	grammar
геол.	геологія	*interj*	interjection
грам.	граматика	*m*	masculine
ек.	економіка	*med*	medicine
займ.	займенник	*mus*	musical
зоол.	зоологія	*n*	neuter
ім.	іменник	*num*	numeral
інф.	інфінітив	*obs*	obsolete
іст.	історія	*parenth*	parenthesis
лінгв.	лінгвістика	*part*	participle
літ.	літературознавство	*pl*	plural
м.	місто	*prep*	preposition
мат.	математика	*pron*	pronoun
мед.	медицина	*smb*	somebody
мн.	множина	*smth*	something
мор.	морська справа		
муз.	музика		
о-в	острів		
одн.	однина		
оз.	озеро		
поет.	поетичний вислів		
прийм.	прийменник		
прикм.	прикметник		
присл.	прислівник		
спол.	сполучник		
техн.	техніка		
фіз.	фізика		
юр.	юридичний термін		

Transliteration Guide

А а	[a]	**І ї**	[yee]	**У у**	[u]
Б б	[b]	**Й й**	[y]	**Ф ф**	[f]
В в	[v]	**К к**	[k]	**Х х**	[kh]
Г г	[g]	**Л л**	[l]	**Ц ц**	[ts]
Д д	[d]	**М м**	[m]	**Ч ч**	[ch]
Е е	[e]	**Н н**	[n]	**Ш ш**	[sh]
Є є	[ye]	**О о**	[o]	**Щ щ**	[shch]
Ж ж	[zh]	**П п**	[p]	**Ю ю**	[yu]
З з	[z]	**Р р**	[r]	**Я я**	[ya]
И и	[i]	**С с**	[s]	**Ь ь**	[м'ягкий знак]
І і	[ee]	**Т т**	[t]		

Український алфавіт

А а	І ї	У у
Б б	Й й	Ф ф
В в	К к	Х х
Г г	Л л	Ц ц
Д д	М м	Ч ч
Е е	Н н	Ш ш
Є є	О о	Щ щ
Ж ж	П п	Ю ю
З з	Р р	Я я
И и	С с	Ь ь
І і	Т т	

English Alphabet

A a	J j	S s
B b	K k	T t
C c	L l	U u
D d	M m	V v
E e	N n	W w
F f	O o	X x
G g	P p	Y y
H h	Q q	Z z
I i	R r	

UKRAINIAN-ENGLISH

А

а [a] *conj* and, but

а [a] *interj* ah! oh!

абажур [abazhu'r] *m* lampshade

абат [aba't] *m* abbot

абетка [abe'tka] *f* alphabet, ABC

абзац [abza'tz] *m* paragraph

аби-де [abi'-de'] *adv* anywhere

аби-коли [abi'-koli'] *adv* whenever

аби-куди [abi'-kudi'] *adv* anywhere, wherever you like

аби-хто [abi'-khto] *pron* anybody, anyone

аби-що [abi'-shcho] *pron* anything

аби-як [abi'-yak] *adv* anyhow

аби-який [abi'-yaki'y] *pron* any... (you like)

або [abo'] *conj* or, **або..або** either..or

абонемент [aboneme'nt] *m* subscription (to, for), subscription card, season-ticket

абонент [abone'nt] *m* subscriber

аборт [abo'rt] *m* abortion, miscarriage

абревіатура [abreveeatu'ra] *f* abbreviation

абрикос, абрикоса [abriko's, abriko'sa] *m, f* apricot, apricot-tree

абсолютний [absolyu'tniy] *adj* absolute

абстрактний [abstra'ktniy] *adj* abstract

абстракція [abstra'ktseeya] *f* abstraction

абсурд [absu'rd] *m* absurdity, nonsense

абсурдний [absu'rdniy] *adj* absurd, ridiculous

авангард [avanga'rd] *m* vanguard, van

аванс [ava'ns] *m* advance payment

авансом [ava'nsom] *adv* in advance

авантюра [avantyu'ra] *f* adventure, venture

авантюризм [avantyuri'zm] *m* adventurism

авантюрист [avantyuri'st] *m* adventurer

авантюристка [avantyuri'stka] *f* adventuress

авантюрний [avantyu'rniy] *adj* adventure, venturesome

аварійний [avaree'yniy] *adj* emergency, accident, breakdown

аварія [ava'reeya] *f* wreck, crash, accident, break-down

авжеж [avzhe'zh] *adv* certainly, of course

авіабаза [aveeaba'za] *f* air-base

авіадесант [aveeadesa'nt] *m* air landing

авіакомпанія [aveeakompa'neeya] *f* airline

авіаконструктор [aveeakonstru'ktor] *m* aircraft designer

авіаносець [aveeano'sets'] *m* aircraft carrier

авіпошта [aveeapo'shta] *f* air mail

авіасалон [aveeasalo'n] *m* airshow

авіатраса [aveeatra'sa] *f* air-route

авіаційний [aveeatsee'yniy] *adj* aviation, aircraft

авіація [aveea'tseeya] *f* aviation, aircraft

аврал [avra'l] *m* emergency work

авральний [avra'l'niy] *adj* emergency

австралієць, ~**йка**, ~**йський** [avstralee'yets', ~yka, ~ys'kiy] *m, f, adj* Australian

австрієць, ~**йка**, ~**йський** [avstree'yets', ~yka, ~ys'kiy] *m, f, adj* Austrian

автобаза [avtoba'za] *f* motor depot

автобіографія [avtobeeogra'feeya] *f* autobiography

автобус [avto'bus] *m* bus, autobus, coach

автогонки [avtogo'nki] *pl* motor race(s)

автограф [avto'graf] *m* autograph

автозавод [avtozavo'd] *m* motor works, car factory

автомагістраль [avtomageestra'l'] *f* motor-highway

автомат [avtoma't] *m* automatic machine, slot machine, submachine gun

автоматизація [avtomatiza'tseeya] *f* automation

автоматичний [avtomati'chniy] *adj* automatic, self-acting

автомашина [avtomashi'na] *f* car, automobile

автомобіль [avtomobee'l] *m* (motor) car, automobile

автомобільний [avtomobee'l'niy] *adj* motor(car), auto-mobile

автонавантажувач [avtonavanta'zhuvach] *m* fork-lift truck

автономія [avtono'meeya] *f* autonomy

автономний [avtono'mniy] *adj* autonomous

автопортрет [avtoportre't] *m* self-portrait

автор [a'vtor] *m* author

автореферат [avtorefera't] *m* synopsis

авторитет [avtorite't] *m* authority

авторитетний [avtorite'tniy] *adj* authoritative, competent

авторство [a'vtorstvo] *n* authorship

авторське (право) [a'vtors'ke pra'vo] *adj + n* copyright

авторський [a'vtors'kiy] *adj* author's

авторучка [avtoru'chka] *f* fountain-pen

автотранспорт [avtotra'nsport] *m* motor transport

авуари [avua'ri] *pl* assets, holdings

ага [aga'] *interj* ah so! oh, well!

агат [aga't] *m* agate

агент [age'nt] *m* agent

агентство [age'ntstvo] *n* agency

агентура [agentu'ra] *f* agents, secret service

агітатор [ageeta'tor] *m* agitator

агітація [ageeta'tseeya] *f* agitation, **передвиборна** ~**ція** election campaign

агітпункт [ageetpu'nkt] *m* election campaign center

агітувати [ageetuva'ti] *v* 1) agitate (for, against) 2) urge, persuade

агонія [ago'neeya] *f* agony

аграрний [agra'rniy] *adj* agrarian

агрегат [agrega't] *m* aggregate, unit

агресивний [agresi'vniy] *adj* aggressive

агресія [agre'seeya] *f* aggression

агресор [agre'sor] *m* aggressor

агроном [agrono'm] *m* agronomist

агрономія [agronomee'ya] *f* agronomy

агрономічний [agronomee'chniy] *adj* agronomical

агрус [a'grus] *m* gooseberry

агротехніка [agrote'khneeka] *f* agrotechnics

адаптація [adapta'tseeya] *f* adaptation

адаптер [ada'pter] *m* adapter

адаптувати [adaptuva'ti] *v* adapt

адвокат [advoka't] *m* lawyer, attorney, barrister, advocate

адвокатура [advokatu'ra] *f* the Bar

адже [adzhe'] *conj* but, however

адміністративний [admeeneestrati'vniy] *adj* administrative

адміністратор [admeeneestra'tor] *m* administrator, manager

адміністрація [admeeneestra'tseeya] *f* administration

адмірал [admeera'l] *m* admiral

адреса [adre'sa] address

адресат [adresa't] *m* addressee

адресувати [adresuva'ti] *v* address, direct

ад'ютант [ad''yuta'nt] *m* adjutant, aide

аеровокзал [aerovokza'l] *m* air terminal

аеродром [aerodro'm] *m* airfield, aerodrome

аеропорт [aeropo'rt] *m* airport

аж [azh] *part* (the) very, even

азарт [aza'rt] *m* heat, excitment

азартний [aza'rtniy] *adj* passionate, reckless

азбука [a'zbuka] *f* alphabet, ABC

азіат, ～**ка**, ～**ській** [azeea't, ～ka, ～s'kiy] *m, f, adj* Asiatic

азот [azo't] *m* nitrogen

айва [ayva'] *f* quince, quince-tree

айсберг [a'ysberg] *m* iceberg

айстра [a'ystra] *f* aster

академік [akade'meek] *m* academician

академічний [akademee'chniy] *adj* academic

академія [akade'meeya] *f* academy, ～ **наук** Academy of sciences

акація [aka'tseeya] *f* acacia

акваланг [akvala'ng] *m* aqualung

акварель [akvare'l'] *f* water-colour

акваріум [akva'reeum] *m* aquarium

акліматизація [akleematiza'tseeya] *f* acclimatization

акліматизувати(ся) [akleematizuva'ti(sya)] *v* acclimatize (oneself)

акомпанемент [akompaneme'nt] *m* accompaniment

акомпаніатор [akompaneea'tor] *m* accompanist

акомпанувати [akompanuva'ti] *v* accompany

акорд [ako'rd] *m* chord

акордеон [akordeo'n] *m* accordion

акр [akr] *m* acre

акробат [akroba't] *m* acrobat

акробатичний [akrobati'chniy] *adj* acrobatic

аксіома [akseeo'ma] *f* axiom

акт [akt] *m* 1) act 2) deed 3) statement

актив [akti'v] *m* 1) assets 2) the activists

активіст [aktivee'st] *m* activist

активізувати [aktiveezuva'ti] *v* activate, stimulate

активний [akti'vniy] *adj* active

активність [akti'vneest'] *f* activity

активно [akti'vno] *adv* actively

актор [akto'r] *m* actor

акторка [akto'rka] *f* actress

актуальний [aktua'l'niy] *adj* urgent, actual

акула [ak'ula] *f* shark

акумулятор [akumulya'tor] *m* accumulator, battery

акуратний [akura'tniy] *adj* punctual, tidy, neat

акуратність [akura'tneest'] *f* punctuality, tidiness, neatness

акуратно [akura'tno] *adv* punctually, neatly

акустика [aku'stika] *f* acoustics

акустичний [akusti'chniy] *adj* acoustic

акушерка [akushe'rka] *f* midwife

акцент [aktse'nt] *m* accent

акціонер [aktseeone'r] *m* shareholder, stockholder

акціонерний [aktseeone'rniy] *adj* joint-stock

акція [a'ktseeya] *f* 1) share 2) action

албанець, ~ка, ~ський [alba'nets', ~ka, ~s'kiy] *m, f, adj* Albanian

алгебра [a'lgebra] *f* algebra

але [ale'] *conj* but

алебастр [aleba'str] *m* alabaster

алегоричний [alegori'chniy] *adj* allegorical

алегорія [alego'reeya] *f* allegory

алея [ale'ya] *f* 1) avenue, alley 2) path, walk

аліменти [aleeme'nti] *pl* alimony

алкоголізм [alkogolee'zm] *m* alcoholism

алкоголік [alkogo'leek] *m* alcoholic

алкоголь [alkogo'l'] *m* alcohol

алкогольний [alkogo'l'niy] *adj* alcoholic

алло [allo'] *interj* hullo! hello!

алмаз [alma'z] *m* diamond

алтар [alta'r] *m* altar

алфавіт [alfavee't] *m* alphabet, ABC

алфавітний [alfavee'tniy] *adj* alphabetical

алюміній [alyumee'neey] *m* aluminium, aluminum

алюмінієвий [alyumeeneeyeviy] *adj* aluminium, aluminum

альбом [al'bo'm] *m* album, sketchbook

альманах [al'mana'kh] *m* almanac

альпінізм [al'peenee'zm] *m* mountaineering

альпініст [al'peenee'st] *m* mountaineer

альт [al't] *m* viola, alto

альтернатива [al'ternati'va] *f* alternative

аматор [ama'tor] *m* amateur

аматорський [ama'tors'kiy] *adj* amateur

амбіція [ambee'tseeya] *f* arrogance

амбулаторія [ambulato'reeya] *f* dispensary, out-patient, clinic

амбулаторний [ambulato'rniy] *adj* dispensary

амвон [amvo'n] *m* pulpit

американець, ~ка, ~ський [amerika'nets', ~ka, ~s'kiy] *m, f, adj* American

амністія [amnee'steeya] *f* amnesty

амністувати [amneestuva'ty] *v* amnesty

аморальний [amora'l'niy] *adj* amoral, immoral

амортизатор [amortiza'tor] *m* shock-absorber

амортизація [amortiza'tseeya] *f* 1) shock absorption 2) amortization 3) depreciation

ампер [ampe'r] *m* ampere

амплітуда [ampleetu'da] *f* amplitude

ампутація [amputa'tseeya] *f* amputation

ампутувати [amputuva'ti] *v* amputate

амфібія [amfee'beeya] *f* amphibian

амфітеатр [amfeetea'tr] *m* amphitheatre, circle

аналіз [ana'leez] *m* analysis, **~ крові** blood test

аналізувати [analeezuva'ti] *v* analyse

аналогічний [analogee'chniy] *adj* analogous (to), similar

аналогія [analo'geeya] *f* analogy

аналой [analo'y] *m* lectern

ананас [anana's] *m* pineapple

анархізм [anarkhee'zm] *m* anarchism

анархіст [anarkhee'st] *m* anarchist

анархічний [anarkhee'chniy] *adj* anarchic(al)

анархія [ana'rkheeya] *f* anarchy

анатом [ana'tom] *m* anatomist

анатомія [anato'meeya] *f* anatomy

ангар [anga'r] *m* hangar

ангел [a'ngel] *m* angel

ангіна [angee'na] *f* quinsy, tonsillitis

англієць [anglee'yets'] *m* Englishman

англійка [anglee'yka] *f* Englishwoman

англійці [anglee'ytsee] *pl* the English

англійський [anglee'ys'kiy] *adj* English

англіканський [angleeka'ns'kiy] *adj* Anglican

анекдот [anekdo't] *m* joke, anecdote

анекдотичний [anekdoti'chniy] *adj* fantastic, improbable

анексія [ane'kseeya] *f* annexation

анемія [anemee'ya] *f* anemia

анемон [anemo'n] *m* anemone

анестезія [anestezee'ya] *f* anesthesia

ані [anee'] *part* no, not, not any

анісовий [anee'soviy] *adj* anisic

анітрохи [aneetro'khi] *adv* not in the least

анкета [anke'ta] *f* questionnaire, form

анод [ano'd] *m* anode

аномалія [anoma'leeya] *f* anomaly

анонім [anonee'm] *m* anonym

анонімний [anonee'mniy] *adj* anonymous

ансамбль [ansa'mbl'] *m* ensemble

антагонізм [antagonee'zm] *m* antagonism

антагоністичний [antagoneesti'chniy] *adj* antagonistic

антарктичний [antarkti'chniy] *adj* antarctic

антена [ante'na] *f* aerial, antenna

антивоєнний [antivoye'nniy] *adj* anti-war, anti-militarist

антиквар [antikva'r] *m* antiquarian

антилопа [antilo'pa] *f* antelope

антинародний [antinaro'dniy] *adj* anti-national

антинауковий [antinauko'viy] *adj* anti-scientific, unscientific

антипатія [antipa'teeya] *f* antipathy (to, against)

антисанітарний [antisaneeta'rniy] *adj* insanitary

антисемітизм [antisemeeti'zm] *m* anti-Semitism

антисептика [antise'ptika] *f* antiseptics

антифашист, ~ка, ~ський [antifashi'st, ~ka, ~s'kiy] *m, f, adj* anti-fascist

античний [anti'chniy] *adj* antique, ancient, classical

антологія [antolo'geeya] *f* anthology

антракт [antra'kt] *m* interval, intermission

антрацит [antratsi't] *m* anthracite, hard coal

антрепренер [antreprene'r] *m* theatrical manager. impresario

антресолі [antreso'lee] *pl* mezzanine

ану [anu'] *interj* now then! come on!

анулювати [anulyva'ti] *v* annul, cancel

анчоус [ancho'us] *m* anchovy

аншлаг [anshla'g] *m* full house, (вистава) the show is sold out

апарат [apara't] *m* apparatus, staff

апаратура [aparatu'ra] *f* apparatus, equipment

апатичний [apati'chniy] *adj* apathetic, indifferent

апатія [apa'teeya] *f* apathy, indifference

апелювати [apelyuva'ti] *v* appeal (to)

апеляція [apelya'tseeya] *f* appeal

апельсин [apel'si'n] *m* orange

апендицит [apenditsi't] *m* appendicitis

апетит [apeti't] *m* appetite

апетитний [apeti'tniy] *adj* appetizing

аплікація [apleeka'tseeya] *f* applique

аплодисменти [aplodisme'nti] *pl* applause

аплодувати [aploduva'ti] *v* applaud

апломб [aplo'mb] *m* assurance, self-confidence

апогей [apoge'y] *m* apogee, climax, culmination

аполітичний [apoleeti'chniy] *adj* indifferent to politics

апологет [apologe't] *m* apologist

апостол [apo'stol] *m* apostle

апостроф [apo'strof] *m* apostrophe

аптека [apte'ka] *f* drug-store, chemist's(shop)

аптекар [apte'kar] *f* druggist, chemist

аптечка [apte'chka] *f* medicine chest, first-aid outfit

араб, ~ка, ~ський [ara'b, ~ka, ~s'kiy] *m, f, adj* Arabian, Arabic

арбітр [arbee'tr] *m* arbiter, umpire

арбітраж [arbeetra'zh] *m* arbitration

аргентінець, ~ка [argentee'nets', ~ka] *m, f* Argentinean

аргумент [argume'nt] *m* argument

аргументація [argumenta'tseeya] *f* arguments, argumentation

аргументувати [argumentuva'ti] *v* argue, give reasons(for)

арена [are'na] *f* arena

арешт [are'sht] *m* arrest

арештант [areshta'nt] *m* prisoner

арештувати [areshtuva'ti] *v* arrest

ар'єргард [ar''yerga'rd] *m* rear-guard

аристократ [aristokra't] *m* aristokrat

аристократичний [aristokrati'chniy] *adj* aristocratic

аристократія [aristokratee'ya] *f* aristocracy

арифметика [arifme'tika] *f* arithmetic

арифметичний [arifmeti'chniy] *adj* arithmetical

арія [a'reeya] *f* 1) aria 2) air

арка [a'rka] *f* arch

аркан [arka'n] *m* lasso

арктичний [arkti'chniy] *adj* arctic

аркуш [a'rkush] *m* sheet, leaf

армійський [armee'ys'kiy] *adj* army

армія [a'rmeeya] *f* army

армянин, ~ка, ~ський [armya-ni'n, ~ka, ~s'kiy] *m, f, adj* Armenian

аромат [aroma't] *m* aroma

ароматний [aroma'tniy] *adj* aromatic, fragrant

арсенал [arsena'l] *m* arsenal

артерія [arte'reeya] *f* artery

артилерист [artileri'st] *m* artillery-man, gunner

артилерійський [artileree'ys'kiy] *adj* artillery

артилерія [artile'reeya] *f* artillery

артист [arti'st] *m* actor, artist

артистичний [artisti'chniy] *adj* artistic

артистка [arti'stka] *f* actress

артіль [artee'l'] *f* artel

артрит [artri't] *m* arthritis

арфа [a'rfa] *f* harp

архаїчний [arkhayee'chniy] *adj* archaic

археолог [arkheo'log] *m* archaeologist

археологія [arkheo'logeeya] *f* archeology

архів [arkhee'v] *m* archives, files

архієпіскоп [arkheeyepee'skop] *m* archbishop

архіпелаг [arkheepela'g] *m* archipelago

архітектор [arkheete'ktor] *m* architect

архітектура [arkheetektu'ra] *f* architecture

архітектурний [arkheetektu'rniy] *adj* architectural

асамблея [asamble'ya] *f* assembly

асигнація [asigna'tseeya] *f* currency bill, note

асигнування [asignuva'nnya] *n* allocation

асигнувати [asignuva'ti] *v* assign (to/for), appropriate (for)

асимілювати(ся) [asimeelyuva'ti-(sya)] *v* assimilate

асиміляція [asimeelya'tseeya] *f* assimilation

асистент [asiste'nt] *m* assistant

аскет [aske't] *m* ascetic

асортимент [asortime'nt] *m* assortment, selection, choice

асоціація [asotseea'tseeya] *f* association

аспірант [aspeera'nt] *m* post-graduate (student)

аспірантура [aspeerantu'ra] *f* post-graduate course

астма [a'stma] *f* asthma

астролог [astro'log] *m* astrologer

астронавт [astrona'vt] *m* astronaut

астроном [astrono'm] *m* astronomer

астрономічний [astronomee'chniy] *adj* astronomic(al)

астрономія [astrono'meeya] *f* astronomy

асфальт [asfa'l't] *m* asphalt

асфальтувати [asfal'tuva'ti] *v* asphalt

атака [ata'ka] *m* attack

атакувати [atakuva'ti] *v* attack, charge

аташе [atashe'] *m* attache

атеїзм [ateyee'zm] *m* atheism

атеїст [ateyee'st] *m* atheist

ательє [atel'ye'] *n* studio, fashion house

атестат [atesta't] *m* certificate

атестувати [atestuva'ti] *v* give a reference, give a report

атлас [a'tlas] *m* atlas

атлас [atla's] *m* satin

атлет [atle't] *m* athlete

атлетика [athle'tika] *f* athletics

атлетичний [atleti'chniy] *adj* athletic

атмосфера [atmosfe'ra] *f* atmosphere

атмосферний [atmosfe'rniy] *adj* atmospheric

атом [a'tom] *m* atom

атомний [a'tomniy] *adj* atomic

атомохід [atomokhee'd] *m* nuclear ship, ice-breaker

атрофія [atrofee'ya] *f* atrophy

атракціон [atraktseeo'n] *m* side show

аудієнція [audeeye'ntseeya] *f* audience

аудиторія [audito'reeya] *f* 1) lecture room, lecture hall 2) audience

аукціон [auktseeo'n] *m* auction

афганець, ~ка, ~ський [afga'nets', ~ka, ~s'kiy] *m, f, adj,* Afghan

афера [afe'ra] *f* shady transaction, swindle

аферист [aferi'st] *m* swindler

афіша [afee'sha] *f* bill, poster

афішувати [afeeshuva'ti] *v* parade, advertise

афоризм [afori'zm] *m* aphorism

африканець, ~ка, ~ський [afrika'nets', ~ka, ~s'kiy] *m, f, adj* African

аякже [aya'kzhe] *adv* certainly, of course

Б

б, би [b, bi] *part* надає умовний відтінок

баба [ba'ba] *f* (old) woman, wife

бабине літо [ba'bine lee'to] *n* Indian summer

бабуня, бабуся [babu'nya, babu'sya] *f* grandmother, granny

бавити [ba'viti] *v* amuse, entertain

бавитися [ba'vitisya] *v* have fun, play

бавовна [bavo'vna] *f* cotton

бавовняний [bavovnya'niy] *adj* cotton

бавовник [bavo'vnik] *m* cotton (-plant)

бавовництво [bavo'vnitstvo] *n* cotton-growing

багаж [baga'zh] *m* baggage, luggage

багажна (квитанція) [baga'zhna kvita'ntseeya] *adj + f* luggage ticket

багажний (вагон) [baga'zhniy vago'n] *adj + m* luggage van

багажник [baga'zhnik] *m* boot, luggage compartment

багатий [baga'tiy] *adj* rich

багатій [bagatee'y] *adj* rich man

багатіти [bagatee'ti] *v* grow rich

багато [baga'to] *adj* much, many, a lot

багатовіковий [bagatoveekovi'y] *adj* centuries old

багатозначний [bagatozna'chniy] *adj* significant

багатоколірний [bagatoko'leerniy] *adj* many-coloured

багатолюдний [bagatolyu'dniy] *adj* crowded

багатомовний [bagatomo'vniy] *adj* polyglot, polylingual

багатомовність [bagatomo'vneest'] *f* multi-lingualism

багатонаціональний [bagatonatseeona'l'niy] *adj* multinational

багатоповерховий [bagatopoverkho'viy] *adj* many-storeyed

багаторазовий [bagatorazo'viy] *adj* repeated, frequent

багаторічний [bagatoree'chniy] *adj* 1) lasting many years, of long standing 2) perenial

багатоскладовий [bagatosklado'viy] *adj* polysyllabic

багатослівний [bagatoslee'vniy] *adj* loquacious, verbose

багатосторонній [bagatostoro'nneey] *adj* many-sided

багатотиражний [bagatotira'zhniy] *adj* large-circulation

багатотиражка [bagatotira'zhka] *f* factory/university, etc. newspaper

багатотомний [bagatoto'mniy] *adj* in many volumes

багатство [baga'tstvo] *n* riches, wealth, richness

багач [baga'ch] *m* rich man

багачка [baga'chka] *f* rich woman

багнет [bagne't] *m* bayonet

багно [bagno'] *n* mud, ooze, dirt

багнистий [bagni'stiy] *adj* swampy, muddy

багрянець [bagrya'nets'] *m* crimson

багряний [bagrya'niy] *adj* crimson, purple

бадилля [badi'llya] *n* tops, stalks

бадьорий [badyo'riy] *adj* cheerful, animated

бадьорість [badyo'reest'] *f* cheerfulness

бадьорити [badyo'riti] *v* stimulate, brace up

бадьоритися [badyo'ritisya] *v* try to keep up one's spirits

бажаний [ba'zhaniy] *adj* desirable, desired, long wished for

бажання [bazha'nnya] *n* wish, desire

бажати [bazha'ti] *v* wish, desire

база [ba'za] *f* 1) base, basis, foundation 2) storehouse, warehouse 3) tourist inn/camp

базар [baza'r] *m* market, bazaar

базарний [baza'rniy] *adj* market, vulgar

базис [ba'zis] *m* basis, foundation

базіка, базікало [bazee'ka, bazee'kalo] *m, n* chatterbox, (idle) talker

базікання [bazee'kannya] *n* chatter, jabber, twaddle, (idle) talk

базікати [bazee'kati] *v* chatter, chat

базувати [basuva'ti] *v* base (on/upon), found (on/upon)

базуватися [bazuva'tisya] *v* rest (on/upon), be based/founded (on/upon)

байдарка [bayda'rka] *f* canoe

байдики [ba'ydiki] *pl* twiddle one's thumbs

байдикувати [baydiku'vati] *v* idle, loaf

байдуже [ba'yduzhe] *adj* with indifference

байдужий [baydu'zhiy] *adj* indifferent

байдужість [baydu'zheest'] *f* indifference

байка [ba'yka] *f* 1) baize, flannelette 2) fable

байкар [bayka'r] *m* fabulist, fabler

байковий [ba'ykoviy] *adj* baize, flannelette

байрак [bayra'k] *m* ravine, gully

бак [bak] *m* tank, cistern

бакалавр [bakala'vr] *m* bachelor

бакалійний [bakalee'yniy] *adj* grocery

бакалія [bakalee'ya] *f* groceries

бакалійник [bakalee'ynik] *m* grocer

бакен [ba'ken] *m* buoy

бакенбарди [bakenba'rdi] *pl* side-whiskers

баклажан [baklazha'n] *m* egg-plant, aubergine

баклажанна (ікра) [baklazha'nna eekra'] *f* aubergine paste

бактеріолог [baktereeo'log] *m* bacteriologist

бактеріологія [baktereeolo'geeya] *f* bacteriology

бактерія [bakte'reeya] *f* bacterium

бал [bal] *m* 1) ball, dance, dancing-party 2) mark, point

балада [bala'da] *f* ballad

балаканина [balakani'na] *f* (idle) talk, chatter

балакати [bala'kati] *v* talk

балакучий [balaku'chiy] *adj* talkative, loquacious, garrulous

балалайка [balala'yka] *f* balalaika

баламут [balamu't] *m* disturber, mischief-maker

баламутити [balamu'titi] *v* disturb, trouble

баланс [bala'ns] *m* balance

балансувати [balansuva'ti] *v* balance, keep one's balance

баласт [bala'st] *m* ballast

балачка [bala'chka] *f* talk

балбес [balbe's] *m* dolt, simpleton

балдахин [baldakhi'n] *m* canopy

балерина [baleri'na] *f* ballet-dancer

балет [bale't] *m* ballet

балетмейстер [baletme'yster] *m* ballet-master

балетний [bale'tniy] *adj* ballet

балка [ba'lka] *f* 1) gorge, ravine, gully 2) beam, joist, girder

балканський [balka'ns'kiy] *adj* Balkan

балкон [balko'n] *m* balcony, upper circle

балон [balo'n] *m* balloon, cylinder

балувати [ba'luvati] *v* spoil, pamper

балотувати [balotuva'ti] *v* ballot (for), vote (for)

балотуватися [balotuva'tisya] *v* be a candidate(for)

балтійський [baltee'ys'kiy] *adj* Baltic

балюстрада [balyustra'da] *f* balustrade, banister

бальзам [bal'za'm] *m* balsam, balm

бальний [ba'l'niy] *adj* ball

бамбук [bambu'k] *m* bamboo

банальний [bana'l'niy] *adj* commonplace, hackneyed, trite

банальність [bana'l'neest'] *f* banality, common place

банан [bana'n] *m* banana

банда [ba'nda] *f* gang

бандаж [banda'zh] *m* bandage, truss

бандероль [bandero'l'] *f* (postal) wrapper

бандит [bandi't] *m* bandit

бандитизм [banditi'zm] *m* gangsterism

бандитський [bandi'ts'kiy] *adj* gangsters'

бандура [bandu'ra] *f* bandore

бандурист [banduri'st] *m* bandore player

банк [bank] *m* bank

банка [ba'nka] *f* jar, can, tin

банкет [banke't] *m* banquet

банківський [ba'nkeevs'kiy] *adj* bank

банкір [bankee'r] *m* banker

банкнота [bankno'ta] *f* bank-note, bill

банкрут [bankru't] *m* bankrupt

банкрутство [bankru'tstvo] *n* bankruptcy, failure

бант [bant] *m* bow

баня [ba'nya] *f* 1) bath house, public baths 2) cupola, dome

бар [bar] *m* bar

барабан [baraba'n] *m* drum

барабанити [baraba'niti] *v* drum

барабанний [baraba'nniy] *adj* ~а перетинка ear-drum

барабанщик [baraba'nshchik] *m* drummer

барак [bara'k] *m* barracks

баран [bara'n] *m* ram

баранина [bara'nina] *f* mutton

баранячий [bara'nyachiy] *adj* sheep's, mutton

барахло [barakhlo'] *n* junk

барбарис [barbari's] *m* barberries

барва [ba'rva] *f* colour

барвистий [barvi'stiy] *adj* flowery, florid, colourful

барвник [ba'rvnik] *m* dye-stuff

барвінок [barvee'nok] *m* periwinkle

барельєф [barel'ye'f] *m* bas-relief

бар'єр [bar"ye'r] *m* barrier, hurdle

баржа [ba'rzha] *f* barge

барикада [barika'da] *f* barricade

барило [bari'lo] *n* barrel

барильце [bari'l'tse] *n* keg, small barrel

баритися [bari'tisya] *v* linger, be slow

баритон [barito'n] *m* baritone

бариш [bari'sh] *m* profit, gain

барка [ba'rka] *f* bark, barque, frightboat

барліг [barlee'g] *m* den, lair

барокко [baro'kko] *n* baroque

барометр [baro'metr] *m* barometer

барометричний [barometri'chniy] *adj* barometric(al)

барс [bars] *m* pard, panther, snow leopard

бас [bas] *m* bass

басейн [base'yn] *m* 1) pond, reservoir 2) basin, pool

баскетбол [basketbo'l] *m* basketball

баскетбольний [basketbo'l'niy] *adj* basketball

баскетболіст, ~ка [basketbolee'st, ~ka] *m, f* basket-ball player

бастіон [basteeo'n] *m* bastion, bulwark

батальйон [batal'yo'n] *m* battalion

батарейка [batare'yka] *f* electric battery

батарея [batare'ya] *f* battery; radiator

батист [bati'st] *m* cambric

батіг [batee'g] *m* whip

батон [bato'n] *m* (хліб) long loaf

батрак, ~чка [batra'k, ~chka] *m, f* farm labourer, farm hand

батьки [bat'ki'] *pl* parents

батьківщіна [bat'keevshchi'na] *f* motherland, fatherland, homeland

батьківщина [ba't'keevshchina] *f* legacy, inheritance

батьківський [ba't'keevs'kiy] *adj* fatherly, paternal

батько [ba't'ko] *m* father

бахрома [bakhroma'] *f* fringe

бацила [batsi'la] *f* bacillus

бачити [ba'chiti] *v* see

башта [ba'shta] *f* tower

баштовий [ba'shtoviy] *adj* tower

баштан [bashta'n] *m* melon-field

баштанник [bashta'nnik] *m* melon grower

баян [baya'n] *m* bayan

баяніст [bayanee'st] *m* bayan player

бгати [bga'ti] *v* crumple

бджільництво [bdzheel'ni'tstvo] *n* bee-keeping, api-culture

бджільницький [bdzheel'ni'ts'kiy] *adj* bee-keeping

бджола [bdzhola'] *f* bee

бджолиний [bdzholi'niy] *adj* bee

бджоляр [bdzholya'r] *m* bee-master

бегемот [begemo't] *m* hippopotamus

без [bez] *prep* without

безалкогольний [bezalkogo'l'niy] *adj* non-alcogolic

безапеляційний [bezapelyatsee'yniy] *adj* peremptory

безбарвний [bezba'rvniy] *adj* colourless

безбілетний [bezbeele'tniy] *adj* ticketless

безболісний [bezbo'leesniy] *adj* painless

безборонний [bezboro'nniy] *adj* 1) free, unhampered 2) defenceless

безвинний [bezvi'nniy] *adj* innocent

безвихідний [bezvi'kheedniy] *adj* hopeless, desperate

безвихідь [bezvi'kheed'] *f* desperate situation, deadlock

безвідмовно [bezveedmo'vno] *adj* without a hitch

безвідповідальний [bezveedpoveeda'l'niy] *adj* irresponsible

безвідповідальність [bezveedpoveeda'l'neest'] *f* irresponsibility

безвілля [bezvee'llya] *n* weak will, lack of will

безвільний [bezvee'l'niy] *adj* weak-willed

безвість [be'zveest'] *f* obscurity

безвладдя [bezvla'ddya] *n* anarchy

безводний [bezvo'dniy] *adj* arid, waterless

безглуздий [bezglu'zdiy] *adj* senseless, absurd

безглуздя [bezglu'zdya] *n* nonsense

безголовий [bezgolo'viy] *adj* 1) headless 2) brainless

безголосий [bezgolo'siy] *adj* voiceless, having no voice

безгосподарний [bezgospoda'rniy] *adj* thriftless

безгосподарність [bezgospoda'rneest'] *f* mismanagement, thriftlessness

безгрошовий [bezgroshovi'y] *adj* penniless

бездарний [bezda'rniy] *adj* untalented, ungifted

бездарність [bezda'rneest'] *f* lack of talent, mediocrity

бездітний [bezdee'tniy] *adj* childless

бездітність [bezdee'tneest'] *f* childlessness

бездіяльний [bezdeeya'l'niy] *adj* inactive, passive

бездіяльність [bezdeeya'l'neest'] *f* inactivity, inaction

бездоганний [bezdoga'nniy] *adj* irreproachable

бездоглядний [bezdo'glyadniy] *adj* uncared-for, neglected

бездоказовий [bezdokazo'viy] *adj* baseless, groundless

бездомний [bezdo'mniy] *adj* homeless

бездонний [bezdo'nniy] *adj* bottomless, fathomless

бездоріжжя [bezdoree'zhzhya] *n* lack of (good) roads, impassability of roads

бездушний [bezdu'shniy] *adj* heartless, callous

бездушність [bezdu'shneest'] *f* heartlessness

безжалісний [bezzha'leesniy] *adj* pitiless, ruthless

безжурний [bezzhu'rniy] *adj* carefree, light-hearted

безжурність [bezzhu'rneest'] *f* carelessness, light-heartedness

беззаконний [bezzako'nniy] *adj* lawless

беззаперечний [bezzapere'chniy] *adj* unquestioning, implicit

беззастережний [bezzastere'zhniy] *adj* unconditional

беззастережно [bezzastere'zhno] *adv* without reserve, unreservedly

беззахисний [bezza'khisniy] *adj* defenceless, unprotected

беззбройний [bezzbro'yniy] *adj* unarmed

беззвучний [bezzvu'chniy] *adj* soundless, noiseless

безземельний [bezzeme'l'niy] *adj* landless

безземелля [bezzeme'llya] *n* landlessness, lack of land

беззмінний [bezzmee'nniy] *adj* permanent

беззмістовний [bezzmeesto'vniy] *adj* empty, dull

беззмістовність [bezzmeesto'vneest'] *f* emptiness

беззубий [bezzu'biy] *adj* toothless

безідейний [bezeede'yniy] *adj* unprincipled

11

безідейність [bezeede'yneest'] *f* lack of principles and ideas

безіменний [bezeeme'nniy] *adj* nameless, anonymous, unknown

безініціативний [bezeeneetseeati'vniy] *adj* unenterprising, lacking in initiative

безініціативність [bezeeneetseeati'vneest'] *f* lack of initiative

безкласовий [bezkla'soviy] *adj* classless

безколірний [bezko'leerniy] *adj* colourless

безконтрольний [bezkontro'l'niy] *adj* uncontrolled

безкорисливий [bezkori'sliviy] *adj* disinterested

безкраїй [bezkra'yeey] *adj* boundless

безкровний [bezkro'vniy] *adj* bloodless

безладдя [bezla'ddya] *n* disorder, confusion

безладний [bezla'dniy] *adj* disorderly, confused

безліч [be'zleech] *adj* a great number, multitude, a lot of, lots' of

безлюдний [bezlyu'dniy] *adj* lonely, solitary

безмежний [bezme'zhniy] *adj* boundless, limitless, infinite

безмежно [bezme'zhno] *adv* immensely, infinitely

безмитний [bezmi'tniy] *adj* duty-free

безмірний [bezmee'rniy] *adj* immeasurable, boundless

безмовний [bezmo'vniy] *adj* silent

безнадійний [beznadee'yniy] *adj* hopeless

безнадійність [beznadee'yneest'] *f* hopelessness

безногий [bezno'giy] *adj* 1) legless 2) one legged

безодня [bezo'dnya] *f* abyss, chasm

безособовий [bezosobo'viy] *adj* impersonal

безпартійний [bezpartee'yniy] *adj* non-party

безпека [bezpe'ka] *f* safety, security

безперебійний [bezperebee'yniy] *adj* uninterrupted, continuous

безперервний [bezpere'rvniy] *adj* continuous

безперервно [bezpere'rvno] *adv* continuously

безперестанний [bezperesta'nniy] *adj* unceasing, incessant

безперестанку [bezperesta'nku] *adv* incessantly, continuously

безперечний [bezpere'chniy] *adj* doubtless

безперешкодний [bezpereshko'dniy] *adj* free

безпечний [bezpe'chniy] *adj* safe, secure

безпідставний [bezpeedsta'vniy] *adj* unfounded

безплановий [bezpla'noviy] *adj* planless

безплатний [bezpla'tniy] *adj* free

безплатно [bezpla'tno] *adv* free of charge, gratis

безплідний [bezplee'dniy] *adj* sterile, barren, fruitless

безповітряний [bezpovee'tryaniy] *adj* airless, vacuum

безповоротний [bezpovoro'tniy] *adj* irrevocable

безпомилковий [bezpomilko'viy] *adj* unerring, faultless

безпомічний [bezpo'meechniy] *adj* helpless

безпомічність [bezpo'meechneest'] *f* helplessness

безпорадний [bezpora'dniy] *adj* helpless

безпосадочний [bezposa'dochniy] *adj* non-stop

безпосередній [bezposere'dneey] *adj* 1) direct, immediate 2) spontaneous, ingenuous

безпосередність [bezposere'dneest'] *f* spontaneity, ingenuousness

безпосередньо [bezposere'dn'yo] *adv* directly

безправний [bezpra'vniy] *adj* deprived of civil right

безприкладний [bezpri'kladniy] *adj* unprecedented, unexampled

безпринципний [bezprintsi'pniy] *adj* unprincipled

безпритульний [bezpritu'l'niy] *adj* 1) homeless 2) street-child

безпричинний [bezprichi'nniy] *adj* groundless, causeless

безпробудний [bezprobu'dniy] *adj* deep, heavy

безпробудно [bezprobu'dno] *adv* without waking

безпрограшний [bezpro'grashniy] *adj* sure

безпросвітний [bezprosvee'tniy] *adj* 1) pitch-dark 2) hopeless, unrelieved

безрадісний [bezra'deesniy] *adj* joyless

безрезультатний [bezrezul'ta'tniy] *adj* futile, vain

безрезультатно [bezrezul'ta'tno] *adv* in vain, without

безробітний [bezrobee'tniy] *adj* 1) unemploed, jobless

безробіття [bezrobee'ttya] *n* unemployment

безрозсудний [bezrozsu'dniy] *adj* reckless

безрозсудно [bezrozsu'dno] *adv* rashly

безрукий [bezru'kiy] *adj* 1) armless 2) one-armed 3) awkward, clumsy

безсердечний [bezserde'chniy] *adj* heartless

безсилий [bezsi'liy] *adj* weak, impotent

безсилля [bezsi'llya] *n* feebleness, weakness

безсистемний [bezsiste'mniy] *adj* unsystematic

безславний [bezsla'vniy] *adj* inglorious

безслідний [bezslee'dniy] *adj* traceless

безслідно [bezslee'dno] *adv* without leaving a trace

безсловесний [bezslove'sniy] *adj* dumb, mute, tongue-tied

безсмертний [bezsme'rtniy] *adj* immortal

безсмертя [bezsme'rtya] *n* immortality

безсовісний [bezso'veesniy] *adj* unscrupulous, shameless

безсонний [bezso'nniy] *adj* sleepless

безсоння [bezso'nnya] *n* sleeplessness, insomnia

безсоромний [bezsoro'mniy] *adj* shameless

безсторонній [bezstoro'nneey] *adj* impartial, unbiassed

безстрашний [bezstra'shniy] *adj* fearless, interepid

безстроковий [bezstroko'viy] *adj* permanent

безсумнівний [bezsumnee'vniy] *adj* undoubted, evident, manifest

безсумнівно [bezsumnee'vno] *adv* undoubtedly, indubitably

безтактний [bezta'ktniy] *adj* tactless

безтактність [bezta'ktneest'] *f* tactlessness

безталанний [beztala'nniy] *adj* unfortunate

безтурботний [bezturbo'tniy] *adj* careless, light-hearted

безтурботніть [bezturbo'tneest'] *f* carelessness, light-heartedness

безумний [bezu'mniy] *adj* mad, insane

безумство [bezu'mstvo] *adv* madness

безумовний [bezumo'vniy] *adj* absolute, undoubted

безумовно [bezumo'vno] *adv* undoubtedly, certainly

безупинний [bezupi'nniy] *adj* continuous, incessant

безуспішний [bezuspee'shniy] *adj* unsuccesful

безформний [bezfo'rmniy] *adj* shapeless, formless

безхарактерний [bezkhara'kterniy] *adj* weak-willed, spineless

безхмарний [bezkhma'rniy] *adj* cloudless, unclouded

безхребетний [bezkhrebe'tniy] *adj* invertebrate

безцеремонний [beztseremo'nniy] *adj* unceremonious, impudent

безцільний [beztsee'l'niy] *adj* aimless, idle

безцінний [beztsee'nniy] *adj* priceless, invaluable

безчесний [bezche'sniy] *adj* dishonest, dishonourable

безчестя [bezche'stya] *n* dishonour, disgrace

безчестити, збезчестити [bezche'stiti, zbezche'stiti] *v* disgrace

безшумний [bezshu'mniy] *adj* noiseless

белетристика [beletri'stika] *f* fiction

бельгієць, ~йка, ~йський [bel'-gee'yets', ~yka, ~ys'kiy] *m, f, adj* Belgian

бельетаж [bel'eta'zh] *m* 1) first floor 2) dress circle

белькотати [bel'kota'ti] *v* babble

белькотання [bel'kota'nnya] *n* babble

бензин [benzi'n] *m* gas, benzine, petrol, gasoline

бензобак [benzoba'k] *m* petrol tank

бензоколонка [benzokolo'nka] *f* gas station, petrol station

бенкет [benke't] *m* banquet, feast

бенкетувати [benketuva'ti] *v* banquet, feast

бентежити [bente'zhiti] *v* worry, trouble, perplex

бентежитися [bente'zhitisya] *v* be/get upset, be uneasy, be worried

берег [be'reg] *m* shore, sea-shore, coast, bank, beach

береговий [beregovi'y] *adj* coast, coastal

берегти, зберегти [beregti', zberegti'] *v* take care (of), spare, guard

берегтися [beregti'sya] *v* be careful, beware (of), look out, take care

бережливий [berezhli'viy] *adj* thrifty, economical

береза [bere'za] *f* birch

березень [be'rezen'] *m* March

березневий [berezne'viy] *adj* march

берест [be'rest] *m* elm

берет [bere't] *m* beret

беркут [be'rkut] *m* golden eagle

беручкий [beruchki'y] *adj* tenacious, clinging

бесіда [besee'da] *f* conversation, talk

бескид [be'skid] *m* rock, cliff

бетон [beto'n] *m* concrete

бетонний [beto'nniy] *adj* concrete

бешкет [beshke't] *m* row, scandal

бешкетник [beshke'tnik] *m* troublemaker

бешкетувати [beshketuva'ti] *v* make/kick up a row

бик [bik] *m* bull, ox

билина [bili'na] *f* blade (of grass)

бинт [bint] *m* bandage

бинтувати, забинтувати [bintuva'ty, zabintuva'ty] *v* bandage, dress

бистрий [bi'striy] *adj* quick, rapid, fast

бистрина [bistri'na] *f* rapids

битва [bi'tva] *f* battle

бити [bi'ti] *v* 1) beat, hit, break, smash 2) strike

битий [bi'tiy] *adj* beaten, broken

битися [bi'tisya] *v* 1) fight, beat 2) knock 3) break 4) struggle (with)

бич [bich] *m* lash, whip

бичок [bicho'k] *m* bull-calf, young bull

біб [beeb] *m* bean

бібліографія [beebleeogra'pheeya] *f* bibliography

бібліотека [beebleeote'ka] *f* library

бібліотекар [beebleeote'kar] *m* librarian

бібліотечний [beebleeote'chniy] *adj* library

Біблія [bee'bleeya] *f* the Bible

біг [beeg] *m* run(ning), race

бігун [beegu'n] *m* runner

бігати [bee'gati] *v* run about

бігти [bee'gti] *v* run

біда [beeda'] *f* misfortune, trouble

бідкатися [bee'dkatisya] *v* complain(of), moan

бідний [bee'dniy] *adj* poor

бідність [bee'dneest'] *f* poverty

бідняк [beednya'k] *m* poor man

бідніти, збідніти [beednee'ti, zbeednee'ty] *v* grow/become poor

бідон [beedo'n] *m* can

біженець [bee'zhenets'] *m* refugee

бій [beey] *m* fight, battle

бійка [bee'yka] *f* fight, scuffle

бік [beek] *m* side

білизна [beeli'zna] *f* linen

білизна [beelizna'] *f* whiteness

білий [bee'liy] *adj* white

білити [beeli'ti] *v* whitewash

біліти [beelee'ti] *v* become white

білка [bee'lka] *f* squirrel

білок [beelo'k] *m* (яйця) white (of the egg), *хім.* albumen

білосніжний [beelosnee'zhniy] *adj* snow-white

біля [bee'lya] *adv* by, near

білявий [beelya'viy] *adj* blond

біль [beel'] *m* pain, ache

більшати [bee'l'shati] *v* increase

більше [bee'l'she] *adv* more

більший [bee'l'shiy] *adj* greater, larger, bigger

більярд [beel'ya'rd] *m* billiards

бінокль [beeno'kl'] *m* opera-glasses

біографія [beeogra'feeya] *f* biography

бір [beer] *m* pine forest

біржа [bee'rzha] *f* stock exchange

бірманець, ~ка, ~ський [beerma'nets', ~ka, ~s'kiy] *m, f, adj* Burman

бірюза [beeryu'za] *f* turquoise

бісер [bee'ser] *m* beads

бісквіт [beeskvee't] *m* sponge-cake

біфштекс [beefshte'ks] *m* steak

благання [blaga'nnya] *n* entreaty

благати [blaga'ti] *v* entreat, beseech

благодійний [blagodee'yniy] *adj* charitable

благодійність [blagodee'yneest'] *f* charity, philanthropy

благородний [blagoro'dniy] *adj* noble, generous

благословляти [blagoslovlya'ti] *v* bless

благотворний [blagotvo'rniy] *adj* beneficial, salutary

блаженство [blazhe'nstvo] *n* bliss

блазень [bla'zen'] *m* fool, jester, buffoon

блакитний [blaki'tniy] *adj* light blue

бланк [blank] *m* form

блат [blat] *m* pull, protection

блеф [blef] *m* bluff

ближній [bli'zhneey] *adj* near, neighbouring

близнюк [bliznyu'k] *m* twin

близький, ~о [bliz'ki'y, ~o] *adj, adv* near, close

блимати [bli'mati] *v* twinkle, glimmer

блиск [blisk] *m* shine

блискучий [blisku'chiy] *adj* shining

блиснути [bli'snuti] *v* flash

блищати [blishcha'ti] *v* shine, glitter

блідий [bleedi'y] *adj* pale

блок [blok] *m* bloc, block

блокада [bloka'da] *f* blockade

блокнот [blokno't] *m* note-book

блондин, ~ка [blondi'n, ~ka] *m, f* fair-haired person, blonde

блоха [blokha'] *f* flea

блошиця [bloshi'tsya] *f* bed bug

блузка [blu'zka] *f* blouse

блукати [bluka'ti] *v* wander

блювати [blyuva'ti] *v* vomit

блюдце [blyu'dtse] *n* saucer

бляха [blya'kha] *f* tin

бляшаний [blyasha'niy] *adj* tin

бо [bo] *conj* because, for, as

бобер [bobe'r] *m* beaver

бобовий [bobo'viy] *adj* bean

бовтати [bovta'ti] *v* shake up

бог [bog] *m* God

богиня [bogi'nya] *f* goddess

богомолець [bogomo'lets'] *m* pilgrim

богородиця [bogoro'ditsya] *f* Our Lady

богослов [bogoslo'v] *m* theologian

богослужіння [bogosluzhee'nnya] *n* divine service

боєць [boye'ts'] *m* fighter

божевілля [bozhevee'llya] *n* madness

божевільний [bozhevee'l'niy] *adj* mad

божеволіти [bozhevo'leeti] *v* go mad

божественний [bozhe'stvenniy] *adj* divine

божество [bozhestvo'] *n* divinity

божий [bo'zhiy] *adj* God's

бойкот [boyko't] *m* boycott

бойкотувати [boykotuva'ti] *v* boycott

бойовий [boyovi'y] *adj* fighting, battle

бокал [boka'l] *m* glass, goblet

боковий [bokovi'y] *adj* side

боком [bo'kom] *adv* sideways

бокс [boks] *m* boxing

боксер [bokse'r] *m* boxer

боксит [boksi't] *m* bauxite

болгарин, ~ка [bolga'rin, ~ka] *m, f* Bulgarian

болгарський [bolga'rs'kiy] *adj* Bulgarian

болільник [bolee'l'nik] *m* fan

болісний [bo'leesniy] *adj* painful; sad

боліти [bolee'ti] *v* ache, hurt

болото [bolo'to] *n* swamp, marsh

болючий [bolyu'chiy] *adj* painful

боляче [bo'lyache] *adv* hurt, badly, hard

бомба [bo'mba] *f* bomb

бомбосховище [bomboskho'vishche] *n* bomb shelter

бондар [bo'ndar] *m* cooper

борг [borg] *m* debt

борець [bore'ts'] *m* fighter

боржник [borzhni'k] *m* debtor

борода [boroda'] *f* beard

бородавка [boroda'vka] *f* wart

борозна [borozna'] *f* furrow

борона [borona'] *f* harrow

боронити [boroni'ti] *v* defend, guard

боротися [boro'tisya] *v* struggle, fight

боротьба [borot'ba'] *f* struggle, fight

борошно [bo'roshno] *n* meal, flour

борсук [borsu'k] *m* badger

борт [bort] *m* board, side

борщ [borshch] *m* borshch

босий [bo'siy] *adj* barefooted

босоніжки [bosonee'zhki] *pl* sandals

ботаніка [bota'neeka] *f* botany

ботанічний [botanee'chniy] *adj* botanical

боцман [bo'tsman] *m* boatswain

бочка [bo'chka] *f* barrel, cask

боягуз [boyagu'z] *m* coward

боязкий [boyazki'y] *adj* timid, cowardly

боятися [boya'tisya] *v* be afraid(of), fear

бравий [bra'viy] *adj* gallant, daring

браво [bra'vo] *interj* bravo! well done!

брак [brak] *m* 1) spoilage, waste 2) lack, absence

браконьєр [brakon'ye'r] *m* poacher

бракувати [brakuva'ti] *v* 1) reject, condemn 2) lack, be missing

брама [bra'ma] *f* gate(s)

браслет [brasle't] *m* bracelet, bangle

брат [brat] *m* brother

брати [bra'ti] *v* take

братися [bra'tisya] *v* take up, set to

брезент [breze'nt] *m* tarpaulin

брехати [brekha'ti] *v* lie, tell lies

брехня [brekhnya'] *f* lie, falsehood

бригада [briga'da] *f* team, brigade

бридкий [bridki'y] *adj* disgusting

бризкати [bri'zkati] *v* splash, sprinkle, splatter

брикатися [brika'tisya] *v* kick

брильянт [bril'ya'nt] *m* diamond

бринза [bri'nza] *f* brynza

бриніти [brinee'ti] *v* ring, hum, buzz

британець, ~ка [brita'nets', ~ka] *m, f* Briton

британський [brita'ns'kiy] *adj* British

бритва [bri'tva] *f* razor

брити [bri'ti] *v* shave

брова [brova'] *f* eyebrow, brow

бродити [brodi'ti] *v* 1) wander; stroll 2) ferment

бронза [bro'nza] *f* bronze

бронхи [bro'nkhi] *pl* bronchi

бронхіт [bronkhee't] *m* bronchitis

бронювати [bronyuva'ti] *v* 1) armour 2) reserv, book

броня [bronya'] *f* 1) armour 2) reservation, reserved place

брошка [bro'shka] *f* brooch

брошура [broshu'ra] *f* booklet

бруд [brud] *m* dirt, filth

брук, бруківка [bruk, brukee'vka] *m, f* pavement

брукований [bruko'vaniy] *adj* paved

брунька [bru'n'ka] *f* bud

брусок [bruso'k] *m* whetstone

брухт [brukht] *m* scrap

брюнет, ~ка [bryune't, ~ka] *m, f* dark(-haired) person, brunette

брюсельська(капуста) [bryuse'ls'ka kapu'sta] *adj+f* Brussels sprouts

бряжгати [bryazhcha'ti] *v* clank, clink, jingle

брязкіт [brya'zkeet] *m* jingle, clink

бублик [bu'blik] *m* ring-shaped roll

бубон [bu'bon] *m* tambourine

бубоніти [bubonee'ti] *v* mutter

бувалий [buva'liy] *adj* experienced

бувати [buva'ti] *v* be

бугай [buga'y] *m* bull

буденний [bude'nniy] *adj* everyday

будень [bu'den'] *m* week-day

будильник [budi'l'nik] *m* alarm clock

будинок [budi'nok] *m* house, building

будити [budi'ti] *v* wake

будівельний [budeeve'l'niy] *adj* building

будівля [budee'vlya] *f* building

будка [bu'dka] *f* box, cabin

будувати [buduva'ti] *v* build, construct

будяк [budya'k] *m* thistle

будь-де [bud'de'] *adv* anywhere

будь-коли [bud'koli'] *adv* anytime

будь-куди [bud'kudi'] *adv* anywhere

будь-хто [bud'khto'] *pron* anybody, anyone

будь-що [bud'shcho'] *pron* anything

будь-як [bud'yak'] *adv* anyhow

будь-який [bud'yaki'y] *adj* any

бузина [buzina'] *f* elder

бузок [buzo'k] *m* lilac

буйвол [bu'yvol] *m* buffalo

буйний [bu'yniy] *adj* violent, wild

бук [buk] *m* beech

буква [bu'kva] *f* letter

буквальний [bukva'l'niy] *adj* literal

буквально [bukva'l'no] *adv* literally

буквар [bukva'r] *m* ABC-book, school primer

букет [buke't] *m* bouquet, bunch of flowers

букініст [bukeenee'st] *m* second-hand book seller

букіністична (книгарня) [bukeeneesti'chna kniga'rnya] *adj+f* second-hand book shop

булка [bu'lka] *f* roll, bun

бульвар [bul'va'r] *m* boulevard

бульварна (преса) [bul'va'rna pre'sa] *adj+f* gutter press

бульдог [bul'do'g] *m* bulldog

бульдозер [bul'do'zer] *m* bulldozer

бульйон [bul'yo'n] *m* broth, clear soup

булька [bu'l'ka] *f* bubble

булькати [bu'l'kati] *v* bubble, gurgle, splutter

бунт [bunt] *m* riot, rebellion

буран [bura'n] *m* snow-storm

буржуазія [burzhuazee'ya] *f* bourgeoisie

буржуазний [burzhua'zniy] *adj* bourgeois

бурити [buri'ti] *v* drill, bore

буркотіти [burkotee'ti] *v* grumble, snarl

бурний [bu'rniy] *adj* stormy

бурхливий [burkhli'viy] *adj* 1) stormy, heavy 2) eventful 3) wild, enthusiastic 4) rapid, vigorous

бурчати [burcha'ti] *v* grumble

буря [bu'rya] *f* storm, tempest

буряк [burya'k] *m* beet

бур'ян [bur"ya'n] *m* weed

бутафорія [butafo'reeya] *f* properties, dummies

бутерброд [buterbro'd] *m* sandwich

бути [bu'ti] *v* be

бутси [bu'tsi] *v* football boots

буття [buttya'] *n* existence, being

буфет [bufe't] *m* buffet, snack-bar

буфетчик [bufe'tchik] *m* barman

бухгалтер [bukhga'lter] *m* bookkeeper, accountant

бухгалтерія [bukhgalte'reeya] *f* bookkeeping

бухта [bu'khta] *f* bay

буцати [bu'tsati] *v* butt

бучний [buchni'y] *adj* magnificent, noisy

бушлат [bushla't] *m* pea-jacket

бушувати [bushuva'ti] *v* storm, rage

бюджет [byudzhe't] *m* budget

бюлетень [byulete'n'] *m* bulletin, report

бюро [byuro'] *n* bureau

бюрократ [byurokra't] *m* bureaucrat

бюст [byust] *m* bust

бюстгалтер [byustga'lter] *m* brassiere

В

в   [v] *prep* in, into, to, for

вабити [va'biti] *v* attract, fascinate

вага [va'ga] *f* weight

вагання [vaga'nnya] *n* hesitation

вагатися [vaga'tisya] *v* hesitate

вагітна [vagee'tna] *adj* pregnant

вагітнсть [vagee'tneest'] *f* pregnancy

вагон [vago'n] *m* carrige, car

вагон-ресторан [vago'n-resto'ran] *m* restaurant-car

вагонетка [vagone'tka] *f* trolley, truck

вада [va'da] *f* defect, shortcoming

важити [va'zhiti] *v* weigh

важитися [va'zhitisya] *v* weigh oneself

важкий [vazhki'y] *adj* 1) heavy, hard 2) painful 3) serious

важко [va'zhko] *adv* 1) heavily 2) hard, difficult

важливий [vazhli'viy] *adj* important, significant

важливо [vazhli'vo] *adv* important

ваза [va'za] *f* vase, bowl

вазелін [vazelee'n] *m* vaseline

вазон [vazo'n] *m* flower-pot

вакансія [vaka'nseeya] *f* vacancy

вакантний [vaka'ntniy] *adj* vacant

вакса [va'ksa] *f* blacking, (shoe) polish

вакцина [vaktsi'na] *f* vaccine

вал (насип) [val] *m* bank

вал (хвиля) [val] *m* roller, billow

валити [vali'ti] *v* throw down, fell, overturn, pile up

валовий [valovi'y] *adj* gross

валторна [valto'rna] *f* French horn

валун [valu'n] *m* boulder

вальдшнеп [val'dshne'p] *m* woodcock

валюта [valyu'ta] *f* currency

валютний (курс) [valyu'tniy ku'rs] *adj* + *m* rate of exchange

валянки [va'lyanki] *pl* felt boots

валятися [valya'tisya] *v* lie about, be scattered about

вальс [val's] *m* waltz

ваніль [vanee'l'] *f* vanilla

ванна [va'nna] *f* bath

ванна (кімната) [va'nna] *f* bath-room

вантаж [vanta'zh] *m* load; freight, cargo

вантажити [vanta'zhiti] *v* load

вантажний [vanta'zhniy] *adj* cargo, freight

вантажник [vanta'zhnik] *m* loader, freight handler

вапно [vapno'] *n* lime

вар [var] *m* pitch

варвар [va'rvar] *m* barbarian

варварський [va'rvars'kiy] *adj* barbarian

варварство [va'rvarstvo] *n* barbarism

варений [vare'niy] *adj* boiled

вареник [vare'nik] *m* varenik

варення [vare'nnya] *n* jam

варити [vari'ti] *v* boil, cook

варіант [vareea'nt] *m* version

варіація [vareea'tseeya] *f* variation

варта [va'rta] *f* guard

вартий [va'rtiy] *adj* deserving, worthy

вартість [va'rteest'] *f* cost, value

вартовий [vartovi'y] *adj* guard

вартувати [vartuva'ti] *v* guard, watch, be on duty

вата [va'ta] *f* cotton wool, cotton

ватага [vata'ga] *f* band, crowd, gang

ватажок [vatazho'k] *m* leader, chief

ватерлінія [vaterlee'neeya] *f* water line

ватин [vati'n] *m* sheet wadding

ватний [va'tniy] *adj* wadded, quilted

вафля [va'flya] *f* wafer

вахта [va'khta] *f* watch

ваш [vash] *pron* your, yours

вбивати [vbiva'ti] *v* drive in, knock in

вбивати [vbiva'ti] *v* kill, murder

вбивство [vbi'vstvo] *n* murder

вбивця [vbi'vtsya] *m* killer, murderer

вбиральня [vbira'l'nya] *f* lavatory, toilet

вбирати [vbira'ti] *v* 1) dress (up) 2) decorate, adore

вбирати [vbira'ti] *v* absorb, drink in

вбігати [vbeega'ti] *v* run (into)

вбік [vbeek] *adv* sideways

вбрання [vbra'nnya'] *n* clothes, dress

вважати [vvazha'ti] *v* think, believe, guess

введення [vve'dennya] *n* introduction

ввечері [vve'cheree] *adv* in the evening

вввіз [vveez] *m* import

ввічливий [vvee'chliviy] *adj* polite, civil

ввічливість [vvee'chliveest'] *f* politeness, civility

ввічливо [vvee'chlivo] *adv* politely

вводити [vvo'diti] *v* lead in, introduce

ввозити [vvo'ziti] *v* bring in, import

вгадувати [vga'duvati] *v* guess

вгамовувати [vgamo'vuvati] *v* calm, quiet, soothe

вганяти [vganya'ti] *v* drive in (to), thrust

вгинати [vgina'ti] *v* bend in (wards)

вглиб [vglib] *adv* deep down, deep into

вгодувати [vgoduva'ti] *v* fatten (up)

вголос [vgo'los] *adv* aloud

вгорі [vgoree'] *adv* above, overhead

вгору [vgo'ru] *adv* up, upwards

вгрузати [vgruza'ti] *v* stick (in)

вдаватися [vdava'tisya] *v* turn out well, be a success

вдавити [vdavi'ti] *v* press in, force into

вдалий [vda'liy] *adj* successful, good

вдалині [vdalinee'] *adv* in the distance

вдало [vda'lo] *adv* successfully, well

вдарити [vda'riti] *v* strike

вдаритися [vda'ritsya] *v* 1) strike hit (against) 2) fall (into), plunge

вдача [vda'cha] *f* nature, temper, character

вдвічі [vdvee'chee] *adv* double, twice

вдвох [vdvokh] *adv* the two of us [you] them

вдень [vden'] *adv* 1) in the day-time, by day 2) in the afternoon

вдивлятися [vdivlya'tisya] *v* peer (into), look intently

вдиратися [vdira'tisya] *v* burst, break (into)

вдихати [vdikha'ti] *v* inhale, inspire

вдівець [vdeeve'ts'] *m* widower

вдова [vdova'] *f* widow

вдоволений [vdovo'leniy] *adj* satisfied, content

вдома [vdo'ma] *adv* at home

вдосвіта [vdo'sveeta] *adv* at down, at daybreak

вдосталь [vdos'tal'] *adv* plenty

вдруге [vdru'ge] *adv* for the second time

вдувати [vduva'ti] *v* blow (into)

вдумливий [vdu'mliviy] *adj* thoughtful, serious

вдумуватися [vdu'muvatisya] *v* think over, consider

вдягати [vdyaga'ti] *v* dress, put on

вдячний [vdya'chniy] *adj* grateful, thankful

вдячність [vdya'chneest'] *f* gratitude

вегетаріанець [vegetareea'nets'] *m* vegetarian

ведмедиця [vedme'ditsya] *f* she bear

ведмежа [vedmezha'] *n* bear-cub

ведмідь [vedmee'd'] *m* bear

вежа [ve'zha] *f* tower

везти [vezti'] *v* be lucky/in luck

вексель [ve'ksel'] *m* bill, promissory note

велетень [ve'leten'] *m* giant

велетенський [velete'ns'kiy] *adj* gigantic

великий [veli'kiy] *adj* 1) big, large 2) great 3) important

великодушний [velikodu'shniy] *adj* generous

великодушність [velikodu'shneest'] *f* generosity

велич [ve'lich] *f* grandeur

величезний [veliche'zhniy] *adj* huge, enormous, vast

величина [velichina'] *f* size, quantity, value

величний [veli'chniy] *adj* majestic, grand

величність [veli'chneest'] *f* majesty

велосипед [velosipe'd] *m* bicycle

велосипедист [velosipedi'st] *m* cyclist

вельвет [vel've't] *m* corduroy

вельмишановний [vel'mishano'vniy] *adj* highly respected

вена [ve'na] *f* vein

вентилювати [ventilyuva'ti] *v* ventilate

вентилятор [ventilya'tor] *m* ventilator, fan

вентиляція [ventilya'tseeya] *f* ventilation

веранда [vera'nda] *f* verandah

верба [ve'rba] *f* (pussy) -willow

верблюд [verblyu'd] *m* camel

вербувати [verbuva'ti] *v* recruit, enlist

вередливий [veredli'viy] *adj* capricious; fastidious

вередувати [vereduva'ti] *v* be capricious

верес [ve'res] *m бот.* heather

вересень [ve'resen'] *m* September

верещати [vereshcha'ti] *v* shriek, squeal

верзти [verzti'] *v* talk nonsense

версія [ve'rseeya] *f* version

верстат [versta't] *m* machine-tool

верства [verstva'] *f* layer

верстка [ve'rstka] *f* imposition, page-proofs

вертати [verta'ti] *v* 1) return, give back 2) come back

вертикальний [vertika'l'niy] *adj* vertical

вертіти [vertee'ti] *v* turn (round)

верткий [ve'rtkiy] *adj* fidgety

вертоліт [vertolee't] *m* helicopter

верф [verf] *f* shipyard, dockyard

верх [verkh] *m* top, upper part

верхи [verkhi'] *adv* on horseback

верхній [ve'rkhneey] *adj* top, upper

верхова (їзда) [verkhova' yeezda'] *adj+f* riding

верховина [verkhovi'na] *f* uplands, highlands

верховний [verkho'vniy] *adj* supreme

вершина [vershi'na] *f* top, peak

вершити [vershi'ti] *v* carry out, fulfil

вершки [vershki'] *pl* cream

вершковий [vershko'viy] *adj* creamy

вершник [ve'rshnik] *m* rider, horseman

веселий [vese'liy] *adj* merry, gay

веселити [veseli'ti] *v* amuse, cheer up

веселитися [veseli'tisya] *v* enjoy oneself, have fun

веселка [vese'lka] *f* rainbow

весело [ve'selo] *adv* merrily, gaily

весілля [vesee'llya] *n* wedding

весло [veslo'] *n* oar, scull

весна [vesna'] *f* spring

весняний [vesnya'niy] *adj* spring

веснянка [vesnya'nka] *f* vesnianka (Ukrainian ritual spring song)

веснянки [vesnya'nki] *pl* freckles

вести [vesti'] *v* lead, conduct

вестибюль [vestibyu'l'] *m* lobby

весь, вся, все, всі [ves', vsya, vse, vsee] *pron* all, the whole

ветеран [vetera'n] *m* veteran

ветеринар [veterina'r] *m* veterinary

ветеринарний [veterina'rniy] *adj* veterinary

вето [ve'to] *n* veto

вечеря [veche'rya] *f* supper

вечеряти [veche'ryati] *v* have supper

вечір [ve'cheer] *m* evening

вечірка [vechee'rka] *f* evening party

вечірній [vechee'rneey] *adj* evening

вештатися [ve'shtatisya] *v* loaf, roam, idle about

вже [vzhe] *adv* alredy

вживання [vzhiva'nnya] *n* use, usage

вживати [vzhiva'ti] *v* use, apply

взагалі [vzagalee'] *adv* generally, in general

взаємний [vzaye'mniy] *adj* mutual, reciprocal

взаємність [vzaye'mneest'] *f* mutuality, reciprocity

взаємовигідний [vzayemovi'geedniy] *adj* advantageous

взаємодія [vzayemodee'ya] *f* interaction, co-operation

взаємодопомога [vzayemodopomo'ga] *f* mutual aid

взаємозв'язок [vzayemozv''yazo'k] *m* correlation

вздовж [vzdovzh] *adv* lengthwise, lengthways

взимку [vzi'mku] *adv* in winter

взірець [vzeere'ts'] *m* standart, model, example

взувати [vzuva'ti] *v* put on

взуття [vzuttya'] *n* shoes

ви [vi] *pron* you

вибачити [vibacha'ti] *v* excuse, pardon

вибачення [viba'chennya] *n* excuse, apology

вибивати [vibiva'ti] *v* knock out, break

вибирати [vibira'ti] *v* 1) chose, pick out, select 2) elect

вибиратися [vibira'tisya] *v* get out

вибігати [vibeega'ti] *v* 1) run out 2) boil over

вибір [vi'beer] *m* choice

виблиск [vi'blisk] *m* reflection, gleam

виблискувати [vibli'skuvati] *v* sparkle, twinkle

вибори [vi'bori] *pl* election

вибраний [vi'braniy] *adj* selected

вибрик [vi'brik] *m* trick, prank

вибрикувати [vibri'kuvati] *v* gambol, frisk (about)

вибувати [vibuva'ti] *v* leave, quit

вибух [vi'bukh] *m* 1) explosion 2) (out) -burst

вибухати [vibukha'ti] *v* burst, blow up

вивергати [viverga'ti] *v* throw out

виверження [vi'verzhennya] *n* eruption

вивертати [viverta'ti] *v* 1) uproot 2) turn inside out

вивертатися [viverta'tisya] *v* twist out

вивих [vi'vikh] *m* dislocation

вивихнути [vi'vikhnuti] *v* dislocate, put out of joint

вивідувати [vivee'duvati] *v* find out

вивіз [vi'veez] *m* export

вивіряти [viveerya'ti] *v* check, verify

вивіска [vi'veeska] *f* sign, signboard

вивітритися [vi'veetritisya] *v* evaporate

вивішувати [vivee'shuvati] *v* hang out, put on

виводити [vivo'diti] *v* 1) take out 2) remove

виводок [vi'vodok] *m* broad, hatch

вивозити [vivo'ziti] *v* take out, carry out

виворіт [vi'voreet] *m* the wrong side

вивчати [vivcha'ti] *v* study, learn

вивчення [vi'vchennya] *n* study, investigation

вигаданий [vi'gadaniy] *adj* invented, made-up

вигадка [vi'gadka] *f* invention

вигадувати [viga'duvati] *v* invent, make up

вигадувати [viga'duvati] *v* gain, save

виганяти [viganya'ti] *v* 1) drive out, turn out 2) expel 3) fire out, dismiss

вигвинчувати [vigvi'nchuvati] *v* screw out, unscrew

вигин [vi'gin] *m* bend, curve

вигинати [vigina'ti] *v* bend, curve

вигідний [vi'geedniy] *adj* profitable, advantageous, paying

вигін [vi'geen] *m* pasture (land)

вигляд [vi'glyad] *m* appearance, look

виглядати [viglyada'ti] *v* look out

виглядати [viglyada'ti] *v* look

вигнання [vigna'nnya] *n* exile, banishment

вигнутий [vi'gnutiy] *adj* bent, curved

вигода [vi'goda] *f* advantage, gain, profit

вигода [vigo'da] *f* comfort

вигодовувати [vigodo'vuvati] *v* 1) bring up 2) rear, raise

виголошувати [vigolo'shuvati] *v* deliver

виготовляти [vigotovlya'ti] *v* make, produce

вигравати [vigrava'ti] *v* 1) win, gain 2) play

виграш [vi'grash] *m* prize, winnings 2) gain

вигрівати [vigreeva'ti] *v* warm

вигук [vi'guk] *m* exclamation

вигукувати [vigu'kuvati] *v* exclaim, cry out

вид [vid] *m* 1) view 2) kind, sort, form

видавати [vidava'ti] *v* 1) give 2) betray, give away 3) publish

видаватися [vidava'tisya] *v* 1) seem, look 2) happen 3) jut out, protrude

видавець [vidave'ts'] *m* publisher

видавництво [vidavni'tstvo] *n* publishing house

видавлювати [vida'vlyuvati] *v* press out, squeeze out

видання [vida'nnya] *n* 1) publication, issue 2) edition

видатний [vidatni'y] *adj* outstanding, remarkable, prominent, distinguished

видаток [vida'tok] *m* expense

видача [vi'dacha] *f* giving out payment

виделка [vide'lka] *f* fork

видимий [vi'dimiy] *adj* 1) visible 2) obvious

видимість [vi'dimeest'] *f* visibility

видирати [vidira'ti] *v* pull out, tear out

видихати [vidikha'ti] *v* exhale, breathe out

видихатися [vidikha'tisya] *v* lose its smell

виділяти [videelya'ti] *v* pick out, select

виділятися [videelya'tisya] *v* be distinguished, stand out (for)

видний [vi'dniy] *adj* 1) visible 2) prominent

виднітися [vidnee'tisya] *v* be visible

видно [vi'dno] *adv* 1) one can see 2) evidently, obviously

видовище [vido'vishche] *n* sight, spactacle, show

видозмінювати [vidozmee'nyuvati] *v* modify, alter

видра [vi'dra] *f зоол.* otter

видужання [vi'duzhannya] *n* recovery, convalescence

видужувати [vidu'zhuvati] *v* get better, recover

виживати [vizhiva'ti] *v* survive; live

визволення [vi'zvolennya] *n* release, liberation

визволитель [vizvoli'tel'] *m* liberator

визволити [vi'zvoliti] *v* liberate, release

визвольний [vi'zvol'niy] *adj* liberation

визирати [vizira'ti] *v* look out

визнавати [viznava'ti] *v* recognize, admit, acknowledge

визнання [vizna'nnya] *n* recognition, acknowledgement

визначати [viznacha'ti] *v* fix, determine, define

визначений [vi'znacheniy] *adj* fixed, determined

визначення [vi'znachennya] *n* determination, definition

визначний [viznachni'y] *adj* notable, important, prominent

виїжджати [viyeezhdzha'ti] *v* go away, leave, depart

виїзд [vi'yeezd] *m* departure

виймати [viyma'ti] *v* take out, extract

виказати [vi'kazati] *v* express, say, tell

викачати [vi'kachati] *v* pump out

викидати [vikida'ti] *v* throw away

виклад [vi'klad] *m* account, exposition

викладання [viklada'nnya] *n* teaching

викладати [viklada'ti] *v* 1) lay out 2) teach

викладач [viklada'ch] *m* teacher, instructer

виклик [vi'klik] *m* call, summons

викликати [viklika'ti] *v* 1) call, send(for), summon 2) challenge 3) evoke, cause, rouse

виключати [viklyucha'ti] *v* exclude; except; expel

виключний [vi'klyuchniy] *adj* exceptional, exclusive

виковувати [viko'vuvati] *v* forge, hammer(into shape)

виколоти [vi'koloti] *v* prick out

виконавець [vikona'vets'] *m* doer, executor, perfomer

виконання [vikona'nnya] *n* fulfilment, execution

виконати [vi'konati] *v* fulfil, carry out, execute

використовувати [vikristo'vuvati] *v* use, make use, utilize

викорінювати [vikoree'nyuvati] *v* root out, eradicate

викорчовувати [vikorcho'vuvati] *v* root out

викотити [vi'kotiti] *v* roll out

викосити [vi'kositi] *v* mow down

викрасти [vi'krasti] *v* steal

викривати [vikriva'ti] *v* expose, reveal, unmask

викривлення [vi'krivlennya] *n* bend, twist

викривляти [vikrivlya'ti] *v* bend, twist

викрійка [vi'kreeyka] *f* pattern

викроїти [vi'kroyeeti] *v* cut out

викрутити [vi'krutiti] *v* unscrew; twist, wrench

викуп [vi'kup] *m* ransom

викупити [vi'kupiti] *v* redeem, ransom

викурити [vi'curiti] *v* smoke out

вила [vi'la] *pl* pitchfork

вилазити [vila'ziti] *v* get out, climb out

виливати [viliva'ti] *v* pour out, empty

виливатися [viliva'tisya] *v* run out, flow out

вилитий [vi'litiy] *adj* the very image/picture of somebody

вилицюватий [vilitsyuva'tiy] *adj* high-cheekboned

вилиця [vi'litsya] *f* cheek-bone

вилікувати [vi'leekuvati] *v* cure

виліт [vi'leet] *m* flight, start, take off

вилітати [vileeta'ti] *v* fly out, take off, start

вилка (штепсельна) [vi'lka] *f* plug

вилов [vi'lov] *m* catch, take

виловити [vi'loviti] *v* catch, fish out

вилучати [vilucha'ti] *v* withdraw, separate

вимагати [vimaga'ti] *v* demand, extort, wring

вимазати [vi'mazati] *v* smear, soil, dirty

виманювати [vima'nyuvati] *v* coax, entice, lure out, lure away

вимерзати [vimerza'ti] *v* be destroyed by frost

вимивати [vimiva'ti] *v* wash, hollow out, wash away

вимикати [vimika'ti] *v* turn off, shut off, turn out, switch off

вимикач [vimika'ch] *m* switch

вимирати [vimira'ti] *v* die out, become extinct

вимір [vi'meer] *m* measuring, taking

вимірювальний [vimee'ryuval'niy] *adj* measuring

вимірювати [vimee'ryuvati] *v* measure, survey

вимітати [vimeeta'ti] *v* sweep

вимова [vi'mova] *f* pronunciation

вимовляти [vimovlya'ti] *v* pronounce, say

вимога [vi'moga] *f* demand, claim

вимокати [vimoka'ti] *v* be drenched, get wet through

виморенний [vi'moreniy] *adj* exhausted

вимочити [vi'mochiti] *v* drench, soak

вимостити [vi'mostiti] *v* pave

вимушений [vi'musheniy] *adj* enforced, forced

вим'я [vi'm''ya] *n* udder

вина [vina'] *f* fault, guilt

винагорода [vinagoro'da] *f* reward, recompense, pay

винагороджувати [vinagoro'dzhuvati] *v* reward, recompense

винахід [vi'nakheed] *m* invention

винахідник [vinakhee'dnik] *m* inventor

винаходити [vinakho'diti] *v* invent

виникати [vinika'ti] *v* arise

виникнення [vi'niknennya] *n* rise

винищувати [vini'shchuvati] *v* destroy, exterminate

винний [vi'nniy] *adj* guilty

винний [vi'nniy] *adj* wine

вино [vino'] *n* wine

виноград [vinogra'd] *m* vine, grapes

виноградник [vinogra'dnik] *m* vineyard

виноробство [vinoro'bstvo] *n* winemaking

виносити [vinosi'ti] *v* carry out, take out, take away

винятковий [vinyatko'viy] *adj* exclusive, ecxeptional

винятково [vinyatko'vo] *adv* exceptionally

виняток [vi'nyatok] *m* exception

випад [vi'pad] *m* attack, thrust

випадати [vipada'ti] *v* fall out, drop out

випадковий [vipadko'viy] *adj* accidental, casual, chance

випадок [vi'padok] *m* event, incident, accident

випалювати [vipa'lyuvati] *v* burn out, burn down

випари [vi'pari] *pl* fumes, vapour

випаровування [viparo'vuvannya] *n* evaporation

випаровуватися [viparo'vuvatisya] *v* evaporate, exhale

випас [vi'pas] *m* pasture

випереджати [viperedzha'ti] *v* outstrip, leave behind

випивати [vipiva'ti] *v* drink (off), take

випиляти [vipilya'ti] *v* saw out, cut out

виписка [vi'piska] *f* extract

виписувати [vipi'suvati] *v* extract, write out

випитувати [vipi'tuvati] *v* pump, elicit

випікати [vipeeka'ti] *v* burn out, bake

виплавка [vi'plavka] *f* smelting

виплавляти [viplavlya'ti] *v* smelt

виплата [vi'plata] *f* payment

виплачувати [vipla'chuvati] *v* pay, pay off

випливати [vipliva'ti] *v* swim out, emerge

виплигнути [vi'plignuti] *v* jump out

виплутатися [vi'plutatisya] *v* extricate oneself

виповзати [vipovza'ti] *v* creep out, crawl out

виполіскувати [vipolee'skuvati] *v* rinse out

виправдання [vi'pravdannya] *n* justification, excuse

виправдовувати [vipravdo'vuvati] *v* justify, excuse

виправлення [vi'pravlennya] *n* correction

виправляти [vipravlya'ti] *v* straighten, correct

випрасувати [vi'prasuvati] *v* iron, press

випрати [vi'prati] *v* wash

випробувати [vipro'buvati] *v* try, test

випробування [vipro'buvannya] *n* test, trial

випромінювання [vipromee'nyuvannya] *n* radiation

випромінювати [vipromee'nyuvati] *v* radiate, emit

випростувати [vipro'stuvati] *v* straighten

випросити [vi'prositi] *v* ask, solicit, wheedle

випрягати [vipryaga'ti] *v* unharness

випрямляти [vipryamlya'ti] *v* straighten, unbend

випуск [vi'pusk] *m* output, issue

випускати [vipuska'ti] *v* 1) let out, let go 2) produce, put out

вир [vir] *m* whirlpool

виражати [virazha'ti] *v* express, convey

вираз [vi'raz] *m* expression, look

виразка [vi'razka] *f* ulcer

виразний [vira'zniy] *adj* expressive, clear, distinct

виразник [vira'znik] *m* spokesman, mouthpiece

виразно [vira'zno] *adv* expressively, distinctly, clearly

вирахувати [vi'rakhuvati] *v* calculate, compute

виривати [viriva'ti] *v* pull out, snatch out

виривати [viriva'ti] *v* dig out, dip up

виріб [vi'reeb] *m* (manufactured) article *мн.* goods, wares

виріз [vi'reez] *m* cut

вирізати [vireeza'ti] *v* cut out, carve (out)

вирішальний [vireesha'l'niy] *adj* decisive

вирішувати [vireeshuva'ti] *v* decide, settle, solve

виробіток [vi'robeetok] *m* production, output

виробляти [viroblya'ti] *v* manufacture, produce

виробництво [virobni'tstvo] *n* production, manufacture

виродження [vi'rodzhennya] *n* degeneration

вироджуватися [viro'dzhuvatisya] *v* generate

виродок [vi'rodok] *m* generate, monster

виростати [virosta'ti] *v* grow, grow up

вирощувати [viro'shchuvati] *v* bring up, grow, raise

25

вирубувати [viru'buvati] *v* cut down, fell

виручати [viru'chati] *v* help out, rescue, make gain

виручка [vi'ruchka] *f* aid, rescue, gains, takings

вирушати [virusha'ti] *v* start, depart

виряджати [viryadzha'ti] *v* dress up, equip, see off

висаджувати [visa'dzhuvati] *v* put ashore, land, plant out

висадка [vi'sadka] *f* landing; disembarkation, transplanting

висвітлювати [visvee'tlyuvati] *v* light up

виселення [vi'selennya] *n* eviction

виселяти [viselya'ti] *v* evict

висиджувати [visi'dzhuvati] *v* sit out, stay, remain

висилати [visila'ti] *v* send, exile, deport

висипати [visipa'ti] *v* pour out, spill, empty

висиплятися [visiplya'tisya] *v* have a good sleep

висихати [visikha'ti] *v* dry up, wither

висівки [vi'seevki] *pl* sifting, bran

висікати [viseeka'ti] *v* carve, hew, cut, flog, whip

висіти [visee'ti] *v* hang

вискакувати [viska'kuvati] *v* jump out, spring out, jump on

вислизати [visliza'ti] *v* slip out, slip off, slip away

вислів [vi'sleev] *m* expression

висловлювати [vislo'vlyuvati] *v* express

вислухати [vi'slukhati] *v* listen (to), hear out

висмикувати(ся) [vismi'kuvati(sya)] *v* pull out

висміювати [vismee'yuvati] *v* ridicule, make fun of

виснаженний [vi'snazheniy] *adj* exhausted, worn out

виснаження [vi'snazhennya] *n* exhaustion

виснажувати [visna'zhuvati] *v* exhaust

висновок [vi'snovok] *m* conclusion

високий [viso'kiy] *adj* high, tall

високо [viso'ko] *adv* high

високовольтний [visokovo'l'tniy] *adj* high-voltage

високосний [visoko'sniy] *adj* leap

високоякісний [visokoya'keesniy] *adj* high-quality

висота [visota'] *f* height, altitude

висотний [viso'tniy] *adj* high-altitude, many-storeyed

височіти [viso'cheeti] *v* rise (above)

вистава [vista'va] *f* performance, show

виставка [vi'stavka] *f* exibition, show

виставляти [vistavlya'ti] *v* put out, exhibit, display, show

вистачати [vistacha'ti] *v* suffice, be sufficient

вистрибувати [vistri'buvati] *v* jump out, leap out

виступ [vi'stup] *m* 1) projection, ledge, prominence 2) speech, statement 3) performance 4) march, departure

виступати [vistupa'ti] *v* 1) come forward 2) project 3) come out, appear, perform

висувати [visuva'ti] *v* 1) pull out, move out 2) advance, nominate, promote

висуватися [visuva'tisya] *v* show oneself, be distinguished

висувний [visuvni'y] *adj* sliding

висушувати [visu'shuvati] *v* dry, waste

висхідний [viskhee'dniy] *adj* ascending, rising

витвір [vi'tveer] *m* creation, work

вити [vi'ti] *v* howl, moan, wail

вити [vi'ti] *v* twine, twist

витирати [vitira'ti] *v* wipe, dry

витися [vi'tisya] *v* climb, curl, wind, writhe

витівка [vi'teevka] *f* trick, prank

витікати [viteeka'ti] *v* flow out, run out

витісняти [viteesnya'ti] *v* force out, oust

витісувати [vitee'suvati] *v* hew out, cut out

виткати [vitka'ti] *v* weave

витовкти [vi'tovkti] *v* trample down

витончений [vi'toncheniy] *adj* refined, subtle

витрата [vi'trata] *f* expenditure, expense, outlay

витрачати [vitracha'ti] *v* spend

витривалий [vitriva'liy] *adj* enduring, hardy

витриманий [vi'trimaniy] *adj* self-controlled

витримувати [vitri'muvati] *v* bear, stand

витрушувати [vitru'shuvati] *v* shake out

витяг [vi'tyag] *m* extract, excerpt

витягати [vitya'gati] *v* stretch (out), drag up/on

вихід [vi'kheed] *m* exit, entrance, going out

вихідний [vikheedni'y] *adj* day off, rest day

вихлюпувати [vikhlyu'puvati] *v* splash out, throw out

вихованець, ~ка [vikhova'nets', ~ka] *m, f* pupil, ward

вихований [vi'khovaniy] *adj* well-bred; well brought up

виховання [vikhova'nnya] *n* education

вихователь, ~ка [vikhova'tel', ~ka] *m, f* teacher, tutor, educator

виховувати [vikho'vuvati] *v* bring up. educate

виходити [vikhodi'ti] *v* go out, come out

вихоплювати [vikho'plyuvati] *v* snatch out, get out, take out

вицвітати [vitsveeta'ti] *v* fade

вичавлювати [vicha'vluyvati] *v* press out

вичерпний [vi'cherpniy] *adj* exhaustive

вичерпувати [viche'rpuvati] *v* scoop out, bail out

вичищати [vichishcha'ti] *v* clean, brush

вичікувати [vichee'kuvati] *v* wait (for)

вичісувати [vichee'suvati] *v* comb out

вишиваний [vi'shi'vaniy] *adj* embroidered

вишивати [vishiva'ti] *v* embroider

вишивка [vi'shivka] *f* embroidery

вишка [vi'shka] *f* tower

вишневий [vishne'viy] *adj* cherry

вишня [vi'shnya] *f* cherry

виштовхувати [vishto'vkhuvati] *v* force out, push out

вишуканий [vi'shukaniy] *adj* refined, exquisite, suble

вишукувати [vishu'kuvati] *v* look for

вищати [vishcha'ti] *v* squeal, screech

вищевказаний [vishchevka'zaniy] *adj* above-mentioned

вищенаведений [vishchenave'deniy] *adj* cited above

вищий [vi'shchiy] *adj* higher superior

вияв [vi'yav] *m* expression, display

виявляти [viyavlya'ti] *v* show, display, find out

виясняти [viyasnya'ti] *v* clear up, make clear

вібрація [veebra'tseeya] *f* vibration

вівсяний [veevsya'niy] *adj* oat

вівсянка [veevsya'nka] *f* oatmeal, porridge

вівтар [veevta'r] *m* altar

вівторок [veevto'rok] *m* Tuesday

вівця [veevtsya'] *f* sheep

вівчар [veevcha'r] *m* shepherd

вівчарка [veevcha'rka] *f* sheep-dog

від [veed] *prep* 1) from 2) with, of, from 3) for, against

відбивати [veedbiva'ti] *v* 1) break off 2) beat off 3) reflect

відбиватися [veedbiva'tisya] *v* defend oneself

відбивна [veedbivna'] *f* chop

відбирати [veedbira'ti] *v* take away, choose, pick out

відбиток [veedbi'tok] *m* imprit, mark, reflection

відбігати [veedbiga'ti] *v* run off

відбій [veedbee'y] *m військ.* retreat

відбір [veedbee'r] *m* selection, choice

відблиск [vee'dblisk] *m* reflection, gleam

відбувати [veedbuva'ti] *v* serve

відбуватися [veedbuva'tisya] *v* happen, take place

відбудова [veedbudo'va] *f* restoration, reconstruction

відбудовувати [veedbudo'vuvati] *f* re-establish, restore

відвага [veedva'ga] *f* courage, bravery

відважний [veedva'zhniy] *adj* courageous, brave

відвалювати [veedva'lyuvati] *v* heave off

відвантажувати [veedvanta'zhuvati] *v* dispatch

відвар [veedva'r] *m* broth, decoction

відвертати [veedverta'ti] *v* 1) turn aside 2) avert 3) turn off

відвертий [veedve'rtiy] *adj* frank, outspoken, downright

відвертість [veedve'rteest'] *f* frankness

відвідання [veedvee'dannya] *n* visit, call

відвідати [veedvee'dati] *v* visit, call on

відводити [veedvo'diti] *v* 1) load, take 2) reject

відвозити [veedvo'ziti] *v* drive/take (to a place)

відв'язувати [veedv"ya'zuvati] *v* untie, unfetter

відгадувати [veedga'duvati] *v* guess

відгалуження [veedgalu'zhennya] *n* offshoot, branch

відганяти [veedganya'ti] *v* drive away/off

відгинати [veedgina'ti] *v* turn back, unbend

відгодівля [veedgodee'vlya] *f* fattening

відгодувати [veedgoduva'ti] *v* fatten

відгомін [vee'dgomeen] *m* echo

відгородити [veedgorodi'ti] *v* fence off

відгортати [veedgorta'ti] *v* move aside

відгризати [veedgriza'ti] *v* bite off, gnaw off

відгук [vee'dguk] *m* response, opinion

відгукуватися [veedgu'kuvatisya] *v* answer, respond (to)

віддавати [veeddava'ti] *v* give back, return

віддаватися [veeddava'tisya] *v* give oneself up (to)

віддавна [veedda'vna] *adv* long since

віддалений [veedda'leniy] *adj* remote, distant

віддаль [vee'ddal'] *f* distance

відданий [vee'ddaniy] *adj* devoted, loyal, faithful

відданість [vee'ddaneest'] *f* devotion, loyalty, faithfulness

віддирати [veeddira'ti] *v* tear off/away

відділ [vee'ddeel] *m* part, department, section

відділення [veeddee'lennya] *n* separation

відділяти [veeddeelya'ti] *v* separate

віддячувати [veeddya'chuvati] *v* repay

відеокасета [veedeokase'ta] *f* video cassette

відеомагнітофон [veedeomagneeto-fo'n] *m* video recorder

від'ємний [veed"ye'mniy] *adj* negative

відзнака [veedzna'ka] *f* sign, decoration

відзначати [veedzna'chati] *v* mark, note, celebrate, honor

відзначатися [veedznacha'tisya] *v* differ (from), be notable (for)

відігравати [veedeegrava'ti] *v* play a part

від'їжджати [veed"yeezhdzha'ti] *v* go away, depart, leave (for)

від'їзд [veed"yee'zd] *m* departure, leaving

відкидати [veedkida'ti] *v* throw off/away/aside

відкидний [veedkidni'y] *adj* folding

відкладати [veedklada'ti] *v* put/lay aside

відклик [vee'dklik] *m* recall

відкликати [veedklika'ti] *v* call/take aside, recall

відколи [veedko'li] *adv* since when

відкопувати [veedko'puvati] *v* dig up

відкочувати [veedko'chuvati] *v* roll away

відкривати [veedkriva'ti] *v* open, discover

відкритий [veedkri'tiy] *adj* reveal, disclose, open, frank

відкриття [veedkrittya'] *n* opening, inauguration, discovery

відкусити [veedkusi'ti] *v* bite off

відламати [veedlama'ti] *v* break off

відлига [veedli'ga] *f* thaw

відліт [veedlee't] *m* flying away, take off, start

відлітати [veedleeta'ti] *v* fly away, take off

відлюдний [veedlyu'dniy] *adj* lonely, solitary

відмежовуватися [veedmezho'vuvatisya] *v* dissociate oneself

відмивати [veedmiva'ti] *v* wash (off)

відмикати [veedmika'ti] *v* unlock, unbolt

відмирати [veedmira'ti] *v* die off

відміна [veedmee'na] *f* difference, abolition

відмінний [veedmee'nniy] *adj* different, excelent

відмінок [veedmee'nok] *m* грам. case

відмінювання [veedmee'nyuvannya] *n* declension, conjugation

відмінювати [veedmee'nyuvati] *v* decline, conjugate

відміняти [veedmeenya'ti] *v* abolish, abrogate

відмітний [veedmee'tniy] *adj* distinctive

відмічати [veedmeecha'ti] *v* mark, note

відмова [veedmo'va] *f* refusal, rejection

відмовляти [veedmovlya'ti] *v* refuse, deny

віднині [veedni'nee] *adv* henceforth

віднімати [veedneema'ti] *v* take away

відновлювати [veedno'vlyuvati] *v* restore, rebuild

відносини [veedno'sini] *pl* relations

відносити [veedno'siti] *v* 1) take (to) 2) carry away 3) refer (to)

відноситися [veedno'sitisya] *v* 1) treat 2) concern

відносний [veedno'sniy] *adj* relative

відносно [veedno'sno] *adv* relatively

відношення [veedno'shennya] *n* relation, relationship

відображати [veedobrazha'ti] *v* reflect

відображення [veedobra'zhennya] *n* reflection

відозва [veedo'zva] *f* appeal, proclamation

відокремлювати [veedokre'mlyuvati] *v* separate

відомий [veedo'miy] *adj* known, well-known, famous

відомо [veedo'mo] *adv* it is known, naturally, of course

відомість [veedo'meest'] *f* list

відомості [veedo'mostee] *pl* news, information

відомство [vee'domstvo] *n* department

відпадати [veedpada'ti] *v* fall off, fall away

відписувати [veedpi'suvati] *v* 1) answer, write back 2) leave by will

відпихати [veedpikha'ti] *v* push away, kick

відплата [veedpla'ta] *f* repayment

відплачувати [veedpla'chuvati] *v* repay, requite

відплив [veedpli'v] *m* ebb, ebb-tide

відпливати [veedpliva'ti] *v* swim off

відповзати [veedpovza'ti] *v* crawl away

відповідальний [veedpoveeda'l'niy] *adj* responsible

відповідати [veedpoveeda'ti] *v* 1) answer, reply 2) be responsible (for) 3) correspond (to)

відповідний [veedpovee'dniy] *adj* corresponding, suitable

відповідно (до) [veedpovee'dno] *adv* 1) accordingly, correspondingly 2) according to, in accoding with

відповідь [vee'dpoveed'] *f* answer, reply

відпочивати [veedpochiva'ti] *v* rest, have a rest

відпочинок [veedpochi'nok] *m* rest, holiday

відправляти [veedpravlya'ti] *v* send, forward

відправник [veedpra'vnik] *m* sender

відпрошуватися [veedpro'shuvatisya] *v* ask for leave

відпускати [veedpuska'ti] *v* 1) let go, release, set free 2) turn loose 3) supply

відпустка [veedpu'stka] *f* leave, holiday, vacation

відраджувати [veedra'dzhuvati] *v* dissuade

відрадний [veedra'dniy] *adj* pleasant, comforting

відразу [veedra'zu] *adv* at once

відраховувати [veedrakho'vuvati] *v* 1) count off 2) keep back

відривати [veedriva'ti] *v* tear off, disturb

відріз [veedree'z] *m* length (of stuff)

відрізняти [veedreeznya'ti] *v* distinguish, discern

відрізнятися [veedreeznya'tisya] *v* differ (from)

відрізок [veedree'zok] *m* piece

відрізати [veedreeza'ti] *v* cut off

відрікатися [veedreeka'tisya] *v* renounce, repudiate

відро [veedro'] *n* pail, bucket

відродження [veedro'dzhennya] *n* revival, regeneration

відроджувати [veedro'dzhuvati] *v* revive, regenerate

відрубати [veedruba'ti] *v* cut off, chop off

відрядження [veedrya'dzhennya] *n* business trip

відсилати [veedsila'ti] *v* send off

відсипати [veedsipa'ti] *v* pour out

відсіч [vee'dseech] *f* rebuff, repulse

відскакувати [veedska'kuvati] *v* jump aside/away

відсоток [veedso'tok] *m* per cent

відставання [veedstava'nnya] *n* lag, lagging behind

відставати [veedstava'ti] *v* fall/lag behind

відставка [veedsta'vka] *f* resignation, dismissal

відстібати [veedsteeba'ti] *v* unfasten, undo

відстоювати [veedsto'yuvati] *v* stand up, defend

відступ [vee'dstup] *m* retreat, deviation

відступати [veedstupa'ti] *v* step back, fall back

відсувати [veedsuva'ti] *v* move aside/away

відсутній [veedsu'tneey] *adj* absent

відставати [veedstava'ti] *v* thaw out

відтак [veedta'k] *adv* then, afterwards

відтворити [veedtvori'ti] *v* reproduce

відтінок [veedtee'nok] *m* shade, tinge

відтоді [veedto'dee] *adv* since, then

відтягати [veedtyaga'ti] *v* drag/pull aside/away

відучувати [veeduchuva'ti] *v* break of the habit of

відхилення [veedkhi'lennya] *n* deflexion, deviation

відхиляти [veedkhilya'ti] *v* deflect, turn aside, decline

відхилятися [veedkhilya'tisya] *v* move aside, diverge, deviate

відхід [veedkhee'd] *m* setting off, departure, sailing

відходи [veedkho'di] *pl* waste (material)

відходити [veedkho'diti] *v* move away/off, go away, depart, sail

відцвітати [veedtsveeta'ti] *v* fade

відцуратися [veedtsura'tisya] *v* renounce, repudiate

відчай [vee'dchay] *m* despair

відчайдушний [veedchaydu'shniy] *adj* desperate

відчалювати [veedcha'lyuvati] *v* push off, move off

відчиняти [veedchinya'ti] *v* open

відчіплювати [veedchee'plyuvati] *v* unhook, get loose

відчувати [veedchuva'ti] *v* feel, sense

відчутний [veedchu'tniy] *adj* perceptible, tangible, appreciable

відчуття [veedchuttya'] *n* feeling, sensation

відшкодовувати [veedshkodo'vuvati] *v* make up(for), compensate (for), repay

відшкодовування [veedshkodo'vuvannya] *n* compensation, recompense

відштовхувати [veedshto'vkhuvati] *v* push away, kick

відштовхуватися [veedshto'vkhuvatisya] *v* push off

відшукати [veedshuka'ti] *v* find, look for

відьма [vee'd'ma] *f* witch

віжки [vee'zhki] *pl* reins

віз [veez] *m* cart

віза [vee'za] *f* visa

візерунок [veezeru'nok] *m* pattern, design

візит [veezi't] *m* visit, call

візитна (картка) [veezi'tna ka'rtka] *adj + f* visiting card

візник [veezni'k] *m* cabman

візувати [veezuva'ti] *v* visa

війна [veeyna'] *f* war

війська [veeys'ka'] *pl* troops, forces

військо [vee'ys'ko] *n* army

військовий [veeys'ko'viy] *adj* military

військово-морський [veeys'ko'vomors'ki'y] *adj* naval

військово-повітряний [veeys'ko'vo-poveetrya'niy] *adj* air-force

військовополонений [veeys'kovopolone'niy] *m* prisoner-of-war

військовослужбовець [veeys'kovosluzhbo'vets'] *m* military man

вік [veek] *m* century, age

вікно [veekno'] *n* window

віковий [veekovi'y] *adj* age

віл [veel] *m* ox, bullock

вілла [vee'lla] *m* villa

вільний [vee'l'niy] *adj* free, vacant, spare

вільно [vee'lno] *adv* freely, easily

вільха [veel'kha'] *f* alder(-tree)

він [veen] *m* he

вінегрет [veenegre't] *m* Russian salad

вінець [veene'ts'] *m* crown, wreath

віник [vee'nik] *m* besom

вінок [veeno'k] *m* wreath

вінчати [veencha'ti] *v* 1) crown 2) marry

вінчатися [veencha'tisya] *v* be married

віолончель [veeolonche'l'] *f* violoncello

віра [vee'ra] *f* faith, belief

вірити [vee'riti] *v* believe (in), trust

вірний [vee'rniy] *adj* faithful, loyal, true

вірність [vee'rneest'] *f* faithfulness, loyalty

вірно [vee'rno] *adv* faithfully, loyally

вірогідний [veerogee'dniy] *adj* trustworthy, reliable

віроломний [veerolo'mniy] *adj* treacherous, perfidious

віроломство [veerolo'mstvo] *n* treachery, perfidy

віртуоз [veertuo'z] *m* virtuoso

віртуозний [veertuo'zniy] *adj* masterly

вірус, ～ний [vee'rus, ～niy] *m, adj* virus

вірш [veersh] *m* poem, verse, rhyme

вісім [vee'seem] *num* eight

вісімдесят [veeseemdesya't] *num* eighty

вісімдесятий [veeseemdesya'tiy] *num* eightieth

вісімнадцятий [veeseemna'dtsyatiy] *num* eighteenth

вісімнадцять [veeseemna'dtsyat'] *num* eighteen

вісімсот [veeseemso't] *num* eight hundred

віск [veesk] *m* wax

віскоза [veesko'za] *f* rayon

вісник [vee'snik] *m* messenger, bulletin

віспа [vee'spa] *f* smallpox

вістря [vee'strya] *n* point, edge

вість [veest'] *f* news, information

вісь [vees'] *f* axis

вітальний [veeta'l'niy] *adj* welcoming

вітальня [veeta'l'nya] *f* drawing-room

вітамін [veetamee'n] *m* vitamin

вітання [veeta'nya] *n* greeting; congratulation

вітати [veeta'ti] *v* greet, welcome

вітер [vee'ter] *m* wind

вітерець [veetere'ts'] *m* breeze

вітрило [veetri'lo] *n* sail

вітрина [veetri'na] *f* shop-window

вітряк [veetrya'k] *m* windmill

вітряний [vee'tryaniy] *adj* windy, gusty

вітчизна [veetchi'zna] *f* motherland, homeland

вітчим [veetchi'm] *m* stepfather

віце-президент [vee'tse-prezide'nt] *m* vice-president

віч-на-віч [veech-na'-veech] *adv* in private, confidentially

вічний [vee'chniy] *adj* eternal, everlasting

вічність [vee'chneest'] *f* eternity

вішалка [vee'shalka] *f* peg, rack, tab, hanger

вішати [vee'shati] *v* hang, hang up

вія [vee'ya] *f* eyelash

віялка [vee'yalka] *f* winnowing-machine

віяло [vee'yalo] *n* fan

віяти [vee'yati] *v* blow, breath

в'їдатися [v"yeeda'tisya] *v* bite (into)

в'їдливий [v"yee'dliviy] *adj* carping, acrid, pungent

в'їжджати [v"yeezhdzha'ti] *v* enter, ride in/into, drive (into)

в'їзд [v"yeezd] *m* entrance, entry

вказівка [vkazee'vka] *f* instructions

вказівний [vkazeevni'y] *adj* indicating, indicatory

вказувати [vka'zuvati] *v* show, indicate, point out, give instructions

вкидати [vkida'ti] *v* throw in

вклад [vklad] *m* deposit, investment

вкладник [vkla'dnik] *m* depositor

вклеювати [vkle'yuvati] *v* paste in

вклонитися [vkloni'tisya] *v* bow (to), greet

включати [vklyucha'ti] *v* include, insert, switch on

включатися [vklyucha'tisya] *v* join (in), be included (in)

включно [vklyu'chno] *adv* including, inclusive

32

вкорінювати [vkoree'nyuvati] *v* en-root, root in

вкорінюватися [vkoree'nyuvatisya] *v* take root

вкорочувати [vkoro'chuvati] *v* shorten

вкочувати [vko'chuvati] *v* roll in, wheel in

вкрадатися [vkrada'tisya] *v* steal in/into, slip in/into

вкрадливий [vkra'dliviy] *adj* insinuating

вкрай [vkray] *adv* quite, utterly

вкрасти [vkra'sti] *v* steal

вкривати [vkriva'ti] *v* cover (up / with)

вкриватися [vkriva'tisya] *v* become/be covered (with)

вкручувати [vkru'chuvati] *v* screw in/into

вкупі [vku'pee] *adv* together

вкусити [vkusi'ti] *v* bite, sting

влада [vla'da] *f* power, authority

влазити [vla'ziti] *v* get in/into

власний [vla'sniy] *adj* own

власник [vla'snik] *m* owner, proprietor

власноручний [vlasnoru'chniy] *adj* autographic

властивий [vlasti'viy] *adj* peculiar, characteristic, inherent

властивість [vlasti'veest'] *f* property, quality

влаштовувати [vlashto'vuvati] *v* arrange, organize, establish

влітати [vleeta'ti] *v* fly in/into

влітку [vlee'tku] *adv* in summer

влучати [vlucha'ti] *v* strike, hit

влучний [vlu'chniy] *adj* well-aimed, accurate

влягтися [vlyagti'sya] *v* lie down

вмикати [vmika'ti] *v* start, switch on, turn on

вмикач [vmika'ch] *m* switch

вмирати [vmira'ti] *v* die

вмить [vmit'] *adv* in a moment

вмілий [vmee'liy] *adj* skilful

вміння [vmee'nnya] *n* skill

вміст [vmeest] *m* contents

вміти [vmee'ti] *v* be able, know

вміщати [vmeeshcha'ti] *v* hold, contain

вмочити [vmochi'ti] *v* dip, sop

внаслідок [vna'sleedok] *adv* because of, on account of, owing to

внесок [vne'sok] *m* payment, fee

вниз [vniz] *adv* down, downwards

внизу [vnizu'] *adv* below, downstairs

вносити [vno'siti] *v* carry in, bring in

вночі [vnochee'] *adv*at/by might

внук [vnuk] *m* grandson

внутрішній [vnu'treeshneey] *adj* inside, inner

внучка [vnu'chka] *f* grand-daughter

вовк [vovk] *m* wolf

вовна [vo'vna] *f* wool

вовняний [vovnya'niy] *adj* woolen

вовчий [vo'vchiy] *adj* wolfish

вовчиця [vovchi'tsya] *f* she-wolf

вогкий [vo'gkiy] *adj* humid, moist, damp

вогневий [vogne'viy] *adj* fire

вогненний [vogne'nniy] *adj* fiery, igneous

вогнетривкий [vognetrivki'y] *adj* fireproof

вогнище [vo'gnishche] *n* camp-fire

вогонь [vogo'n'] *m* fire

вода [voda'] *f* water

водевіль [vodevee'l'] *m* vaudeville, comic sketch

водень [vo'den'] *m* hydrogen

водити [vodi'ti] *v* lead, conduct drive

водій [vodee'y] *m* driver

водний [vo'dniy] *adj* water

водограй [vodogra'y] *m* fountain

водоймище [vodo'ymishche] *n* reservoir, storage lake

водолаз [vodola'z] *m* diver

водолікування [vodoleekuva'nnya] *n* hydropathy

водопровід [vodoprovee'd] *m* water-pipe, running water

водопровідник [vodoprovee'dnik] *m* plumber

водорість [vo'doreest'] *f* water-plant

водоспад [vodospa'd] *m* waterfall, cascade

водостічний [vodostee'chniy] *adj* drain, drainage

водяний [vodyani'y] *adj* water

воєнний [voye'nniy] *adj* war

воз'єднання [voz"ye'dnannya] *n* reunion, reunification

воз'єднатися [voz"yedna'tisya] *v* reunite

возити [vozi'ti] *v* carry, drive

воїн [vo'yeen] *m* soldier

войовничий [voyovni'chiy] *adj* warlike, militant

вокальний [voka'l'niy] *adj* vocal

вокзал [vokza'l] *m* railway station

волейбол [voleybo'l] *m* volley-ball

волейболіст [voleybolee'st] *m* volleyball player

волелюбний [volelyu'bniy] *adj* freedom-loving

воліти [volee'ti] *v* wish, want

вологий [volo'giy] *adj* moist, humid

вологість [volo'geest'] *f* humidity, dampness

володар [volo'da'r] *m* master, ruler, sovereign, lord, owner

володіння [volodee'nnya] *n* possession, property

володіти [volodee'ti] *v* own, possess

волокно [volokno'] *n* fibre, filament

волокти [volokti'] *v* drag, trail

волос [vo'los] *m* hair

волосся [volo'ssya] *n* hair

волохатий [volokha'tiy] *adj* hairy, shaggy

волоцюга [volotsyu'ga] *m* vagrant, tramp

волошка [volo'shka] *f* cornflower

воля [vo'lya] *f* will, liberty, freedom

вольовий [volyovi'y] *adj* strong-willed

вона [vona'] *pron* she

вони [voni'] *pron* they

воно [vono'] *pron* it

ворог [vo'rog] *m* enemy, foe

ворожий [voro'zhiy] *adj* enemy's, hostile

ворожнеча [vorozhne'cha] *f* enmity, hostility

ворожити [vorozhi'ti] *v* tell fortunes

ворожка [voro"zhka] *f* fortune-teller

ворон [vo'ron] *m* raven

ворона [voro'na] *f* crow

ворота [voro'ta] *pl* gate

воротар [vorota'r] *m* gate-keeper; goal-keeper

ворс [vors] *m* nap

ворсистий [vorsi'stiy] *adj* fleecy

ворушитися [vorushi'tisya] *v* move, stir

восени [voseni'] *adv* in autumn

воскресати [voskresa'ti] *v* rise from the dead, come back to life

восьмий [vo's'miy] *num* eighth

воша [vo'sha] *f* louse

воювати [voyuva'ti] *v* beat war (with)

впадати [vpada'ti] *v* fall (into)

впевнений [vpe'vneniy] *adj* assured, certain

впевненість [vpe'vneneest'] *f* confidence

впевнено [vpe'vneno] *adv* with confidence

вперед [vpere'd] *adv* forward, onward, ahead

впертий [vpe'rtiy] *adj* obstinate, stubborn

вперше [vpe'rshe] *adv* for the first time

вписувати [vpi'suvati] *v* insert, put down

впихати [vpikha'ti] *v* push in/into, shove in/into

впізнавати [vpeeznava'ti] *v* recognize

вплив [vpliv] *m* influence

впливати [vpliva'ti] *v* influence, have an influence

вплітати [vpleeta'ti] *v* interwine (with)

вплутувати [vplu'tuvati] *v* involve (in)

вплутуватися [vplu'tuvatisya] *v* be involved (in)

вповзати [vpovza'ti] *v* crawl in, creep in

впоперек [vpo'perek] *adv* across

впорядковувати [vporyadko'vuvati] *v* put in order, compose, compile

вправа [vpra'va] *f* exercise

вправлятися [vpravlya'tisya] *v* exercise(in), practise

вправний [vpra'vniy] *adj* skilful, proficient

вправно [vpra'vno] *adv* skilfully

впритул [vpritu'l] *adv* close, closely

впровадження [vprova'dzhennya] *n* introduction

впроваджувати [vprova'dzhuvati] *v* introduce, inculcate

впрягати [vpryaga'ti] *v* harness

впускати [vpuska'ti] *v* 1) let in, admit 2) let fall/drop

вп'ястися [vp''ya'stisya] *v* dig into

вражати [vrazha'ti] *v* amaze, strike

враження [vra'zhennya] *n* impression

враз [vraz] *adv* suddenly, all at once

вразливий [vrazli'viy] *adj* sensitive

вранці [vra'ntsee] *adv* in the morning

враховувати [vrakho'vuvati] *v* take into consideration/account

врешті [vre'shtee] *adv* at last

вриватися [vriva'tisya] *v* burst into

врівноважений [vreevnova'zheniy] *adj* well-balanced, steady

врівноважити [vreevnova'zhiti] *v* balance

врізати [vree'zati] *v* cut in/down

врізатися [vreeza'tisya] *v* cut into

врода [vro'da] *f* beauty

вродити [vrodi'ti] *v* yield

вродливий [vrodli'viy] *adj* beautiful, handsome

врожай [vrozha'y] *m* harvest, crop

врожайність [vrozha'yneest'] *f* crop capacity

врозбрід [vro'zbreed] *adv* separately

вроздріб [vro'zdreeb] *adv* by/at retail

врозсип [vro'zsip] *adv* in all directions

вростати [vrosta'ti] *v* grow in

вручати [vrucha'ti] *v* hand in, deliver

врятувати [vryatuva'ti] *v* save

всаджувати [vsa'dzhuvati] *v* stick into, thrust into

все [vse] *pron* everything

всебічний [vsebee'chniy] *adj* thorough, detailed

вселяти [vselya'ti] *v* lodge/install (in)

вселятися [vselya'tisya] *v* settle/move (in/into)

всемогутній [vsemogu'tneey] *adj* all-powerful

всенародний [vsenaro'dniy] *adj* national

всередині [vsere'dinee] *adv* in, inside

всесвіт [vse'sveet] *m* universe, world

все-таки [vse'-taki] *adv* still, however

всипати [vsi'pa'ti] *v* pour (into)

всі [vsee] *pron* all, everybody, everyone

всілякий [vseelya'kiy] *adj* all kinds/sorts of

вскакувати [vska'kuvati] *v* jump (in)

вслухатися [vslukha'tisya] *v* listen attentively (to)

всмоктати [vsmokta'ti] *v* suck in, absorb

вставати [vstava'ti] *v* get up, rise

вставка [vsta'vka] *f* insertion, inset

вставляти [vstavlya'ti] *v* set in, put in, insert

встановлювати [vstano'vlyuvati] *v* put, place, establish

встигати [vstiga'ti] *v* have time

встояти [vsto'yati] *v* remain on one's feet, resist, withstand

встромляти [vstromlya'ti] *v* thrust in, drive in

встрявати [vstryava'ti] *v* get involved (in), interfere

вступ [vstup] *m* entry, introduction

вступати [vstupa'ti] *v* 1) enter, march (in/into) 2) join, become a member

всувати [vsuva'ti] *v* put (in/into), thrust (in/into)

всупереч [vsu'perech] *adv* in spite of, despite

всюди [vsyu'di] *adv* everywhere, anywhere

всякий [vsya'kiy] *adj* any, everybody, anybody, everyone, anyone

втеча [vte'cha] *f* flight, escape

втирати [vtira'ti] *v* rub (in/into)

втискати [vtiska'ti] *v* squeeze/cram (in/into)

втихати [vtikha'ti] *v* cease, die away

втихомирювати [vtikhomi'ryuvati] *v* calm, pacify, soothe

втікати [vteeka'ti] *v* run away, escape

втікач [vteeka'ch] *m* fugitive, run away

втілення [vtee'lennya] *n* incarnation, embodiment

втілювати [vtee'lyuvati] *v* incarnate, embody

втіха [vtee'kha] *f* joy, delight

втішати [vteesha'ti] *v* comfort, console

втома [vto'ma] *f* tiredness, fatigue

втомлений [vto'mleniy] *adj* tired, fatigued

втомлюватися [vto'mlyuvatisya] *v* be tired

втопити [vtopi'ti] *v* drown

втоптувати [vto'ptuvati] *v* stamp down

вторгатися [vtorga'tisya] *v* invade

вторгнення [vto'rgnennya] *n* invasion

втрата [vtra'ta] *f* loss, waste

втрачати [vtracha'ti] *v* lose

втретє [vtre'tye] *adv* for the third time

втримувати [vtri'muvati] *v* hold, retain

втроє [vtro'ye] *adv* three times as much

втручатися [vtrucha'tisya] *v* interfere, intervene

втрьох [vtryokh] *adv* the three of them/you/us, all three

втягувати [vtya'guvati] *v* pull, draw (in/into)

вуаль [vua'l'] *f* veil

вугілля [vugee'llya] *n* coal

вугільний [vugee'l'niy] *adj* coal

вуглеводень [vuglevo'den'] *m* hydrocarbon

вуглець [vugle'ts'] *m* carbon

вудила [vudi'la] *pl* bit

вудити [vudi'ti] *v* fish

вудка, вудилище [vu'dka, vudi'lishche] *f, n*, fishing-rod, rod

вуж [vuzh] *m* grass-snake

вуз [vuz] *m* higher educational institution, university, institute

вуздечка [vuzde'chka] *f* bridle

вузол [vu'zol] *m* knot, bundle

вузький [vuz'ki'y] *adj* narrow, tight

вулик [vu'lik] *m* hive

вулиця [vu'litsya] *f* street

вуличний [vu'lichniy] *adj* street

вулкан [vulka'n] *m* volcano

вулканічний [vulkaneec'hniy] *adj* volcanic

вульгарний [vul'ga'rniy] *adj* vulgar

вундеркінд [vunderkee'nd] *m* infant prodigy

вус [vus] *m* moustache

вухо [vu'kho] *n* ear

вхід [vkheed] *m* entrance, entry

входити [vkho'diti] *v* enter, go in, come in

вхопити [vkhopi'ti] *v* catch, grip

вцілити [vtsee'liti] *v* hit

вчадіти [vcha'deeti] *v* be poisoned by fumes

вчасний [vcha'sniy] *adj* timely, opportune

вчасно [vcha'sno] *adv* in (good) time

вчений [vche'niy] *m* scientific, scientist, scholar

вчення [vche'nnya] *n* studies, learning

вчепитися [vchepi'tisya] *v* hold on (to), cling (to)

вчетверо [vche'tvero] *adv* four times (as much)

вчинок [vchi'nok] *m* action, deed

вчиняти [vchinya'ti] *v* act, do, commit

вчитель, ~ка [vchi'tel', ~ka] *m, f* teacher

вчити [vchi'ti] *v* teach, learn, study

вчитися [vchi'tisya] *v* learn, study

вчора [vcho'ra] *adv* yesterday

вчорашній [vchora'shneey] *adj* yesterday's

вшанувати [vshanuva'ti] *v* honour

вшивати [vshiva'ti] *v* sew in, stitch (in)

вштовхувати [vshto'vkhuvati] *v* push (into)

вщент [vshchent] *adv* completely

вщипнути [vshchipnu'ti] *v* pinch

вщухати [vshchukha'ti] *v* subside, fall, die down

в'яз [v"yaz] *m* elm

в'язати [v"yaza'ti] *v* tie up, bind, knit

в'язень [v"ya'zen'] *m* prisoner

в'язка [v"ya'zka] *f* bunch, sheaf

в'язкий [v"ya'zkiy] *adj* viscous, swampy

в'язниця [v"yazni'tsya] *f* prison

в'язнути [v"ya'znuti] *v* stick

в'ялий [v"ya'liy] *adj* withered, slack, lifeless

в'янути [v"ya'nuti] *v* fade, wither

Г

г [g] *abbr, m* gram(me)

га [ga] *abbr, m* hectare

гавань [ga'van'] *f* harbour

гавкати [ga'vkati] *v* bark

гаданий [ga'daniy] *adj* supposed, hypothetical

гадати [gada'ti] *v* 1) think, guess, believe 2) tell fortunes

гадка [ga'dka] *f* thought, idea

гадюка [gadyu'ka] *f* viper, adder

газ [gaz] *m* gas

газета [gaze'ta] *f* newspaper

газетний (кіоск) [gaze'tniy keeo'sk] *adj + m* newsstand

газетяр, ~ка [gazetya'r, ~ka] *m, f* newsman

газований [gazo'vaniy] *adj* aerated

газовий [ga'zoviy] *adj* gas

газон [gazo'n] *m* lawn

газопровід [gazoprovee'd] *m* gas-pipe

гай [gay] *m* grove, copse, coppice

гайворон [ga'yvoron] *m* rook

гайка [ga'yka] *f* (screw) -nut

гайнувати [gaynuva'ti] *v* waste

гак [gak] *m* hook

галантерея [galantere'ya] *f* haberdashery

галантний [gala'ntniy] *adj* gallant

галас [ga'las] *m* noise, uproar

галасливий [galasli'viy] *adj* noisy

галасувати [galasuva'ti] *v* make a noise

галерея [galere'ya] *f* gallery

галка [ga'lka] *f* (jack) daw

галстук [ga'lstuk] *m* (neck) tie

галузь [ga'luz'] *f* branch

галушка [galu'shka] *f* (small boiled) dumpling

галюцинація [galyatsina'tseeya] *f* hallucination

галявина [galya'vina] *f* forest meadow, glade

галька [ga'l'ka] *f* pebbles, shingle

гальмо [gal'mo'] *n* brake

гальмувати [gal'muva'ti] *v* brake

гама [ga'ma] *f* scale

гамак [gama'k] *m* hammock

гаманець [gamane'ts'] *m* purse

гамір [ga'meer] *m* noise, hubbub, uproar

гандбол [gandbo'l] *m* handball

ганебний [gane'bniy] *adj* shameful, disgraceful

ганок [ga'nok] *m* the steps, porch

гантелі [gante'lee] *pl* dumb-bells

ганчірка [ganchee'rka] *f* rag, duster

ганяти [ganya'ti] *v* run (to and fro)

ганьба [gan'ba'] *f* shame, disgrace, infamy

ганьбити [gan'bi'ti] *v* disgrace, dishonor

гараж [gara'zh] *m* garage

гаразд [gara'zd] *adv* all right, very well

гарантійний [garantee'yniy] *adj* guarantee

гарантія [gara'nteeya] *f* guarantee

гарантовний [garanto'vaniy] *adj* guaranteed

гарантувати [garantuva'ti] *v* guarantee

гарбуз [garbu'z] *m* pumpkin

гардероб [gardero'b] *m* wardrobe, cloak-room

гардеробник, ~ниця [gardero'bnik, ~nitsya] *m, f* cloak-room attendant

гардина [gardi'na] *f* curtain

гаркавий [garka'viy] *adj* burring, burred

гаркавити [garka'viti] *v* burr

гармата [garma'ta] *f* gun, cannon

гармонійний [garmonee'yniy] *adj* harmonious, harmonic

гармоніювати [garmoneeyuva'ti] *v* harmonize (with)

гармонія [garmo'neeya] *f* 1) harmony 2) accordion

гарний [ga'rniy] *adj* good, fine

гарнізон [garneezo'n] *m* garrison

гарнір [garnee'r] *m* garnish

гарнітур [garneetu'r] *m* set, suite

гарно [ga'rno] *adv* well, nice, good

гарт [gart] *m* hardening, tempering

гартувати [gartuva'ti] *v* harden, temper

гарчати [garcha'ti] *v* grow, snarl

гаряче [ga'ryache'] *adv* hotly, with heat

гарячий [garya'chiy] *adj* hot

гарячитися [garyachi'tisya] *v* get/become excited

гарячка [garya'chka] *f* fever

гарячковий [garyachko'viy] *adj* febrile, feverish

гас [gac] *m* kerosene

гасати [gasa'ti] *v* rush about

гасити [gasi'ti] *v* put out, wsitch off, turn off

гасло [ga'slo] *n* slogan

гаснути [ga'snuti] *v* go out, die out

гасовий [ga'soviy] *adj* kerosene

гастролювати [gastrolyuva'ti] *v* tour, be on tour

гастроль [gastro'l'] *f* guest-performance

гастроном [gastrono'm] *m* food store, groceries

гатити [gati'ti] *v* dam up

гачкувати [gachkuva'ti] *v* crochet

гачок [gacho'k] *m* hook, catch

гаяти [ga'yati] *v* lose, waste

гаятися [ga'yatisya] *v* linger

гвалт [gvalt] *m* row, hubbub

гвардія [gva'rdeeya] *f* Guards

гвинт [gvint] *m* screw

гвинтівка [gvintee'vka] *f* rifle

гвинтовий [gvintovi'y] *adj* spiral

гвіздок [gveezdo'k] *m* nail

гвоздика (квітка) [gvozdi'ka] *f* pink, carnation

гвоздика (прянощі) [gvozdi'ka] *f* clove

гедзь [gedz'] *m* gad-fly

гей [gey] *interj* hey! hi!

гейзер [ge'yzer] *m* geyser

гектар [gekta'r] *m* hectare

гемоглобін [gemoglobee'n] *m* haemoglobin

генеалогія [genealo'geeya] *f* genealogy

генерал [genera'l] *m* general

генеральний [genera'l'niy] *adj* general, basic

генетика [gene'tika] *f* genetics

геніальний [geneea'l'niy] *adj* great, brilliant

геній [ge'neey] *m* genius

географічний [geographee'chniy] *adj* geographical

географія [geogra'pheeya] *f* geography

геодезія [geode'zeeya] *f* geodesy

геолог [geo'log] *m* geologist

геологічний [geologee'chniy] *adj* geological

геологія [geolo'geeya] *f* geology

геометричний [geometri'chniy] *adj* geometrical

геометрія [geome'treeya] *f* geometry

герб [gerb] *m* coat of arms, emblem

гербарій [gerba'reey] *m* herbarium

геркулес [gerkule's] *m* Hercules, porridge oats, rolled oats

германський [germa'ns'kiy] *adj* Germanic

герметичний [germeti'chniy] *adj* hermetic, air-tight

героїзм [geroyee'zm] *m* heroism, valour

героїня [geroyee'nya] *f* heroine

героїчний [geroyee'chniy] *adj* heroic, valiant

герой [gero'y] *m* hero

геть [get'] *interj* 1) away, off 2) get out!

гетьман [ge't'man] *m* hetman

гидкий [gi'dkiy] *adj* disgusting, loathsome

гикати [gi'kati] *v* hiccough, hiccup

гинути [gi'nuti] *v* die (of), perish (from)

гирло [gi'rlo] *n* mouth (of river)

гиря [gi'rya] *f* weight

гичка [gi'chka] *f* tops

гігант [geega'nt] *m* giant

гігантський [geega'nts'kiy] *adj* gigantic

гігієна [geegeeye'na] *f* hygiene

гігієнічний [geegeeyenee'chniy] *adj* hygienic, sanitary

гігроскопічний [geegroskopee'chniy] *adj* hydroscopic, absorbent

гід [geed] *m* guide

гідний [gee'dniy] *adj* worthy (of), deserving

гідність [gee'dneest'] *f* dignity

гідравлічний [geedravlee'chniy] *adj* hydraulic

гідроелектростанція [geedroelektrosta'ntseeya] *f* hydroelectric power station

гієна [geeye'na] *f* hyena

гілка [gee'lka] *f* branch

гімн [geemn] *m* hymn, anthem

гімназія [geemna'zeeya] *f* gymnasium

гімнаст [geemna'st] *m* gymnast

гімнастика [geemna'stika] *f* gymnastics

гіпербола [geepe'rbola] *f* hyperbole

гіпертонія [geepertonee'ya] *f* high blood pressure, hypertension

гіпноз [geepno'z] *m* hypnosis

гіпнотизувати [geepnotizuva'ti] *v* hypnotize

гіпотеза [geepote'za] *f* hypothesis

гіпотенуза [geepotenu'za] *f* hypotenuse

гіпс [geeps] *m* gypsum

гіпсовий [gee'psoviy] *adj* gypsies

гіркий [geerki'y] *adj* bitter

гірко [gee'rko] *adj* bitterly

гірлянда [geerlya'nda] *f* garland, festoon

гірник [geerni'k] *m* miner

гірничий [geerni'chiy] *adj* mining

гірський [geers'ki'y] *adj* mountain

гірчиця [geerchi'tsya] *f* mustard

гірчичник [geerchi'chnik] *m* mustard plaster

гірчичник [geerchi'chnik] *m* mustard plaster

гіршати [gee'rshati] *v* be getting worse

гірше [gee'rshe] *adj* worse

гість [geest'] *m* guest, visitor

гітара [geeta'ra] *f* guitar

гітарист [geetari'st] *m* guitarist, guitar player

глава (керівник) [glava'] *m* head, chief

гладити [gla'diti] *v* smooth out, stroke

гладкий [gla'dkiy] *adj* smooth

гладкий [gladki'y] *adj* fat, stout

гладко [gla'dko] *adj* smoothly

гланди [gla'ndi] *pl* tonsils

глек, глечик [glek, gle'chik] *m* jug

глибина [glibina'] *f* depth

глибокий [glibo'kiy] *adj* deep

глибоко [glibo'ko] *adv* deeply

глибше [gli'bshe] *adv* deeper

глина [gli'na] *f* clay

глиняний [gli'nyaniy] *adj* clay

глист [glist] *m* worm, helminth

глід [gleed] *m* hawthorn, may-bush

глісер [glee'ser] *m* hydroplane

глобус [glo'bus] *m* globe

глузд [gluzd] *m* mind, intellect, sense

глузливий [gluzli'viy] *adj* derisive, mocking

глузувати [gluzuva'ti] *v* mock (at), make fool (of)

глум [glum] *m* sneer, taunt, mockery

глумитися [glumi'tisya] *v* mock (at), jeer (at)

глухий [glukhi'y] *adj* deaf, wild, overgrown

глухнути [glu'khnuti] *v* grow/become deaf

глухо [glu'kho] *adv* softly, indistinctly

глухонімий [glukhoneemi'y] *adj* deaf-and-dumb

глухота [glukhota'] *f* deafness

глушити [glushi'ti] *v* stun, muffle, deaden, choke, stifle

глюкоза [glyuko'za] *f* glucose

глядач [glyada'ch] *m* spectator

глядіти [glyadee'ti] *v* look, look after, take care of

глянець [glya'nets'] *m* gloss, polish

глянути [glya'nuti] *v* glance (at)

глянцевий [glya'ntseviy] *adj* glossy, lustrous

гнати [gna'ti] *v* drive, urge

гнатися [gna'tisya] *v* chase, pursue

гнида [gni'da] *f* nit

гнилий [gnili'y] *adj* rotten, decayed

гниль [gnil'] *f* rot, mould

гнити [gni'ti] *v* rot, decay

гнів [gneev] *m* anger, wrath

гніватися [gnee'vatisya] *v* be angry/cross (with)

гнівити [gneevi'ti] *v* anger, make angry

гнівний [gnee'vniy] *adj* angry, wrathful

гнідий [gneedi'y] *adj* bay

гніздо [gneezdo'] *n* nest

гній [gneey] *m* 1) pus, matter 2) manure, dung

гнійний [gnee'yniy] *adj* purulent

гнійник [gneeyni'k] *m* abscess

гніт [gneet] *m* 1) weight, press, oppression 2) wick, fuse

гнітити [gneeti'ti] *v* press, oppress, depress

гнітючий [gneetyu'chiy] *adj* oppressive, depressive

гнобитель [gnobi'tel'] *m* oppressor

гнобити [gnobi'ti] *v* oppress

гноїти [gnoyee'ti] *v* rot, let rot, decay

гноїтися [gnoyee'tisya] *v* suppurate, fester

гнути [gnu'ti] *v* bend, curve

гнучкий [gnuchki'y] *adj* flexible, supple

говір, говірка [go'veer, govee'rka] *m*, *f* dialect, patois

говіркий [goveerki'y] *adj* talkative

говорити [govori'ti] *v* speak, talk

година [godi'na] *f* hour

годинник [godi'nnik] *m* clock, watch

годинникар [godinnika'r] *m* watch-maker

годити [godi'ti] *v* please

годитися [godi'tisya] *v* be fit/suited (for)

годі [go'dee] *interj* enough, that'll do!

годівля [godee'vlya] *f* feeding, suckling, nursing

годувати [goduva'ti] *v* feed, suckle, nurse

гоїтися [goyee'tisya] *v* heal, close

гойдалка [go'ydalka] *f* swing

гойдати [goyda'ti] *v* sway, rock, swing

гол [gol] *m* goal

голений [go'leniy] *adj* shaved, shaven

голий [go'liy] *adj* naked, nude, bare

голити(ся) [goli'ti(sya)] *v* shave

голка [go'lka] *f* needle

голландець, ～ка [golla'ndets', ～ka] *m, f* Dutchman, Dutchwoman

голландський [golla'nds'kiy] *adj* Dutch

голобля [golo'blya] *f* shaft

голова [golova'] *f* 1) head 2) chairman

головешка [golove'shka] *f* fire-band

головка [golo'vka] *f* bulb

головний [golovni'y] *adj* chief, main, principal

головнокомандуючий [golovnokoma'nduyuchiy] *m* Commander-in-Chief

головоломка [golovolo'mka] *f* puzzle, teaser, poser

головувати [golovuva'ti] *v* be a chairman, preside

голод [go'lod] *m* hunger

голодний [golo'dniy] *adj* hungry

голодовка [golodo'vka] *f* starvation; hunger-strike

голодувати [goloduva'ti] *v* starve, go hungry

голос [go'los] *m* voice, vote

голосити [golosi'ti] *v* wail, lament

голослівний [goloslee'vniy] *adj* unfounded, groundless, proofless

голосний [golosni'y] *adj* loud

голосно [go'losno] *adv* loud, loudly

голосовий [golosovi'y] *adj* vocal

голосування [golosuva'nnya] *n* voting, poll

голосувати [golosuva'ti] *v* vote (for)

голуб [go'lub] *m* pigeon, dove

голубий [golubi'y] *adj* light-blue

голубити [golu'biti] *v* fondle, caress

голубка [golu'bka] *f* female pigeon, dove

голубці [golubtsee'] *pl* stuffed cabage-rolls

гольф [gol'f] *m* golf

гомін [go'meen] *m* hum (of voices), noise

гомоніти [gomonee'ti] *v* speak/talk in a low voice, make a noise

гонка [go'nka] *f* pursuit, chase, race

гонор [go'nor] *m* arrogance

гонорар [gonora'r] *m* fee

гоночний [go'nochniy] *adj* racing

гончар [goncha'r] *m* potter

гончарний [goncha'rniy] *adj* potter's

гонщик [go'nshchik] *m* racer

гопак [gopa'k] *m* hopak (Ukrainian folk dance)

гора [gora'] *f* mountain, hill

горб [gorb] *m* 1) hillock 2) hump

горбатий [gorba'tiy] *adj* hunched, humped, hunchback

горбитися [go'rbitisya] *v* stoop

гордий [go'rdiy] *adj* proud, arrogant

гордитися [gordi'tisya] *v* be proud (of)

гордість [go'rdeest'] *f* pride

гордувати [gorduva'ti] *v* scorn, ignore

горе [go're] *n* grief, distress, sorrow

горезвісний [gorezvee'sniy] *adj* notorious

горець [go'rets'] *m* mountaineer

горище [gori'shche] *n* attic, garret

горілий [goree'liy] *adj* burnt

горілиць [goreeli'ts'] *adv* on one's back

горілка [goree'lka] *f* 1) vodka 2) burner

горіння [goree'nnya] *n* burning

горіти [goree'ti] *v* burn, blaze

горіх [goree'kh] *m* nut, walnut, nut-tree

горішній [goree'shneey] *adj* upper

горлиця [go'rlitsya] *f* turtle-dove

горло [go'rlo] *n* throat

горн [gorn] *m* bugle

горностай [gornosta'y] *m* stoat, ermine

горобець [gorobe'ts'] *m* sparrow

горобина [gorobi'na] *f* rowan, ashberry

город [goro'd] *m* kitchen-garden

городина [goro'dina] *f* vegetables, garden-stuff

городити [gorodi'ti] *v* fence in, enclose (with a fence)

городник [goro'dnik] *m* truck gardener

горох [goro'kh] *m* peas

гортати [gorta'ti] *v* tirn over, go through

горщок [gorshcho'k] *m* pot

горювати [goryuva'ti] *v* mourn (for), grieve (over)

горючий [goryu'chiy] *adj* combustible, inflammable

госпіталь [go'speetal'] *m* (military) hospital

господар [gospo'dar] *m* master, boss, manager, owner

господа'рка, ~иня [gospodarka, ~inya] *f* mistress, manager, owner, hostess, landlady

господа'рський [gospodars'kiy] *adj* economic, practical

господарювати [gospodaryuva'ti] *v* manage, keep the house

гостинець [gosti'nets'] *m* present, gift

гостинний [gosti'nniy] *adj* hospitable

гостинність [gosti'nneest'] *f* hospitality

гострий [go'striy] *adj* sharp, pointed; acute, keen

гострити [gostri'ti] *v* sharpen, grind

гострота [gostrota'] *f* sharpness; keenness

гостювати [gostyuva'ti] *v* stay (with)

гостя [go'stya] *f* guest, visitor

готель [gote'l'] *m* hotel

готівка [gotee'vka] *f* ready money, cash

готовальня [gotova'l'nya] *f* set/case of drawing instruments

готовий [goto'viy] *adj* ready (for), prepared (for)

готовність [goto'vneest'] *f* readiness, willingness

готувати(ся) [gotuva'tisya] *v* prepare, make ready

гра [gra] *f* play, game

граб [grab] *m* hornbeam

грабіж [grabee'zh] *m* robbery, plunder

грабіжник [grabee'zhnik] *m* robber

граблі [gra'blee] *pl* rake

грабувати [grabuva'ti] *v* rob, plunder

гравер [grave'r] *m* engraver

гравець [grave'ts'] *m* player, gambler

гравій [gravee'y] *m* gravel

гравірувати [graveeruva'ti] *v* engrave

гравюра [gravyu'ra] *f* engraving, print

град [grad] *m* hail

градус [gra'dus] *m* degree

грайливий [grayli'viy] *adj* playful

грак [grak] *m* rook

грам [gram] *m* gram(me)

граматика [grama'tika] *f* grammar

граматичний [gramati'chniy] *adj* grammatical

грамзапис [gramza'pis] *m* recording

грамота [gra'mota] *f* 1) reading and writing 2) deed, honorary diploma

грамотний [gra'motniy] *adj* 1) literate 2) grammatical 3) competent, skilled

грамотність [gra'motneest'] *f* 1) literacy 2) competence, skillfullness

грампластинка [gramplasti'nka] *f* record

гранат [grana't] *m* 1) pomegranate 2) garnet

граната [grana'ta] *f* grenade, hand-grenade

грандіозний [grandeeo'zniy] *adj* grand, grandiose, vast, huge, tremendous

граніт [granee't] *m* granite

гранітний [granee'tniy] *adj* granite

гранка [gra'nka] *f* (galley-) proof

грань [gran'] *f* 1) border, brink, verge 2) side, edge, facet

грати [gra'ti] *pl* bars

грати [gra'ti] *v* play, act, sparkle

граф [graf] *m* count, earl

графа [grafa'] *f* column

графин [grafi'n] *m* water-bottle, carafe

графиня [grafi'nya] *f* countess

графік [gra'feek] *m* chart, graph, schedule, time-table

графік (художник) [gra'feek] *m* pencil artist, black-and-white artist

графіка [gra'feeka] *f* drawing, black-and-white art

графіт [grafee't] *m* graphite, plumbago, lead

графічний [grafee'chniy] *adj* graphic

графство (в Англії) [gra'fstvo] *n* county, shire

граціозний [gratseeo'zniy] *adj* graceful

грація [gra'tseeya] *f* gracefulness, grace

гребець (весляр) [grebe'ts'] *m* oarsman, rower

гребінець [grebeene'ts'] *m* (small) comb

гребінь [gre'been'] *m* comb, ridge, crest

гребля [gre'blya] *f* dam

гребний (спорт) [grebni'y] *adj* rowing, boating

гребти [grebti'] *v* row, pull, scull

гребувати [gre'buvati] *v* have/feel an aversion (for/to)

грек [grek] *m* Greek

грецький [gre'ts'kiy] *adj* Greek

гречаний [grecha'niy] *adj* buckwheat

гречка [gre'chka] *f* buckwheat

гриб [grib] *m* mushroom

грива [gri'va] *f* mane

гризти [gri'zti] *v* gnaw

гризун [grizu'n] *m* rodent

грим [grim] *m* make up

гримаса [grima'sa] *f* grimace, make/pull faces

гримати [gri'mati] *v* bang

гриміти [grimee'ti] *v* thunder, rattle, roar

гримувати [grimuva'ti] *v* make up

гримучий [grimu'chiy] *adj* fire-damp

грип [grip] *m* grippe, flu(e), influenza

грізний [gree'zniy] *adj* menacing, threatening

грілка [gree'lka] *f* hot-water bottle

грім [greem] *m* thunder

грінка [gree'nka] *f* toast

гріти [gree'ti] *v* warm, heat

гріх [greekh] *m* sin

грішити [greeshi'ti] *v* sin

грішний [gree'shniy] *adj* sinful

гробниця [grobni'tsya] *f* tomb

гроза [groza'] *f* thunderstorm

грозовий [grozovi'y] *adj* storm

громада [groma'da] *f* community

громадський [groma'ds'kiy] *adj* social, public

громадськість [groma'ds'keest'] *f* the public

громадянин, ~янка [gromadyani'n, ~yanka] *m, f* citizen

громадянство [gromadya'nstvo] *n* citizenship

громадянський [gromadya'ns'kiy] *adj* civic, civil, civilian

громити [gromi'ti] *v* destroy, break up, smash up, wreck

громіздкий [gromeezdki'y] *adj* bulky, cumbersome, unwieldy

громовідвід [gromoveedvee'd] *m* lighting-conductor

гроно [gro'no] *n* cluster

гросмейстер [grosme'yster] *m* grandmaster

грот [grot] *m* grotto

гроші [gro'shee] *pl* money

грошовий [groshovi'y] *adj* money

груба [gru'ba] *f* stove

грубий [gru'biy] *adj* rough, coarse, rude

грудень [gru'den'] *m* December

груди [gru'di] *pl* chest, breast, bosom

грудка [gru'dka] *f* lump

грудневий [grudne'viy] *adj* December

грудний [grudni'y] *adj* chest

грузин, ~ка [gruzi'n, ~ka] *m, f* Georgian

грузинський [gruzi'ns'kiy] *adj* Georgian

грузнути [gru'znuti] *v* stick, be get stuck

грузовик [gruzovi'k] *m* lorry, truck

грузький [gruz'ki'y] *adj* mire, swampy

грунт [grunt] *m* soil, ground

грунтовний [grunto'vniy] *adj* detailed, solid, thorough

грунтуватися [gruntuva'tisya] *v* be based (on)

група [gru'pa] *f* group, cluster

групувати [grupuva'ti] *v* group, classify

груша [gru'sha] *f* pear

грюкати [gryu'kati] *v* bang, slam

грядка [grya'dka] *f* vegetable/flower bed

грязь [gryaz'] *f* mud, dirt

губа [guba'] *f* lip

губернатор [guberna'tor] *m* governor

губити [gubi'ti] *v* lose, ruin

губка [gu'bka] *f* sponge

губний [gubni'y] *adj* lip

гудзик [gu'dzik] *adj* button

гудіти [gudee'ti] *v* hum, buzz

гудок [gudo'k] *m* horn, siren, whistle

гукати [gu'kati] *v* call, cry, shout

гуля [gu'lya] *f* bump, lump

гуляти [gulya'ti] *v* 1) have/take a walk, stroll 2) make merry, enjoy oneself 3) have free time

гума [gu'ma] *f* rubber

гуманізм [gumanee'zm] *m* humanism

гуманітарний [gumaneeta'rniy] *adj* humanistic, humane

гуманний [guma'nniy] *adj* humane

гуманність [guma'nneest'] *f* humanity

гумка [gu'mka] *f* eraser, rubber

гумовий [gu'moviy] *adj* rubber

гумор [gu'mor] *m* humour

гумористичиний [gumoristi'chniy] *adj* humorous

гупати [gu'pati] *v* thump, thud

гуркіт [gu'rkeet] *m* rumble, crash

гуркотіти [gurkotee'ti] *v* rumble, roar, crash

гурт [gurt] *m* group, crowd, herd

гуртожиток [gurto'zhitok] *m* hostel, dormitory

гурток [gurto'k] *m* group, circle

гуртом [gurto'm] *adv* jointly, together

гуртувати [gurtuva'ti] *v* unit, rally

гусак [gusa'k] *m* goose, gander

гусениця [gu'senitsya] *f* caterpillar; track

гусеня [gusenya'] *n* gosling

гуси [gu'si] *pl* geese

гуска [gu'ska] *f* goose

густий [gusti'y] *adj* thick, dense, deep

густішати [gustee'shati] *v* get/grow thicker

густо [gu'sto] *adv* thickly, densely

густота [gustota'] *f* thickness, density

гуцул [gutsu'l] *m* Hutsul (highlander of Carpathian region)

гучний [guchni'y] *adj* loud, sonorous

гучномовець [guchnomo'vets'] *m* loud speaker

гуща [gu'shcha] *f* dregs, sediment

гущавина [gushcha'vina] *f* thicket

Д

давати [dava'ti] *v* give, let

давити [davi'ti] *v* press, weigh down, oppress

давитися [davi'tisya] *v* be choked (by/with)

давнина [davnina'] *f* antiquity, the past, old times

давній [da'vneey] *adj* past, old, ancient

давно [davno'] *adv* long ago, a long time ago, for a long time, for ages

далекий [dale'kiy] *adj* distant, remote, long

далекоглядний [dalekoglya'dniy] *adj* far-seeing, far-sighted

далекоглядність [dalekoglya'dneest'] *f* foresight

далекозорий [dalekozo'riy] *adj* long-sighted, farsighted

далекозорість [dalekozo'reest'] *f* long sight, farsightedness

далечень [dalechee'n'] *f* distance

далі [da'lee] *adv* father, further, then

дальший [da'l'shiy] *adj* further, subsequent, next

дама [da'ma] *f* lady, partner, queen

дамба [da'mba] *f* dam, dike

даний [da'niy] *adj* given, present

данина [dani'na] *f* tribute, homage

дані [da'nee] *pl* data, facts, information

дар [dar] *m* 1) gift 2) gift (of) 3) power (of)

даремний [dare'mniy] *adj* vain, unnecessary

даремно [dare'mno] *adv* in vain, no use/good, without reason

дарма [darma'] *adv* all the same, although, though, never mind

дармоїд [darmoyee'd] *m* sponger

даром [da'rom] *adv* free of charge, for nothing, in vain

дарувати [daruva'ti] *v* give, present, forgive, pardon

дарунок [daru'nok] *m* gift, present

дарчий [da'rchiy] *adj* donative

дата [da'ta] *f* date

датський [da'ts'kiy] *adj* Danish

датчанин [datcha'nin] *m* Dane

датчанка [datcha'nka] *f* Danish woman

дах [dakh] *m* roof

дача [da'cha] *f* country house

дбайливий [dbayli'viy] *adj* thorough, careful

дбати [dba'ti] *v* look after, take care (of)

два [dva] *num* two

двадцятий [dvadtsya'tiy] *num* twentieth

двадцять [dva'dtsyat'] *num* twenty

дванадцятий [dvana'dtsyatiy] *num* twelfth

дванадцять [dvana'dtsyat'] *num* twelve

двері [dve'ree] *pl* door, doorway

двигун [dvigu'n] *m* motor, engine

двійка [dvee'yka] *num* two

двійник [dveeyni'k] *m* double, twin

двійнята [dveeynya'ta] *pl* twins

двір [dveer] *m* 1) yard 2) homestead 3) court

двірник [dvee'rnik] *m* janitor, yard-keeper

двісті [dvee'stee] *num* two hundred

двічі [dvee'chee] *adv* twice

двоє [dvo'ye] *num* two

двозначний [dvozna'chniy] *adj* two-digit

двоїтися [dvoyee'tisya] *v* split apart, fork, see double

двокрапка [dvokra'pka] *f* colon

двократний [dvokra'tniy] *adj* two-fold, double, done twice

дволикий [dvoli'kiy] *adj* double/two-faced

двомісний [dvomee'sniy] *adj* two-seated

двомісячний [dvomee'syachniy] *adj* two month's, two-month-old

двомовний [dvomo'vniy] *adj* bilingual

двоповерховий [dvopoverkho'viy] *adj* two-storey

дворушник [dvoru'shnik] *m* double-dealer

дворушництво [dvoru'shnitstvo] *n* double-dealing

дворянин [dvoryani'n] *m* nobleman, noble

дворянка [dvorya'nka] *f* noblewoman

дворянство [dvorya'nstvo] *n* nobility

дворянський [dvorya'ns'kiy] *adj* nobleman, noble

двоспальне (ліжко) [dvospa'lne (lee'zhko)] *adj + n* double bed

двосторонній [dvostoro'nneey] *adj* double, double-sided, two-way

двохсотий [dvokhso'tiy] *num* two hundredth

двоюрідний [dvoyu'reedniy] *adj* cousin

де [de] *adj* where

дебати [deba'ti] *pl* debate

дебет [de'bet] *m* debit

дебют [debyu't] *m* debut

девальвація [devalva'tseeya] *f* devaluation

девіз [devee'z] *m* motto

дев'яностий [dev''yano'stiy] *num* ninetieth

дев'яносто [dev''yano'sto] *num* ninety

дев'ятий [dev''ya'tiy] *num* ninth

дев'ятнадцятий [dev''yatna'dtsyatiy] *num* nineteenth

дев'ятнадцять [dev''yatna'dtsyat'] *num* nineteen

дев'ятсот [dev''yatso't] *num* nine hundred

дев'ять [de'v''yat'] *num* nine

деградація [degrada'tseeya] *f* degradation

деградувати [degraduva'ti] *v* become degraded

дегустатор [degusta'tor] *m* taster

дегустація [degusta'tseeya] *f* tasting

дедалі [deda'lee] *adv* further, father

дезавуірувати [dezavuee'ruvati] *v* disavow

дезинформація [dezinforma'tseeya] *f* misinformation

дезинформувати [dezinformuva'ti] *v* misinform

дезорганізація [dezorganeeza'tseeya] *f* disorganization

дезорієнтація [dezoreeyenta'tseeya] *f* disorientation

декада [deka'da] *f* ten days period

декан [deka'n] *m* dean

деканат [dekana't] *m* dean's office

декілька [de'keel'ka] *pron* several, some, a few

декламація [deklama'tseeya] *f* recitation

декламувати [deklamuva'ti] *v* recite, declaim

декларація [deklara'tseeya] *f* declaration

декоративний [dekorati'vniy] *adj*, decorative

декорація [dekora'tseeya] *f* set, stage set, scenery

декрет [dekre't] *m* decree

делегат, ~ка [delega't, ~ka] *m, f* delegate

делікатес [deleekate's] *m* dainty, delicacy

делікатний [deleeka'tniy] *adj* delicate, tactful

дельта [de'l'ta] *f* delta

дельфін [del'fee'n] *m* dolphin

демагог [demago'g] *m* demagogue

демагогія [demago'geeya] *f* demagogy

демаркаційний [demarkatsee'yniy] *adj* demarcation

демілітаризація [demeeleetariza'tseeya] *f* demilitarization

демісезонний [demeesezo'nniy] *adj* overcoat

демобілізація [demobeeleeza'tseeya] *f* demobilization

демобілізований [demobeeleezo'vaniy] *adj* demobilized

демобілізувати [demobeeleezuva'ti] *v* demobilize

демократ [demokra't] *m* democrat

демократичний [demokrati'chniy] *adj* democratic

демократія [demokra'teeya] *f* democracy

демонстрант [demonstra'nt] *m* demonstrator

демонстративний [demonstrati'vniy] *adj* demonstrative

демонстрація [demonstra'tseeya] *f* demonstration

демонструвати [demonstruva'ti] *v* demonstrate, show

деморалізація [demoraleeza'tseeya] *f* demoralization

деморалізувати [demoraleezuva'ti] *v* demoralize

де-небудь [de-ne'bud'] *adv* somewhere, anywhere

де-не-де [de-ne-de'] *adv* here and there

денний [de'nniy] *adj* day

день [den'] *m* day

депо [depo'] *n* depot

депресія [depre'seeya] *f* depression

депутат [deputa't] *m* deputy

деревина [derevina'] *f* wood, timber

дерево [de'revo] *n* tree

деревообробний [derevoobro'bniy] *adj* timber

дерев'яний [derev''ya'niy] *adj* wooden

дерен [de'ren] *m* turf

держава [derzha'va] *f* state, country

державний [derzha'vniy] *adj* state, national

держати [derzha'ti] *v* hold, support, keep, hold

держатися [derzha'tisya] *v* hold on(to), cling (to)

дерзання [derza'nnya] *n* daring, enterprise

дерзати [derza'ti] *v* dare

дерти [de'rti] *v* tear, strip

дертися [de'rtisya] *v* tear, clamber (up)

десант [desa'nt] *m* landing, landing operation

десантник [desa'ntnik] *m* commando

десерт [dese'rt] *m* dessert

деспот [de'spot] *m* despot

деспотизм [despoti'sm] *m* despotism

деспотичний [despoti'chniy] *adj* despotic

десятий [desya'tiy] *num* tenth

десятикратний [desyatikra'tniy] *adj* tenhold

десятиріччя [desyatiree'chchya] *n* decade, ten years

десяток [desya'tok] *m* ten

десять [de'syat'] *num* ten

деталь [deta'l'] *f* detail, part

детальний [deta'l'niy] *adj* detailed, eleborate

детально [deta'l'no] *adv* in detail

детектив [detekti'v] *m* detective

дефект [defe'kt] *m* defect

дефективний [defekti'vniy] *adj* defective

дефіс [defee's] *m* hyphen

дефіцит [defeetsi't] *m* deficit, shortage

дефіцитний [defeetsi'tniy] *adj* unprofitable, scarce

дехто [de'khto] *pron* some people, somebody

дешевий [deshe'viy] *adj* cheap

дешево [de'shevo] *adv* cheap

дешевшати [deshe'vshati] *v* become cheaper, fall in price

дещо [de'shcho] *pron* somthing, slightly, a little, somewhat

деякий [de'yakiy] *pron* some

джаз [dzhaz] *m* jazz, jazz band

джем [dzhem] *m* jam

джемпер [dzhe'mper] *m* jumper, pullover

джерело [dzherelo'] *n* spring, source

джміль [dzhmeel'] *m* bumble-bee

джунглі [dzhu'nglee] *pl* jungle

дзвентіти [dzvenee'ti] *v* ring, clink, jingle

дзвін [dzveen] *m* 1) bell 2) sound of bells 3) ringing, jingling

дзвінкий [dzveenki'y] *adj* ringing, clear

дзвінок [dzveeno'k] *m* bell, ring, call

дзвонити [dzvoni'ti] *v* ring, ring up, call up

дзеркало [dze'rkalo] *n* mirror, looking glass

дзеркальний [dzerka'l'niy] *adj* mirror

дзижчання [dzizhcha'nnya] *n* hum, buzz

дзижчати [dzizhcha'ti] *v* hum, buzz

дзюркіт [dzyu'rkeet] *m* murmur, babbling

дзюрчати [dzyurcha'ti] *v* murmur, babble

дзьоб [dzyob] *m* beak, bill

дивак [diva'k] *m* eccentric, crank

диван [diva'n] *m* sofa

дивацтво [diva'tstvo] *n* eccentricity, fanny way

диверсант [diversa'nt] *m* diversionist

диверсія [dive'rseeya] *f* sabotage, diversion

дивитися [divi'tisya] *v* look (at, into), gaze, stare, see

дивізія [divee'zeeya] *f* division

дивний [di'vniy] *adj* strange, curious, odd, gueer, funny

диво [di'vo] *n* wonder, marvel

дивовижний [divovi'zhniy] *adj* odd, wonderful, striking

дивувати [divuva'ti] *v* astonish, amaze, suprise

дивуватися [divuva'tisya] *v* wander (at), be suprised/ astonished/ amazed (at)

дизентерія [dizenteree'ya] *f* dysentery

дикий [di'kiy] *adj* wild, savage, shy, unsociable

дикість [di'keest'] *f* wildness, savagery

диктант [dikta'nt] *m* dictation

диктатор [dikta'tor] *m* dictator

диктаторський [dikta'tors'kiy] *adj* dictatorial

диктатура [diktatu'ra] *f* dictatorship

диктор [di'ktor] *m* announcer, broadcaster

диктувати [diktuva'ti] *v* dictate

дикун [diku'n] *m* savage

дикція [di'ktseeya] *f* diction, enunciation

дилетант [dileta'nt] *m* amateur

дилетантський [dileta'nts'kiy] *adj* amateurish

дим [dim] *m* smoke

димити(ся) [dimi'ti(sya)] *v* smoke

димний [di'mniy] *adj* smoky

димовий [dimovi'y] *adj* smoke

димохід [dimokhee'd] *m* flue

динаміка [dina'meeka] *f* dynamics

динаміт [dinamee't] *m* dynamite

динамічний [dinamee'chniy] *adj* dinamic

династія [dina'steeya] *f* dynasty

диня [di'nya] *f* melon

диплом [diplo'm] *m* diploma

дипломат [diploma't] *m* diplomat

дипломатичний [diplomati'chniy] *adj* diplomatic

дипломатія [diploma'teeya] *f* diplomacy

дипломний [diplo'mniy] *adj* diploma

директива [direkti'va] *f* directive

директивний [direkti'vniy] *adj* directive

директор [dire'ktor] *m* director, manager

дирекція [dire'ktseeya] *f* 1) management 2) director's/manager's office

диригент [dirige'nt] *m* conductor

диригентський [dirige'nts'kiy] *adj* conductor

диригувати [diriguva'ti] *v* conduct

дисертація [diserta'tseeya] *f* thesis, dissertation

диск [disk] *m* disk, disc, discus

дискредитувати [diskredituva'ti] *v* discredit, bring discredit (on)

дискримінація [diskrimeena'tseeya] *f* discrimination

дискримінувати [diskrimeenuva'ti] *v* discriminate (against)

дискусія [disku'seeya] *f* discussion, debate

дискутувати [diskutuva'ti] *v* discuss, debate

дисонанс [disona'ns] *m* discord, dissonance

диспансер [dispanse'r] *m* dispensary

диспетчер [dispe'tcher] *m* controller, dispatcher

диспут [di'sput] *m* disputation, debate

дистанційний [distantsee'yniy] *adj* remote

дистанція [dista'ntseeya] *f* distance

дистиляція [distilya'tseeya] *f* distillation

дистильований [distilyo'vaniy] *adj* distilled

дисципліна [distsiplee'na] *f* discipline, branch of science

дисциплінований [distsiplee-no'vaniy] *adj* disciplined

дитина [diti'na] *f* child, infant, baby

дитинство [diti'nstvo] *n* childhood

дитсадок [ditsado'k] *m* kindergarten, nursery school

дитячий [ditya'chiy] *adj* children's, child

диференціація [diferentseea'tseeya] *f* differentiation

диференцювати [diferentsyuva'ti] *v* differentiate

дифтерит [difteri't] *m* diphtheria

дихальний [dikha'l'niy] *adj* respiratory

дихання [di'khannya] *n* breathing, respiration

дихати [di'khati] *v* breathe, respire

дичина [dichina'] *f* game

диявол [diya'vol] *m* devil

диявольський [diya'vol's'kiy] *adj* devilish, diabolic(al)

діагноз [dia'gnoz] *m* diagnosis

діагональ [deeagona'l'] *f* diagonal

діагональний [deeagona'l'niy] *adj* diagonal

діаграма [deeagra'ma] *f* diagram, chart, graph

діалект [deeale'kt] *m* dialect

діалектика [deeale'ktika] *f* dialectics

діалектичний [deealekti'chniy] *adj* dialectical

діалог [deealo'g] *m* dialogue

діамант [deeama'nt] *m* diamond, brilliant

діаметр [deea'metr] *m* diameter

діапазон [deeapazo'n] *m* range, scope

діапозитив [deeapoziti'v] *m* slide

діафільм [deeafee'l'm] *m* slide film

діброва [deebro'va] *f* oak-grove

дівати [deeva'ti] *v* put

дітися [deeva'tisya] *v* go, get

дівочий [deevoc'hiy] *adj* girl's, girlish

дівчина [dee'vchina] *f* girl

дівчинка [dee'vchinka] *f* (little) girl

дід(усь) [deed(u's')] *m* grandfather, old man

дієвідміна [deeyeveedmee'na] *f* conjugation

дієвість [deeye'veest'] *f* efficacy, effectiveness

дієприкметник [deeyeprikme'tnik] *m* participle

дієприслівник [deeyeprislee'vnik] *m* adverbial participle

дієслово [deeyeslo'vo] *n* verb

дієта [deeye'ta] *f* diet

дієтичний [deeyeti'chniy] *adj* dietetic, dietary

діжка [dee'zhka] *f* tub

дізнаватися [deeznava'tisya] *v* 1) learn, get to know 2) find out

діймати [deeyma'ti] *v* pester

дійовий [deeyo'viy] *adj* effective, active

дійсний [dee'ysniy] *adj* real, actual, valid

дійсність [dee'ysneest'] *f* reality

дійсно [dee'ysno] *adv* really

ділити(ся) [deeli'ti(sya)] *v* divide (into/by)

діло [dee'lo] *n* affair, work, business

діловий [deelovi'y] *adj* business

ділянка [deelya'nka] *f* lot, plot, area

дільниця [deel'ni"tsya] *f* district, division, precinct

дім [deem] *m* building, house, home

діра, дірка [deera', dee'rka] *f* hole

дірявий [deerya'viy] *adj* holey

діставати [deestava'ti] *v* get, take (out, of), reach, touch

діти [dee'ti] *pl* children, kids

діючий [dee'yuchiy] *adj* acting

дія [dee'ya] *f* action, activity, operation, influence

діяльний [deeya'l'niy] *adj* active

діяльність [deeya'l'neest'] *f* activities, work, action

діяти [dee'yati] *v* act, operate, work, function, influence

діятися [dee'yatisya] *v* be going on, happen

діяч [deeya'ch] *m* figure

для [dlya] *prep* for

дно [dno] *n* bottom, bed

до [do] *prep* towards, up to, till, untill, before, about, for, under

до *муз.* [do] *n* do, C

доба [doba'] *f* day, twenty-four hours, epoch, age

добивати [dobiva'ti] *v* kill, finish (off)

добиватися [dobiva'tisya] *v* achieve, obtain, strive, try to get/to find out

добирати [dobira'ti] *v* finish gathering, choose, select

добиратися [dobira'tisya] *v* reach, get (to)

добір [dobee'r] *m* selection

добірний [dobee'rniy] *adj* select(ed), choice, picked

доблесний [do'blesniy] *adj* valiant

добре [do'bre] *adv* well, nice, splendid

добриво [do'brivo] *n* fertilizer, manure

добридень [dobri'den'] *int* good afternoon

добрий [do'briy] *adj* good, kind

добро [dobro'] *n* good, property

добробут [dobro'but] *m* well-being, prosperity

добровільний [dobrovee'l'niy] *adj* voluntary

добровільно [dobrovee'l'no] *adv* voluntarily

доброволець [dobrovo'lets'] *m* volunteer

добродій [dobro'deey] *m* gentleman, sir

добродійка [dobro'deeyka] *f* lady, madam

доброзичливий [dobrozi'chliviy] *adj* well-meaning, benevolent, friendly, well-disposed

добросердечний [dobroserde'chniy] *adj* kind-hearted

добросусідський [dobrosusee'ds'kiy] *adj* neihbourly

доброта [dobrota'] *f* kindness, goodness

доброякісний [dobroya'keesniy] *adj* good-quality

добувати [dobuva'ti] *v* manage to get, obtain, gain, earn, extract

довбати [dovba'ti] *v* gouge, hollow (out), peck

довгий [do'vgiy] *adj* long

довго [do'vgo] *adv* long, (for) a long time

довговічний [dovgovee'chniy] *adj* long-lived, lasting, durable

довгожданний [dovgozhda'nniy] *adj* long-awaited, long-expected

довголіття [dovgolee'ttya] *n* longevity

довгостроковий [dovgostroko'viy] *adj* long-term

доверху [dove'rkhu] *adv* (up) to the top

довершувати [dove'rshuvati] *v* complete, accomplish

довжина [dovzhina'] *f* length

довідка [do'veedka] *f* information, reference, certificate

довідковий [doveedko'viy] *adj* reference, information

довідник [doveedni'k] *m* reference book

довідуватися [dovee'duvatisya] *v* learn, find out

довіку [dovee'ku] *adv* for ever

довільний [dovee'l'niy] *adj* arbitrary, free, unfounded

довірений [dovee'reniy] *adj* confidential, proxy, agent

довірливий [dovee'rliviy] *adj* trusting, trustful, confinding, credulous

довір'я [dovee'r''ya] *n* confidence, trust

довіряти(ся) [doveerya'ti(sya)] *v* trust, have confidence/faith (in)

довічний [dovee'chniy] *adj* life, for life, eternal

доводити [dovo'diti] *v* 1) bring/ take/ lead (to) 2) prove, demonstrate

доводитися [dovo'ditisya] *v* 1) have (+ to inf) 2) be related (to)

довоєнний [dovo'ye'nniy] *adj* pre-war

довозити [dovo'ziti] *v* take there, import

довшати [do'vshati] *v* lengthen, become/grow longer

довше [do'vshe] *adv* longer

догадка [doga'dka] *f* guess, surmise

догадливий [doga'dliviy] *adj* quickwitted

догадуватися [doga'duvatisya] *v* guess, surmise

догана [doga'na] *f* censure, reprimand

доганяти [doganya'ti] *v* overtake, catch up

догідливий [dogee'dliviy] *adj* obsequious

догляд [do'glyad] *m* 1) care, attendance 2) supervision, surveillance

доглядати [doglyada'ti] *v* keep an eye (on), look (after), take care (of)

догма [do'gma] *f* dogma

догматичний [dogmati'chniy] *adj* dogmatic

договір [do'goveer] *m* agreement, contract, treaty, pact

договорювати [dogovo'ryuvati] *v* finish telling

договорюватися [dogovo'ryuvatisya] *v* make arrangements (with, about)

догоджати [dogodzha'ti] *v* please, satisfy

догори [dogori'] *adv* up, upward(s)

догоряти [dogorya'ti] *v* burn out, burn down

додавання [dodava'nnya] *n* addition

додавати [dodava'ti] *v* increase

додатковий [dodatko'viy] *adj* additional, supplementary, extra

додатково [dodatko'vo] *adv* in addition

додаток [doda'tok] *m* addition, supplement, appendix

додержувати(ся) [dode'rzhuvati(sya)] *v* keep, observe

додивлятися [dodivlya'tisya] *v* look attentively, watch closely

додолу [dodo'lu] *adv* the ground, down, down wards

додому [dodo'mu] *adv* home

додумуватися [dodu'muvatisya] *v* hit upon (an idea of)

доживати [dozhiva'ti] *v* live (till/to)

дожидати(ся) [dozhida'ti(sya)] *v* wait (for)

доза [do'za] *f* dose

дозвіл [do'zveel] *m* permission, permit

дозвілля [dozvee'llya] *n* leisure

дозволений [dozvo'leniy] *adj* permitted, legal

дозволяти [dozvolya'ti] *v* allow, permit, make it possible (for), enable

дозор [dozo'r] *m* patrol

дозрівати [dozreeva'ti] *v* ripen, mature

дозрілий [dozree'liy] *adj* ripe, mature

доісторичний [doeestori'chniy] *adj* prehistoric

доїдати [doyeeda'ti] *v* eat up

доїжджати (до) [doyeezhdzha'ti] *v* arrive (at), reach

доїти [doyee'ti] *v* milk

док [dok] *m* dock

доказ [do'kaz] *m* proof, evidence, argument

докер [do'ker] *m* doker

доки [do'ki] *conj* how long?, till, untill

докидати (до) [dokida'ti] *v* throw (as far as)

докір [do'keer] *m* reproach

докладати [doklada'ti] *v* add, attach

докладний [dokla'dniy] *adj* detailed, circumstantial

доконаний [doko'naniy] *adj* perfective

доконати [dokona'ti] *v* finish

докопуватися [doko'puvatisya] *v* dig down (to), try to find/worm out

докорінний [dokoree'nniy] *adj* fundamental, radical

докоряти [dokorya'ti] *v* reproach (for)

доктор [do'ktor] *m* doctor

доктрина [doktri'na] *f* doctrine

документ [dokume'nt] *m* document, papers

документальний [dokumenta'l'niy] *adj* documentary

докучати [dokucha'ti] *v* bother, pester

докучливий [doku'chliviy] *adj* tiresome, importunate

долар [dola'r] *m* dollar

долати [dola'ti] *v* overpower, overcome

доливати [doliva'ti] *v* top up, fill (up)

долина [doli'na] *f* valley

долітати [doleeta'ti] *v* fly (to, as far as), reach, be heard

долоня [dolo'nya] *f* palm

долото [do'loto] *n* chisel

доля [do'lya] *f* 1) fate, lot 2) part, share, quota

дома [do'ma] *adv* at home

домагатися [domaga'tisya] *v* try/strive to get

домашній [doma'shneey] *adj* home, house

домисел [do'misel] *m* conjecture, invention

домівка [domee'vka] *f* home

домініон [domeeneeo'n] *m* dominion

доміно [domeeno'] *n* dominoes

домінувати [domeenuva'ti] *v* predominate, prevail

домішка [do'meeshka] *f* admixture

домішувати [domee'shuvati] *v* mix, add

домкрат [domkra't] *m* (lifting) jack

домна [do'mna] *f* blast-furnace

домоведення [domove'dennya] *n* housekeeping

домовина [domovi'na] *f* coffin

домовлятися [domovlya'tisya] *v* arrange, agree

домогосподарка [domogospoda'rka] *f* housewife

донедавна [doneda'vna] *adv* until quite recently

донесення [done'sennya] *n* report, dispatch

донизу [doni'zu] *adv* down, downwards

донос [dono's] *m* denunciation

доносити [dono'siti] *v* 1) bring, carry 2) report, inform

доноситися [dono'sitisya] *v* reach (one's ears), be heard

донощик [dono'shchik] *m* infomer

допивати [dopiva'ti] *v* drink up

допис [do'pis] *m* report, item, article

дописувати [dopi'suvati] *v* finish writing, add

допит [do'pit] *m* interrogation, examination

допитливий [dopi'tliviy] *adj* currious, keen, searching

допитливість [dopi'tliveest'] *f* love of knowledge

допізна [dopee'zna] *adv* till late at night

допікати [dopeeka'ti] *v* 1) bake to a turn 2) pester, annoy, wear out

доплата [dopla'ta] *f* additional payment

доплачувати [dopla'chuvati] *v* pay the rest/remainder (of), make up the difference

допливати [dopliva'ti] *v* swim, reach, come to

доповідати [dopoveeda'ti] *v* report (on), announce

доповідач, ~ка [dopoveeda'ch, ~ka] *m, f* speaker, lecturer

доповідь [do'poveed'] *f* lecture, paper, report

доповнення [dopo'vnennya] *n* addition, complement

доповнювати [dopo'vnyuvati] *v* add, supplement

допомагати [dopomaga'ti] *v* help, aid, assist

допоміжний [dopomee'zhniy] *adj* auxiliary

допомога [dopomo'ga] *f* help, assistance

допускати [dopuska'ti] *v* admit (to), allow, permit, tolerate

допустимий [dopusti'miy] *adj* admissible, permissible

дореволюційний [dorevolyutsee'yniy] *adj* pre-revolutionary

доречний [dore'chniy] *adj* opportune, pertinent, appropriate

дорівнювати [doree'vnyuvati] *v* be equal (to)

доріжка [doree'zhka] *f* path, walk, track

дорікання [doreeka'nnya] *n* reproach, reproof

дорікати [doreeka'ti] *v* reproach

доробляти [doroblya'ti] *v* finish

доробок [doro'bok] *m* work, creation

дорога [doro'ga] *f* 1) road, way, path 2) journey

дорогий [dorogi'y] *adj* dear, expensive, costly

дорого [do'rogo] *adv* dear, dearly

дороговказ [dorogovka'z] *m* hand, pointer, guide

дорогоцінний [dorogotsee'nniy] *adj* precious

дорожити [dorozhi'ti] *v* value, prize, treasure

дорожнеча [dorozhne'cha] *f* high prices

дорожній [doro'zhneey] *adj* road, travelling

дорожчати [doro'zhchati] *v* rise in price

дорослий [doro'sliy] *adj* adult, grown-up

доручати [dorucha'ti] *v* charge, entruct

доручення [doruche'nnya] *n* 1) mission, commission, assignment 2) letter/power of attorney

досада [dosa'da] *f* vexation, annoyance

досвід [do'sveed] *m* experience, knowledge

досвідчений [dosvee'dcheniy] *adj* experienced

досить [do'sit'] *adv* rather, fairly, enough

досі [do'see] *adv* up to now, till this moment

досконалий [doskona'liy] *adj* perfect

досконалість [doskona'leest'] *f* perfection

досконало [doskona'lo] *adv* perfectly

дослівний [doslee'vniy] *adj* literal

дослівно [doslee'vno] *adv* litarally

дослід [do'sleed] *m* experiment

дослідження [doslee'dzhennya] *n* research, investigation

досліджувати [doslee'dzhuvati] *v* research, investigate, study, explore

дослідний [do'sleedniy] *adj* research, experimental, test

дослідник [doslee'dnik] *m* researcher, investigator, explorer

дослідницький [doslee'dnits'kiy] *adj* research

доставка [dosta'vka] *f* delivery, carriage

доставляти [dostavlya'ti] *v* deliver

достатній [dosta'tneey] *adj* sufficient

достаток [dosta'tok] *m* prosperity, sufficiency

достигати [dostiga'ti] *v* ripen

достиглий [dosti'gliy] *adj* ripe

достовірний [dostovee'rniy] *adj* trustworthy, reliable, authentic

достроковий [dostroko'viy] *adj* ahead of schedule

доступ [do'stup] *m* access

доступний [dostu'pniy] *adj* available, accessible, simple, intelligible

досхочу [doskho'chu] *adv* enough, sufficiently

досягати [dosyaga'ti] *v* 1) reach, amount 2) achieve, attain

досягнення [dosya'gnennya] *n* achievement

дотація [dota'tseeya] *f* subsidy

дотеп [do'tep] *m* quip, sally, witticism

дотепер [dotepe'r] *adv* till the present day

дотепний [dote'pniy] *adj* witty, sharp

дотепність [dote'pneest'] *f* wit

доти [do'ti] *conj* till, untill

дотик [do'tik] *m* touch

дотикатися (до) [dotika'tisya] *v* touch

дотла [dotla'] *adv* utterly, completely

доторкатися (до) [dotorka'tisya] *v* touch

доторкнутися [dotorknu'tisya] *v* give a touch

дотримувати(ся) [dotri'muvati(sya)] *v* 1) observe, keep 2) adhere (to), follow, stick(to)

дохідливий [dokhee'dliviy] *adj* understandable, easily understood

дохід [dokho'd] *m* income, revenue

доходити [dokho'diti] *v* come (to), reach, go/get as far as, arrive (at)

доцент [dotse'nt] *m* assistant professor

доцільний [dotsee'l'niy] *adj* expedient, reasonable

дочекатися [docheka'tisya] *v* wait (till)

дочитувати [dochi'tuvati] *v* finish reading

дочка [dochka'] *f* daughter

дошка [do'shka] *f* board, plank

дошкільний [doshkee'l'niy] *adj* preschool

дошкуляти [doshkulya'ti] *v* pester, annoy

дощ [doshch] *m* rain

дощенту [doshche'ntu] *adv* completely

дощовий [doshchovi'y] *adj* rain, rainy

дощовик [doshchovi'k] *m* raincoat, waterproof

доярка [doya'rka] *f* milkmaid

драбина [drabi'na] *f* ladder

драглистий [dragli'stiy] *adj* swampy, boggy

дражнити [drazhni'ti] *v* tease

дракон [drako'n] *m* dragon

драма [dra'ma] *f* drama

драматичний [dramati'chniy] *adj* dramatic

драматург [dramatu'rg] *m* playwright, dramatist

драматургія [dramaturgee'ya] *f* dramatic art

драний [dra'niy] *adj* torn

дратівливий [drateevli'viy] *adj* irritable

дратувати [dratuva'ti] *v* irritate

древній [dre'vneey] *adj* aged, very old

дресирований [dresiro'vaniy] *adj* trained

дресирувати [dresiruva'ti] *v* train

дрижати [drizha'ti] *v* tremble, shiver, shake, quiver

дріб [dreeb] *m* shot, tap(ping), tattoo

дрібний [dreebni'y] *adj* small

дрібниця [dreebni'tsya] *f* trifle

дріб'язковий [dreeb"yazko'viy] *adj* trifling, small-minded

дріб'язок [dree'b"yazok] *m* small things, trifle

дріжджі [dree'zhdzhee] *pl* yeast

дрізд [dreezd] *m* thrush, (чорний) black bird

дрімати [dreema'ti] *v* doze, nod

дрімота [dreemo'ta] *f* drowsiness, somnolence

дріт [dreet] *m* wire

дробити [drobi'ti] *v* 1) crush, pound 2) divide up, split up

дрова [drova'] *pl* fierwood

дроворуб [drovoru'b] *m* woodcutter

дрож [drozh] *f* trembling, shivering

друг [drug] *m* friend

другий [dru'giy] *adj*, *num* second, other, another, different

другорядний [drugorya'dniy] *adj* secondary

дружба [dru'zhba] *f* friendship

дружина [druzhi'na] *f* 1) wife 2) squad, group

дружити [druzhi'ti] *v* be friends (with)

дружний [dru'zhniy] *adj* harmonious, friendly

дружній [dru'zhneey] *adj* friendly, amicable

дружно [dru'zhno] *adv* 1) in a friendly way 2) together, in unison

друк [druk] *m* print(ing), press

друкар [druka'r] *m* printer

друкарка [druka'rka] *f* typist

друкарська машинка [druka'rs'ka mashi'nka] *f* typewriter

друкарський [druka'rs'kiy] *adj* printing

друкований [druko'vaniy] *adj* printed

друкувати [drukuva'ti] *v* print, type

друкуватися [drukuva'tisya] *v* be published

дрюк, дрючок [dryuk, dryucho'k] *m* cudgel

дряпатися [drya'patisya] *v* scratch

дуб [dub] *m* oak

дублер [duble'r] *m* understudy, dubbing actor, back-up man

дублікат [dubleeka't] *m* duplicate, replica

дублювати [dublyuva'ti] *v* duplicate, understudy, dub

дубовий [dubo'viy] *adj* oak, of oak

дуга [duga'] *f* arc, shaft-bow

дудка [du'dka] *f* pipe

дуель [due'l'] *f* duel

дует [due't] *m* duet

дуже [du'zhe] *adv* very

дужий [du'zhiy] *adj* strong

дужка [du'zhka] *f* bracket

дужчати [du'zhchati] *v* grow stronger

дума [du'ma] *f* thought, ballad, duma

думати [du'mati] *v* think (about/of), intend

думка [du'mka] *f* thought, idea, intention, view

дупло [duplo'] *n* hollow

дурень [du'ren'] *m* fool

дурити [duri'ti] *v* deceive, cheat

дурість [du'reest'] *f* stupidity, foolishness

дурний [durni'y] *adj* stupid, silly, foolish

дурниця [durni'tsya] *f* 1) trifle, never mind 2) foolish/silly thing

дути [du'ti] *v* blow

дутий [du'tiy] *adj* 1) blown 2) exaggerated

дух [dukh] *m* 1) spirit, courage 2) ghost

духівництво [dukheevni'tstvo] *n* clergy

духовий [dukhovi'y] *adj* brass, wind

духовка [dukho'vka] *f* oven

духовний [dukho'vniy] *adj* spiritual, ecclesiastical, clegy, cleric

духота [dukhota'] *f* heat, stuffness

душ [dush] *m* shower

душа [dusha'] *f* soul, per head

душити [dushi'ti] *v* 1) strange, throttle 2) crush, suppress 3) choke, suffocate

душний [du'shniy] *adj* close, stuffy

душно [du'shno] *adv* stuffy

дюжина [dyu'zhina] *f* dozen

дюна [dyu'na] *f* dune

дядько [dya'd'ko] *m* uncle

дякувати [dya'kuvati] *v* thank, ~ю thank you, thanks

дятел [dya'tel] *m* woodpecker

дьоготь [dyo'got'] *m* tar

Е

евакуація [evakua'tseeya] *f* evacuation

евакуювати(ся) [evakuyuva'ti(sya)] *v* evacuate

еволюція [evolyu'tseeya] *f* evolution

егоїзм [egoyee'zm] *m* selfishness

егоїст, ~ка [egoyee'st, ~ka] *m, f* selfish person

егоїстичний [egoyeesti'chniy] *adj* selfish

ей! [ey] *interj* hi! look here!

екватор [ekva'tor] *m* equator

екваторіальний [ekvatoreea'l'niy] *adj* equatorial

еквівалент [ekveevale'nt] *m* equivalent

еквівалентний [ekveevale'ntniy] *adj* equivalent

екзамен [ekza'men] *m* examination, exam

екзаменувати [ekzamenuva'ti] *v* examine

екземпляр [ekzemplya'r] *m* specimen, copy

екзотика [ekzo'tika] *f* exotic objects, local colour

екзотичний [ekzoti'chniy] *adj* exotic

екіпаж (для їзди) [ekeepa'zh] *m* carriage

екіпаж (люди) [ekeepa'zh] *m* crew

екіпіровка [ekeepeero'vka] *f* equipment

екіпірувати [ekeepeeruva'ti] *v* equip

економити [ekono'miti] *v* economize, save

економіка [ekono'meeka] *f* economy

економічний [ekonomee'chniy] *adj* economic

економія [ekono'meeya] *f* economy, saving

економний [ekono'mniy] *adj* economical, thrifty

екран [ekra'n] *m* screen

екскаватор [ekskava'tor] *m* excavator

екскурсант, ~ка [ekskursa'nt, ~ka] *m, f* excursionist

екскурсія [eksku'rseeya] *f* excursion, tour

екскурсовод [ekskursovo'd] *m* guide

експансивний [ekspansi'vniy] *adj* expansive, effusive

експансивність [ekspansi'vneest'] *f* effusiveness

експансія [ekspa'nseeya] *f* expansion

експедиція [ekspedi'tseeya] *f* expedition, dispatch office

експеримент [eksperime'nt] *m* experiment

експериментальний [eksperimenta'l'niy] *adj* experimental

експериментувати [eksperimentuva'ti] *v* experiment

експерт [ekspe'rt] *m* expert

експертиза [eksperti'za] *f* examination, investigation

експертний [ekspe'rtniy] *adj* expert

експлуататор [ekspluata'tor] *m* exploiter

експлуататорський [ekspluata'tor-s'kiy] *adj* exploiter

експлуатація [ekspluata'tseeya] *f* exploitation

експлуатувати [ekspluatuva'ti] *v* exploit, operate, run

експозиція [ekspozi'tseeya] *f* exposition, display, exposure

експонат [ekspona't] *m* exhibit

експонувати [eksponuva'ti] *v* exhibit

експорт [e'ksport] *m* export

експортний [e'ksportniy] *adj* export

експортувати [eksportuva'ti] *v* export

експрес [ekspre's] *m* express

експромт [ekspro'mt] *m* impromptu

експропріатор [ekspropreea'tor] *m* expropriator

експропріація [ekspropreea'tseeya] *f* expropriation

екстаз [eksta'z] *m* ecstasy

екстенсивний [ekstensi'vniy] *adj* extensive

екстерн [ekste'rn] *m* external student

екстравагантний [ekstravaga'ntniy] *adj* eccentric, extravagant

екстракт [ekstra'kt] *m* extract

екстренний [e'kstrenniy] *adj* special, urgent

екстрено [e'kstreno] *adv* urgently

ексцентрик [ekstse'ntrik] *m* clown, comic (actor)

ексцентричний [ekstsentri'chniy] *adj* eccentric

ексцес [ekstse's] *m* excess

еластичний [elasti'chniy] *adj* elastic

еластичність [elasti'chneest'] *m* elasticity

елеватор [eleva'tor] *m* elevator

елегантний [elega'ntniy] *adj* elegant, smart

елегантність [elega'ntneest'] *f* elegance

елегія [ele'geeya] *f* elegy

електризувати(ся) [elektrizuva'ti(sya)] *v* electrify

електрик [ele'ktrik] *m* electrician

електрика [ele'ktrika] *f* electricity

електричка [elektri'chka] *f* electric train

електричний [elektri'chniy] *adj* electric(al)

електрифікація [elektrifeeka'tseeya] *f* electrification

електрифікувати [elektrifeekuva'ti] *v* electrify

електровоз [elektrovo'z] *m* electric locomotive

електрод [elektro'd] *m* electrode

електроенергія [elektroene'rgeeya] *f* electrical energy

електрокардіограма [elektrokardeeogra'ma] *f мед.* electric cardiogram

електромагніт [elektromagnee't] *m* electromagnet

електромагнітний [elektromagnee'tniy] *adj* electromagnetic

електромонтер [elektromonte'r] *m* electrician

електромотор [elektromoto'r] *m* electric motor

електрон [elektro'n] *m фіз.* electron

електроніка [elektro'neeka] *f* electronics

електронний [elektro'nniy] *adj* electron

електропередача [elektropereda'cha] *f* electrical transmission

електропоїзд [elektropo'yeezd] *m* electric train

електропровідний [elektroprovee'dniy] *adj* electroconductive

електропровідність [elektroprovee'dneest'] *adj* electrical conductivity

електрорушійний [elektrorushee'yniy] *adj* electromotive

електростанція [elektrosta'ntseeya] *f* electric power station

електротехніка [elektrote'khneeka] *f* electric engineering

електротехнічний [elektrotekhnee'chniy] *adj* electrical, electrotechnical

елемент [eleme'nt] *m* element

елементарний [elementa'rniy] *adj* elementary, simple

еліта [elee'ta] *f* elite

емалевий [ema'leviy] *adj* enamel

емаль [ema'l'] *f* enamel

емальований [emalyo'vaniy] *adj* enamel

емансипація [emansipa'tseeya] *f* emancipation

емблема [emble'ma] *f* emblem

емігрант, ~ка [emeegra'nt, ~ka] *m*, *f* emigrant

еміграція [emeegra'tseeya] *f* emigration

емігрувати [emeegruva'ti] *v* emigrate

емоційний, емоціональний [emo tsee'yniy, emotseeona'l'niy] *adj* emotional

емоціональність [emotseeona'l'-neest'] *f* emotionality

емоція [emo'tseeya] *f* emotion

емульсія [emu'l'seeya] *f* emulsion

енергетика [energe'tika] *f* energetics

енергетичний [energeti'chniy] *adj* power

енергійний [energee'yniy] *adj* energetic, vigorous

енергійно [energee'yno] *adv* energetically, vigorously

енергія [ene'rgeeya] *f* energy, power

ентузіазм [entuzeea'zm] *m* enthusiasm

ентузіаст, ~ка [entuzeea'st, ~ka] *m*, *f* enthusiast

енциклопедичний [entsiklopedi'chniy] *adj* encyclopaedic

енциклопедія [entsiklope'deeya] *f* encyclopaedia

епіграма [epeegra'ma] *f* epigram

епіграф [epee'graf] *m* epigraph

епідемія [epeede'meeya] *f* epidemic

епізод [epeezo'd] *m* episode

епізодичний [epeezodi'chniy] *adj* episodical

епілепсія [epeele'pseeya] *f* epilepsy

епілептик [epeele'ptik] *m* epileptic

епілог [epeelo'g] *m* epilogue

епітафія [epeeta'feeya] *f* epitaph

епітет [epee'tet] *m* epithet

епічний [epee'chniy] *adj* epic

епопея [epope'ya] *f* epopee

епос [e'pos] *m* epos

епоха [epo'kha] *f* epoch, age period

ера [era] *f* era, до нашої ери В.С.[bee see], нашої ери A.D.[ey dee]

ерозія [ero'zeeya] *f* erosion

ерудит [erudi't] *m* erudite

ерудиція [erudi'tseeya] *f* erudition

есенція [ese'ntseeya] *f* essence

ескадра [eska'dra] *f* squadron

ескадрилья [eskadri'l'ya] *f* squadron

ескалатор [eskala'tor] *m* escalator

ескіз [eskee'z] *m* sketch, draft

ескімос [eskeemo's] *m* Eskimo

ескорт [esko'rt] *m* escort

ескортувати [eskortuva'ti] *v* escort

есмінець [esmee'nets'] *m* destroyer

естакада [estaka'da] *f* trestle, pier

естамп [esta'mp] *m* print, plate

естафета [estafe'ta] *f* relay-race

естет [este't] *m* aesthete

естетика [este'tika] *f* aesthetics

естетичний [esteti'chniy] *adj* aesthatic(al)

естонець, ~ка, ~ський [esto'nets', ~ka, ~s'kiy] *m*, f, *adj* Estonian

естрада [estra'da] *f* variety, platform

естрадний [estra'dniy] *adj* variety

етажерка [etazhe'rka] *f* bookstand

еталон [etalo'n] *m* standart

етап [eta'p] *m* stage

етика [e'tika] *f* ethics

етикет [etike't] *m* etiquette

етикетка [etike'tka] *f* label

етимологія [etimolo'geeya] *f* etymology

етичний [eti'chniy] *adj* ethic(al)

етнічний [etni'chniy] *adj* ethnic

етнографічний [etnografee'chniy] *adj* ethnographic(al)

етнографія [etnogra'feeya] *f* ethnography

етюд [etyu'd] *m* 1) essay, study 2) etude

ефект [efe'kt] *m* effect

ефективний [efekti'vniy] *adj* effective, efficient

ефективність [efekti'vneest'] *f* effectiveness

ефектний [efe'ktniy] *adj* spectacular, effective, showy

ефір [efee'r] *m* ether

ефірний [efee'rniy] *adj* ethereal

ешафот [eshafo't] *m* scaffold

ешелон [eshelo'n] *m* echelon, train

Є

є [ye] *v* there is, there are

євангеліє [yeva'ngeleeye] *n* gospel

єврей, **~ка** [yevre'y, ~ka] *m*, *f* Jew

єврейський [yevre'ys'kiy] *adj* Jewish

європеєць [yevrope'yets'] *m* European

європейський [yevrope'ys'kiy] *adj* European

єгер [ye'ger] *m* huntsman

єгипетський [yegi'pets'kiy] *adj* Egyptian

єгиптянин, **~ка** [yegiptya'nin, ~ka] *m*, *f* Egyptian

єдиний [yedi'niy] *adj* 1) only, sole 2) united

єднальний [yedna'l'niy] *adj* connecting, uniting

єднання [yedna'nnya] *n* unity

єднатися [yedna'tisya] *v* unite

єдність [ye'dneest'] *n* unity

єзуїт [yezuyee't] *m* Jesuit

єзуїтський [yezuyee'ts'kiy] *adj* Jesuit

ємкий [ye'mkiy] *adj* capacious

ємкість [ye'mkeest'] *f* capacity

єнот [yeno't] *m* rac(c) oon

єпархія [yepa'rkheeya] *f* diocese

єпіскоп [yepee'skop] *m* bishop

єресь [ye'res'] *f* heresy

єретик [yereti'k] *m* heretic

єретичний [yereti'chniy] *adj* heretical

єство [yestvo'] *n* nature

єхидний [yekhi'dniy] *adj* malicious, sarcastic

Ж

жаба [zha'ba] *f* frog, toad

жага [zhaga'] *f* thirst

жагучий [zhagu'chiy] *adj* ardent

жаданий [zhada'niy] *adj* welcome, darling, dearest

жадати [zhada'ti] *v* wish, long (for)

жадібний [zha'deebniy] *adj* greedy (for), hungry (for)

жадібно [zha'deebno] *adv* greedily, eagerly

жадоба [zhado'ba] *f* thirst (for/of), craving, longing (for)

жайворонок [zha'yvoronok] *m* (sky) lark

жакет [zhake't] *m* jacket

жалити(ся) [zha'liti(sya)] *v* sting, bite

жалібний [zha'leebniy] *adj* mournful, sad, sorrowful

жалібно [zha'leebno] *adv* mournfully, sadly, sorrowfully

жалісливий [zha'leesliviy] *adj* pitiful, sympathetic

жалісливо [zha'leeslivo] *adv* pitiously

жалість, жаль [zha'leest', zhal'] *f*, *m* pity, sorrow, grief, regret (of)

жаліти [zhalee'ti] *v* 1) pity, be sorry (for) 2) spare, grudge

жалітися [zhalee'tisya] *v* complain (of)

жалкувати [zhalkuva'ti] *v* regret, be sorry

жало [zha'lo] *n* sting

жалоба [zhalo'ba] *f* mourning

жалюгідний [zhalyugee'dniy] *adj* pitiful, pitiable, miserable

жандарм [zhanda'rm] *m* gendarme

жанр [zhanr] *m* genre

жар [zhar] *m* ardour, fever, embers

жаргон [zhargo'n] *m* jargon, slang

жарений [zha'reniy] *adj* fried roast

жарити(ся) [zha'riti(sya)] *v* fry, roast

жарина [zhari'na] *f* ember

жаркий [zha'rkiy] *adj* hot, ardent

жарко [zha'rko] *adv* hotly, it is hot

жарознижуючий [zharozni'zhuyuchiy] *adj* febrifugal

жаростійкий, ~ тривкий [zharosteeyki'y, ~ trivki'y] *adj* heat-resistant, heat-proof

жарт [zhart] *m* joke, jest

жартівливий [zharteevli'viy] *adj* jocular, playful

жартівник [zharteevni'k] *m* wag, joker

жартома [zhartoma'] *adv* jokingly, in jest, for fun

жартувати [zhartuva'ti] *v* joke, jest, make fun (of), quip

жасмін [zhasmee'n] *m* jasmine

жати [zha'ti] *v* reap, cut, crop

жатка [zha'tka] *f* harvester

жах [zhakh] *m* terror, horror

жахатися [zhakha'tisya] *v* be horrified, be appalled

жахливий [zhakhli'viy] *adj* terrible, horrible, awful

жахливо [zhakhli'vo] *adv* terribly, horribly

жвавий [zhva'viy] *adj* animated, lively, active, brisk

жваво [zhva'vo] *adv* quickly, briskly

жвачка [zhva'chka] *f* chewing-gum

ждати [zhda'ti] *v* wait (for), expect

же, ж [zhe, zh] *conj* 1) and, but, as for 2) the same

жебрак [zhebra'k] *m* beggar

жебракувати [zhebrakuva'ti] *v* beg

жебрацький [zhebra'ts'kiy] *adj* beggarly

жевріти [zhe'vreeti] *v* smoulder, glow

жезл [zhezl] *m* rod

желатин [zhelati'n] *m* gelatin

желе [zhele'] *n* jelly

женити(ся) [zheni'ti(sya)] *v* marry, get married

жених [zheni'kh] *m* fiancee, bridegroom

жердина [zherdi'na] *f* pole

жеребець [zherebe'ts'] *m* stallion

жеребчик [zhere'bchik] *m* foal, colt

жерло [zhe'rlo] *n* mouth, crater, muzzle

жерстяний [zherstyani'y] *adj* tin

жерсть [zherst'] *f* tin

жертва [zhe'rtva] *f* sacrifice, victim

жертвувати [zhe'rtvuvati] *v* endow, sacrifice

жерти [zhe'rti] *v* devour

жест [zhest] *m* gesture

жестикулювати [zhestikulyuva'ti] *v* gesticulate

жестикуляція [zhestikulya'tseeya] *f* gesticulation

жетон [zheto'n] *m* counter

живий [zhivi'y] *adj* living, alive

живильний [zhivi'l'niy] *adj* nourishing

живити(ся) [zhivi'ti(sya)] *v* nourish, feed (on)

живіт [zhivee't] *m* stomach, belly

живлення [zhi'vlennya] *n* nourishment

живопис [zhivo'pis] *m* painting

живописець [zhivopi'sets'] *m* painter

живопліт [zhivoplee't] *m* hedge

живучий [zhivu'chiy] *adj* of great vitality

живцем [zhivtse'm] *adv* alive

жила [zhi'la] *f* vein

жилет [zhile't] *m* waistcoat, vest

жир [zhir] *m* fat, grease

жирафа [zhira'fa] *f* giraffe

жиріти [zhiree'ti] *v* grow fat

жирний [zhi'rniy] *adj* fat, rich

жировий [zhirovi'y] *adj* fatty

житель [zhi'tel'] *m* inhabitant, resident

жити [zhi'ti] *v* live, dwell

житло [zhitlo'] *n* dwelling, home

житниця [zhi'tnitsya] *f* granary

житній [zhi'tneey] *adj* rye

жито [zhi'to] *n* rye

життєвий [zhittye'viy] *adj* vital

життєздатний [zhittyezda'tniy] *adj* viable, of great vitality

життєрадісний [zhittyera'deesniy] *adj* cheerful, buoyant

життя [zhittya'] *n* life

жінка [zhee'nka] *f* woman

жіночий [zheeno'chiy] *adj* female, womanly

жменя [zhme'nya] *f* handful

жмурити [zhmu'riti] *v* screw up one's eyes, blink

жмут [zhmut] *m* bundle

жнець, жниця [zhnets', zhni'tsya] *m*, *f* reaper

жнива [zhniva'] *pl* harvest

жовкнути [zho'vknuti] *v* turn yellow

жовтень [zho'vten'] *m* October

жовтий [zho'vtiy] *adj* yellow

жовтіти [zhovtee'ti] *v* turn yellow, show yellow

жовток [zhovto'k] *m* yolk

жовч [zhovch] *f* bile, gall

жовчний [zho'vchniy] *adj* billious

жоден, ~ ний [zho'den, ~niy] *pron* no, not any, none

жолоб [zho'lob] *m* chute, shoot, trough, gutter

жолудь [zho'lud'] *m* acorn

жонатий [zhona'tiy] *adj* married

жонглер [zhongle'r] *m* juggler

жонглювати [zhonglyuva'ti] *v* juggle

жоржина [zhorzhi'na] *f* dahlia

жорно [zho'rno] *n* millstone

жорсткий [zhorstki'y] *adj* hard, stiff, strict, rigid

жрець [zhrets'] *m* priest

жриця [zhri'tsya] *f* priestess

жувати [zhuva'ti] *v* chew, ruminate

жук [zhuk] *m* beetle, bug

журавель [zhurave'l'] *m* crane, well-sweep

журавлина [zhuravli'na] *f* cranberry

журавлиний [zhuravli'niy] *adj* crane

журба [zhurba'] *f* grief, sadness, sorrow

журливий [zhurli'viy] *adj* sad, sorrowful, mournful

журливо [zhurli'vo] *adv* sadly, sorrowfully

журитися [zhuri'tisya] *v* be sad, be grieved

журнал [zhurna'l] *m* magazine, journal

журнальний [zhurna'l'niy] *adj* diary, register, magazine

журналіст [zhurnalee'st] *m* journalist, pressman

журналістика [zhurnalee'stika] *f* journalism

журчати [zhurcha'ti] *v* ripple, babble

жюрі [zhyuree'] *n* jury

З

з, із, зі [z, eez, zee] *prep* from, out of, with, of, since, for, through, about, and

за [za] *prep* behind, beyond, the other side of, across, over, out of, after, at, for, for want of, in the absence of, past, within, in

за і проти [za ee pro'ti] *prep*, *conj* for and against, pro and con

заарештувати [zaareshtuva'ti] *v* arrest

забава [zaba'va] *f* amusement

забавляти(ся) [zabavlya'ti(sya)] *v* amuse (oneself)

забавний [zaba'vniy] *adj* amusing, funny

забалотувати [zabalotuva'ti] *v* blackball

забарвлення [zaba'rvlennya] *n* dyeing, colours

забарвлювати [zaba'rvlyuvati] *v* pain, colour, dye

забаритися [zabari'tisya] *v* stay too long

забезпечний [zabezpe'cheniy] *adj* secured, provided

забезпечувати [zabezpe'chuvati] *v* ensure, secure, provide (with)

забивати [zabiva'ti] *v* 1) drive in, hammer in 2) kill

забирати [zabira'ti] *v* take

забиратися [zabira'tisya] *v* clear out

забитися [zabi'tisya] *v* hurt oneself, hide

забіг [zabee'g] *m* heat

забігати [zabeega'ti] *v* call (on), drop in (at), forestall events

забій [zabee'y] *m* coal-face

забійник [zabee'ynik] *m* coal-cutter

заблудити(ся) [zabludi'ti(sya)] *v* lose one's way, get lost

заблукати [zabluka'ti] *v* wander, get lost

забобон [zabobo'n] *m* prejudice, superstition

забобонний [zabobo'nniy] *adj* superstitious

заболіти [zabolee'ti] *v* begin to hurt/ache

заборгованість [zaborgo'vaneest'] *f* debts, liabilities

заборгувати [zaborguva'ti] *v* run into debt, owe

заборона [zaboro'na] *f* prohibition, ban

заборонений [zaboro'neniy] *adj* forbidden, prohibited, banned

забороняти [zaboronya'ti] *v* forbid, ban

забракувати [zabrakuva'ti] *v* reject

забризкувати [zabri'zkuvati] *v* splash, bespatter

забруднювати [zabru'dnyuvati] *v* soil, make dirty

забувати [zabuva'ti] *v* forget, leave

забуття [zabuttya'] *n* forgetfulness, unconsciousness, semi-consciousness

завада [zava'da] *f* hindrance, obstacle

заважати [zavazha'ti] *v* hinder, be in *smb's* way

завалювати [zavalyuva'ti] *v* block up (with), flood

завалюватися [zavalyuva'tisya] *v* fall, collapse, tumble down

завантажений [zavanta'zheniy] *adj* loaded

завантажувати [zavanta'zhuvati] *v* load

завбачати [zavbacha'ti] *v* foresee, forecast

завбільшки [zavbee'l'shki] *adv* as large/big as

заввишки [zavvi'shki] *adv* as high/tall as

завдавати [zavdava'ti] *v* cause, do

завдання [zavda'nnya] *n* task, assignment, target, work

завдаток [zavda'tok] *m* advance, deposit

завдовжки [zavdo'vzhki] *adv* as long as

завдяки [zavdyaki'] *prep* thanks to, owing to

завершення [zave'rshennya] *n* completion, consummation

завершальний [zaversha'l'niy] *adj* final, concluding

завершувати(ся) [zave'rshuvati-(sya)] *v* complete, accomplish, end

завжди [zavzhdi'] *adv* always

завзятий [zavzya'tiy] *adj* ardent, enthusiastic, persistent

завивати(ся) [zaviva'ti(sya)] *v* wave, curl

завивати [zaviva'ti] *v* howl

завивка [zavi'vka] *f* hair-waving

завинити [zavini'ti] *v* be guilty (of), be in debt, get into debt

завідувати [zavee'duvati] *v* manage, be the head (of)

завідуючий [zavee'duyuchiy] *m* manager, chief, head

завірений [zavee'reniy] *adj* certified

завіряти [zaveerya'ti] *v* 1) assure 2) witness, certify

завірюха [zaveeryu'kha] *f* snow-storm, blizzard

завіса [zavee'sa] *f* 1) curtain 2) hinge

завітати [zaveeta'ti] *v* visit, drop in

завішувати [zavee'shuvati] *v* cover, curtain off

завмирати [zavmira'ti] *v* stand still

завод [zavo'd] *m* works, factory, mill, plant

заводити [zavo'diti] *v* 1) bring, take, lead 2) acquire, establish 3) wind up, start

заводитися [zavo'ditisya] *v* appear

завозити [zavo'ziti] *v* carry, supply, deliver

завойовник [zavoyo'vnik] *m* conqueror

завойовувати [zavoyo'vuvati] *v* conquer, win

заволодіти [zavolodee'ti] *v* take possession (of), seize

заворушення [zavoru'shennya] *n* unrest, riot, disturbances

завоювання [zavoyuva'nnya] *n* conquest, achievements, gains

завтра [za'vtra] *adv* tomorrow

завтрашній [za'vtrashneey] *adj* the next day's, tomorrow's

завчасний [zavcha'sniy] *adj* done in good time, premature

завчити [zavchi'ti] *v* learn, memorize,

завширшки [zavshi'rshki] *adv* as wide as

зав'язувати [zav''ya'zuvati] *v* tie (up), knot

зав'янути [zav''ya'nuti] *v* wither

загадка [zaga'dka] *f* riddle, enigma, mystery

загадковий [zagadko'viy] *adj* enigmatic, mysterious

загадувати [zaga'duvati] *v* set a riddle, think (of)

загальний [zaga'l'niy] *adj* universal, general, common

загалом [zagalo'm] *adv* on the whole, in general

загальмувати [zagal'muva'ti] *v* brake, put on the brakes

загальновизнаний [zagal'novi'znaniy] *adj* generally acknowledged/recognized

загальновідомий [zagalnoveedo'miy] *adj* well-known

заганяти [zaganya'ti] *v* 1) drive in 2) tire out, exhaust, overdrive

загар [zaga'r] *m* sunburn, tan

загарбання [zaga'rbannya] *n* seizure, capture

загарбник [zaga'rbnik] *m* occupant, invader

загарбницький [zaga'rbnits'kiy] *adj* predatory, rapacious

загарбувати [zagarbuva'ti] *v* capture, seize

загартовувати [zagarto'vuvati] *v* temper, harden

загартований [zagarto'vaniy] *adj* tempered, hardened, seasoned

загасити [zagasi'ti] *v* put out, extinguish, switch off/turn out

загата [zaga'ta] *f* weir, dam

загачувати [zaga'chuvati] *v* dam up

загвинчувати [zagvi'nchuvati] *v* screw up, tighten up

загибель [zagi'bel] *f* death, ruin, destruction

загиблий [zagi'bliy] *adj* lost, perished, ruined

загинати(ся) [zagina'ti(sya)] *v* turn up, turn down, bend

загинути [zagi'nuti] *v* die, be killed, perish

загін [zagee'n] *m* 1) detachment 2) enclosure, sheep-fold

загладжувати [zagla'dzhuvati] *v* 1) smooth over 2) make up (for)

заглиблювати [zagli'blyuvati] *v* make deeper, deepen, sink

заглухати [zaglukha'ti] *v* die away, stall

заглушати [zaglusha'ti] *v* muffle, drown, still, suppress

заглядати [zaglyada'ti] *v* look in, peep in

загнивати [zagniva'ti] *v* rot, decay

заговорювати [zagovo'ryuvati] *v* begin to speak

заголовок [za'golo'vok] *m* title, heading, headline

загордитися [zagordi'tisya] *v* become proud

загорода [za'goroda] *f* enclosure

загородження [zagoro'dzhennya] *n* barrier, barrage

загороджувати [zagoro'dzhuvati] *v* enclose, fence in

загорожа [zagoro'zha] *f* fence

загортати [zagorta'ti] *v* wrap up

загорілий [zagoree'liy] *adj* sunburnt

загоряти [zagorya'ti] *v* become sunburnt

загорятися [zagorya'tisya] *v* catch fire, burn (with)

загострений [zago'streniy] *adj* pointed

загострювати [zago'stryuvati] *v* sharpen, stress, emphasize

заготівля [zagotee'vlya] *f* laying in, stocking up

заготовляти [zagotovlya'ti] *v* prepare in advance, lay in, store up

загоювати(ся) [zago'yuvati(sya)] *v* heal, close

заграва [za'gra'va] *f* glow

загравати [zagrava'ti] *v* make advances (to), flirt (with)

заграти [zagra'ti] *v* begin to play, strike up

загребущий [zagrebu'shchiy] *adj* greedy

загризати [zagriza'ti] *v* bite to death

загрібати [zagreeba'ti] *v* rake up, rake in

загрожувати [zagro'zhuvati] *v* threaten, menace

загроза [zagro'za] *f* threat, menace

загрозливий [zagro'zliviy] *adj* threatening, menacing

загс [zags] *m* Registry Office

загубити(ся) [zagubi'ti(sya)] *v* lose, get lost

зад [zad] *m* back, rear, seat, backside

задавити [zadavi'ti] *v* crush, tun over, knock down

задарма [zada'rma'] *adv* free of crarge, gratis, for nothing

задача [zada'cha] *f* problem, sum

задирати [zadira'ti] *v* lift up

задихатися [zadikha'tisya] *v* 1) pant, be out of breath 2) choke, suffocate

задишка [zadi'shka] *f* lack of breath, short wind

задкувати [zadkuva'ti] *v* move backward(s), back

задній [za'dneey] *adj* back, rear

задобрювати [zado'bryuvati] *v* cajole, coax

задовго [zado'vgo] *adv* long before

задовільний [zadavee'l'niy] *adj* satisfactory

задовільно [zadavee'l'no] *adv* satisfactorily

задоволення [zadovo'lennya] *n* satisfaction, contentment, pleasure

задоволений [zadovo'leniy] *adj* satisfied, content(ed)

задовольняти [zadovol'nya'ti] *v* satisfy, answer

задовольнятися [zadovol'nya'tisya] *v* be satisfied

задрімати [zadreema'ti] *v* doze off

задум [za'dum] *m* plan, intention, scheme, conception

задумливий [zadu'mliviy] *adj* thoughtful, pensive

задумувати [zadu'muvati] *v* plan, conceive

задумуватися [zadu'muvatisya] *v* ponder (over), become thoughtful

задуха [zadu'kha] *f* stuffiness

задушити [zadushi'ti] *v* strangle, suppress

задушливий [zadu'shliviy] *adj* stuffy

заєць [za'yets'] *m* hare

зажадати [zazhada'ti] *v* wish, demand

зажмурювати [zazhmu'ryuvati] *v* screw up

зажуритися [zazhuri'tisya] *v* become/ grow sad

заздалегідь [zazdalegee'd'] *adv* in good time

заздрісний [za'zdreesniy] *adj* envious

заздрість [za'zdreest'] *f* envy

заздрити [za'zdriti] *v* envy

заземлення [zaze'mlennya] *n* earthing, grounding

заземлювати [zaze'mlyuvati] *v* earth, ground

зазирати [zazira'ti] *v* look in, peep in

зазіхати [zazeekha'ti] *v* encroach (on/upon), infringe (on/upon)

зазнавати [zaznava'ti] *v* 1) experience, feel, learn 2) suffer, undergo

зазнаватися [zaznava'tisya] *v* give oneself airs, have a swelled head

зазнайство [zazna'ystvo] *n* conceit

зазначити [zazna'chiti] *v* indicate, point out, notice, mention

зазначений [zazna'cheniy] *adj* mentioned

заїжджати [zayeezhdzha'ti] *v* visit, drop in, come and fetch

заїкатися [zayeeka'tisya] *v* stammer, stutter

зайвий [za'yviy] *adj* excessive, superfluous

займати [zayma'ti] *v* occupy, engage, hold, touch

займатися [zayma'tisya] *v* 1) do, be occupied (with), be engaged (in) 2) catch fire

зайнятий [za'ynyatiy] *adj* busy, engaged, occupied

закид [za'kid] *m* reproach

закидати [zakida'ti] *v* 1) throw (at), bespatter (with), shower (upon), fill (with) 2) throw (far away), neglect

закипати [zakipa'ti] *v* begin to boil, simmer

закип'ятити [zakip''yati'ti] *v* boil

закисати [zakisa'ti] *v* turn sour

закінчений [zakee'ncheniy] *adj* finished, complete, end, finishing, graduating

закінчення [zakee'nchennya] *n* end, finishing, graduating

закінчувати(ся) [zakee'nchuvati(sya)] *v* finish, end, complete, terminate

заклад [za'klad] *m* establishment, institution

заклад [zakla'd] *m* pledge, pawning, mortgaging, bet

закладати [zaklada'ti] *v* 1) put, lay, found 2) pawn, mortgage

заклеювати [zakle'yuvati] *v* glue up, stick up, seal

заклик [za'klik] *m* appeal, call, slogan

закликати [zaklika'ti] *v* call

заклопотаний [zaklopo'taniy] *adj* preoccupied, anxious, worried

заклопотано [zaklopo'tano] *adv* anxiously

заключний [zaklyu'chniy] *adj* final, conclusive

заклятий [zaklya'tiy] *adj* sworn, mortal

заковувати [zako'vuvati] *v* chain, fetter

заколот [za'kolot] *m* mutiny, rebelion

заколоти [zakolo'ti] *v* stab, kill, slaughter

заколювати [zako'lyuvati] *v* pin (up)

закон [zako'n] *m* law

законний [zako'nniy] *adj* legal, legitimate

законність [zako'nneest'] *f* legality, lawfulness

законно [zako'nno] *adv* legally, lawfully

законодавство [zakonoda'vstvo] *n* legislation

законодавчий [zakonoda'vchiy] *adj* legislation

закономірний [zakonomee'rniy] *adj* natural, regular

закономірно [zakonomee'rno] *adv* naturally, regularly

законопроект [zakonoproe'kt] *m* bill

закопати [zakopa'ti] *v* burry, fill up

закордон [zakordo'n] *m* foreign countries

закордонний [zakordo'nniy] *adj* foreign

закоренілий [zakorenee'liy] *adj* hardened, inveterate

закоханий [zako'khaniy] *adj* in love (with)

закохуватися [zako'khuvatisya] *v* fall in love (with)

закочувати [zako'chuvati] *v* roll under/away

закреслювати [zakre'slyuvati] *v* cross out, strike out

закривавлений [zakriva'vleniy] *adj* blood-stained

закривати(ся) [zakriva'ti(sya)] *v* close, shut

закритий [zakri'tiy] *adj* closed

закриття [zakrittya'] *n* closing, close

закричати [zakricha'ti] *v* cry out, give a cry, shout

закрійник [zakree'ynik] *m* cutter

закріплювати [zakree'plyuvati] *v* 1) fasten, fix 2) reserve (for), secure

закруглювати [zakru'glyuvati] *v* make round

закрут [za'krut] *m* bend, twist

закручувати [zakru'chuvati] *v* 1) twist, twirl 2) turn tight, screw up

закулісний [zakulee'sniy] *adj* backstage

закупити [zakupi'ti] *v* purchase

закуска [zaku'ska] *f* appetize, snacks

закуток [za'kutok] *m* corner, nook

закутати [zaku'tati] *v* wrap up, muffle

закусити [zakusi'ti] *v* have a snack, have a bite

зал [zal] *m* hall, room

залізти [zalee'zti] *v* climb (up), get (into), climb (into)

залатати [zalata'ti] *v* patch up

залежати [zale'zhati] *v* depend (on)

залежний [zale'zhniy] *adj* dependent

залежність [zale'zhneest'] *f* dependence

залежно [zale'zhno] *adv* depending on circumstances

заливати [zaliva'ti] *v* flood, pour, spill

залицяльник [zalitsya'l'nik] *m* boyfriend, love-maker

залицятися [zalitsya'tisya] *v* court, make love

залишати [zalisha'ti] *v* 1) leave, abandon 2) keep, reserve, retain

залишок [za'lishok] *m* 1) remains 2) traces, vestiges

залізний [zalee'zniy] *adj* iron

залізниця [zaleezni'tsya] *f* railway, railroad

залізничний [zaleezni'chniy] *adj* railway, railroad

залізо [zalee'zo] n iron

залізобетон [zaleezobeto'n] *m* reinforced concrete

залік [za'leek] *m* test, credit

заліпити [zaleepi'ti] *v* close up, glue up, paste up/over

залітати [zaleeta'ti] *v* fly into

залоза [za'loza] *f анат.* gland

залп [zalp] *m* volley

залучати [zalucha'ti] *v* draw, enlist

залякувати [zalya'kuvati] *v* intimidate

замазка [zama'zka] *f* putty

замазувати [zama'zuvati] *v* 1) paint out 2) seal, fill up 3) dirty

заманювати [zama'nyuvati] *v* entice, lure, entrap, decoy

замаскований [zamasko'vaniy] *adj* disguised, camouflaged

замаскувати [zamaskuva'ti] *v* mask, disguise, camouflage

замах [za'makh] *m* attempt, encroachment

замахнутися [zamakhnu'tisya] *v* make as if to strike, encroach (on/upon)

замерзати [zamerza'ti] *v* freeze

замет [zame't] *m* snowdrift

замивати [zamiva'ti] *v* wash out

замикання [zamika'nnya] *n* locking, circuit

замикати [zamika'ti] *v* lock (up), bolt, close

замислений [zami'sleniy] *adj* thoughtful

замислюватися [zami'slyuvatisya] *v* become thoughtful, ponder

замишляти [zamishlya'ti] *v* plan, conceive

заміж (вийти) [za'meezh] *adv* marry

заміжня [zamee'zhnya] *adj* married

заміна [zamee'na] *f* substitution, replacement

замір [za'meer] *m* intention, design

замірятися [zameerya'tisya] *v* intend, encroach

замість [za'meest'] *adv* instead of, in place of

заміський [zamees'ki'y] *adj* out-of-town, country

замітати [zameeta'ti] *v* 1) sweep 2) cover

замітка [zamee'tka] *f* note, paragraph, notice

замітати [zameeta'ti] *v* notice, observe, note

замішання [zameesha'nnya] *n* confusion

замішувати [zamee'shuvati] *v* mix, knead

заміщати [zameeshcha'ti] *v* substitute (for), replace (with), take the place (of)

замкнений [zamkneniy] *adj* locked up

замовкати [za'movkati] *v* become silent, stop, cease

замовлення [zamo'vlennya] *n* order

замовник, ~ниця [zamo'vnik, ~nitsya] *m, f* customer

замовляти [zamovlya'ti] *v* order, book

замовчувати [zamo'vchuvati] *v* hush up, ignore, keep silent (about)

заможний [zamo'zhniy] *adj* well-to-do, prosperous

заможність [zamo'zhneest'] *f* prosperity

замок [za'mok] *m* castle

замок [zamo'k] *m* lock, padlock

замордувати [zamorduva'ti] *v* torture to death

заморожувати [zamoro'zhuvati] *v* freeze

заморозок [za'morozok] *m* early/slight frosts

заморський [zamo'rs'kiy] *adj* overseas

замурувати [zamuruva'ti] *v* brick up

замучити [zamu'chiti] *v* torture (to death)

замша [za'msha] *f* suede, chamois

занавіска [zanavee'ska] *f* curtain

занадто [zana'dto] *adv* too

занапастити [zanapasti'ti] *v* ruin, destroy

занедбаний [zanedba'niy] *adj* neglected

занедбати [zanedba'ti] *v* neglect

занедужати [zanedu'zhati] *v* fall ill

занепад [zane'pad] *m* decline, decay

занепадати [zanepada'ti] *v* fall into decay, be neglected

занепадництво [zanepa'dnitstvo] *n* decadence

занепадницький [zanepa'dnits'kiy] *adj* decadent

занепокоєний [zanepoko'yeniy] *adj* alarmed, disturbed

занепокоєння [zanepoko'yennya] *n* anxiety, uneasiness

занехаяти [zanekha'yati] *v* neglect, give up, not look after

занижувати [zani'zhuvati] *v* understate, set too low

заніміти [zaneemee'ti] *v* become dumb, be speechless

заново [za'novo] *adv* all over again, afresh, anew

заносити [zano'siti] *v* bring, drop in

занурити [zanu'riti] *v* dip (in/into), plunge (in/into)

заняття [zanya'ttya] *n* occupation, studies

заодно [zaodno'] *adv* together

заокеанський [zaokea'ns'kiy] *adj* transoceanic, transatlantic

заохочення [zaokho'chennya] *n* encouragement

заохочувати [zaokho'chuvati] *v* encourage, stimulate

заочний [zao'chniy] *adj* by correspondence, by default

заощадження [zaoshcha'dzhennya] *n* saving, economy, economies

заощаджувати [zaoshcha'dzhuvati] *v* save (up)

западати [zapada'ti] *v* become sunken, engrave

западина [zapa'dina] *f* hollow, cavity

запакувати [zapakuva'ti] *v* pack up, wrap up

запал [zapa'l] *m* ardour, vigour, zeal

запалення (легенів) [zapa'lennya legeneev] *n* inflammation, pneumonia

запалий [zapa'liy] *adj* sunken, hollow

запалювати [zapa'lyuvati] *v* set fire (to), light, light up

запальничка [zapal'ni'chka] *f* (cigarette) lighter

запаморочення [zapamoro'chennya] *n* dizziness, giddiness

запам'ятати [zapam''yata'ti] *v* remember, keep in mind

запас [zapa's] *m* stock, supply, reserve

запасливий [zapa'sliviy] *adj* thrifty

запасати(ся) [zapasa'ti(sya)] *v* store, stock up

запасний [zapasni'y] *adj* spare, reserve

запах [za'pakh] *m* smell, odour, scent

запашний [zapashni'y] *adj* fragrant, aromatic

запевняти [zapevnya'ti] *v* assure (of), convince, persuade

запеклий [zape'kliy] *adj* desperate, fierce, mortal

заперечення [zapere'chennya] *n* objection, denial

заперечувати [zapere'chuvati] *v* object, deny

запивати [zapiva'ti] *v* drink (with), wash, down (with)

запиратися [zapira'tisya] *v* lock oneself up

запис [za'pis] *m* entry, record, writing, registration

записка [zapi'ska] *f* note, memorandum

записувати [zapi'suvati] *v* write down, make notes, record

запит [za'pit] *m* inquire, needs, requirements

запитання [zapita'nnya] *n* question

запитувати [zapi'tuvati] *v* ask, inquire

запхати [zapkha'ti] *v* push, cram (in/into)

запізнення [zapee'znennya] *n* lateness, being late

запізнюватися [zapee'znyuvatisya] *v* be late (for)

запікати(ся) [zapeeka'ti(sya)] *v* bake, parch, clot, coagulate

запітніти [zapeetnee'ti] *v* mist over

заплакати [zapla'kati] *v* begin to cry

заплатити [zaplati'ti] *v* pay (for), replay (with)

запливати [zapliva'ti] *v* swim in, sail in

запліднення [zaplee'dnennya] *n* fertilization

запліднювати [zaplee'dnyuvati] *v* fertilize, inseminate

запліснявіти [zaplee'snyaveeti] *v* grow mouldy

заплісня180вілий [zapleesnyavee'liy] *adj* mouldy

заплітати [zapleeta'ti] *v* plait, braid

запломбувати [zaplombuva'ti] *v* seal, stop, fill

заплутаний [zaplu'taniy] *adj* tangled

заплутузати [zaplu'tuvati] *v* tangle

заплутуватися [zaplu'tuvatisya] *v* get into tangle, become confused

заплющити [zaplyu'shchiti] *v* close, shut

заплямувати [zaplyamuva'ti] *v* spot, stain

запобігати [zapobeega'ti] *v* avert, prevent

запобігливий [zapobee'gliviy] *adj* considerate, ingratiating

заповзати [zapovza'ti] *v* creep (in/into)

заповідати [zapoveeda'ti] *v* leave in one's will, bequeath (to)

заповідний [zapovee'dniy] *adj* protected

заповідник [zapovee'dnik] *m* reserve, reservation

заповідь [za'poveed'] *f* commandment, precept

заповіт [zapovee't] *m* will, testament

заповнювати(ся) [zapo'vnyuvati(-sya)] *v* fill (up), fill in

заподіяти [zapodee'yati] *v* cause

запозичити [zapozi'chiti] *v* adopt, borrow

заполярний [zapolya'rniy] *adj* polar

запонка [za'ponka] *f* cuff-link, stud

запорожець [zaporo'zhets'] *m* Dnieper Cossack

запорошувати [zaporo'shuvati] *v* cover, powder (with)

запорука [zaporu'ka] *f* guarantee, pledge, warrant

запотіти [zapotee'ti] *v* become damp, mist over

заправка [zapra'vka] *f* filling (up), refuelling

заправляти [zapravlya'ti] *v* 1) tuck in 2) refuel, fill up 3) season (with)

заприятелювати [zapriyatelyuva'ti] *v* make friends (with), become intimate (with)

запроваджувати [zaprova'dzhuvati] *v* introduce, institute, put into practice

запропонувати [zaproponuva'ti] *v* offer, suggest, propose

запрошення [zapro'shennya] *n* invitation

запрошувати [zapro'shuvati] *v* invite, ask

запрягати [zapryaga'ti] *v* harness, put (to)

запряжка [zaprya'zhka] *f* team

запускати [zapuska'ti] *v* 1) send up, launch, start 2) neglect, not look after 3) grow, let grow

зап'ястя [zap"ya'stya] *n* wrist

заради [zara'di] *prep* for the sake (of)

заражати [zarazha'ti] *v* infect (with)

заражатися [zarazha'tisya] *v* be infected (with)

зараження [zara'zhennya] *n* infection, contamination

зараз [za'raz] *adv* 1) in a moment, just 2) now, at present, at present moment

зараз [zara'z] *adv* at one stroke, at one sitting

зараза [zara'za] *f* infection, contagion

заразливий (ний) [zara'zliviy (niy)] *adj* infectious, contagious

зараховувати [zarakho'vuvati] *v* enter, count

зареєструвати [zareyestruva'ti] *v* register

зарекомендувати [zarekomenduva'ti] *v* make a good/bad showing

заржавіти [zarzhavee'ti] *v* rust, become rusty

заривати [zariva'ti] *v* bury

зариватися [zariva'tisya] *v* go too far, overdo things

зарисовка [zariso'vka] *f* sketch

зарисовувати [zariso'vuvati] *v* sketch

зарівнювати [zaree'vnyuvati] *v* level

зарізати [zaree'zati] *v* kill, slaughter

зарікатися [zareeka'tisya] *v* promise not to do something

заробітна (плата) [zarobee'tna pla'ta] *adj + f* wages, salary

заробіток [zarobee'tok] *m* earnings

заробляти [zaroblya'ti] *v* earn

зародитися [zarodi'tisya] *v* originate

зародок [za'rodok] *m* embryo, germ

зарозумілий [zarozumee'liy] *adj* arrogant, haughty

заростати [zarosta'ti] v be overgrown (with)

зарубати [zaruba'ti] v 1) slash/sabre to death 2) notch, nick

зарубіжний [zarubee'zhniy] adj foreign

зарубка [zaru'bka] f notch, nick

заручення, ~ини [zaru'chennya, ~ini] n, pl engagement, betrothal

заручитися [zaruchi'tisya] v 1) secure 2) be engaged

заряд [zarya'd] m charge

заряджати [zaryadzha'ti] v charge

зарядка [zarya'dka] f 1) charging 2) (morning) exercises

засада [zasa'da] f 1) ambush 2) principles, grounds

засаджувати [zasa'dzhuvati] v plant (with)

засвідчити [zasvee'dchiti] v witness, testify, certify

засвітла [za'sveetla] adv before nightfall

засвічувати [zasvee'chuvati] v light, turn on

засвоєння [zasvo'yennya] n learning, mastering, assimilation

засвоювати [zasvo'yuvati] v learn, master, assimilate

засекречувати [zasekre'chuvati] v make secret, restrict

заселяти [zaselya'ti] v settle, populate

засиджуватися [zasi'dzhuvatisya] v stay late

засилати [zasila'ti] v send, to exile

засилля [zasi'llya] n dominance

засинати [zasina'ti] v fall asleep, go to sleep

засипати [zasipa'ti] v fill up (with), cover, heap

засихати [zasikha'ti] v dry, get dry

засіб [za'seeb] m means, remedy

засівати [zaseeva'ti] v sow

засідання [zasee'dannya] n conference, meeting, session

засідати [zaseeda'ti] v sit, be in conference/session

засклити [zaskli'ti] v glaze, put glass (in)

засланий [za'slaniy] adj 1) exiled, deported 2) covered

заслання [zasla'nnya] n exile, deportation

засліпити [zasleepi'ti] v blind, dazzle

заслоняти [zaslonya'ti] v shield, screen

заслуга [zaslu'ga] f merit

заслуговувати [zaslugo'vuvati] v deserve, merit

заслухати [zaslu'khati] v hear

заслухатися [zaslu'khatisya] v listen with delight

засмічувати [zasmee'chuvati] v litter, foul

засміятися [zasmeeya'tisya] v laugh, begin laughing

засмучений [zasmu'cheniy] adj sad, sorrowful

засмучувати [zasmu'chuvati] v distress, grieve

засмучуватися [zasmu'chuvatisya] v be sad, be grieved

засніжений [zasnee'zheniy] adj snowed up

засновник [zasno'vnik] m founder

засновувати [zasno'vuvati] v found, set up

засовувати [zaso'vuvati] v thrust, push in

засолювати [zaso'lyuvati] v salt, corn

засоромитися [zasoro'mitisya] v be ashamed, be shy (of)

заспаний [za'spaniy] adj sleepy

заспівати [zaspeeva'ti] v begin to sing

заспокійливий [zaspokee'yliviy] adj soothing, calming, sedative

заспокоєння [zaspoko'yennya] n soothing, calming, peace, relief

заспокоювати [zaspoko'yuvati] v soothe, calm down, relieve

застава [zasta'va] *f* 1) pledge, pawning 2) gate, frontier post

заставати [zastava'ti] *v* find, catch

заставляти [zastavlya'ti] *v* 1) clutter 2) pawn

застарілий [zastaree'liy] *adj* obsolete

застелити [zasteli'ti] *v* cover, spread

застереження [zastere'zhennya] *n* warning, cation

застережливий [zastere'zhliviy] *adj* warning, coutinary

застерігати [zastereega'ti] *v* warn, caution

застигати [zastiga'ti] *v* thicken, congeal, freeze, stiffen

застібати [zasteeba'ti] *v* fasten, do up, button up

застібка [za'steebka] *f* fastener

застій [zastee'y] *m* stagnation, depression

застійний [zastee'yniy] *adj* stagnant, stagnation

застосувати [zastosuva'ti] *v* apply, use

застрахувати [zastrakhuva'ti] *v* insure

застрелити [zastre'liti] *v* shoot

застрільник [zastree'l'nik] *m* initiator, pioneer

застромити [zastromi'ti] *v* drive, stick, thrust

застрочити [zastrochi'ti] *v* stitch, begin to chatter

застругати [zastruga'ti] *v* sharpen

застряти [zastrya'ti] *v* stick (fast), be held up

застуда [zastu'da] *f* cold, chill

застудитися [zastudi'tisya] *v* catch cold, get a cold

заступати [zastupa'ti] *v* 1) bar, block up 2) take the place (of), act (for)

заступатися [zastupa'tisya] *v* take (smb's) part, stand up (for), intercede (for)

заступник [zastu'pnik] *m* 1) protector, defender 2) deputy, assistant

заступницький [zastu'pnits'kiy] *adj* protective

засув [za'suv] *m* bold

засуджувати [zasu'dzhuvati] *v* convict, condemn, sentence (to), blame

засуха [za'sukha] *f* drought

засушливий [zasu'shliviy] *adj* droughty, dry

засушувати [zasu'shuvati] *v* dry up

затаїти [zatayee'ti] *v* keep *smth* for oneself, harbour

затаїтися [zatayee'tisya] *v* hide

затвердження [zatve'rdzhennya] *n* confirmation

затверджувати [zatve'rdzhuvati] *v* confirm

затвердіти [zatverdee'ti] *v* harden, solidify

затвор [zatvo'r] *m* bold, shutter

зате [zate'] *conj* but, on the other hand

затемнення [zate'mnennya] *n* darkening, black-out, eclipse

затемнювати [zate'mnyuvati] *v* darken, black-out

затикати [zatika'ti] *v* stop up, cork

затихати [zatikha'ti] *v* grow quiet, die away, die down

затичка [za'tichka] *f* plug

затишний [zati'shni'y] *adj* quiet, comfortable, cosy

затишок [za'ti'shok] *m* sheltered spot

затишшя [zati'shshya] *n* calm, lull

затівати [zateeva'ti] *v* undertake, start

затікати [zateeka'ti] *v* leak, trickle

затінок [za'teenok] *m* shade

затінювати [zatee'nyuvati] *v* (over) shade

затоварювати [zatova'ryuvati] *v* stock too much (of)

затоварення [zatova'rennya] *n* overstock, overstocking

затока [zato'ka] *f* gulf, bay

затоплення [zato'plennya] *n* flooding

затоплювати [zato'plyuvati] *v* flood, sink, scuttle, submerge

затоптувати [zato'ptuvati] *v* stamp, trample, tread down

затрачувати [zatra'chuvati] *v* expend, spend (on)

затримка [zatri'mka] *f* delay, setback

затримувати [zatri'muvati] *v* detain, delay, hold up

затримуватися [zatri'muvatisya] *v* be delayed, be kept, linger, lag, be late

затуляти [zatulya'ti] *v* shield, screen, shut, close

затуманювати [zatuma'nyuvati] *v* mist, veil in mist, dim

затуманюватися [zatuma'nyuvatisya] *v* be veiled in mist, be misted over, grow dim

затупляти [zatuplya'ti] *v* blunt

затуплятися [zatuplya'tisya] *v* get blunt

затухати [zatulkha'ti] *v* go out, subside, fade out

затушовувати [zatusho'vuvati] *v* shade

затхлий [za'tkhliy] *adj* musty, fusty

затягати [zatyaga'ti] *v* drug in, draw in

затягатися [zatyaga'tisya] *v* belt oneself, buckle one's belt

затятий [zatya'tiy] *adj* persistent, stubborn

затьмаренний [zat'ma'reniy] *adj* dim, misty

затьмарення [zat'ma'rennya] *n* dizziness

затьмарювати [zat'ma'ryuvati] *v* darken

затьмарюватися [zat'ma'ryuvatisya] *v* be darkened

затьмити [zat'mi'ti] *v* darken, eclipse

зауваження [zauva'zhennya] *n* remark, observation, comment

зауважити [zauva'zhiti] *v* remark, observe, reprove

зафарбувати [zafarbuva'ti] *v* paint, cover with paint

зафіксувати [zafeeksuva'ti] *v* fix, write down, note

захаращений [zakhara'shcheniy] *adj* cluttered up

захаращувати [zakhara'shchuvati] *v* clutter up

захвалювати [zakhva'lyuvati] *v* overprice

захват [za'khvat] *m* enthusiasm, delight

захват [zakhva't] *m* seizure, capture

захворювання [zakhvo'ryuvannya] *n* disease, illness

захворювати [zakhvo'ryuvati] *v* fall ill, fall sick

захеканий [zakhe'kaniy] *adj* out of breath

захиріти [zakhiree'ti] *v* grow sickly, droop

захисний [zakhisni'y] *adj* protective

захисник [zakhisni'k] *m* defender, protector, advocate

захист [za'khist] *m* defence, protection

захищати [zakhishcha'ti] *v* defend, uphold, maintain, protect

захід [za'kheed] *m* 1) the west 2) measure, step 3) sunset

західний [za'kheedniy] *adj* west, western

західноєвропейський [zakheedno-yevrope'ys'kiy] *adj* West-European

захмарюватися [zakhma'ryuvatisya] *v* be clouded

заховувати [zakho'vuvati] *v* hide, conceal, keep back

заходити [zakho'diti] *v* call (at), drop in (at), go round (to the other side)

заходитися [zakhodi'tisya] *v* begin, tackle

заходитися [zakho'ditisya] *v* burst out

захолонути [zakholo'nuti] *v* get cold

захоплений [zakho'pleniy] *adj* enthusiastic, inspired, admiring

захоплення [zakho'plennya] *n* 1) delight, inspiration, enthusiasm 2) capture, seizure

захоплювати [zakho'plyuvati] *v* take, seize, grasp, bring, take

захоплюватися [zakho'plyuvatisya] *v* admire, be delighted (with), be carried away

захоплюючий [zakho'plyuyuchiy] *adj* absorbing, thrilling

захотіти [zakhotee'ti] *v* wish, want

захриплий [zakhri'pliy] *adj* hoarse

захрипнути [zakhri'pnuti] *v* grow/become hoarse

зацвітати [zatsveeta'ti] *v* 1) begin blooming, break out into blossom 2) grow mouldн

зацікавити(ся) [zatseeka'viti(sya)] *v* become interested (in), take an interest (in)

зацікавлений [zatseeka'vleniy] *adj* interested

зацікавленість [zatseeka'vleneest'] *f* interest

зачарований [zacharo'vaniy] *adj* charmed, fascinated

зачарувати [zacharuva'ti] *v* charm, fascinate, bewitch, cast a spell (upon)

зачекати [zacheka'ti] *v* wait

зачерпнути [zacherpnu'ti] *v* scoop up

зачиняти(ся) [zachinya'ti(sya)] *v* shut, close

зачитувати [zachi'tuvati] *v* read out, read a book to tatters

зачитуватися [zachi'tuvatisya] *v* be absorbed in one's reading

зачіпати(ся) [zacheepa'ti(sya)] *v* touch, catch (on)

зачіпка [za'cheepka] *f* pretext

зачіска [za'cheeska] *f* hair-do, coiffure

зачісувати [zachee'suvati] *v* comb

зашарітися [zasharee'tisya] *v* flush, redden

зашивати [zashiva'ti] *v* sew up, mend

зашифрувати [zashifruva'ti] *v* codify, cipher

зашкарублий [zashkaru'bliy] *adj* hardened, coarse

зашнуровувати [zashnuro'vuvati] *v* lace up

зашпилювати [zashpi'lyuvati] *v* fasten with a pin, pin up

защемляти [zashchemlya'ti] *v* pinch, squeeze

защіпати(ся) [zashcheepa'ti(sya)] *v* hook

заява [zaya'va] *f* statement, application

заявка [zaya'vka] *f* claim, order, application

заявляти [zayavlya'ti] *v* state, declare

заяложений [zayalo'zheniy] *adj* dirty, greasy

заячий [za'yachiy] *adj* hare's, hare

збагачення [zbaga'chennya] *n* enrichment, dressing, concentration

збагачувати [zbaga'chuvati] *v* enrich, dress, concentrate

збагачуватися [zbaga'chuvatisya] *v* be enriched, enrich oneself

збагнути [zbagnu'ti] *v* comprehend, understand

збанкрутувати [zbankrutuva'ti] *v* go bankrupt

збентежений [zbente'zheniy] *adj* agitated, alarmed, embarrassed

збентеження [zbente'zhennya] *n* agitation, alarm, embarrassment, confusion

збентежити [zbente'zhiti] *v* agitate, alarm, embarrass, disconcert

зберігати [zbereega'ti] *v* preserve, keep, save

зберігатися [zbereega'tisya] *v* remain, be preserved, keep

збивати [zbiva'ti] *v* knock off, whip, beat up, put (out/of)

збирання [zbira'nnya] *n* gathering, collection, harvesting

збирати [zbira'ti] *v* gather, collect, pack

збиратися [zbira'tisya] *v* 1) gather, get together, assemble, meet 2) intend, be going

збирач [zbira'ch] *m* gatherer, collector

збиток (частіше *мн.* ~ки) [zbi'tok, ~ki] *m, pl* loss(es)

збіг [zbeeg] *m* coincidence, combination

збігати [zbeega'ti] *v* run down, flow down

збіднілий [zbeednee'liy] *adj* impoverished

збіжжя [zbee'zhzhya] *n* corn, grain

збільшений [zbee'l'sheniy] *adj* increased, magnified

збільшувальний [zbee'l'shuval'niy] *adj* magnifying

збільшувач [zbee'l'shuvach] *m* enlarger

збільшувати [zbee'l'shuvati] *v* increase, augment

збір [zbeer] *m* yield, gathering, meeting

збірка [zbee'rka] *f* collection, anthology, works

збірний [zbee'rniy] *adj* 1) assembly, rallying 2) prefabricated 3) combined

збірник [zbee'rnik] *m* collection

зближення [zbli'zhennya] *n* growing intimacy

зближувати [zbli'zhuvati] *v* bring together

зближуватися [zbli'zhuvatisya] *v* draw closer to one another

зблизька [zbli'z'ka] *adv* from near

зблідну́ти [zblee'dnuti] *v* grow pale

збовтувати [zbo'vtuvati] *v* shake (up)

збожеволіти [zbozhevo'leeti] *v* go mad, be crazy

збоку [zbo'ku] *adv* from the side, at the side

збори [zbo'ri] *pl* gathering, meeting, assembly

збочення [zbo'chennya] *n* deviation, perversion

збройний [zbro'yniy] *adj* armed

зброя [zbro'ya] *f* weapon

збруя [zbru'ya] *f* harness

збувати [zbuva'ti] *v* sell, get rid (of)

збуватися [zbuva'tisya] *v* come true, get rid (of)

збуджений [zbu'dzheniy] *adj* excited

збудження [zbu'dzhennya] *n* excitement

збуджувати [zbu'dzhuvati] *v* excite, rouse, arouse, stimulate

збудований [zbudo'vaniy] *adj* built, constructed

збудувати [zbuduva'ti] *v* built, construct

збунтуватися [zbuntuva'tisya] *v* revolt, rise in revolt

збут [zbut] *m* sale

зважати [zvazha'ti] *v* take into consideration/account, bear in mind

зважувати [zva'zhuvati] *v* weigh

зважуватися [zva'zhuvatisya] *v* 1) weigh oneself 2) dare, venture

звалювати [zva'lyuvati] *v* knock down, dump, throw down

звалюватися [zva'lyuvatisya] *v* fall down, collapse

званий [zva'niy] *adj* invited

звання [zvannya'] *n* rank

зварити [zvari'ti] *v* boil, make, cook

зварювальний [zva'ryuval'niy] *adj* welding

зварювання [zva'ryuvannya] *n* welding

зварювати(ся) [zva'ryuvati(sya)] *v* weld, be welded

звати [zva'ti] *v* call, ask, invite

зватися [zva'tisya] *v* be called

зведений [zve'deniy] *adj* combined

зведення [zve'dennya] *n* report, survey, summery

звеліти [zvelee'ti] *v* tell, order

звернення [zve'rnennya] *n* appeal (to), address (to)

звертати [zverta'ti] *v* turn (off)

звертатися [zverta'tisya] *v* appeal (to), address (to)

зверху [zve'rkhu] *adv* on top, from above

звеселятися [zveselya'tisya] *v* cheer up

звечора [zve'chora] *adv* in the evening, since evening

звивистий [zvi'vistiy] *adj* winding

звивати [zviva'ti] *v* twine, twist

звикати [zvika'ti] *v* get used (to), get accustomed (to)

звинувачення [zvinuva'chennya] *n* accusation (of), charge (of)

звинувачувати [zvinuva'chuvati] *v* accuse (of), charge (with)

звисати [zvisa'ti] *v* droop, sag, hang down

звисока [zvi'so'ka] *adv* from above, in a haughty manner

звичай [zvi'chay] *m* custom, habit

звичайний [zvicha'yniy] *adj* usual, ordinary, customary

звичка [zvi'chka] *f* habit,

звичний [zvi'chniy] *adj* habitual, usual, customary

звідки [zvee'dki] *adv* where ... (from)

звідки-небудь [zvee'dki-ne'bud'] *adv* from somewhere

звідси [zvee'dsi] *adv* from there

звідусіль [zveedusee'l'] *adv* from everywhere, from all parts

звільнення [zvee'l'nennya] *n* liberation, emancipation, release, discharge, dismissal

звільняти [zveel'nya'ti] *v* free, liberate, emancipate, discharge, release, dismiss

звільнятися [zveel'nya'tisya] *v* free oneself, liberate oneself, be vacant, be free

звір [zveer] *m* (wild) beast, (wild) animal

звіринець [zveeri'nets'] *m* menagerie

звіролов [zveerolo'v] *m* trapper

звіряти [zveerya'ti] *v* collate (with)

звірячий [zveerya'chiy] *adj* beast, animal, brutal, ferocious

звістка [zvee'stka] *f* news

звіт [zveet] *m* account, report

звітний [zvee'tniy] *adj* summary

звітність [zvee'tneest'] *f* accounting, accounts

звітувати [zveetuva'ti] *v* report

звішувати(ся) [zvee'shuvati(sya)] *v* let down, lower, lean over, hang over

зводити [zvo'diti] *v* take down, bring together

зволікання [zvoleeka'nnya] *n* delay

зволікати [zvoleeka'ti] *v* linger

зволожувати [zvolo'zhuvati] *v* moisten

зворот [zvoro't] *m* 1) back 2) expression, construction

зворотний [zvoro'tniy] *adj* back, opposite, reverse

зворухнути(ся) [zvorukhnu'ti(sya)] *v* stir, move

зворушений [zvoru'sheniy] *adj* touched, moved

зворушення [zvoru'shennya] *n* emotion

зворушено [zvoru'sheno] *adv* touchingly, movingly

зворушливий [zvoru'shliviy] *adj* touching, moving

зворушувати [zvoru'shuvati] *v* touch, move

зворушуватися [zvoru'shuvatisya] *v* be touched

звуження [zvu'zhennya] *n* narrowing, contraction

звужувати [zvu'zhuvati] *v* contract, narrow

звужуватися [zvu'zhuvatisya] *v* narrow, get narrow

звук [zvuk] *m* sound

звуковий [zvukovi'y] *adj* sound

звукозапис [zvukoza'pis] *m* (sound-) recording

звукооператор [zvukoopera'tor] *m* sound-producer

звучати [zvucha'ti] *v* ring, sound, be heard

зв'язаний [zv''ya'zaniy] *adj* tied, bound, connected

зв'язати [zv''yaza'ti] *v* tie (up), tie (together), bind, link up, connect

зв'язатися [zv"yaza'tisya] v get in touch/contact (with), get through (to)

зв'язка [zv"ya'zka] f bundle, bunch, copula

зв'язковий [zv"yazkovi'y] adj liaison, messenger

зв'язок [zv"yazo'k] m 1) connection, link, contact 2) relation, contact, ties 3) connections 4) communication

згадка [zga'dka] f memory, recollection

згадувати [zga'duvati] v remember, recall, mention

згайнувати [zgaynuva'ti] v waste

зганяти [zganya'ti] v drive away, drive together

сганьбити [zgan'bi'ti] v disgrace, dishonour

згасати [zgasa'ti] v go out, fade, dir away

згинатися [zgina'tisya] v bend

згинути [zgi'nuti] v be lost, perish, disappear

згідний [zgee'dniy] adj be agree (to)

згідно [zgee'dno] adv accoding to, in accordance with

зговір [zgo'veer] m conspiracy, plot

зговірливий [zgovee'rliviy] adj compliant, pliable

зговоритися [zgovori'tisya] v arrange (with)

згода [zgo'da] f consent, assent, agreement

згоджуватися [zgo'dzhuvatisya] v agree (to), concent (to), assent (to)

згодитися [zgo'ditisya] v be of use, be useful (to)

згодом [zgo'dom] adv (some time) later

згорда [zgo'rda] adv proudly, haughtily

згори [zgori'] adv from above, from the top

згортати(ся) [zgorta'tisya] v roll up, fold

згорток [zgo'rtok] m bundle, packet, roll

згоряння [zgorya'nnya] n combustion

згоряти [zgorya'ti] v burn

зготувати [zgotuva'ti] vprepare, make ready

зграя [zgra'ya] f flock, pack, shoal, school, gang

згрібати [zgreeba'ti] v shovel, rake, gather up

згрубілий [zgrubee'liy] adj callous, coarsened

згрупуватися [zgrupuva'tisya] v group

згубити [zgubi'ti] v lose, ruin, destroy

згубитися [zgubi'tisya] v get lost

згуртований [zgurto'vaniy] adj united, close-packed

згуртованість [zgurto'vaneest'] f solidarity, cohesion

згуртуватися [zgurtuva'tisya] v unite, rally

згущати(ся) [zgushcha'ti(sya)] v condense, thicken

згущений [zgu'shcheniy] adj condensed

здавати [zdava'ti] v 1) hand over, hand in 2) let, lease 3) surrender

здаватися [zdava'tisya] v 1) give in, give up, surrender 2) seem, appear, look

здавна [zda'vna] adv long since

здалека, ~y [zda'leka, ~u] adv from a distance, from afar

здатний [zda'tniy] adj suitable (for), fit (for), capable (of)

здатність [zda'tneest'] f ability, suitability, fitness

здача [zda'cha] f change, letting (out), surrender

здебільшого [zdebee'l'shogo] adv mainly

здивований [zdivo'vaniy] adj astonished, surprised, amazed

здивування [zdivuva'nnya] n astonishment, surprise

здивувати [zdivuva'ti] v astonish, surprise, amaze

здивуватися [zdivuva'tisya] *v* be astonished, be surprised, be amazed

здирати [zdira'ti] *v* strip off

здихати [zdikha'ti] *v* die off, perish

здібний [zdee'bniy] *adj* capable, clever, able

здібність [zdee'bneest'] *f* ability

здіймати [zdeeyma'ti] *v* lift, raise

здійматися [zdeeyma'tisya] *v* rise, arise

здійснений [zdeeysne'niy] *adj* feasible, practicable

здійснення [zdee'ysnennya] *n* realization, carrying out, fulfilment

здійснювати [zdee'ysnyuvati] *v* carry out, realize, accomplish, fulfil

здобич [zdo'bich] *f* plunder, loot, prey

здобувати [zdobuva'ti] *v* get, obtain, gain

здобуток [zdobu'tok] *m* achievement

здогадуватися [zdoga'duvatisya] *v* guess

здогадка [zdo'ga'dka] *f* conjecture, guess (-work)

здолати [zdola'ti] *v* overcome, conquer, subdue

здоровий [zdoro'viy] *adj* 1) healthy, sound 2) husky

здоров'я [zdoro'v"ya] *n* health

здружитися [zdruzhi'tisya] *v* make friends (with)

здувати [zduva'ti] *v* blow off

здуріти [zduree'ti] *v* become stupid, go crazy

зебра [ze'bra] *f* zebra

зекономити [zekono'miti] *v* economize, save

зелений [zele'niy] *adj* green

зеленіти [zelenee'ti] *v* turn green, become green

зелень [ze'len'] *f* greenery, green, verdure

земельний [zeme'l'niy] *adj* land

землевласник [zemlevla'snik] *m* landowner

землеволодіння [zemlevolodee'nnya] *n* ownership of land

землевпорядкування [zemlevporyadkuva'nnya] *n* system of land use

землекористування [zemlekoristuva'nnya] *n* land use

землемір [zemlemee'r] *m* land surveyor

землероб [zemlero'b] *m* farmer, cultivator

землеробство [zemlero'bstvo] *n* agriculture

землеробський [zemlero'bs'kiy] *adj* agricultural

землетрус [zemletru's] *m* earthquake

земля [zemlya'] *f* 1) earth 2) land 3) soil 4) ground

земляк [zemlya'k] *m* countryman

земляний [zemlyani'y] *adj* earthen, earth

земний [zemni'y] *adj* earthly, earthy

земноводний [zemnovo'dniy] *adj* amphibian, amphibia

земснаряд [zemsnarya'd] *m* dredger

зеніт [zenee't] *m* zenith

зенітка [zenee'tka] *f* anti-aircraft gun

зенітний [zenee'tniy] *adj* zenithal

зернина [zerni'na] *f* grain, seed

зерно [zerno'] *n* grain, corn

зерновий [zernovi'y] *adj* grain

зерносховище [zernoskho'vishche] *n* granary

з'єднання [z"ye'dnannya] *n* 1) joining, connection 2) junction, joint

з'єднувальний [z"ye'dnuval'niy] *adj* connecting

з'єднувати(ся) [z"ye'dnuvati(sya)] *v* join (together), couple, link, connect, unite

зжувати [zzhuva'ti] *v* chew up

з-за [z-za] *prep* from, from behind

ззаду [zza'du] *adv* behind, at the back, from behind

ззовні [zzo'vnee] *adv* from outside

зигзаг [zigza'g] *m* zigzag

зима [zima'] *f* winter

зимівля [zimee'vlya] *f* wintering

зимівник [zimee'vnik] *m* winterer

зимовий [zimo'viy] *adj* winter

зимувати [zimuva'ti] *v* spend the winter

зичити [zi'chiti] *v* wish

зібрання [zeebra'nnya] *n* collection, works

зівака [zeeva'ka] *m* idler

зівати [zeeva'ti] *v* yawn, overlook

зів'ялий [zeev"ya'liy] *adj* faded, withered

зів'янути [zeev"ya'nuti] *v* fade, wither

зігнутий [zee'gnutiy] *adj* crooked, bend

зіграти [zeegra'ti] *v* play, act, perform

зігрівати [zeegreeva'ti] *v* warm, heat

зігріватися [zeegreeva'tisya] *v* get warm

зізнаватися [zeeznava'tisya] *v* confess

зізнання [zeezna'nnya] *n* confession

зійти [zeeyti'] *v* go down, come down, descent

зійтися [zeeyti'sya] *v* meet

зілля [zee'llya] *n* herbs

зім'яти [zeem"ya'ti] *v* crumple (up), crush, crease

зім'ятися [zeem"ya'tisya] *v* be crumpled

зіниця [zeeni'tsya] *f* apple of the eye, pupil

зіпсований [zeepso'vaniy] *adj* spoilt, tainted, broken

зіпсувати [zeepsuva'ti] *v* spoil, ruin

зіпсуватися [zeepsuva'tisya] *v* get spoild, get out of order, go off, go bad, break up

зір [zeer] *m* sight, eyesight

зірка [zee'rka] *f* star

зірниця [zeerni'tsya] *f* morning star, summer lightning

зіскакувати [zeeska'kuvati] *v* jump off/down

зіставлення [zeesta'vlennya] *n* collation, comparison

зіставляти [zeestavlya'ti] *v* collate, compare

зіткати [zeetka'ti] *v* weave

зіткнення [zee'tknennya] *n* collision, clash

зіткнутися [zeetknu'tisya] *v* collide

зітхання [zeetkha'nnya] *n* sigh

зітхати [zeetkha'ti] *v* breathe, sigh

з'їдати [z"yeeda'ti] *v* eat, eat up

з'їжджати [z"yeezhdzha'ti] *v* go down, come down, slide down

з'їжджатися [z"yeezhdzha'tisya] *v* come together, assemble, meet

з'їзд [z"yeezd] *m* congress

з'їздити [z"yee'zditi] *v* go, make a trip

злагода [zla'goda] *f* agreement, accord, harmony

злагоджений [zla'godzheniy] *adj* coordinated, concordant, harmonious

злагодженість [zla'godzheneest] *f* coordination, concordance

злагоджено [zla'godzheno] *adv* in coordination, in concord

злагодити [zla'goditi] *v* arrange, make

злазити [zla'ziti] *v* come down, get down, climb down

злам [zlam] *m* breaking, break-up

зламати [zlama'ti] *v* break, infringe

злегка [zle'gka] *adv* slightly, gently

зледеніння [zledenee'nnya] *n* icing

зледеніти [zledenee'ti] *v* become covered with ice

злива [zli'va] *f* downpour, heavy shower

зливати [zliva'ti] *v* pour out, pour together, mix

зливатися [zliva'tisya] *v* flow together, blend, merge

злиденний [zlide'nniy] *adv* destitute, wretched

злиденність [zlide'nneest'] *f* destitution, (extreme) poverty

злидар [zlida'r] *m* beggar

злидні [zli'dnee] *pl* poverty

злизувати [zli'zuvati] *v* lick off

злий [zliy] *adv* wicked, vicious, angry, evel

злинялий [zlinya'liy] *adj* faded, discoloured

злиняти [zlinya'ti] *v* fade, lose colour

злипатися [zlipa'tisya] *v* stick together

злити(ся) [zli'ti(sya)] *v* make cross, anger, be angry (with)

зліва [zlee'va] *adv* at/from/on/to the left

зліплювати(ся) [zlee'plyuvati(sya)] *v* stick together

зліпок [zlee'pok] *m* cast

злісний [zlee'sniy] *adj* malicious

злість [zleest'] *f* malice, fury, spite

зліт [zleet] *m* 1) take-off 2) rise, flight 3) rally

злітати [zleeta'ti] *v* fly up, take off, fly away/down

злітатися [zleeta'tisya] *v* fly together

зло [zlo] *n* evel, harm

злоба [zlo'ba] *f* spite, anger

злобний [zlo'bniy] *adj* malicious

злободенний [zlobode'nniy] *adj* topical

зловживання [zlovzhiva'nnya] *n* abuse, over-indulgence

зловживати [zlovzhiva'ti] *v* abuse, over-indulge

зловити [zlovi'ti] *v* catch

зловтішатися [zlovteesha'tisya] *v* gloat (over)

злодій [zlo'deey] *m* thief

злодійство [zlodee'ystvo] *n* stealing, thieving

злодійський [zlodee'ys'kiy] *adj* thieves, criminal

зломити(ся) [zlomi'ti(sya)] *v* break, crush

злопам'ятний [zlopa'm"yatniy] *adj* rancorous

злословити [zloslo'viti] *v* talk scandal

злочин [zlo'chin] *m* crime

злочинець [zlochi'nets'] *m* criminal

злочинний [zlochi'nniy] *adj* criminal

злочинність [zlochi'nnest'] *f* criminality

злощасний [zloshcha'sniy] *adj* illfated

злоякісний [zloya'keesniy] *adj* malignant

злущувати(ся) [zlu'shchuvati(sya)] *v* husk, peel

зляканий [zlya'kaniy] *adj* frightened, scared

злякано [zlya'kano] *adv* in fright

злякати [zlya'kati] *v* frighten, scare

злякатися [zlya'katisya] *v* be frightened, take fright (of)

змагання [zmaga'nnya] *v* competition, contest, match

змагатися [zmaga'tisya] *v* complete, emulate

змазати [zma'zati] *v* grease, smear, oil, lubricate, paint

змалку [zma'lku] *adv* since one's childhood

змалювати [zmalyuva'ti] *v* copy, portray, depict, describe

зманювати [zma'nyuvati] *v* lure, entice

змарнілий [zmarnee'liy] *adj* haggard, hollow-cheeked

змарніти [zmarnee'ti] *v* look haggard, become hollow-cheeked

змах [zmakh] *m* stroke, sweep, movement, flap

змахнути [zmakhnu'ti] *v* wave, strike (with), make strokes (with)

зменшувальний [zme'nshuval'niy] *adj* diminishing

зменшувати(ся) [zme'nshuvati(sya)] *v* diminish, decrease

змерзлий [zme'rzliy] *adj* cold, chilly, frozen

змерзнути [zme'rznuti] *v* get/be frozen

зметати [zmeta'ti] *v* baste, tack together

змивати [zmiva'ti] *v* wash off/away

змикати [zmika'ti] *v* close

змикатися [zmika'tisya] *v* join, close up, unite

змилуватися [zmi'luvatisya] *v* have pity/compassion (on)

змій [zmeey] *m* dragon, kite

зміїний [zmeeyee'niy] *adj* snake, snake's

зміна [zmee'na] *f* changing, change, replacement

змінний [zmee'nniy] *adj* changeable, variable

змінювати(ся) [zmee'nyuvati(sya)] *v* change, replace, relieve, be change

зміряти [zmee'ryati] *v* measure

зміст [zmeest] *m* contents, content, substance

змістовний [zmeesto'vniy] *adj* profound, serious

змітати [zmeeta'ti] *v* sweep off/away

зміцнення [zmee'tsnennya] *n* strengthening, consolidation

зміцнювати [zmee'tsnyuvati] *v* strengthen, consolidate

зміцнюватися [zmee'tsnyuvatisya] *v* become stronger, consolidate

змішаний [zmee'shaniy] *adj* mixed

змішуватия(ся) [zmee'shuvati(sya)] *v* mix (up), blend, confuse, muddle

змія [zmeeya'] *f* snake, serpent

змова [zmo'va] *f* plot, conspiracy

змовкати [zmovka'ti] *v* became silent

змовлятися [zmovlya'tisya] *v* plot, conspire

змовник [zmo'vnik] *m* conspirator

змовчати [zmo'vchati] *v* give no answer

змога [zmo'ga] *f* possibility, opportunity

змогти [zmogti'] *v* be able

змокнути [zmo'knuti] *v* become wet

змолоду [zmo'lodu] *adv* from one's youth

змолоти [zmolo'ti] *v* grind

змонтувати [zmontuva'ti] *v* assemble, install, mount

зморений [zmo'reniy] *adj* tied, weary

зморшок [zmo'rshok] *m* wrinkle

зморшкуватий [zmorshkuva'tiy] *adj* wrinkled

зморщувати(ся) [zmo'rshchuvati-(sya)] *v* wrinkle (up), make faces

зморювати [zmo'ryuvati] *v* tire, weary

зморюватися [zmo'ryuvatisya] *v* tire oneself, get tired

змотувати [zmo'tuvati] *v* reel, wind

змочувати [zmo'chuvati] *v* moisten

змужнілий [zmuzhnee'liy] *adj* mature, grown-up

змужнілість [zmuzhnee'leest'] *f* maturity

змужніти [zmuzhnee'ti] *v* grow up, grow into a man

змучений [zmu'cheniy] *adj* worn-out, exhausted

змучуватися [zmu'chuvatisya] *v* be worn out, be tortured

змушений [zmu'sheniy] *adj* forced

змушувати [zmu'shuvati] *v* force, compel, make *smb*

знавець [znave'ts'] *m* expert (in)

знадвору [znadvo'ru] *adv* from the outside

знадобитися [znadobi'tisya] *v* be necessary, be need, be of use

знайомий [znayo'miy] *adj* familiar, acquainted (with)

знайомити [znayo'miti] *v* introduce (to), make acquainted (with)

знак [znak] *m* sign, mark, symbol

знаменний [zname'nniy] *adj* great, memorable, significant, outstanding

знаменувати [znamenuva'ti] *v* mark, signify

знання [znannya'] *n* knowledge, skill

знаряддя [znarya'ddya] *n* tool, instrument

знати [zna'ti] *v* know, be aware (of)

знатися [zna'tisya] *v* be acquainted (with), be familiar (with)

знатний [zna'tniy] *adj* outstanding, noted

знахабнілий [znakhabnee'liy] *adj* insolent, impudent

знахабніти [znakhabnee'ti] *v* become insolent

знахар [zna'khar] *m* sorcerer, quack

знахарка [zna'kharka] *f* sorceress, quack

знахідка [zna'kheedka] *f* find

знаходити [znakho'diti] *v* find, discover

знаходитися [znakho'ditisya] *v* be found

значення [zna'chennya] *n* 1) meaning, sense, significance 2) importance

значити [zna'chiti] *v* mean, signify

значитися [zna'chitisya] *v* be registered (as), be on the list

значний [znachni'y] *adj* considerable, important, significant

значно [zna'chno] *m* much, considerably, to a great extent

значок [znacho'k] *m* badge

знаючий [zna'yuchiy] *adj* able, competent

знебарвлювати [zneba'rvlyuvati] *v* discolour, bleach

знеболювання [znebo'lyuvannya] *n* anaesthetization

знеболювати [znebo'lyuvati] *v* anaesthetize

знеболюючий [znebo'lyuyuchiy] *adj* anaesthetic

зневага [zneva'ga] *f* contempt, disrespect

зневажати [znevazha'ti] *v* scorn, despise, neglect

зневажливий [zneva'zhliviy] *adj* contemptuous, scornful, disdainful

зневірений [znevee'reniy] *adj* disappointed, disillusioned

зневір'я [znevee'r''ya] *n* disappointment, disillusionment

зневіритися [znevee'ritisya] *v* lose confidence/one's faith (in)

знедолений [znedo'leniy] *adj* miserable, unfortunate

знезаражувати [znezara'zhuvati] *v* disinfect

знекровлювати [znekro'vlyuvati] *v* bleed white

знемагати [znemaga'ti] *v* be exhausted, break down

знемога [znemo'ga] *f* exhaustion, prostration

знеможений [znemo'zheniy] *adj* exhausted, tired out

зненавидіти [znena'videeti] *v* conceive a hatred

зненависть [znena'vist'] *f* hatred, hate

зненацька [znena'ts'ka] *adv* suddenly

знепритомніти [zneprito'mneeti] *v* faint, lose consciousness

знесилений [znesi'leniy] *adj* exhausted, worn out

знесилювати [znesi'lyuvati] *v* weaken, enfeeble

знесилюватися [znesi'lyuvatisya] *v* grow weak, be exhausted

знеславити [znesla'viti] *v* disgrace, discredit, dishonor

знехтувати [zne'khtuvati] *v* neglect, ignore

знешкодити [zneshko'diti] *v* render harmless

знижений [zni'zheniy] *adj* reduced

зниження [zni'zhennya] *n* lowering, reduction

знижувати [zni'zhuvati] *v* lower, reduce

знижуватися [zni'zhuvatisya] *v* go/come down, descend, sink, fall

знизу [zni'zu] *adv* from below, underneath

зникати [znika'ti] *v* disappear, vanish

зникнення [zni'knennya] *n* disappearance

знищення [zni'shchennya] *n* destruction, extermination

знищувальний [zni'shchuval'niy] *adj* destructive

знищувати [zni'shchuvati] *v* destroy, exterminate

знівечити [znee'vechiti] *v* disfigure, cripple

зніжений [znee'zheniy] *adj* delicate

зніженість [znee'zheneest'] *f* delicacy

знімати [zneema'ti] *v* take (away/off), remove

зніяковілий [zneeyakovee'liy] *adj* embarrassed

зніяковіти [zneeyakovee'ti] *v* be embarrassed, be abashed

знов, знову [znov, zno'vu] *adv* again, once again

зносити [zno'siti] *v* 1) bring down 2) pile up 3) pull down 4) bear 5) carry away, blow off

зношений [zno'sheniy] *adj* worn-out, shabby

зношувати [zno'shuvati] *v* wear out

зношуватися [zno'shuvatisya] *v* be worn out

знущатися [znushcha'tisya] *v* jeer (at), mock (at)

зобов'язаний [zobov''ya'zaniy] *adj* obliged, indebted

зобов'язання [zobov''ya'zannya] *n* obligation, undertaking, commitment

зобов'язувати [zobov''ya'zuvati] *v* oblige, bind

зобов'язатися [zobov''ya'zatisya] *v* undertake, bind oneself

зображати [zobrazha'ti] *v* portray, delineate, depict, act, represent

зображення [zobra'zhennya] *n* portrayal, representation, delineation, picture

зовні [zo'vnee] *adv* outside, on the outside

зовнішній [zo'vneeshneey] *adj* outward, exterior, external, outside, foreign

зовнішньополітичний [zovneeshnyopoleeti'chniy] *adj* foreign policy

зовсім [zo'vseem] *adv* quite, entirely, totally

зозуля [zozu'lya] *f* cuckoo

зойк [zoyk] *m* scream, shriek, yell

зойкнути [zo'yknuti] *v* scream, shriek

зокрема [zokre'ma'] *adv* separately, specifically, personally

зола [zola'] *f* ash(es)

золотити [zoloti'ti] *v* gold

золото [zo'loto] *n* gold,

золотий [zoloti'y] *adj* gold, golden

золотистий [zoloti'stiy] *adj* golden

зомлівати [zomleeva'ti] *v* faint

зона [zo'na] *f* zona

зопальний [zona'l'niy] *adj* zonal

зонд [zond] *n* probe

зондувати [zonduva'ti] *v* sound, probe

зоологія [zoolo'geeya] *f* zoology

зоологічний [zoologee'chniy] *adj* zoological

зоопарк [zoopa'rk] *m* zoological gardens, zoo

зоровий [zorovi'y] *adj* visual, optic

зоря [zorya'] *f* star, dawn, sunset

зоряний [zo'ryaniy] *adj* star, starry

зосереджений [zosere'dzheniy] *adj* concentrated

зосередженість [zosere'dzheneest'] *f* concentration

зосереджувати [zosere'dzhuvati] *v* concentrate, focus

зосереджуватися [zosere'dzhuvatisya] *v* be concentrated

зошит [zo'shit] *m* notebook, copybook

з-під [zpeed] *prep* from under, from beneath

зрада [zra'da] *f* treason, betrayal

зраджувати [zra'dzhuvati] *v* betray

зрадіти [zradee'ti] *v* rejoice, be glad/delighted

зрадливий [zradli'viy] *adj* treacherous, unfaithful

зрадник [zra'dnik] *m* betrayer, traitor

зрадниця [zra'dnitsya] *f* traitress

зразок [zrazo'k] *m* 1) specimen, sample 2) model, example

зразковий [zrazkoʻviy] *adj* model, exemplary

зранку [zraʻnku] *adv* in the morning

зрештою [zreʻshtoyu] *adv* finally, after all

зрив [zriv] *m* break down, failure

зривати [zrivaʻti] *v* tear off, break off

зрівноважувати [zrivnovaʻzhuvati] *v* balance

зрівноважуватися [zrivnovaʻzhuvatisya] *v* be balanced

зрівнювати [zreeʻvnyuvati] *v* make equal, level, equalize, smooth

зрідка (інколи) [zreeʻdka] *adv* now and then, from time to time

зріз [zreez] *m* cut, section

зрізати [zreezaʻti] *v* cut, cut off/away

зрікатися [zreekaʻtisya] *v* renounce, repudiate

зрілий [zreeʻliy] *adj* mature

зрілість [zreeʻleestʼ] *f* maturity

зріст [zreest] *m* height, stature

зріти [zreeʻti] *v* mature

зробити [zrobiʻti] *v* make, do

зробитися [zrobiʻtisya] *v* become, happen

зрозумілий [zrozumeeʻliy] *adj* clear, comprehensible, intelligible

зрозуміло [zrozumeeʻlo] *adv* clearly, plainly

зрозуміти [zrozumeeʻti] *v* understand, comprehend

зростання [zrostaʻnnya] *n* growth, increase, rise

зростати [zrostaʻti] *v* grow, increase

зростатися [zrostaʻtisya] *v* knit

зрошення [zroʻshennya] *n* watering, irrigation

зрошувати [zroʻshuvati] *v* water, irrigate

зрощення [zroʻshchennya] *n* joint, join

зрощувати [zroʻshchuvati] *v* grow, knit, join, joint

зруб [zrub] *m* frame of logs

зрубати [zrubaʻti] *v* fell, cut down

зруйнувати [zruynuvaʻti] *v* destroy, wreck

зручний [zruʻchniy] *adj* comfortable, handle

зручність [zruʻchneestʼ] *f* comfort, convenience

зручно [zruʻchno] *adv* comfortably

зрушувати(ся) [zruʻshuvati(sya)] *v* move, shift

зрячий [zryaʻchiy] *adj* with eyes (to see)

зсаджувати [zsaʻdzhuvati] *v* lift down, help down

зсередини [zsereʻdini] *adv* from (the) inside, on the inside

зсипати [zsipaʻti] *v* pour

зсідатися [zseedaʻtisya] *v* shrink, coagulate, curdle

зсовувати [zsoʻvuvati] *v* move, shift, bring/push together

зуб [zub] *m* tooth

зубний [zubniʻy] *adj* tooth, dental

зуболікарський [zuboleekaʻrsʼkiy] *adj* dental, dentist's

зубр [zubr] *m* European bison, aurochs

зубрити [zubriʻti] *v* cram, grind

зубчатий [zubchaʻtiy] *adj* toothed

зуміти [zumeeʻti] *v* be able, succeed

зумовити [zumoʻviti] *v* stipulate (for), cause, call forth

зумовлений [zumoʻvleniy] *adj* caused, brought

зупинка [zupiʻnka] *f* stop, station

зупиняти(ся) [zupinyaʻti(sya)] *v* stop, make stop, pull up

зусилля [zusiʻllya] *n* effort

зустріч [zuʻstreech] *f* meeting, welcome, reception

зустрічати [zustreechaʻti] *v* meet, encounter, receive, greet, welcome

зухвалий [zukhvaʻliy] *adj* insolent, impertinent, rude, bold

зухвалість [zukhvaʻleestʼ] *f* insolence, impertinence

зціляти(ся) [ztseelya'ti(sya)] v cure, heal, be cured, be healed (of), recover (from)

зчиняти [zchinya'ti] v make

зчищати [zchishcha'ti] v clear away, brush off

зчіплювати [zchee'plyuvati] v couple

зшивати [zshiva'ti] v stitch, sew together

зштовхнутися [zshtovkhnu'tisya] v collide (with), run into each other

зштовхувати [zshto'vkhuvati] v push off/away

зяб [zyab] f autumn ploughing

зяблик [zya'blik] m chaffinch

з'являтися [z''yavlya'tisya] v appear, come, turn up

з'ясовувати [z''yaso'vuvati] v elucidate, ascertain, find out

з'ясуватися [z''yasuva'tisya] v turn out, be found out

зять [zyat'] m son-in-law

I

і [ee] conj and, too

іберійський [eeberee'ys'kiy] adj Iberian

ігнорувати [eegnoruva'ti] v ignore, disregard

іграшка [ee'grashka] f toy

іграшковий [eegrashko'viy] adj toy

ідеал [eedea'l] m ideal

ідеалізм [eedealee'zm] m idealism

ідеалізувати [eedealeezuva'ti] v idealise

ідеаліст [eedealee'st] m idealist

ідеалістичний [eedealeesti'chniy] adj idealist

ідеальний [eedea'l'niy] adj ideal

ідейний [eede'yniy] adj ideological

ідентичний [eedenti'chniy] adj identical

ідеологічний [eedeologee'chniy] adj ideological

ідеологія [eedeolo'geeya] f ideology

ідея [eede'ya] f idea, notion, concept

ідилія [eedi'leeya] f idyll

ідіома [eedeeo'ma] f idiom

ідіот [eedeeo't] m idiot

ідіотський [eedeeo'ts'kiy] adj idiotic

ідол [ee'dol] m idol

ієрархія [eeyera'rkheeya] f hierarchy

ієрогліф [eeyero'gleef] m hieroglyph

ізолювати [eezolyuva'ti] v isolate

ізолятор [eezolya'tor] m isolator

ізоляція [eezolya'tseeya] f isolation

ізюм [eezyu'm] m raisins

ікло [ee'klo] n fang, tusk

ікона [eeko'na] f icon

ікра [eekra'] f roe, caviare

ілюзія [eelyu'zeeya] f illusion

ілюзорний [eelyuzo'rniy] adj illusory

ілюмінатор [eelyumeena'tor] m bull's-eye

ілюмінація [eelyumeena'tseeya] f illumination

ілюмінувати [eelyumeenuva'ti] v illuminate

ілюстратор [eelyustra'tor] m illustrator

ілюстрація [eelyustra'tseeya] f illustration

ілюстрований [eelyustro'vaniy] adj illustrated

ілюструвати [eelyustruva'ti] v illustrate

іменини [eemeni'ni] pl name-day

іменинник, ~ниця [eemeni'nnik, ~nitsya] m, f person keeping his/her name-day

імітація [eemeeta'tseeya] f imitation

імітувати [eemeetuva'ti] v imitate

імла [eemla'] f haze

імміґрант [eemmeegra'nt] m immigrant

імміґрація [eemmeegra'tseeya] f immigration

імміґрувати [eemmeegruva'ti] v immigrate

імовірний [eemovee'rniy] *adj* probable, likely

імовірність [eemovee'rneest'] *f* probability

імовірно [eemovee'rno] *adv* probably

імператор [eemperato'r] *m* emperor

імператриця [eemperatri'tsya] *f* empress

імперіалізм [eempereealee'zm] *m* imperialism

імперіалістичний [eempereealeesti'chniy] *adj* imperialistic

імперія [eempe'reeya] *f* empire

імпонувати [eemponuva'ti] *v* impress

імпорт [ee'mport] *m* import

імпортний [ee'mportniy] *adj* imported, import

імпортувати [eemportuva'ti] *v* import

імпровізація [eemproveeza'tseeya] *f* improvisation

імпровізований [eemproveezo'vaniy] *adj* improvised

імпровізувати [eemproveezuva'ti] *v* improvise

імпульс [ee'mpul's] *m* impulse

імунітет [eemuneete't] *m* immunity

ім'я [eem''ya'] *n* name

інакше [eena'kshe] *adv* or (else), otherwise, differently, in a different way

інакший [eena'kshiy] *adj* different

інвалід [eenvalee'd] *m* invalid

інвалідний [eenvalee'dniy] *adj* invalid

інвалідність [eenvalee'dneest'] *f* disablement, disability

інвентар [eenventa'r] *m* inventory, stock, equipment

інвентаризація [eenventariza'tseeya] *f* taking stock

інвентаризувати [eenventarizuva'ti] *v* take stock

інгалятор [eengalya'tor] *m* inhaler

індекс [ee'ndeks] *m* index

індивід [eendivee'd] *m* individual

індивідуалізм [eendiveedualee'zm] *m* individualism

індивідуалістичний [eendiveedualeesti'chniy] *adj* individualistic

індивідуальний [eendiveedua'l'niy] *adj* individual

індивідуальність [eendiveedua'l'neest'] *f* individuality

індик [eendi'k] *m* turky (-cock)

індичка [eendi'chka] *f* turkey (-hen)

індійський, ~ець [eendee'ys'kiy, ~yets'] *adj, m* Indian

індонезієць, ~йський [eendonezee'yets', ~ys'kiy] *m, adj* Indonesian

індукція [eendu'ktseeya] *f* induction

індус, ~ка [eendu's, ~ka] *m, f* Hindu, Hidoo

індустріалізація [eendustreealeeza'tseeya] *f* industrialisation

індустріальний [eendustreea'l'niy] *adj* industrial

індустрія [eendu'streeya] *f* industry

інертний [eene'rtniy] *adj* inert, passive

інертність [eene'rtneest'] *f* inertness, passivity

інерція [eene'rtseeya] *f* inertia

ін'єкція [een''ye'ktseeya] *f* injection

інженер [eenzhene'r] *m* engineer

інженерний [eenzhene'rniy] *adj* engineering

інжир [eenzhi'r] *m* fig

іній [ee'neey] *m* hoarfrost, rime

ініціали [eeneetseea'li] *pl* initials

ініціатива [eeneetseeati'va] *f* initiative

ініціативний [eeneetseeati'vniy] *adj* of initiative

ініціатор [eeneetseea'tor] *m* initiator

інквізитор [eenkveezi'tor] *m* inquisitor

інколи [ee'nkoli] *adv* sometimes, at times

інкубатор [eenkuba'tor] *m* incubator

іноді [ee'nodee] *adv* sometimes

іноземець, ~ка [eenoze'mets', ~ka] *m, f* foreigner

іноземний [eenoze'mniy] *adj* foreign

інспектор [eenspe'ktor] *m* inspector

інспекція [eenspe'ktseeya] *f* inspection

інспектувати [eenspektuva'ti] *v* inspect

інспірувати [eenspeeruva'ti] *v* inspire

інстанція [eensta'ntseeya] *f* instance

інстинкт [eensti'nkt] *m* instinct

інстинктивний [eenstinkti'vniy] *adj* instinctive

інститут [eenstitu't] *m* institute

інструктувати [eenstruktuva'ti] *v* instruct, give instructions

інструктор [eenstru'ktor] *m* instructor

інструкція [eenstru'ktseeya] *f* instruction (s)

інструмент [eenstrume'nt] *m* instrument, tool

інструментальник [eenstrumenta'l'-nik] *m* toolmaker

інсулін [eensulee'n] *m* insulin

інсценізація [eenstseneeza'tseeya] *f* stage version

інсценізувати [eenstseneezuva'ti] *v* dramatize, stage

інтелект [eentele'kt] *m* intellect

інтелектуальний [eentelektua'l'niy] *adj* intellectual

інтелігент [eenteleege'nt] *m* intellectual

інтелігентний [eenteleege'ntniy] *adj* intellectual, cultured

інтелігенція [eenteleege'ntseeya] *f* intelligentsia

інтенсивний [eentensi'vniy] *adj* intensive

інтенсивність [eentensi'vneest'] *f* intensity

інтервал [eenterva'l] *m* interval, space

інтервенція [eenterve'ntseeya] *f* intervention

інтерв'ю [eenterv''yu'] *n* interview

інтерес [eentere's] *m* interest

інтер'єр [eenter''ye'r] *m* interior

інтернат [eenterna't] *m* boarding-school

інтернаціональний [eenternatseeona'l'niy] *adj* international

інтерпретація [eenterpreta'tseeya] *f* interpretation

інтерпретувати [eenterpretuva'ti] *v* interpret

інтимний [eenti'mniy] *adj* intimate

інтонація [eentona'tseeya] *f* intonation

інтрига [eentri'ga] *f* intrigue, plot

інтригувати [eentriguva'ti] *v* intrigue, plot

інтуїтивний [eentuyeeti'vniy] *adj* intuitive

інтуїція [eentuyee'tseeya] *f* intuition

інтурист [eenturi'st] *m* foreign tourist

інфаркт [eenfa'rkt] *m* infarction

інфекційний [eenfektsee'yniy] *adj* infectious, contagious

інфекція [eenfe'ktseeya] *f* infection, contagion

інфляція [eenflya'tseeya] *f* inflation

інформаційний [eenformatsee'yniy] *adj* information

інформація [eenforma'tseeya] *f* information

інформувати [eenformuva'ti] *v* inform

інформатор [eenforma'tor] *m* informer

інцидент [eentside'nt] *m* incident

інший [ee'nshiy] *adj* different, other, another

іподром [eepodro'm] *m* race-course

іранец, ~ський [eera'nets', ~s'kiy] *m, adj* Iranian

іржа [eerzha'] *f* rust

іржавий [eerzha'viy] *adj* rusty

іржавіти [eerzha'veeti] *v* rust, be rusty

іржати [eerzha'ti] *v* neigh, whinny

іригація [eeriga'tseeya] *f* irrigation

ірис [ee'ris] *m бот.* iris

ірландець [eerla'ndets'] *m* Irishman

ірландка [eerla'ndka] *f* Irishwoman

ірландський [eerla'nds'kiy] *adj* Irish

іронічний [eeronee'chniy] *adj* ironic

іронія [eero'neeya] *f* irony

ірраціональний [eerratseeo'nal'niy] *adj* irrational

іскра [ee'skra] *f* spark

іскристий [eeskri'stiy] *adj* sparkling

іслам [eesla'm] *m* Islam

ісландець, ~ка [eesla'ndets', ~ka] *m, f* Icelander

ісландський [eesla'nds'kiy] *adj* Iceland

існування [eesnuva'nnya] *n* existence

існувати [eesnuva'ti] *v* exist

існуючий [eesnu'yuchiy] *adj* existing, being

іспанець, ~ка [eespa'nets', ~ka] *m, f* Spaniard

іспанський [eespa'ns'kiy] *adj* Spanish

іспит [ee'spit] *m* examination

істерика [eeste'rika] *f* hysterics

істеричний [eesteri'chniy] *adj* hysterical

істина [ees'tina] *f* truth

істинний [ee'stinniy] *adj* true

історик [eesto'rik] *m* historian

історичний [eestori'chniy] *adj* historical

історія [eesto'reeya] *f* history

істота [eesto'ta] *f* being, creature

істотний [eesto'tniy] *adj* essential, substantial

істотно [eesto'tno] *adv* essentially, substantially

італієць, ~йка, ~йський [eetalee'yets', ~yka, ~ys'kiy] *m f adj* Italian

іти [eeti'] *v* go, walk, pass

іудейство [eeude'ystvo] *n* Judaism

ішак [eesha'k] *m* donkey, ass

ішіас [eesheea's] *m* sciatica

Ї

їда [yeeda'] *f* food

їдальня [yeeda'l'nya] *f* dining-room

їдкий [yeedki'y] *adj* caustic, pungent, acrid

їжа [yee'zha] *f* food, nourishment

їжак [yeezha'k] *m* hedgehog

їжитися [yee'zhitisya] *v* bristle

їзда [yeezda'] *f* driving, riding

їздити [yee'zditi] *v* go, drive, ride, travel

її [yeeyee'] *pron* her, hers, its

їсти [yee'sti] *v* eat

їстивний [yeesti'vniy] *adj* eatable

їх [yeekh] *pron* their, theirs

їхати [yee'khati] *v* go, drive, ride, travel

Й

й [y] *conj* and

ймовірний [ymovee'rniy] *adj* probable, likely

йог [yog] *m* yogi

його [yogo'] *pron* his, its

йод [yod] *m* iodine

йодистий (калій) [yo'distiy ka'leey] *adj + m* potassium iodine

йон [yon] *m* ion

йорж [yorzh] *m* ruff, wire, brush

йота [yo'ta] *f* iota, jot

К

кабан [kaba'n] *m* hog, wild boar

кабель [ka'bel'] *m* cable

кабельний [ka'bel'niy] *adj* cable

кабіна [kabee'na] *f* cabin

кабінет [kabeene't] *m* 1) office, study 2) cabinet

каблук [kablu'k] *m* heel

кава [ka'va] *f* coffee

кавалер [kavale'r] *m* partner, admirer, boy

кавалерист [kavaleri'st] *m* cavalryman

кавалерія [kavale'reeya] *f* cavalry

каверзний [ka'verzniy] *adj* tricky

кавказець [kavka'zets'] *m* Caucasian

кавказький [kavka'z'kiy] *adj* Caucasian

кавун [kavu'n] *m* water-melon

кав'ярня [kav"ya'rnya] *f* cafe

кадило [kadi'lo] *n* censer

кадр [kadr] *m* still, frame, sequence

ка'дри [kadri] *pl* personnel, staff

кадровий [ka'droviy] *adj* trained

кажан [kazha'n] *m* bat

казан(ок) [kaza'n(o'k)] *m* boiler, pot, saucepan

казарма [kaza'rma] *f* barrack

казати [kaza'ti] *v* say, tell

казах, ～шка, ～ський [kaza'kh, ～shka, ～s'kiy] *m, f, adj* Kasakh

казенний [kaze'nniy] *adj* state, formal, bureaucratic

казіно [kazeeno'] *n* casino

казка [ka'zka] *f* tale, fairy-tale

казна [kazna'] *f* treasury

кайма [kayma'] *f* edge, border

кайдани [kayda'ni] *pl* shackles

какао [kaka'o] *n* cocoa

кактус [ka'ktus] *m* cactus

каламбур [kalambu'r] *m* pun

каламутити [kalamu'titi] *v* muddy, stir up

каламутний [kalamu'tniy] *adj* muddy, turbid

калатати [kala'tati] *v* beat, thump, bang

калач [kala'ch] *m* roll

калейдоскоп [kaleydosko'p] *m* kaleidoscope

календар [kalenda'r] *m* calendar

календарний [kalenda'rniy] *adj* calendar

калина [kali'na] *f* guelder-rose, snowball-tree

калібр [kalee'br] *m* calibre

каліграфічний [kaleegrafee'chniy] *adj* calligraphic

каліграфія [kaleegra'feeya] *f* calligraphic

калій [ka'leey] *m* potassium

каліка [kalee'ka] *m* cripple

калічити [kalee'chiti] *v* cripple, mutilate

калорійний [kaloree'yniy] *adj* high-calorie

калорія [kalo'reeya] *f* calory, calorie

калоші [kalo'shee] *pl* galoshes, rubbers

калюжа [kalyu'zha] *f* puddle, pool

калька [ka'l'ka] *f* tracing-paper

калькувати [kal'kuva'ti] *v* trace

калькулятор [kal'kulya'tor] *m* calculator

калькуляція [kal'kulya'tseeya] *f* calculation

кальцій [ka'l'tseey] *m* calcium

камбала [ka'mbala] *f* flounder

каменистий [kameni'stiy] *adj* stony

каменоломня [kamenolo'mnya] *f* quarry

каменяр [kamenya'r] *m* stone-crusher, stone-cutter

камера [ka'mera] *f* cell, chamber, camera

камерний [ka'merniy] *adj* chamber

камертон [kamerto'n] *m* tuning fork

камін [kamee'n] *m* fire-place

камінь [ka'meen'] *m* stone, rock

кампанія [kampa'neeya] *f* campaign

камфора [ka'mfora] *f* camphor

камяний [kam"ya'ni'y] *adj* stone

кам'яновугільний [kam"yanovu'geel'niy] *adj* coal

канава [kana'va] *f* ditch, gutter, drain

канадець, ～ка, ～ський [kana'det s', ～ka, ～s'kiy] *m, f, adj* Canadian

канал [kana'l] *m* canal, channel

каналізація [kanaleeza'tseeya] *f* sewerage

канапа [kana'pa] *f* sofa

канарейка, канарка [kanare'yka, kana'rka] f canary

канат [kana't] m rope, cable

канатний [kana'tniy] adj rope, cable

канатоходець [kanatokho'dets'] m rope-walker

канва [kanva'] f canva

кандидат [kandida't] m candidate

кандидатський [kandida'ts'kiy] adj candidate

кандидатура [kandidatu'ra] f candidature

канібал [kaneeba'l] m cannibal

канікули [kanee'kuli] pl holidays, vacation

каніфоль [kaneefo'l'] f rosin

канонада [kanona'da] f cannonade

канонізувати [kanoneezuva'ti] v canonize

кантата [kanta'ta] f cantata

канцелярист [kantselyari'st] m clerk

канцелярія [kantselya'reeya] f office

канцлер [ka'ntsler] m chancellor

капела [kape'la] f choir

капелюх [kapelyu'kh] m hat

капелан [kapela'n] m chaplain

капельмейстер [kapel'me'yster] m conductor

капіляр [kapeelya'r] m capillary

капітал [kapeeta'l] m capital

капіталізм [kapeetalee'zm] m capitalism

капіталістичний [kapeetaleesti'chniy] adj capitalist

капіталовкладення [kapeetalovkla'dennya] n investment

капітальний [kapeeta'l'niy] adj capital

капітан [kapeeta'n] m captain

капітулювати [kapeetulyuva'ti] v capitulate

капітуляція [kapeetulya'tseeya] f capitulation

капкан [kapka'n] m trap

капля [ka'plya] f drop

капот [kapo't] m bonnet, hood

каприз [kapri'z] m whim, caprice

капризний [kapri'zniy] adj capricious

капрон [kapro'n] m kapron

капроновий [kapro'noviy] adj kapron

капсула [ka'psula] f capsule

капсуль [ka'psul'] m cap, primer

капуста [kapu'sta] f cabbage

капустяний [kapustya'niy] adj cabbage

капюшон [kapyusho'n] m hood

кара [ka'ra] f punishment, penalty

карабін [karabee'n] m carbine

караван [karava'n] m

каракатиця [karaka'titsya] f cuttlefish

каракуль, **~евий** [kara'kul', ~eviy] m, adj astrakhan

каральний [kara'l'niy] adj punitive

карамель [karame'l'] f caramel

карантин [karanti'n] m quarantine

карась [kara's'] m crucian

карати [kara'ti] v punish, chastise

караул [karau'l] m watch

карбованець [karbo'vanets'] m karbovanets

карбований [karbo'vaniy] adj engraved, chased

карбувати [karbuva'ti] v mark, make a notch

карбункул [karbu'nkul] m carbuncle

карбюратор [karbyura'tor] m carburettor

кардинальний [kardina'l'niy] adj cardinal

кардіограма [kardiogra'ma] f cardiogram

кардіограф [kardio'graf] m cardiograph

карета [kare'ta] f carriage, coach

кар'єр [kar"ye'r] m quarry

кар'єра [kar"ye'ra] f career

кар'єрист [kar"yeri'st] m careerist, climber

карий [ka'riy] adj brown, hazel

карикатура [karikatuʻra] *f* caricature

карикатурний [karikatuʻrniy] *adj* grotesque, caricature

каркас [karkaʻs] *m* framework

каркати [kaʻrkati] *v* caw, croak

карлик [kaʻrlik] *m* dwarf

карликовий [kaʻrlikoviy] *adj* dwarfish, dwarf

карнавал [karnavaʻl] *m* carnival

карниз [karniʻz] *m* cornice

карний [kaʻrniy] *adj* criminal

Карпати [karpaʻti] *pl* the Carpathians

карпатський [karpaʻtsʼkiy] *adj* Carpathians

карта [kaʻrta] *f* map, chart, card

картина [kartiʻna] *f* picture, painting, scene, film

картка [kaʻrtka] *f* card

картографія [kartograʻfeeya] *f* cartography

картон [kartoʻn] *m* cardboard

картонний [kartoʻnniy] *adj* cardboard

картоплина [kartopliʻna] *f* potato

картопля [kartoʻplya] *f* potatoes

картопляний [kartoplyaʻniy] *adj* potato

картотека [kartoteʻka] *f* card index

картуз [kartuʻz] *m* cap

карусель [karuseʻlʼ] *f* merry-go-round

каса [kaʻsa] *f* cashier's office, cash-desk, box-office

касація [kasaʻtseeya] *f* casation, appeal

касета [kaseʻta] *f* cassette

касир [kasiʻr] *m* cashier

каска [kaʻska] *f* helmet

каскад [kaskaʻd] *m* cascade

касовій [kaʻsoviy] *adj* cash

каста [kaʻsta] *f* caste

касторка [kastoʻrka] *f* castor oil

каструля [kastruʻlya] *f* saucepan, pot

кат [kat] *m* executioner, hangman

катаклізм [katakleeʻzm] *m* cataclysm

каталог [kataʻlog] *m* catalogue

катання [kataʻnnya] *n* ride, drive

катар [kataʻr] *m* catarrh

катастрофа [katastroʻfa] *f* catastrophe, disaster

катастрофічний [katastrofeeʻchniy] *adj* catastrophi(cal), disastrous

катати(ся) [kataʻti(sya)] *v* drive, ride

катафалк [katafaʻlk] *m* hearse, bier

категоричний [kategoriʻchniy] *adj* categorical, flat, exlicit

категорично [kategoriʻchno] *adv* categorically, flatly

категорія [kategoʻreeya] *f* category, class

катер [kaʻter] *m* cutter

католик [katoʻlik] *m* catholic

католицький [katoliʻtsʼkiy] *adj* catholic

каторга [kaʻtorga] *f* penal servitude, hard labour

каторжник [kaʻtorzhnik] *m* convict

катувати [katuvaʻti] *v* torture, torment

каучук [kauchuʻk] *m* rubber, caoutchouc

кафе [kafeʻ] *n* cafe

кафедра [kaʻfedra] *f* 1) reading-desk, rostrum 2) chair, department

кафетерій [kafeteʻreey] *m* cafeteria

кахель [kaʻkhelʼ] *m* tile

кахельний [kaʻkhelʼniy] *adj* tiled

качалка [kachaʻlka] *f* rolling-pin, rocking-chair

качати(ся) [kachaʻti(sya)] *v* rock, swing

каченя [kachenyaʻ] *n* duckling

качиний [kachiʻniy] *adj* duck's

качка [kaʻchka] *f* duck

каша [kaʻsha] *f* porridge, gruel

кашель [kaʻshelʼ] *m* cough, coughing

кашкет [kashkeʻt] *m* cap

кашляти [kaʻshlyati] *v* cough, give a cough

каштан [kashtaʻn] *m* chestnut

каштановий [kashtaʻnoviy] *adj* chestnut

каюта [kayu'ta] f cabin

каятися [ka'yatisya] v repent, confess

квадрат [kvadra't] m square

квадратний [kvadra'tniy] adj square

квакати [kva'kati] v croak

кваліфікація [kvaleefeeka'tseeya] f skill, qualification

кваліфікований [kvaleefeeko'vaniy] adj skilled, qualified

квапити(ся) [kva'piti(sya)] v hurry, hasten, be in hurry

квапливий [kvapli'viy] adj hasty, hurried

квартал [kva'rtal] m block, quarter

квартальний [kvarta'l'niy] adj quarterly

квартет [kvarte't] m quartette

квартира [kvarti'ra] f flat, apartment, lodgings

квартирант [kvartira'nt] m tenant

квартирна плата [kvartirna' pla'ta] adj + f rent

кварц [kvarts] m quartz

квас [kvas] m kvass (kind of fermented drink)

квасити [kva'siti] v pickle

квасоля [kvaso'lya] f haricot bean

кватирка [kvati'rka] f small openning window pane

квашений [kva'sheniy] adj pickled

квити [kvi'ti] pl be quits

квитанція [kvita'ntseeya] f receipt, check

квитковий [kvitko'viy] adj ticket, card

квиток [kvito'k] m ticket, card, paper

квітень, ~невий [kvee'ten', ~ne'-viy] m, adj April

квітка [kvee'tka] f flower

квітник [kveetni'k] m flowerbed, flower garden

квітнути [kvee'tnuti] v flower, blossom, blomm

квітучий [kveetu'chiy] adj blomming, in (full) blossom, flourishing

квітчастий [kveetcha'stiy] adj flowery

квітчати [kveetcha'ti] v decorate with flowers

квоктати [kvokta'ti] v cluck

кволий [kvo'liy] adj sickly, feeble

кволість [kvo'leest'] f sickliness, feebleness

кворум [kvo'rum] m quorum

квота [kvo'ta] f quota

квочка [kvo'chka] f brood-hen

кегельбан [kegel'ba'n] m bowling-alley

кеглі [ke'glee] pl skittles

кеди [ke'di] pl sneakers

кедр [kedr] m cedar

кекс [keks] m cake

келих [ke'likh] m goblet

келія [ke'leeya] f cell

кельнер [ke'l'ner] m waiter

кенгуру [kenguru'] m kangaroo

кепка [ke'pka] f cap

кепкувати [kepkuva'ti] v make fun (of), sneer

кепський [ke'ps'kiy] adj bad, nasty, foul

кераміка [kera'meeka] f ceramics

керамічний [keramee'chniy] adj ceramic

керівний [kereevni'y] adj leading

керівник [kereevni'k] m leader, head, manager

керівництво [kereevni'tstvo] n leadership, guidance, leaders

керування [keruva'nnya] n management, goverment

керувати [keruva'ti] v lead, govern, rule, manage, operate, run

кета [keta'] f Siberian salmon

кетова ікра [keto'va eekra'] adj + f red caviar

кефаль [kefa'l'] f grey mullet

кефір [kefee'r] m yoghurt

кивати [kiva'ti] v nod

кидати [kida'ti] v 1) throw, cast, hurl 2) leave, abandom 3) give up

кидатися [kida'tisya] *v* rush, fling, rush/dash about

килим [ki'lim] *m* carpet, rug

кинджал [kindzha'l] *m* fagger

кипарис [kipari's] *m* cypress

кипіти [kipee'ti] *v* boil

кипучий [kipu'chiy] *adj* seething

кип'ятильник [kip"yati'l'nik] *m* boiler

кип'ятити [kip"yati'ti] *v* boil

кип'ятитися [kip"yati'tisya] *v* 1) be boiling 2)get excited

кип'яток [kip"yato'k] *m* boiling water

киргиз, ~ка, ~зький [kirgi'z, ~ka, ~z'kiy] *m, f, adj* Kirhgiz

кирилиця [kiri'litsya] *f* Cyrillic alphabet

кисень [ki'sen'] *m* oxygen

кисет [kise't] *m* tabacco-pouch

кисіль [kisee'l'] *m* fruit jelly

кислий [ki'sliy] *adj* sour

кислота [kislota'] *f* acid

кисляк [kislya'k] *m* sour milk

кисневий [kisnevi'y] *adj* oxygen, oxygenous

киснути [ki'snuti] *v* turn sour

кит [kit] *m* whale

китаець, ~янка, ~йський [kita'yets', ~ya'nka, ~ys'kiy] *m, f, adj* Chinese

китиця [ki'titsya] *f* tassel

китовий [kito'viy] *adj* whale

кишеня [kishe'nya] *f* pocket

кишеньковий [kisheen'ko'viy] *adj* pocket

кишечник [kishe'chnik] *m* bowels

кишечний [kishe'chniy] *adj* testinal

кишіти [kishee'ti] *v* swarm/teem (with)

кишка [kishka'] *f* intestine, gut

киянин, ~ка [kiya'nin, ~ka] *m, f* Kievite

кібернетика [keeberne'tika] *f* cybernetics

ківш [kivsh] *m* scoop, ladle

кіготь [kee'got'] *m* claw

кілограм (кіло) [keelogra'm, keelo'] *m, n* kilogram(me)

кілок [keelo'k] *m* picket, stake

кілометр [keelome'tr] *m* kilometre

кілька [ke'l'ka] *pron* several, some, a few

кількісний [kee'l'keesniy] *adj* quantitative

кількість [kee'l'keest'] *f* quantity, number, amount

кільце [keel'tse'] *n* ring, link, circle

кімната [keemna'ta] *f* room

кімнатний [keemna'tniy] *adj* room, indoor

кінематограф [keenemato'graf] *m* cinematograph, cinema

кінескоп [keenesko'p] *m* kinescope

кінець [keene'ts'] *m* end

кіно [keeno'] *n* cinema, cinematography

кіноактор [keenoakto'r] *m* film actor

кіноактриса [keenoaktri'sa] *f* film actress

кіноз'йомка [keenoz"yo'mka] *f* filming

кінооператор [keenoopera'tor] *m* cameraman

кіноплівка [keenoplee'vka] *f* film

кінорежисер [keenorezhise'r] *m* producer

кіностудія [keenostu'deeya] *f* film studio

кіносценарій [keenostsena'reey] *m* film script

кінотеатр [keenotea'tr] *m* film festival

кінофестиваль [keenofestiva'l'] *m* cinema

кінофільм [keenofee'l'm] *m* film, picture, movie

кінохроніка [keenokhro'neeka] *f* news-reel

кінцевий [keentse'viy] *adj* end, last, final

кінчати [keencha'ti] *v* finish, end, stop

кінчатися [keencha'tisya] *v* come to the end, be over

кінчик [kee'nchik] *m* tip, point

кінь [keen'] *m* horse, steed

кіоск [keeo'sk] *m* kiosk, booth

кіптява [kee'ptyava] *f* soot

кір [keer] *m* measles

кістка [kee'stka] *f* bone

кістлявий [keestlya'viy] *adj* bony

кістяк [keestya'k] *m* skeleton

кіт [keet] *m* cat

кішка [kee'shka] *f* cat, pussy-cat

клавіатура [klaveeatu'ra] *f* keyboard

клавіша [kla'veesha] *f* key

клад [klad] *m* treasure

кладовище [klado'vishche] *n* cemetery, grave yard

кланятися [kla'nyatisya] *v* bow (to, before)

клапан [kla'pan] *m* valve

клапоть [kla'pot'] *m* piece, rag, shred

кларнет [klarne't] *m* clarinet

клас [klas] *m* class, form, grade, classroom

класик [kla'sik] *m* classic

класифікація [klasifeeka'tseeya] *f* classification, grouping

класифікувати [klasifeekuva'ti] *v* classify, group

класичний [klasi'chniy] *adj* classic(al)

класний [kla'sniy] *adj* class

класовий [kla'soviy] *adj* class

класти [kla'sti] *v* put, lay, place

клацати [kla'tsati] *v* click, clang, chatter

клеїти [kle'yeeti] *v* glue, paste

клей [kley] *m* glue

клейкий [kle'ykiy] *adj* sticky

клеймо [kleymo'] *n* brand

клейонка [kleyo'nka] *f* oil-cloth

клекіт [kle'keet] *m* seething, scream

клекотіти [klekotee'ti] *v* seeth, bubble, scream

клен [klen] *m* maple

клепати [klepa'ti] *v* whet, rivet

клепка [kle'pka] *f* stave

клерикальний [klerika'l'niy] *adj* clerical

кликати [kli'kati] *v* call

клин [klin] *m* wedge, gusset

клич [klich] *m* call, appeal

клієнт [kleeye'nt] *m* client, castomer

клієнтура [kleeyentu'ra] *f* clientele

клізма [klee'zma] *f* enema

клімат [klee'mat] *m* climate

кліматичний [kleemati'chniy] *adj* climatic

клініка [klee'neeka] *f* blink

клінічний [kleenee'chniy] *adj* clinic

кліпати [klee'pati] *v* blink

клітина [kleeti'na] *f* cell

клітинний [kleeti'nniy] *adj* cellular

клітка [klee'tka] *f* cage, square, check

клонити(ся) [kloni'ti(sya)] *v* bend, incline, lean

клопіт [klo'peet] *m* trouble, cares, worry

клопітний [klopeetni'y] *adj* troublesome

клопотати(ся) [klopota'ti(sya)] *v* trouble, bustle about, worry about

клоун [klo'un] *m* clown

клуб [klub] *m* club

клубок [klubo'k] *m* ball

клубочитися [klubochi'tisya] *v* wreath, curl

клумба [klu'mba] *f* flower-bed

клунок [klu'nok] *m* small bag, sack, bundle

клювати [klyuva'ti] *v* peck

ключ [klyuch] *m* key, clue

ключиця [klyuchi'tsya] *f* collar-bone, clavicle

ключка [klyu'chka] *f* hook, (hockey) stick

клямка [klya'mka] *f* latch

клясти [klya'sti] *v* curse

клястися [klya'stisya] *v* swear

клятва [klya'tva] *f* oath

клятий [klya'tiy] *adj* cursed, damned

кляуза [klya'uza] *f* cavil

кмітливий [kmeetli'viy] *adj* quick-witted, bright

книга [kni'ga] *f* book

книгарня [kniga'rnya] *f* bookshop, bookstore

книжний, ~ковий [kni'zhniy, ~ko'viy] *adj* bookish, literary

кнопка [kno'pka] *f* drawing-pin, snapper, (push) button

кнопкове управління [kno'pkove upravlee'nnya] *adj + n* pushbutton

княгиня [knyagi'nya] *f* princess

князівство [knyazee'vstvo] *n* principality

князь [knyaz'] *m* prince

коаліція [koalee'tseeya] *f* coalition

кобальт [ko'bal't] *m* cobalt

кобила [kobi'la] *f* mare

кобра [ko'bra] *f* cobra

ковадло [kova'dlo] *n* anvil

коваль [kova'l'] *m* blacksmith

ковбаса [kovbasa'] *f* sousage

ковдра [ko'vdra] *f* blanket

ковзани [kovzani'] *pl* skates

ковзаняр [kovzanya'r] *m* skater

ковзати(ся) [ko'vzati(sya)] *v* slide, skate

ковзкий [kovzki'y] *adj* slippery

ковкий [kovki'y] *adj* malleable

ковпак [kovpa'k] *m* cap, hood

ковтати [kovta'ti] *v* swallow

ковток [kovto'k] *m* drink, mouthful

ковчег [kovche'g] *m* ark

ковш [kovsh] *m* scoop

когорта [kogo'rta] *f* cohort

код [kod] *m* code

кодеїн [kodeyee'n] *m* codeine

кодекс [ko'deks] *m* code

коефіцієнт [koefeetsee'yent] *m* coeficient, factor

кожний [ko'zhniy] *pron* each, every, any, everyone, everybody, anyone, anybody

кожура [kozhura'] *f* peel

кожух [kozhu'kh] *m* sheepskin coat

коза [koza'] *f* goat, she-goat

козак [koza'k] *m* Cossack

козацтво [koza'tstvo] *n* Cossacks

козел [koze'l] *m* goat, he-goat

козеня [kozenya'] *n* kid

козиний [kozi'niy] *adj* goat's

козир [ko'zir] *m* trump

козирний [kozi'rniy] *adj* trump

козирок [koziro'k] *m* peak (of a cap), visor

козиряти [kozirya'ti] *v* salute, trump

коїти [koyee'ti] *v* be, be up to

коїтися [koyee'tisya] *v* happen, come about

кокетка [koke'tka] *f* coquette

кокетливий [koke'tliviy] *adj* coquettisch

кокетство [koke'tstvo] *n* coquetry, flirtation

кокетувати [koketuva'ti] *v* coquet, flirt

коклюш [ko'klyush] *m* whooping-cough

кокон [ko'kon] *m* cocoon

кокос [koko'c] *m* coco, coco-nut

кокосовий [koko'soviy] *adj* coco-nut

кокс [koks] *m* coke

коктейль [kokte'yl'] *m* cocktail

колгосп [kolgo'sp] *m* kolkhoz, collective farm

колгоспник [kolgo'spnik] *m* collective farmer

колега [kole'ga] *m* colleaque

колегія [kole'geeya] *f* board

коледж [kole'dzh] *m* college

колектив [kolekti'v] *m* collective, group, body

колективний [kolekti'vniy] *adj* collective

колекціонер [kolektseeone'r] *m* collector

колекціонува'ти [kolektseeonuvati] *v* collect

колекція [kole'ktseeya] *f* collection

колесо [koleso'] *n* wheel

коли [koli'] *adv* when, while

коливання [koliva'nnya] *n* vibration, hesitation

коливатися [koliva'tisya] *v* oscillate, vibrate, hesitate

коли-нибудь [koli'-ne'bud'] *adv* some time, some day

коли-не-коли [koli'-ne-koli'] *adv* from time to time, now and again

колисати [kolisa'ti] *v* lull

колиска [koli'ska] *f* cradle

колискова (пісня) [kolisko'va] *f* lullaby, cradle song

колись [koli's'] *adv* formerly, once

колихати(ся) [kolikha'ti(sya)] *v* sway, rock, lull

колишній [koli'shneey] *adj* former, late

колібрі [kolee'bree] *f* humming-bird

коліно [kolee'no] *n* knee

колір [ko'leer] *m* colour

колія [ko'leeya] *f* rut

коло [ko'lo] *n* 1) circle, ring 2) by, near, beside, about, nearly

колода [kolo'da] *f* 1) pack, deck 2) log

колодка [kolo'dka] *f* log, block, last

колодязь [kolo'dyaz'] *m* well

колоквіум [kolo'kveeum] *m* quiz

колона [kolo'na] *f* column, pillar

колонада [kolona'da] *f* colonnade

колоніалізм [koloneealee'zm] *m* colonialism

колоніальний [koloneea'l'niy] *adj* colonial

колоніст [kolonee'st] *m* colonist, setter

колонія [kolo'neeya] *f* colony, settlement

колонка [kolo'nka] *f* column, geyser

колонний [kolo'nniy] *adj* columned, pillared

колорит [kolori't] *m* colour, colouring

колоритний [kolori'tniy] *adj* picturesque, vivid, colourful

колос, ~ок [ko'los, ~o'k] *m* ear, spike

колоситися [kolosi'tisya] *v* form ears/spikes

колоти [kolo'ti] *v* 1) prick, sting, stab, thrust 2) split, chop, crack, break

колючий [kolyu'chiy] *adj* prickly, throny

коляска [kolya'ska] *f* carriage

кольоровий [kolyoro'viy] *adj* coloured, colour

кома [ko'ma] *f* comma

команда [koma'nda] *f* command

командир [komandi'r] *m* commander

командний [koma'ndniy] *adj* commanding

командування [koma'nduvannya] *n* command, head-quarters

командувати [koma'nduvati] *v* give orders, command

комар [koma'r] *m* gnat, mosquito

комаха [koma'kha] *f* insect

комбайн [komba'yn] *m* combine, harvester

комбайнер [kombayne'r] *m* combine-operator, combine-driver

комбінат [kombeena't] *m* integrated works

комбінація [kombeena'tseeya] *f* 1)combination, scheme 2)slip

комбінезон [kombeenezo'n] *m* overalls

комбінувати [kombeenuva'ti] *v* combine

комедійний [komedee'yniy] *adj* comedy, comic

комедія [kome'deeya] *f* comedy, farce

комендант [komenda'nt] *m* commandant

коментар [komenta'r] *m* commentary

коментатор [komenta'tor] *m* commentator

коментувати [komentuva'ti] *v* comment (on), annotate

комерсант [komersa'nt] *m* businessman, merchant

комерційний [komertsee'yniy] *adj* commercial, business

комерція [kome'rtseeya] *f* commerce

комета [kome'ta] *f* comet

комин [ko'min] *m* 1) flue 2) chimney

комиш [komi'sh] *m* reed

комік [ko'meek] *m* comic actor, comedian

комір, ~ець [ko'meer, ~e'ts'] *m* collar

комірка [komee'rka] *f* pantry, tiny room

комірник [komee'rnik] *m* storekeeper

комісар [komeesa'r] *m* commissar

комісійний [komeesee'yniy] *adj* commission

комісія [komee'seeya] *f* commission, committee

комітет [komeete't] *m* committee

комічний [komee'chniy] *adj* comic(al)

комора [komo'ra] *f* pantry, larder

компактний [kompa'ktniy] *adj* compact, solid

компанія [kompa'neeya] *f* company, corporation

компаньйон [kompan'yo'n] *m* partner

компас [ko'mpas] *m* compass

компенсація [kompensa'tseeya] *f* compensation, damages, indemnity

компенсувати [kompensuva'ti] *v* compensate (for), indemnify (for)

компетентний [kompete'ntniy] *adj* competent

компетенція [kompete'ntseeya] *f* competence

комплекс [ko'mpleks] *m* complex

комплексний [ko'mpleksniy] *adj* complex, combined

комплект [komple'kt] *m* (complete) set, full complement

комплектувати [komplektuva'ti] *v* complete, collect

комплекція [komple'ktseeya] *f* build, body, constitution

комплімент [kompleeme'nt] *m* compliment

композитор [kompozi'tor] *m* composer

композиція [kompozi'tseeya] *f* composition

компонент [kompone'nt] *m* component

компонувати [komponuva'ti] *v* make up, put, together

компостувати [kompostuva'ti] *v* punch, date

компот [kompo't] *m* compote, stewed fruit

компресс [kompre's] *m* compress

компрометація [komprometa'tseeya] *f* discrediting

компрометувати [komprometuva'ti] *v* compromise, discredit

компроміс [kompromee's] *m* compromise

компьютер [kompyu'ter] *m* computer

комуна [komu'na] *f* commune

комунальний [komuna'l'niy] *adj* communal, municipal

комунар [komuna'r] *m* communard

комунізм [komunee'zm] *m* communism

комунікативний [komuneekati'vniy] *adj* communicative

комунікація [komuneeka'tseeya] *f* communication

комуніст [komunee'st] *m* communist

комуністичний [komuneesti'chniy] *adj* communist

комутатор [komuta'tor] *m* switchboard, commutator

комфорт [komfo'rt] *m* comfort

комфортабельний [komforta'belniy] *adj* comfortable

комюніке [komyuneeke'] *n* communique

конвалія [konva'leeya] *f* lily of the valley

конвейєр [konve'yer] *m* conveyor

конвенція [konve'ntseeya] *f* convention

конвергенція [konverge'ntseeya] *f* convergence

конверсія [konve'rseeya] *f* conversion

конверт [konve'rt] *m* envelope, cover

конвой [konvo'y] *m* escort, convoy, guard

конвоювати [konvoyuva'ti] *v* escort, convoy, guard

конвульсивний [konvulsi'vniy] *adj* convulsive

конвульсія [konvu'l'seeya] *f* convulsion

конгресс [kongre's] *m* congress

конденсатор [kondensa'tor] *m* condenser, capacitor

конденсація [kondensa'tseeya] *f* condensation

конденсувати [kondensuva'ti] *v* condense

кондитерська [kondi'ters'ka] *f* confectionery

кондитерський [kondi'ters'kiy] *adj* confectionery, pastry

кондиціонування (повітря) [konditseeonuva'nnya povee'trya] *n + n* conditioning

кондуктор [kondu'ktor] *m* conductor, guard

конезавод [konezavo'd] *m* stud

конечний [kone'chniy] *adj* indispensable, obligatory

конкретний [konkre'tniy] *adj* concrete, specifical

конкретність [konkre'tneest'] *f* concretness

конкурент [konkure'nt] *m* competitor, rival

конкуренція [konkure'ntseeya] *f* competition

конкурс [ko'nkurs] *m* competition

конкурувати [konkuruva'ti] *v* compete

коноплі [kono'plee] *pl* hemp

конопляний [konoplya'niy] *adj* hemp

консервативний [konservati'vniy] *adj* conservative

консерватор [konserva'tor] *m* conservative

консерваторія [konservato'reeya] *f* conservatoire

консерви [konse'rvi] *pl* tinned/canned food

консервний [konse'rvniy] *adj* tin, can

консервований [konservo'vaniy] *adj* tinned, canned

консервувати [konservuva'ti] *v* preserve, tin, can

консиліум [konsi'leeum] *m* consultation, conference of specialist doctors

консолідувати [konsoleeduva'ti] *v* consolidate

консорціум [konso'rtseeum] *m* consortium

конспект [konspe'kt] *m* summary, synopsis

конспективний [konspekti'vniy] *adj* concise, summerized

конспектувати [konspektuva'ti] *v* make a summary (of), summarize

конспіративний [konspeerati'vniy] *adj* secret

конспірація [konspeera'tseeya] *f* conspiracy

констатувати [konstatuva'ti] *v* state, certify

конституційний [konstitutsee'yniy] *adj* constitutional

конституція [konstitu'tseeya] *f* constitution

конструктивний [konstrukti'vniy] *adj* constructive

конструктор [konstru'ktor] *m* designer

конструкція [konstru'ktseeya] *f* design

конструювати [konstruyu'vati] *v* design

консул [ko'nsul] *m* consul

консульство [ko'nsul'stvo] *n* consulate

консульський [ko'nsul's'kiy] *adj* consular

консультант [konsulta'nt] *m* consultant

консультація [konsulta'tseeya] *f* consultation

консультувати [konsultuva'ti] *v* advise, give, advise

консультуватися [konsultuva'tisya] *v* consult, ask *smb's* advice

контакт [konta'kt] *m* contact

контейнер [konte'yner] *m* container

контекст [konte'kst] *m* context

контингент [kontinge'nt] *m* contingent, group

континент [kontine'nt] *m* continent, mainland

континентальний [kontinenta'l'niy] *adj* continental

контора [konto'ra] *f* office

конторський [konto'rs'kiy] *adj* office

контрабанда [kontraba'nda] *f* contraband, smuggling

контрабандист [kontrabandi'st] *m* contrabandist, smuggler

контрабас [kontraba's] *m* double-bass

контр-адмірал [kontradmeera'l] *m* rear admiral

контракт [kontra'kt] *m* contract, agreement

контраст [kontra'st] *m* contrast

контрастний [kontra'stniy] *adj* contrasting

контрастувати [kontrastuva'ti] *v* contrast (with)

контратака [kontrata'ka] *f* counter-attack

контрибуція [kontribu'tseeya] *f* contribution

контролер [kontrole'r] *m* controller, inspector

контролювати [kontrolyuva'ti] *v* check up, control

контроль [kontro'l'] *m* control, check (ing)

контрольний [kontro'l'niy] *adj* control

контрреволюційний [kontrrevolyutsee'yniy] *adj* counter-revolutionary

контрреволюція [kontrrevolyu'tseeya] *f* counter-revolution

контррозвідка [kontrrozvee'dka] *f* security service

контррозвідник [kontrrozvee'dnik] *m* security man

контужений [kontu'zheniy] *adj* contused, shell-shocked

контузити [kontu'ziti] *v* contuse, shell-shock

контузія [kontu'zeeya] *f* contusion, shell-shock

контур [ko'ntur] *m* outline, contour

контурний [ko'nturniy] *adj* outline, contour

конус [ko'nus] *m* cone

конфедерація [konfedera'tseeya] *f* comfederation

конферансьє [konferans'ye'] *m* master of ceremony, compere

конференція [konfere'ntseeya] *f* conference

конфіденціальний [konfeedentseea'l'niy] *adj* confidential

конфіденціально [konfeedentseea'l'no] *adv* in confidence, confidentially

конфіскація [konfeeska'tseeya] *f* confiscation

конфіскувати [konfeeskuva'ti] *v* confiscate

конфлікт [konflee'kt] *m* conflict

конфліктний [konflee'ktniy] *adj* conflict

конформізм [konformee'zm] *m* konformism

конфронтація [konfronta'tseeya] *f* confrontation

конфуз [konfu'z] *m* discomfiture, embarassment

концентрат [kontsentra't] *m* concentrated product

концентрація [kontsentra'tseeya] *f* concentration

концентрувати(ся) [kontsentruva'ti(sya)] *v* concentrate

концепція [kontse'ptseeya] *f* conception

концерн [kontse'rn] *m* concern

концерт [kontse'rt] *m* concert

концертний [kontse'rtniy] *adj* concert

концесія [kontse'seeya] *f* concession

концтабір [kontsta'beer] *m* concentration camp

конче [ko'nche] *adv* extremely, very

кон'юнктура [kon"yunktu'ra] *f* conjuncture, situation

конюх [ko'n"yukh] *m* groom, stableman

конюшина [konyushi'na] *f* clover

конюшня [konyu'shnya] *f* stable

коньяк [kon'ya'k] *m* cognac, brandy

кооператив [kooperati'v] *m* co-operative

кооперативний [kooperati'vniy] *adj* co-operative

кооперація [koopera'tseeya] *f* cooperative, co-operation

кооперуватися [kooperuva'tisya] *v* co-operate, form a co-operative

координати [koordina'ti] *v* co-ordinates

координація [koordina'tseeya] *f* coordination

координувати [koordenuva'ti] *v* coordinate

копалини [kopa'lini] *pl* minerals

копальня [kopa'l'nya] *f* mine

копати [kopa'ti] *v* dig (up)

копито [kop'ito] *n* hoof

копиця [kopi'tsya] *f* shock, stook, ~ сіна haycock

копійка [kopee'yka] *f* copeck

копіювальний [kopeeyuva'l'niy] *adj* copying

копіювати [kopeeyuva'ti] *v* copy, imitate

копія [ko'peeya] *f* copy, replica

коптити [kopti'ti] *v* smoke, make smoky

коптіти [koptee'ti] *v* smoke

копчений [kopche'niy] *adj* smoked

кора [kora'] *f* bark, crust

корабель [korabe'l'] *m* ship, vessel

кораблебудування [korablebuduva'nnya] *n* shipbuilding

корал [kora'l] *m* coral

кораловий [kora'loviy] *adj* coral

кордон [kordo'n] *m* border, frontier

кореєць, ~янка, ~йський [koreye'ts, ~ya'nka, ~ys'kiy] *m, f, adj* Korean

коректний [kore'ktniy] *adj* correct, proper

коректор [kore'ktor] *m* proof-reader

коректувати [korektuva'ti] *v* correct, proper

коректура [korektu'ra] *f* proof-reading, proofs

корнеплоди [korneplo'di] *pl* rootcrops

коренитися [koreni'tisya] *v* be rooted

кореспондент [koresponde'nt] *m* correspondent, reporter, newspaperman

кореспонденція [koresponde'ntseeya] *f* 1) correspondence, letters, mail 2) report, news-item

корж [korzh] *m* scone, flat dry cake

корзина [korzi'na] *f* basket

коридор [korido'r] *m* corridor, passage

корисливий [kori'sliviy] *adj* mercenary

корисний [kori'sniy] *adj* useful, helpful, healthy

корисно [kori'sno] *adv* useful, it is useful (to)

користування [koristuva'nnya] *n* use

користуватися [koristuva'tisya] *v* use, make use (of), take advantage (of), profit (by)

користь [ko'rist'] *f* use, profit

корити [kori'ti] *v* reproach

коритися [kori'tisya] *v* submit, yield, obey

корито [kori'to] *n* trough

корифей [korife'y] *m* coryphaeus, leading figure

кориця [kori'tsya] *f* cinnamon

коричневий [kori'chneviy] *adj* brown

корівник [koree'vnik] *m* cow-shed, cow-house

корінець [koreene'ts'] *m* 1) rootlet 2) back 3) counterfoil

корінний [koreenni'y] *adj* native, fundamental, radical, basic

коріння [koree'nnya] *n* roots

корінь [ko'reen'] *m* root

корм [korm] *m* forage, feed, fodder

корма [korma'] *f* stern

кормовий [kormovi'y] *adj* 1) fodder 2) stern

коробити(ся) [koro'biti(sya)] *v* warp

коробка [koro'bka] *f* box, case

корова [koro'va] *f* cow

коровай [korova'y] *m* round loaf

коров'ячий [korov"ya'chiy] *adj* cow, cow's

корозія [koro'zeeya] *f* corrosion

корок [ko'rok] *m* cork

королева [korole'va] *f* queen

королевич [korole'vich] *m* prince

королівна [korolee'vna] *f* princess

королівство [korolee'vstvo] *n* kingdom

королівський [korolee'vs'kiy] *adj* royal, king

король [korol'] *m* king

коромисло [koro'mislo] *n* yoke, beam

корона [koro'na] *f* crown, corona

коронка [koro'nka] *f* crown, bit

короп [ko'rop] *m* carp

короткий [koro'tkiy] *adj* shot, brief, concise

короткозорий [korotkozo'riy] *adj* short-sighted

короткозорість [korotkozo'reest'] *f* short-sightedness

коротконогий [korotkono'giy] *adj* short-legged

короткостроковий [korotkostroko'viy] *adj* short-term

короткохвильовий [korotkokhvilyovi'y] *adj* short-wave

короткочасний [korotkocha'sniy] *adj* short, brief, short-term

коротше [koro'tshe] *adv* shorter

корпорація [korpora'tseeya] *f* corporation

корпус [ko'rpus] *m* block, building, trunk, body, frame, hull, corps

корт [kort] *m* (tennis) court

корупція [koru'ptseeya] *f* corruption

корчити(ся) [ko'rchiti(sya)] *v* writhe, have cramps (in), pose, play

корчувати [korchuva'ti] *v* grub up, root out

коса [kosa'] *f* 1) plait, braid, tress 2) scythe 3)spit (of land)

косар [kosa'r] *m* mower

косарка [kosa'rka] *f* mowing-machine, mower

косий [kosi'y] *adj* slanting, squint-eyed, squinting

косинка [kosi'nka] *f* (three corner) kerchief

косити [kosi'ti] *v* mow, cut

косметика [kosme'tika] *f* cosmetics

косметичний [kosmeti'chniy] *adj* cosmetic

космічний [kosmee'chniy] *adj* space, cosmic

космонавт [kosmona'vt] *m* cosmonaut, astronaut, spaceman

космос [ko'smos] *m* space, cosmos

косо [ko'so] *adv* obliquely, askance

косовиця [kosovi'tsya] *f* mowing(-time)

косогір [kosogee'r] *m* slope

косоокий [kosoo'kiy] *adj* cross-eyed, squint-eyed

кострубатий [kostruba'tiy] *adj* twisted, rugged, clumsy

костюм [kostyu'm] *m* suit, costume

котел [kote'l] *m* cauldron, boiler

котик [ko'tik] *m* pussy, sealskin

котиковий [ko'tikoviy] *adj* sealskin

котитися [koti'tisya] *v* roll

котлета [kotle'ta] *f* cutlet, chop

котрий [kotri'y] *adj* which, who, what, that

котрий-небудь [kotri'y-ne'bud'] *pron* some, any

котячий [kotya'chiy] *adj* cat's, catlike

котушка [kotu'shka] *f* reel, bobbin

кофта [ko'fta] *f* blouse

коханий [kokha'niy] *adj* belowed

кохання [kokha'nnya] *n* love

кохати [kokha'ti] *v* love

кохатися [kokha'tisya] *v* love each other

кочегар [kochega'r] *m* stoker, fireman

кочегарка [kochega'rka] *f* fire-room

кочерга [kocherga'] *f* poker

кочівник [kocheevni'k] *m* nomad

кочовий [kochovi'y] *adj* nomadic

кочувати [kochuva'ti] *v* lead a nomad's life, migrate

кошара [kosha'ra] *f* sheep-fold

кошеня [koshenya'] *n* kitten

кошик [ko'shik] *m* basket

кошлатити [koshla'titi] *v* ruffle, dishevel

кошмар [koshma'r] *m* nightmare

кошти [ko'shti] *pl* means, costs, expense

коштовний [koshto'vniy] *adj* valuable, costly, precious

кошторис [koshto'ris] *m* estimate

коштувати [koshtuva'ti] *v* cost, be worth (of)

краватка [krava'tka] *f* (neck)tie

кравець [krave'ts'] *m* tailor

кравецький [krave'ts'kiy] *adj* tailor's

кравчиня [kravchi'nya] *f* dressmaker

крадений [kra'deniy] *adj* stolen

крадіжка [kradee'zhka] *f* theft

крадькома [krad'koma'] *adv* stealthily

краєвид [krayevi'd] *m* landscape, scenery

краєзнавство [krayezna'vstvo] *n* regional ethnography

країна [krayee'na] *f* country, land

край [kray] *m* 1) land, region 2) borders, edge, brim 3) beside, at, near, by

крайній [kra'yneey] *adj* last, extreme

крайність [kra'yneest'] *f* extreme, extremity

крам [kram] *m* 1) goods, commodities 2) material, stuff

крамниця [kramni'tsya] *f* shop, store

кран [kran] *m* tap, cock, faucet, crane

крапати [kra'pati] *v* drip, drop, fall

крапка [kra'pka] *f* point, dot, full spot

крапля [kra'plya] *f* drop

краса [krasa'] *f* beauty

красень [kra'sen'] *m* handsome man

красивий [krasi'viy] *adj* beautiful, handsome, fine, pretty

красномовний [krasnomo'vniy] *adj* eloquent

красномовність [krasnomo'vneest'] *f* eloquence

красти [kra'sti] *v* steal

крастися [kra'stisya] *v* steal, sneak, prowl

красуватися [krasuva'tisya] *v* show off

красуня [krasu'nya] *f* beauty, beautiful woman/girl

кратер [kra'ter] *m* crater

крах [krakh] *m* crash, failure, bankruptcy

кращати [kra'shchati] *v* 1) improve, become, better 2) grow more beautiful/handsome

кращий [kra'shchiy] *adj* better

краяти [kra'yati] *v* cut

кредит [kredi't] *m* credit

кредитний [kredi'tniy] *adj* credit

кредитор [kredito'r] *m* creditor

кредитоспроможний [kreditospro-mo'zhniy] *adj* solvent

кредитувати [kredituva'ti] *v* give credit

крейда [kre'yda] *f* chalk

крейдяний [kreydani'y] *adj* chalky

крейсер [kre'yser] *m* cruiser

крейсерувати [kreyseruva'ti] *v* cruise

крем [krem] *m* cream

крематорій [kremato'reey] *m* crematorium

кремація [krema'tseeya] *f* cremation

кремезний [kreme'zniy] *adj* stocky, thickset

кремінь [kre'meen'] *m* flint

кремль [kreml'] *m* Kremlin

кремній [kre'mneey] *m* silicon

кремовий [kre'moviy] *adj* cream, creamcoloured

крен [kren] *m* list, heel

кренитися [kreni'tisya] *v* list, heel (over)

крепдешин [krepdeshi'n] *m* crepe de Chine

креслення [kre'slennya] *n* 1) drawing 2) draught, sketch

креслити [kre'sliti] *v* draw

кресляр [kreslya'r] *m* draughtsman, drawer

креслярський [kreslya'rs'kiy] *adj* drawing

кретин [kreti'n] *m* cretin

кривавий [kriva'viy] *adj* bloody, bloodstained

кривда [kri'vda] *f* falsehood, injustice, wrong

кривдити [kri'vditi] *v* hurt, offend

кривий [krivi'y] *adj* crooked, curved, lame

кривити [krivi'ti] *v* twist, bend, distort

кривитися [krivi'tisya] *v* make a wry face

кривобокий [krivobo'kiy] *adj* lopsided

кривоногий [krivono'giy] *adj* bandy-legged

крига [kri'ga] *f* ice

криголам [krigola'm] *m* ice-breaker

крижаний [krizhani'y] *adj* ice, icy

крижина [krizhi'na] *f* block of ice, icefloe

крижі [kri'zhee] *pl анат.* sacrum

криза [kri'za] *f* crisis, depression

крик [krik] *m* cry, shout, scream, shriek, yell

крикливий [krikli'viy] *adj* noisy, loud

крилатий [krila'tiy] *adj* winged

крило [krilo'] *n* wing

криміналіст [krimeenalee'st] *m* criminalist

кримінальний [krimeena'l'niy] *adj* criminal

криниця [krini'tsya] *f* spring, well

криси (капелюха) [kri'si] *pl* 1) branchy, spreading 2) wide-brimmed

крислатий [krisla'tiy] *adj* brim

кристал [krista'l] *m* crystal

кристалічний [kristalee'chniy] *adj* crystalline

кристальний [krista'l'niy] *adj* crystal

критерій [krite'reey] *m* criterion

крити [kri'ti] *v* cover, roof, coat

критися [kri'tisya] *v* hide

критик [kri'tik] *m* critic

критика [kri'tika] *f* criticism, critics

критикувати [kritikuva'ti] *v* criticize

критичний [kriti'chniy] *adj* critical

крихітний [kri'kheetniy] *adj* tiny

крихкий [krikhki'y] *adj* fragile

крихта [kri'khta] *f* crumb

кричати [kricha'ti] *v* cry, shout, scream, shriek, yell

кришити(ся) [krishi'ti(sya)] *v* crumble, chop up

кришка [kri'shka] *f* cover, lid

кришталевий [krishtale'viy] *adj* crystal, cut-glass

кришталь [krishta'l'] *m* crystal (glass), cut-glass

крізь [kreez'] *prep* through

крій [kreey] *m* cut, style

кріль [kreel'] *m* rabbit

крім [kreem] *prep* except, besides, moreover

кріп [kreep] *m* dill

кріпак, ~**чка** [kreepa'k, ~chka] *m, f* serf

кріпацтво, кріпаччина [kreepa'tstvo, kreepa'chchina] *n, f* serfdom

кріпацький [kreepa'ts'kiy] *adj* serf

кріпити [kreepi'ti] *v* fix, fasten, strengthen

кріпитися [kreepi'tisya] *v* hold out, stand firm

кріплення [kreeple'nnya] *n* fastening, strengthening

кріпосний, ~**цький** [kreeposni'y, ~ts'kiy] *adj* serf

крісло [kree'slo] *n* easy chair, armchair, stall

кріт [kreet] *m* mole

кров [krov] *f* blood

кровний [kro'vniy] *adj* blood

крововилив [krovovi'liv] *m мед.* haemorrhage

кровоносна (система) [krovono'-sna syste'ma] *adj + f* circulatory system

кровообіг [krovoo'beeg] *m* circulation

кровоспинний [krovospi'nniy] *adj* styptic

кровопивець [krovopi'vets'] *m* bloodsucker

кровопролиття [krovoproli'ttya] *n* bloodshed

кровотеча [krovote'cha] *f* blooding, haemorrage

кров'яний [krov"yani'y] *adj* blood

кроїти [kroyee'ti] *v* cut out

крок [krok] *m* step, stride, pace

кроква [kro'kva] *f* rafter

крокодил [krokodi'l] *m* crocodile

крокодилячий [krokodi'lyachiy] *adj* crocodile

крокувати [krokuva'ti] *v* step, stride, pace

кролик [kro'lik] *m* rabbit

кроль [krol'] *m* crawl

крона [kro'na] *f* top, crawn

кропива [kropi'va] *f* nettle

кропити [kropi'ti] *v* sprinkle (with)

кропіткий [kropeetki'y] *adj* laborious, tedious

крос [kros] *m* cross-country race

кросворд [krosvo'rd] *m* crossword puzzle, cross-words

крохмалити [krokhma'liti] *v* starch

крохмаль [krokhma'l'] *m* starch

круг [krug] *m* circle, ring, disk

круглий [kru'gliy] *adj* round, complete

круговий [krugovi'y] *adj* circular

кругозір [krugozee'r] *m* outlook, horizon

кругом [krugo'm] *adv* around, everywhere, quite, entirely

кругообіг [krugoo'beeg] *m* circulation

кругосвітній [krugosvee'tneey] *adj* round-the-world

кружляти [kruzhlya'ti] *v* go round, circle, whirl, spin

кружний [kruzhni'y] *adj* roundabout

кружок [kruzho'k] *m* (small) circle, small disc

крук [kruk] *m* raven

крупа [krupa'] *f* cereals, groats

крупинка [krupi'nka] *f* grain

крутий [kruti'y] *adj* steep, sudden, abrupt, stern, hard-boild

крутити(ся) [kruti'ti(sya)] *v* turn, whirl, twist, rool up

крутій [krutee'y] *adj* cheat, swindler

крутійство [krutee'ystvo] *n* trickery, swindle

круто [kru'to] *adv* steeply, abruptly, sternly

круча [kru'cha] *f* steep slope, precipice

крушити [krushi'ti] *v* destroy, shatter

крючок [kryucho'k] *m* hook, crook, buttonhook

кряж [kryazh] *m* ridge

крякати [krya'kati] *v* croak, quack

куб [kub] *m* cube

кубатура [kubatu'ra] *f* cubic capacity

кубик [ku'bik] *m* cube, bricks

кубинець, ~ка, ~ський [kubi'net s', ~ka, ~s'kiy] *m, f, adj* Cuban

кубічний [kubee'chniy] *adj* cubic

кубок [ku'bok] *m* goblet, cup

кубометр [kubome'tr] *m* cubic metre

кубрик [ku'brik] *m* mess deck, crew quarters

кувати [kuva'ti] *v* 1) forge, shoe 2) cuckoo

куди [kudi'] *adv* where

куди-небудь, кудись [kudine'bud', kudi's'] *adv* somewhere

кудкудакати [kudkuda'kati] *v* cluck, cackle

кудлатий [kudla'tiy] *adj* shaggy, hairy, dishevelled

кузен [kuze'n] *m* cousin

кузина [kuzi'na] *f* cousin

кузня [ku'znya] *f* smithy, forge

кузов [ku'zov] *m* body, back

куйовдити [kuyo'vditi] *v* dishevel, rumple

кукурікати [kukuree'kati] *v* crow

кукурудза [kukuru'dza] *f* maize, corn

кулак [kula'k] *m* fist

кулемет [kuleme't] *m* machine-gun

кулеметник [kuleme'tnik] *m* machine-gunner

кулик [kuli'k] *m* snipe

кулінар [kuleena'r] *m* culinary specialist, cook

кулінарія [kuleenaree'ya] *f* cookery

кулінарний [kuleena'rniy] *adj* culinary

кулуари [kulua'ri] *pl* lobby

куля [ku'lya] *f* 1) ball, sphere, globe 2) bullet

кулястий [kulya'stiy] *adj* round, globe-shaped, spherical

кульбаба [kul'ba'ba] *f* dandelion

кульгавий [kul'ga'viy] *adj* lame

кульгати [kul'ga'ti] *v* limp

кульмінаційний [kul'meenatsee'y-niy] *adj* culminating

кульмінація [kul'meena'tseeya] *f* culmination

культ [kul't] *m* cult, worship

культивувати [kul'tivuva'ti] *v* cultivate

культмасовий [kul'tma'soviy] *adj* cultural (among the masses)

культпохід [kul'tpokhee'd] *m* cultural outing/excursion

культура [kul'tu'ra] *f* culture

культурний [kul'tu'rniy] *adj* cultural

кумач [kuma'ch] *m* red cotton/bunding

кумедний [kume'dniy] *adj* funny, amusing

кумир [kumi'r] *m* idol

куниця [kuni'tsya] *f* marten

куняти [kunya'ti] *v* be drowsy, dose

купа [ku'pa] *f* heap, pile, a lot of, heaps of

купальник [kupa'l'nik] *m* bathing suit

купальний [kupa'l'niy] *adj* bathing

купання [kupa'nnya] *n* bathing

купати [kupa'ti] *v* bathe, give a bath

купатися [kupa'tisya] *v* bathe, take a bath

купе [kupe'] *n* compartment

купець [kupe'ts'] *m* merchant, buyer

купівельний [kupeeve'l'niy] *adj* purchasing

купівля [kupee'vlya] *m* buying

купол [ku'pol] *m* cupola, dome

купон [kupo'n] *m* coupon

купорос [kuporo's] *m* vitriol

купувати [kupuva'ti] *v* buy, purchase

куранти [kura'nti] *pl* chime

кур'єр [kur"ye'r] *m* messenger, courier

курити(ся) [kuri'ti(sya)] *v* 1)smoke 2) raise the dust

курінь [kuree'n'] *m* hut of branches, hovel

куріпка [kuree'pka] *f* partridge

курйоз [kuryo'z] *m* strange/queer thing

курйозний [kuryo'zniy] *adj* strange, queer

курка [ku'rka] *f* hen, chicken

курний [kurni'y] *adj* dusty, smoky

курник [kurni'k] *m* hen-house, hen-coop

курок [kuro'k] *m* cock, cocking-piece

курорт [kuro'rt] *m* health resort

курортний [kuro'rtniy] *adj* health resort

курс [kurs] *m* course, policy, year, rate or exchange

курсант [kursa'nt] *m* student, cadet

курси [ku'rsi] *pl* courses

курсив [kursi'v] *m* italics

курсовий [kursovi'y] *adj* course

курсувати [kursuva'ti] *v* ply (between)

куртка [ku'rtka] *f* jacket

курча [kurcha'] *n* chicken

курява [ku'ryava] *f* dust

курятина [kurya'tina] *f* chicken-meat

курячий [ku'ryachiy] *adj* hen's

кусати(ся) [kusa'ti(sya)] *v* bite, sting

кустар [kusta'r] *m* handicraftsman

кустарний [kusta'rniy] *adj* home-made, crude, amateurish

кут(ок) [kut(o'k)] *m* angle, corner, nook

кутати [ku'tati] *v* muffle, wrap

кутатися [ku'tatisya] *v* muffle/wrap oneself up (in)

кутній [ku'tneey] *adj* corner, molar

кутовий [kutovi'y] *adj* angular, angle, corner

кухар [ku'khar] *m* cook

кухня [ku'khnya] *f* kitchen, cookery

куховарити [kukhova'riti] *v* cook

куховарка [kukhova'rka] *f* cook

кухоль [ku'khol'] *m* mug, glass

кухонний [kukho'nniy] *adj* kitchen

куций [ku'tsiy] *adj* short, docked

кучер [ku'cher] *m* coachman, driver

кучері [ku'cheree] *pl* curle, locks

кучерявий [kucherya'viy] *adj* curly

кучугура [kuchugu'ra] *f* hill, heap, pile, drift

кушнір [kushnee'r] *m* furrier

куштувати [kushtuva'ti] *v* taste

кущ [kushch] *m* bush, shrub

кювет [kyuvet'] *m* (side) ditch

Л

лабіринт [labeeri'nt] *m* maze, labyrinth

лаборант, ~ка [labora'nt, ~ka] *m, f* laboratory assistant

лабораторія [laborato'reeya] *f* laboratory

лабораторний [laborato'rniy] *adj* laboratory

лава [la'va] *f* 1) bench, dock 2) rank 3) lava 4) drift

лаванда [lava'nda] *f* lavender

лавина [lavi'na] *f* avalanche

лавірувати [lavee'ruvati] *v* manoeuvre

лавка [la'vka] *f* bench

лавр [lavr] *m* laurel, bay, bay-tree

лавровий [lavro'viy] *adj* laurel, bay

лагідний [la'geedniy] *adj* gentle, mild

лагідно [la'geedno] *adv* gently, mildly

лагодити [la'goditi] *v* repair, mend, fix

лагуна [lagu'na] *f* lagoon

лад [lad] *m* 1) way, manner 2) order 3) system, regime 4) harmony, accord 5) mode

ладити [la'diti] *v* get on (with)

ладнати [ladna'ti] *v* 1) prepare, get ready 2) repair, mend 3) to settle, patch

лазарет [lazare't] *m* infirmary, field-hospital

лазити [la'ziti] *v* climb, creep, crawl

лазня [la'znya] *f* bath-house

лайка [la'yka] *f* abuse, swearing, bad language

лайливий [layli'viy] *adj* abusive

лайнер [la'yner] *m* liner, air liner

лак [lak] *m* lacquer, varnish

лакей [lake'y] *m* man-servant, lackey

лаковий [la'koviy] *adj* varnish

лаконічний [lakonee'chniy] *adj* terse, concise, laconic

лаконічно [lakonee'chno] *adv* laconically

лакувати [lakuva'ti] *v* varnish, embellish

ламаний [la'maniy] *adj* broken

ламати [lama'ti] *v* break, destroy, transform, after

ламатися [lama'tisya] *v* break, get broken, be breakable

ламкий [la'mkiy] *adj* brittle, fragile

лампа [la'mpa] *f* lamp, bulb, tube, valve

ламповий [la'mpoviy] *adj* lamp

лан [lan] *m* field

ландшафт [landsha'ft] *m* landscape, view

ланка [la'nka] *f* link, section

ланковий, ～ова [lankovi'y, ～ova'] *m, f* field-team, leader

лантух [la'ntukh] *m* big sack

ланцюг, ～жок [lantsyu'g, ～zho'k] *m* chain

ланцюговий [lantsyugo'viy] *adj* chain

лань [lan'] *f* fallow-deer, (самиця) doe

лапа, ～ка [la'pa, ～ka] *f* paw

лапки [la'pki] *pl* quotation marks, inverted commas

ларьок [laryo'k] *m* stall

ласий [la'siy] *adj* be fond(of), avid (for/of), dainty

ласка [la'ska] *f* caress, kindness, affection

ласкавий [laska'viy] *adj* affectionate, tender, amiable

ласкаво (просимо) [laska'vo pro'simo] *adv + v* you are welcome

ласощі [la'soshchee] *pl* sweets, sweetmeats, candies

ластівка [la'steevka] *f* swallow

ластовиння [lastovi'nnya] *n* freckles

ласувати [lasuva'ti] *v* regale (on)

ласун, ～ка [lasu'n, ～ka] *m, f* gourmand, lover of food

латаний [la'taniy] *adj* patched

латати [lata'ti] *v* patch (up)

латаття [lata'ttya] *n* water-lily

латвійський [latvee'ys'kiy] *adj* Latvian

лати [la'ti] *pl* armour

латинський [lati'ns'kiy] *adj* Latin

латиш, ～ка [lati'sh, ～ka] *m, f* Lett

латка [la'tka] *f* patch

латунь [latu'n] *f* brass

лауреат [laurea't] *m* laureate, prize-winner

лахміття [lakhmee'ttya] *n* rags

лацкан [la'tskan] *m* lapel

лаштувати [lashtuva'ti] *v* prepare, make ready

лащитися [la'shchitisya] *v* caress, fawn (upon)

лаяти(ся) [la'yati(sya)] *v* scold, swear

лебединий [lebedi'niy] *adj* swan

лебідка [lebee'dka] *f* winch

лебідь [le'beed'] *m* swan

лев [lev] *m* lion

левада [leva'da] *f* meadow, grass-plot

левеня [levenya'] *n* lion-cub

левиний [levi'niy] *adj* lion's

левиця [levi'tsya] *f* lioness

легалізувати [legaleezuva'ti] *v* legalise

легальний [lega'l'niy] *adj* legal

легальність [lega'l'neest'] *f* legality

легенда [lege'nda] *f* legend

легендарний [legenda'rniy] *adj* legendary

легеневий [legene'viy] *adj* pulmonary

легеня [lege'nya] *f* lung

легіон [legeeo'n] *m* legion

легкий [le'gkiy] *adj* light, easy, slight

легкість [le'gkeest'] *f* lightness, easiness, facility

легко [legko'] *adv* lightly, easily, slightly, airily, it is easy

легкоатлет [legkoatle't] *m* track and field athlete

легковажний [legkova'zhniy] *adj* light-minded, thoughtless, frivolous

легковажність [legkova'zhneest'] *f* light-mindedness, thoughtlessness, frivolity

легковірний [legkovee'rniy] *adj* credulous

легковір'я [legkovee'r"ya] *n* credulity

легкотравний [legkotra'vniy] *adj* digestible

легшати [le'gshati] *v* become lighter, become easier

ледар [le'dar] *m* slacker, idler

ледачий [leda'chiy] *adj* lasy, idle

ледве [le'dve] *adv* hardly, scarcely

лежачий [lezha'chiy] *adj* lying, recumbent

лежебока [lezhebo'ka] *adj* lasy-bones

лезо [le'zo] *n* blade

лейкоцит [leykotsi't] *m* leucocyte

лейтенант [leytena'nt] *m* lieutenant

лейтмотив [leytmoti'v] *m* leit-motif, theme

лексика [le'ksika] *f* vocabulary

лексикографічний [leksikografee'chniy] *adj* lexicographical

лексикографія [leksikogra'feeya] *f* lexicography

лексиколог [leksiko'log] *m* lexicologist

лексикологія [leksikolo'geeya] *f* lexicology

лексичний [leksi'chniy] *adj* lexical

лектор [le'ktor] *m* lecturer

лекторій [lekto'reey] *m* 1) lecturing bureau, course of lectures

лекційний [lektsee'yniy] *adj* lecture

лекція [le'ktseeya] *f* lecture

лелека [lele'ka] *m* stork

лемент [le'ment] *m* shouting, clamour, lament

лементувати [lementuva'ti] *v* shout, clamour

леміш [lemee'sh] *m* ploughshare

ленінізм [leneenee'zm] *m* Leninism

леопард [leopa'rd] *m* leopard

лестити [lesti'ti] *v* flatter

лестощі [le'stoshchee] *pl* flattery, adulation

летаргія [letargee'ya] *f* lethargy

летіти [letee'ti] *v* fly

летючий [letyu'chiy] *adj* flying

лещата [leshcha'ta] *pl* vice, grip

ливарний [liva'rniy] *adj* foundry

ливарник [liva'rnik] *m* founder, foundryman

лижа [li'zha] *f* ski

лижний [li'zhniy] *adj* ski

лижник [li'zhnik] *m* skier

лижня [lizhnya'] *f* ski track

лизати [liza'ti] *v* lick

лико [li'ko] *n* bast, bass

лимон [limo'n] *m* lemon

лимонад [limona'd] *m* lemonade

лимонний [limo'nniy] *adj* lemon

линяти [linya'ti] *v* 1) fade, lose colour 2) moult, lose its fur/coat

липа [li'pa] *f* lime(-tree), linden

липень [li'pen'] *m* July

липкий [li'pkiy] *adj* sticky, adhesive

липневий [lipne'viy] *adj* July

липнути [lipnu'ti] *v* stick (to), cling (to)

липовий [li'poviy] *adj* lime

лис [lis] *m* fox

лисий [li'siy] *adj* bald

лисина [li'sina] *f* bald spot

лисиця [lisi'tsya] *f* fox, vixen

лисіти [lisee'ti] *v* grow bald

лиск [lisk] *m* gloss

лискучий [lisku'chiy] *adj* glossy, shiny

лисніти(ся) [lisnee'ti(sya)] *v* shine, be glossy

лист, ~ок [list, ~o'k] *m* 1) leaf 2) letter 3) sheet

листівка [listee'vka] *f* postcard

листовий [listovi'y] *adj* sheet

листоноша [listono'sha] *m* postman

листопад [listopa'd] *m* November

листування [listuva'nnya] *n* correspondence

листуватися [listuva'tisya] *v* correspond (with)

листя [li'stya] *pl* leaves

листяний [listyani'y] *adj* leaf, leaf-bearing

лисячий [li'syachiy] *adj* fox

литво [litvo'] *n* castings

лити [li'ti] *v* pour, cast, found

литий [li'tiy] *adj* cast

литися [li'tisya] *v* flow, stream, pour

литка [li'tka] *f* calf

литовець, ~ка, ~ський [lito'vets', ~ka, ~s'kiy] *m, f, adj* Lithuanian

лихвар [likhva'r] *m* money-lender, userer

лихварство [likhva'rstvo] *n* usury

лихварський [likhva'rs'kiy] *adj* usurious

лихий [likhi'y] *adj* evil, bad, wicked

лихо [li'kho] *n* 1) disaster, misfortune, trouble 2) evil

лиховісний [likhovee'sniy] *adj* ominous, sinister

лиходій [likhodee'y] *m* villain

лихоліття [likholee'ttya] *n* hard times, dark days

лихоманка [likhoma'nka] *f* fever

лицар [li'tsar] *m* knight

лицарський [li'tsars'kiy] *adj* knightly, chivalrous

лице [litse'] *n* face, right side,

лицемір [litsemee'r] *m* hypocrite

лицемірити [litsemee'riti] *v* play the hypocrite, dissemble

лицемірний [litsemee'rniy] *adj* hypocritical

лицемірство [litsemee'rstvo] *n* hypocrisy

личина [lichi'na] *f* mask

личити [li'chiti] *v* suit, become to

лишати [lisha'ti] *v* 1) leave, abandon 2) keep, retain

лишатися [lisha'tisya] *v* remain, stay

лише [lishe'] *adv* only, as soon as

лишок [li'shok] *m* surplus, remainder, rest

ліберал [leebera'l] *m* liberal

лібералізм [leeberalee'zm] *m* liberalism

ліберальний [leebera'l'niy] *adj* liberal

лібретто [leebre'tto] *n* libretto

лівий [lee'viy] *adj* left, left-hand

ліворуч [leevo'ruch] *adv* the left, on the left

лівша [leevsha'] *m* left-hander

ліга [lee'ga] *f* league

лігво [lee'gvo] *n* lair, den

лід [leed] *m* ice

лідер [lee'der] *m* leader

лідирувати [leedi'ruvati] *v* be in the lead

ліжко [lee'zhko] *n* bed

лізти [lee'zti] *v* climb, get (into)

лійка [lee'yka] *f* funnel, watering-pot, watering-can

лікар [lee'kar] *m* doctor, physician

лікарня [leeka'rnya] *f* hospital

лікарський [lee'kars'kiy] *adj* medical, doctor's, medicinal

ліквідація [leekveeda'tseeya] *f* liquidation, abolition

ліквідувати [leekveeduva'ti] *v* liquidate, abolish, eliminate

ліки [lee'ki] *pl* medicine

лікоть [lee'kot'] *m* elbow

лікувальний [leekuva'l'niy] *adj* medical, medicinal

лікування [leekuva'nnya] *n* treatment

лікувати [leekuva'ti] *v* treat

лікуватися [leekuva'tisya] *v* take a cure, receive treatment (for)

лілея, лілія [leele'ya, lee'leeya] *f* lily

ліміт [leemee't] *m* limit

лімітувати [leemeetuva'ti] *v* limit

лімфа [lee'mfa] *f* lymph

лімфатичний [leemfati'chniy] *adj* lymphatic

лінза [lee'nza] *f* lens

лінивий [leeni'viy] *adj* lazy, idle

лінійка [leenee'yka] *f* line

лініювати [leeneeyuva'ti] *v* line, rule

лінія [lee'neeya] *f* line

лінкор [leenko'r] *m* battleship

лінолеум [leeno'leum] *m* linoleum

лінощі [lee'noshchee] *pl* laziness, indolence

лінуватися [leenuva'tisya] *v* be lazy, idle

лінчувати [leenchuva'ti] *v* lynch

ліпити [leepi'ti] *v* 1) model, sculpture 2) build, make

ліпка [lee'pka] *f* modelling

ліра [lee'ra] *f* lyre

лірик [lee'rik] *m* lyric poet

лірика [lee'rika] *f* lyrics, lyric poetry

ліричний [leeri'chniy] *adj* lyric, lyrical

ліс [lees] *m* 1) wood, forest 2) timber, lumber

лісівник [leeseevni'k] *m* foresty expert

лісівництво [leeseevni'tstvo] *n* forestry

лісний [leesni'y] *adj* forest, woodland

лісник [leesni'k] *m* forest-guard, forest-ranger

лісництво [leesni'tstvo] *n* forestry

лісничий [leesni'chiy] *m* forester, forest warden

лісовий [leesovi'y] *adj* forest, woodland

лісозахисний [leesozakhi'sniy] *adj* forest-protection

лісонасадження [leesonasadze'nnya] *n* 1)afforestation 2) plantation

лісопильня [leesopi'l'nya] *f* saw-mill

лісоруб [leesoru'b] *m* logger woodcutter, lumber-jack

лісосіка [leesosee'ka] *f* felling area

літ [leet] *m* flight

літа [leeta'] *pl* 1) years 2) age

літак [leeta'k] *m* aircraft, aeroplane, plane

літати [leeta'ti] *v* fly

літера [lee'tera] *f* letter

літератор [leetera'tor] *m* literary man

література [leeteratu'ra] *f* literature, fiction

літературний [leeteratu'rniy] *adj* literary

літературознавець [leeteraturozna'vets'] *m* literary scholar

літературознавство [leeteraturozna'vstvo] *n* literary studies, history and criticism of literature

літній [lee'tneey] *adj* 1) eldery 2) summer

літо [lee'to] *n* summer

літопис [lee'topis] *m* chronicle, annals

літописець [leetopi'sets'] *m* chronicler

літописний [leetopi'sniy] *adj* chronicle, annalistic

літочислення [leetochi'slennya] *n* (system of) chronology

літр [leetr] *m* litre

ліфт [leeft] *m* lift, elevator

ліфтер [leefte'r] *m* lift-operator, elevator-boy

ліхтар [leekhta'r] *m* lantern

ліхтарик [leekhta'rik] *m* small lantern

ліцензія [leetse'nzeeya] *f* license

лічба [leechba'] *f* counting, calculation

лічений [lee'cheniy] *adj* counted

лічильний [leechi'l'niy] *adj* account

лічильник [leechi'l'nik] *m* meter, counter

лічити [leechi'ti] *v* count, add up, compute

ліщина [leeshchi'na] *f* hasel

лляний [llyani'y] *adj* linen

лоб [lob] *m* forehead, brow

лобовий [lobovi'y] *adj* frontal

лобода [loboda'] *f* goos-foot

лов [lov] *m* catching

ловець [love'ts'] *m* hunter, fisher-man

ловити [lovi'ti] *v* catch, try to catch

ловкий [lo'vkiy] *adj* crafty, slippery

логарифм [logari'fm] *m* logarithm

логарифмічний [logarifmee'chniy] *adj* logarithmic

логіка [lo'geeka] *f* logic

логічний [logee'chniy] *adj* logical

ложа [lo'zha] *f* box

ложе [lo'zhe] *n* bed

ложка [lo'zhka] *f* spoon, spoonful

лоза [loza'] *f* osier, willow(s)

лозина [lozi'na] *f* switch

лозунг [lo'zung] *m* slogan, watch-ward

локалізувати [lokaleezuva'ti] *v* localise

локалізуватися [lokaleezuva'tisya] *v* become localised

локальний [loka'l'niy] *adj* local

локаут [loka'ut] *m* lock-out

локомотив [lokomoti'v] *m* locomotive, engine

локон [lo'kon] *m* lock, curl

локшина [lokshi'na] *f* noodles, noodle soup

лом [lom] *m* 1) scrap 2) crow-bar

ломака [loma'ka] *f* cudgel, club, bat

ломбард [lomba'rd] *m* paunshop

ломити [lomi'ti] *v* break (up), ache

ломовий [lomovi'y] *adj* dray

лоно [lo'no] *n* lap

лопата, ~ка [lopa'ta, ~ka] *f* 1) spade, shovel 2) shoulder-blade

лопатися [lo'patisya] *v* break, burst

лопух [lopu'kh] *m* burdock

лорд [lord] *m* lord

лоск [losk] *m* lustre, gloss

лоскіт [lo'skeet] *m* ticling

лоскотати [loskota'ti] *v* tickle

лосось [loso's'] *m* salmon

лось [los'] *m* elk

лотерея [lotere'ya] *f* lottery, raffle

лото [lo'to] *n* lotto

лоток [loto'k] *m* 1) chute, shoot 2) tray

лотос [lo'tos] *m* lotus

лоцман [lo'tsman] *m* pilot

лоша [losha'] *n* foal

лояльний [loya'l'niy] *adj* loyal

лояльність [loya'l'neest'] *f* loyalty

луб [lub] *m* bast

луг [lug] *m* 1) meadow, grassland 2) alkali

луговий [lugovi'y] *adj* meadow, grassland

луджений [lu'dzheniy] *adj* tinned

лудити [ludi'ti] *v* tin

лужок [luzho'k] *m* grass-plot

лузати [luza'ti] *v* crack

лук [luk] *m* bow

лука [lu'ka] *f* meadow

лукавий [luka'viy] *adj* 1) arch, cunning 2) roguish

лукавити [luka'viti] *v* be cunning

луна [lu'na] *f* echo

лунати [luna'ti] *v* be heard

лунка [lu'nka] *f* hollow

лункий [lu'nkiy] *adj* 1) sonorous, ringing 2) resonant

лупа [lu'pa] *f* magnifying glass

лупа [lupa'] *f* dandruff

лупити [lupi'ti] *v* peel, thrash

лупитися [lupi'tisya] *v* peel (off)

лупцювати [luptsyuva'ti] *v* thrash, beat

луска [luska'] *f* scales

лускати [lu'skati] *v* crack, burst, break (up)

лушпайка, ~пина, ~пиння [lushpa'yka, ~pi'na, ~pi'nnya] *f, f, n* shell, peel, husk

лущити [lu'shchiti] *v* husk, peel, shell

любий [lyubi'y] *adj* 1) dear, nice, sweat 2) darling, beloved

любимий [lyubi'miy] *adj* favourite

любитель [lyubi'tel'] *m* 1) lover 2) amateur

любительський [lyubi'tel's'kiy] *adj* amateur

любити [lyubi'ti] *v* love

любовний [lyubo'vniy] *adj* amarous, loving

люб'язний [lyub"ya'zniy] *adj* amiable, obliging, corteous, polite

люб'язність [lyub"ya'zneest'] *f* courtesy, kindness

люд [lyud] *m* people, folk

люди [lyu'di] *pl* people, men

людина [lyudi'na] *f* man, human being, person

людоїд [lyudoyee'd] *m* cannibal

людоїдство [lyudyee'dstvo] *n* cannibalism

людство [lyu'dstvo] *n* humanity, mankind

людський [lyuds'ki'y] *adj* human, humane

людяний [lyu'dyaniy] *adj* humane

людяність [lyu'dyaneest'] *f* humanity

люк [lyuk] *m* hatch

люлька [lyu'l'ka] *f* pipe

люпин [lyupi'n] *m* lupin

лютий (місяць) [lyu'tiy] *m* February

лютий [lyu'tiy] *adj* 1) fierce, ferocious, savage 2) severe, cruel

лютість [lyu'teest'] *f* ferocity, rage

лютувати [lyutuva'ti] *v* wreak one's fury, rage

лють [lyut'] *f* fury, rage

люцерна [lyutse'rna] *f* alfalfa

лягати [lyaga'ti] *f* lie (down)

ляк [lyak] *m* fright, scare

ляканий [lya'kaniy] *adj* frightened

лякати, злякати [lyaka'ti, zlyaka'ti] *v* frighten, scare

лякатися [lyaka'tisya] *v* be frightened

лялечка [lya'lechka] *f* dolly

лялька [lya'l'ka] *f* doll, puppet

ляльковий [lyal'ko'viy] *adj* doll's, puppet

лямка [lya'mka] *f* strap

ляпас [lya'pas] *m* slap in the face

ляскати [lya'skati] *v* clap, slap

лящ [lyashch] *m* bream

льодовий [lyodovi'y] *adj* ice

льодовик [lyodovi'k] *m* glacier

льодоріз [lyodoree'z] *m* ice-breaker

льодохід [lyodokhee'd] *m* drifting of the ice

льодяний [lyodyani'y] *adj* ice, icy

льодяник (цукерка) [lyodyani'k] *m* fruit-drop, candy

льон [lyon] *m* flax

льотчик [lyotchi'k] *m* airman, pilot

льох [lyokh] *m* cellar

М

мабуть [ma'but'] *adv* probably, most likely

мавзолей [mavzole'y] *m* mausoleum

мавпа [ma'vpa] *f* monkey, ape

маг [mag] *m* magician

магазин [magazi'n] *m* shop, store

магістр [magee'str] *m* Master

магістраль [mageestra'l'] *f* main road, main line

магічний [magee'chniy] *adj* magic, magical

магія [ma'geeya] *f* magic

магнат [ma'gnat] *m* magnate

магнетизм [magneti'zm] *m* magnetism

магніт [magnee't] *m* magnet

магнітний [magnee'tniy] *adj* magnetic

магнітофон [magneetofo'n] *m* typerecorder

магнітофонний [magneetofo'nniy] *adj* tape

магнолія [magno'leeya] *f* magnolia

мадера [made'ra] *f* Madeira wine

мадяр, ~ка, ~ський [madya'r, ~ka, ~s'kiy] *m, f, adj* Magyar

мажор [mazho'r] *m* major key

мазати [ma'zati] *v* 1) spread, oil, butter 2) soil, smear

мазут [mazu't] *m* black oil

мазь [maz'] *f* ointment

майбутній [maybu'tneey] *adj* future, coming

майдан [mayda'n] *m* square

майданчик [mayda'nchik] *m* ground

майже [ma'yzhe] *adv* almost, nearly

майка [ma'yka] *f* football shirt, sports-shirt

майно [mayno'] *n* property

майор [mayo'r] *m* major

майнути [maynu'ti] *v* flash, dash

майоріти [mayoree'ti] *v* loom, stream, flutter

майстер [ma'yster] *m* skilled craftsman, master, expert

майстерний [mayste'rniy] *adj* masterly, skillful

майстерність [mayste'rneest'] *f* skill, mastery

майстерня [maystc'rnya] *f* work-shop, studio

майструвати [maystruva'ti] *v* make, contrive

мак [mak] *m* poppy

макарони [makaro'ni] *pl* macaroni

макет [make't] *m* model, mock-up

маківка [ma'keevka] *f* poppy-head, crown

маклер [ma'kler] *m* broker

макрель [makre'l'] *f* mackerel

максимальний [maksima'l'niy] *adj* maximum

максимум [ma'ksimum] *m* maximum, at most

макулатура [makulatu'ra] *f* spoilage, waste-paper

макуха [maku'kha] *f* oilcake

малахіт [malakhee't] *m* malachite

маленький, малий [ma'len'kiy, maliy] *adj* small, little, slight, low

малина [mali'na] *f* raspberry

малиновий [mali'noviy] *adj* raspberry

мало [ma'lo] *adv* little, few, nit enough

маловажний [malova'zhniy] *adj* of little importance

маловідомий [maloveedo'miy] *adj* little known

маловрожайний [malovrozha'yniy] *adj* low-yield

малограмотний [malogra'motniy] *adj* half-educated, semi-literate

малодушний [malodu'shniy] *adj* faint-hearted, cowardly

малознайомий [maloznayo'miy] *adj* unfamiliar

малоймовірний [maloymovee'rniy] *adj* unlucky, scarcely, probable

малокаліберний [malokalee'berniy] *adj* small-bore

малолітній [malolee'tneey] *adj* 1) young, under-age 2) juvenile

малолітражний [maloleetra'zhniy] *adj* small (-displacement)

малолюдний [malolyu'dniy] *adj* thinly populated, empty, deserted

мало-помалу [ma'lo poma'lu] *adv* little by little

малопродуктивний [maloprodukti'vniy] *adj* unproductive

малорухомий [malorukho'miy] *adj* slow, inactive

малосольний [maloso'l'niy] *adj* mildly salted, fresh-salted

малуватий [maluva'tiy] *adj* rather small, undersized

малювати, намалювати [malyuva'ti, namalyuva'ti] *v* draw, point

малюнок [malyu'nok] *m* drawing, design, pattern, picture

маля, малятко [malya', malya'tko] *n* kiddy, babbly, little one

маляр [ma'lya'r] *m* house-painter

малярія [malyaree'ya] *f* malaria

мальва [ma'l'va] *f* mallow, hollyhock

мальований [malyo'vaniy] *adj* drawn, painted

мальовничий [malyovni'chiy] *m* picturesque, colourful

мальок [malyo'k] *m* fry, young fish

мама [ma'ma] *m* mama, mother

мамонт [ma'mont] *m* mammoth

мангуста [mangu'sta] *f* mongoose

мандарин [mandari'n] *m* tangerine, mandarin

мандат [manda't] *m* mandate, credential

мандатний [manda'tniy] *adj* mandate

мандоліна [mandolee'na] *f* mandolin

мандрівка [mandree'vka] *f* journey, voyage, trip

мандрівний [mandreevni'y] *adj* wandering, travelling

мандрівник [mandreevni'k] *m* traveller

мандрувати [mandruva'ti] *v* travel, voyage, wander (about)

маневр [mane'vr] *m* manoeuvre

маневрувати [manevruva'ti] *v* manoeuvre

манеж [mane'zh] *m* 1) riding-school 2) ring 3) play-pen

манекен [maneke'n] *m* mannequin

манекенщик, ~иця [maneke'nsh chik, ~itsya] *m, f* model

манера [mane'ra] *f* manner, way, style

манжета [manzhe'ta] *f* cuff

манити [mani'ti] *v* 1) beckon 2) attract

манишка [mani'shka] *f* shirt-front

манікюр [maneekyu'r] *m* manicure

манікюрниця [maneekyu'rnitsya] *f* manicurist

маніпулювати [maneepulyuva'ti] *v* manipulate

манірний [manee'rniy] *adj* affected, pretentious

маніфест [maneefe'st] *m* manifesto

маніфестація [maneefesta'tseeya] *f* demonstration

манія [ma'neeya] *f* mania, ~ **величності** megalomania

маніяк [maneeya'k] *m* maniac

манний, ~а (каша) [ma'nniy, ~a kasha] *adj + f* (boiled) semolina

манометр [mano'metr] *m* manometer

мантія [ma'nteeya] *f* robe, gone

мануфактура [manufaktu'ra] *f* textiles

мануфактурний [manufaktu'rniy] *adj* textile

мара [mara'] *f* phantom, ghost

марафонський [marafo'ns'kiy] *adj* Marathon

марганець [ma'rganets'] *m* manganese

маргарин [margari'n] *m* margarine

маргаритка [margari'tka] *f* daisy

марево [ma'revo] *n* mirage

маринований [marino'vaniy] *adj* marinated, pickled

маринувати [marinuva'ti] *v* marinate, pickle

марити [mari'ti] *v* 1) dream 2) be delirious

маріонетка [mareeone'tka] *f* marionette, puppet

марка [ma'rka] *f* stamp, mark

марксизм [marksi'zm] *m* Marxism

марксистський [marksi'sts'kiy] *adj* Marxist

марля [ma'rlya] *f* gauze

мармелад [marmela'd] *m* fruit jellies

мармур [ma'rmur] *m* marble

'мармуровий [marmuro'viy] *adj* marble

марний [ma'rniy] *adj* vain, unnecessary, fruitless

марніти, змарніти [marnee'ti, zmarnee'ti] *v* pine away, fade, loose one's good looks

марнотрат [marnotra't] *m* squanderer, spendthrift

марнотратний [marnotra'tniy] *adj* wasteful, extravagant

марнотратство [marnotra'tstvo] *n* wastefullness, extravagance

марнувати, змарнувати [marnuva'ti, zmarnuva'ti] *v* waste

мародер [marode'r] *m* marauder, looter

мародерство [marode'rstvo] *n* looting

мартен [marte'n] *m* open-hearth furnace

мартенівський [marte'neevs'kiy] *adj* open-hearth

марш [marsh] *m* march

маршал [ma'rshal] *m* marshal

маршнрувати [marshiruva'ti] *v* march

маршрут [marshru't] *m* itinerary, route

маса [ma'sa] *f* mass, dough

масаж [masa'zh] *m* massage

масажувати [masazhuva'ti] *v* massage

масив [masi'v] *m* massif

масивний [masi'vniy] *adj* massive

маска [ma'ska] *f* mask

маскарад [maskara'd] *m* fancy-dress ball

маскарадний [maskara'dniy] *adj* fency-dress

маскувальний [maskuva'l'niy] *adj* camouflage

маскувати, замаскувати, [maskuva'ti, zamaskuva'ti] *v* mask, disguise, camouflage

маслина [masli'na] *f* olive, olive-tree

масло [ma'slo] *n* butter

масляний [ma'slyaniy] *adj* oil, oily, butter

маслянка [maslya'nka] *f* butter dish

масний [masni'y] *adj* greasy

масовий [ma'soviy] *adj* mass, popular

мастика [masti'ka] *f* floor-polish

мастити [masti'ti] *v* smear, grease, oil, lubricate

маститися [masti'tisya] *v* venerable

масть [mast'] *f* 1) colour, coat 2)suit

масштаб [masshta'b] *m* scale

мат [mat] *m* mate, checkmate

математик [matema'tik] *m* mathematician

математика [matema'tika] *f* mathematics

математичний [matemati'chniy] *adj* mathematical

материк [materi'k] *m* continent

материнство [materi'nstvo] *n* maternity, motherhood

материнський [materi'ns'kiy] *adj* 1) mother's 2) maternal, motherly

матеріал [matereea'l] *m* material, stuff, fabric

матеріалізм [matereealee'zm] *m* materialism

матеріаліст [matereealee'st] *m* materialist

матеріалістичний [matereealeesti'chniy] *adj* materialistic

матеріальний [matereea'l'niy] *adj* 1) material, physical 2) financial, pecuniary

матерія [mate'reeya] *f* 1) matter, substance 2) fabric, stuff

мати [ma'ti] *f* mother

ма'ти [mati] *v* 1)have 2)must + *inf*

матка [ma'tka] *f* 1) *анат.* uterus, womb 2) (самка) female, (бджіл) geen, (у коней) dam

матовий [ma'toviy] *adj* mat, dull, frosted

матрац [matra'ts] *m* mattress

матрос [matro's] *m* seaman, sailor

матрьошка [matryo'shka] *f* matryoshka

матч [match] *m* match

махати, махнути [makha'ti, makhnu'ti] *v* wave, way, flap

махінація [makheena'tseeya] *f* trick, machination

махровий [makhro'viy] *adj* 1) double 2) terry

мацати [ma'tsati] *v* feel, touch

мачта [ma'chta] *f* mast

мачуха [ma'chukha] *f* stepmother

машина [mashi'na] *f* 1) machine, engine 2) car, lorry, truck

машинальний [mashina'l'niy] *adj* mechanical

машиніст [mashinee'st] *m* 1) operator, machinist 2) engineer, engine-driver

машиністка [mashinee'stka] *f* typist

машинка [mashi'nka] *f* 1) machine 2) typewriter 3)sewing-machine

машинний [mashi'nniy] *adj* machine

машинобудування [mashinobuduva'nnya] *n* mechanical-engineering, machine-building

машинопис [mashino'pis] *m* typewriting

машинописний [mashinopi'sniy] *adj* typewritten

маяк [maya'k] *m* lighthouse, beacon

маяти [ma'yati] *v* flutter, stream, fly

маятник [ma'yatnik] *m* pendulum

маячити [maya'chiti] *v* loom

меблі [me'blee] *pl* furniture

меблювати [meblyuva'ti] *v* furnish

мебльований [meblyo'vaniy] *adj* furnished

мед [med] *m* honey

медаль [meda'l'] *f* medal

медальйон [medal'yo'n] *m* medallion, locket

медик [me'dik] *m* medical man

медикамент [medikame'nt] *m* medicament

медицина [meditsi'na] *f* medicine

медичний [medi'chniy] *adj* medical

медовий [medo'viy] *adj* honey, honeyed

медогляд (медичний огляд) [medoglya'd (medi'chniy oglya'd)] *m*, *adj* + *m* medical examination

медпункт (медичний пункт) [medpu'nkt (medi'chniy punkt)] *m*, *adj* + *m* medical-room, first aid post/station

медсестра [medsestra'] *f* nurse

медуза [medu'za] *f* jelly-fish

межа [mezha'] *f* 1) boundry(-line) 2) limits, bounds

межувати [mezhuva'ti] *v* border (on/upon)

мекати [me'kati] *v* bleat

мексіканець, ~ка, ~ський [mekseeka'nets', ~ka, ~s'kiy] *m*, *f*, *adj* Mexican

меланхолійний [melankholee'yniy] *adj* melancholy

меланхолія [melankho'leeya] *f* melancholy

меліоративний [meleeorati'vniy] *adj* reclamation

меліорація [meleeora'tseeya] *f* reclamation

мелодійний [melodee'yniy] *adj* melodious, tuneful

мелодія [melo'deeya] *f* melody, tune

мельник [me'l'nik] *m* miller

мембрана [membra'na] *f* diaphragm

меморандум [memora'ndum] *m* memorandum

меморіальний [memoreea'l'niy] *adj* memorial

мемуари [memua'ri] *pl* memoirs

меншати [me'nshati] *v* diminish, decrease

менше [me'nshe] *adv* less

менший [me'nshiy] *adj* less, lesser, smaller, younger

меншість [me'nsheest'] *f* minority

меню [menyu'] *n* menu, bill of fare

мережа [mere'zha] *f* 1) net 2) network

мереживо [mere'zhivo] *n* lace

мерехтіти [merekhtee'ti] *v* twinkle, shimmer, glimmer

мерзлий [me'rzliy] *adj* frozen

мерзлота [merzlota'] *f* frozen ground

мерзнути [me'rznuti] *v* freeze, feel cold

меридіан [merideea'n] *m* meridian

меркнути [me'rknuti] *v* fade, grow dim

мертвий [me'rtviy] *adj* dead, lifeless

мертвяк [mertvya'k] *m* corpse, dead man

мерщій [mershchee'y] *adv* quick!, hurry up!

месник [me'snik] *m* avenger

мести [mesti'] *v* 1) sweep 2) (хуртовина) the wind is driving the snow

мета [meta'] *f* aim, purpose, object, goal, end

метал [meta'l] *m* metal

металевий [meta'leviy] *adj* metallic

металург [metalu'rg] *m* metallurgist

металургійний [metalurgee'yniy] *adj* metallurgical

металургія [metalurgee'ya] *f* metallurgy

метан [meta'n] *m* methane

метати, ~метнути [meta'ti, metnu'ti] *v* throw, cast, fling

метафізика [metafee'zika] *f* metaphysics

метафора [meta'fora] *f* metaphor

метафоричний [metafori'chniy] *adj* metaphorical

метелик [meteli'k] *m* butterfly, moth

метелиця [mete'litsya] *f* snow-storm, blizzard

метеор [meteo'r] *m* meteor

метеорит [meteori't] *m* meteorite

метеорологічний [meteorologee'chniy] *adj* meteorological

метеорологія [meteorolo'geeya] *f* meteorology

метис, ~ка [meti's, ~ka] *m, f* half-breed

метод [me'tod] *m* method

методика [meto'dika] *f* methods

методичний [metodi'chniy] *adj* methodical, systematic

методологічний [metodologee'chniy] *adj* methodological

методологія [metodolo'geeya] *f* methodology

метр [metr] *m* meter

метрика [me'trika] *f* birth certificate

метричний [metri'chniy] *adj* metric

метро, метрополітен [metro', metropolee'ten] *n* the underground, metro, tube, subway

метрополія [metropo'leeya] *f* parent state, mother country

метушитися [metushi'tisya] *v* fuss (about), bustle

метушливий [metushli'viy] *adj* fussy, bustling

метушня [metushnya'] *f* fuss, bustle

механізація [mekhaneeza'tseeya] *f* mechanization

механізм [mekhanee'zm] *m* mechanism

механізований [mekhaneezo'vaniy] *adj* mechanized

механізувати [mekhaneezuva'ti] *v* mechanize

механік [mekha'neek] *m* mechanic

механіка [mekha'neeka] *f* mechanics

механічний [mekhanee'chniy] *adj* mechanical

меч [mech] *m* sword

мечеть [meche't'] *f* mosque

мешканець [me'shkanets'] *m* lodger

мешкати [me'shkati] *v* live, reside

мигати [miga'ti] *v* blink, wink

мигдаль [migda'l'] *m* almonds, almond-tree

миготіти [migotee'ti] *v* twinkle, glimmer

милий, ~а [mi'liy, ~a] *adj, n, f* 1) sweet, nice 2) dear 3) як *ім.* darling, sweetheart

милити [mi'liti] *v* soap

милиця [mili'tsya] *f* crutch

милість [mi'leest'] *f* 1) kindness, goodness, favour 2) mercy

мило [mi'lo] *n* soap

миловидний [milovi'dniy] *adj* pretty

милозвучний [milozvu'chniy] *adj* harmonious, euphonious

милосердний [milose'rdniy] *adj* merciful

милосердя [milose'rdya] *n* mercy

милостивий [mi'lostiviy] *adj* gracious, kind

милостиня [mi'lostinya] *f* alms

милувати [miluva'ti] *v* show mercy, pardon

милувати(ся) [miluva'ti(sya)] *v* caress, fondle

миля [mi'lya] *f* mile

мильний [mi'l'niy] *adj* soapy

мильниця [mi'l'nitsya] *f* soap-box

мимо [mi'mo] *prep* past by

мимовільний [mimovee'l'niy] *adj* involuntary

мимоволі [mimovo'lee] *adv* involuntarily, unintentionally

мимохід [mimokhee'd'] *adv* in passing by

мимрити [mi'mriti] *v* mutter, murmur

минати [mina'ti] *v* 1) pass, slip by 2) pass through, miss

минуле [minu'le] *n* the past

минулий [minu'liy] *adj* past

мир [mir] *m* peace

мирити [miri'ti] *v* reconcile (with)

миритися [miri'tisya] *v* be reconciled (with)

мирний [mi'rniy] *adj* peace

миролюбний [mirolyu'bniy] *adj* peace-loving, peaceful

мис [mis] *m* cape

миска [mi'ska] *f* basin, plate

мислення [mi'slennya] *n* thought, mentality, thinking

мисливець [misli'vets'] *m* hunter

мислити [mi'sliti] *v* think

мистецтво [miste'tstvo] *n* art

митец [mite'ts'] *m* 1) artist 2) master, expert

мити(ся) [mi'ti(sya)] *v* wash, have a bath

митниця [mi'tnitsya] *f* custom-house

мито [mi'to] *n* customs duty

миттю [mi'ttyu] *adv* instantly, in a trice/moment

мить [mit'] *f* instant, moment

миша [mi'sha] *f* mouse

миш'як [mish"ya'k] *m* arsenic

міграція [meegra'tseeya] *f* migration

мігрень [meegre'n'] *f* migraine

мігрувати [meegruva'ti] *v* migrate

мідний [mee'dniy] *adj* copper, brass

мідь [meed'] *f* copper

між [meezh] *prep* between, among

міжконтинентальний [meezhkontinenta'l'niy] *adj* intercontinental

міжміський [meezhmees'ki'y] *adj* 1) intertown 2) (телефон) trunk-line

міжнародний [meezhnaro'dniy] *adj* international

міжпланетний [meezhplane'tniy] *adj* interplanetary

мізинець [meezi'nets'] *m* little finger, little toe

мій [meey] *pron* my, mine

мікроб [meekro'b] *m* microbe

мікрон [meekro'n] *m* micron

мікрорайон [meekrorayo'n] *m* microdistrict

мікроскоп [meekrosko'p] *m* microscope

мікроскопічний [meekroskopee'chniy] *adj* microscopic

мікрофон [meekrofo'n] *m* microphone, mike

мікстура [meekstu'ra] *f* mixture

мілина [meelina'] *f* shoal, shallow

міліметр [meeleeme'tr] *m* millimeter

мілітаризація [meeleetariza'tseeya] *f* militarization

мілітаризм [meeleetari'zm] *m* militarism

міліти [meelee'ti] *v* become shallow

міліціонер [meeleetseeone'r] *m* militiaman

міліція [meelee'tseeya] *f* militia

мілкий [meelki'y] *adj* shallow

міль [meel'] *f* (clothes-) moth

мільйон [meel'yo'n] *m* million

мільйонер [meel'yone'r] *m* millionaire

мільярд [meel'ya'rd] *m* milliard, billion

мільярдер [meel'yarde'r] *m* multimillionaire

міміка [mee'meeka] *f* mime

мімо'за [meemoza] *f* mimosa

міна [mee'na] *f* 1) mine 2) expression

мінер [meene'r] *m* війск. miner, torpedo-man

мінерал [meenera'l] *m* mineral

мінеральний [meenera'l'niy] *adj* mineral

мініатюра [meeneeatyu'ra] *f* miniature

мініатюрний [meeneeatyu'rniy] *adj* miniature, tiny

мінімальний [meeneema'l'niy] *adj* minimum

мінімум [mee'neemum] *m* minimum

міністерство [meeneeste'rstvo] *n* ministry, board, department

міністр [meenee'str] *m* minister, secretary

мінливий [meenli'viy] *adj* changeable, unsteady, fickle

міновий [meenovi'y] *adj* exchange

мінога [meeno'ga] *f* lamprey

міноносець [meenonosets'] *m* torpedo-boat

мінор [meeno'r] *m муз.* minor-key

мінус [mee'nus] *m* minus

міняти(ся) [meenya'tio(sya)] *v* change, exchange

міра [mee'ra] *f* 1) measure 2) limit

міраж [meera'zh] *m* mirage

мірка [mee'rka] *f* measure

міркування [meerkuva'nnya] *n* reflection, meditation, opinion, view

міркувати [meerkuva'ti] *v* reflect (on/upon), meditate (on/upon), think

мірошник [meero'shnik] *m* miller

міряти(ся) [mee'ryati(sya)] *v* 1) measure 2) try on

місити [meesi'ti] *v* mix, knead, puddle

місіонер [meeseeone'r] *m* missionary

місія [mee'seeya] *f* mission, legation

міст [meest] *m* bridge

містика [mee'stika] *f* mysticism

містити(ся) [meesti'ti(sya)] *v* contain

містифікація [meestifeeka'tseeya] *f* mystification, hoax

містифікувати [meestifeekuva'ti] *v* mystify

містичний [meesti'chniy] *adj* mystical

місткий [meestki'y] *adj* capacious, spacious, roomy

місткість [mee'stkeest'] *f* capacity

місто [mee'sto] *n* town, city

місце [mee'stse] *n* 1) place, spot 2) seat

місцевий [meestse'viy] *adj* local

місцевість [meestse'veest'] *f* 1) locality, country 2) district, region

місяць [mee'syats'] *m* 1) month 2) moon

місячний [mee'syachniy] *adj* month's, monthly

міський [mees'ki'y] *adj* town, city, urban, municipal

мітинг [mee'ting] *m* meeting

мітити [mee'titi] *v* mark

мітка [mee'tka] *f* mark

мітла [meetla'] *f* broom

міф [meef] *m* myth

міфічний [meefee'chniy] *adj* mythical

міфологія [meefolo'geeya] *f* mythology

міх, мішок [meekh, meesho'k] *m* nag, sack

міхур [meekhu'r] *m* bladder

міцний [meetsni'y] *adj* strong, firm

міцність [mee'tsneest'] *f* strength, firmness, reliability

міцніти [meetsnee'ti] *v* become stronger, become consolidated

міцно [mee'tsno] *adv* strongly, firmly

міць [meets'] *f* strength, power, might

мічений [mee'cheniy] *adj* marked

мішалка [meesha'lka] *f* mixer

мішати [meesha'ti] *v* 1) stir 2) mix

мішень [meeshe'n'] *f* target

мла [mla] *f* haze, mist

млин [mlin] *m* mill

млинець [mline'ts'] *m* (small) pancake

млинок [mlino'k] *m* hand-mill, quern

мліти [mlee'ti] *v* 1) languish 2) faint 3) go numb

млосний [mlo'sniy] *adj* languorous, languid

млявий [mlya'viy] *adj* languid, spiritless, nerveless, slack

множення [mno'zhennya] *n* multiplication

множити(ся) [mno'zhiti(sya)] *v* 1) multiply 2) increase, grow

мобілізація [mobeeleeza'tseeya] *f* mobilization

мобілізувати [mobeeleezuva'ti] *v* mobilize

мов, мовби [mov, mo'vbi] *part, conj* 1) like, as if, as though 2) as

мова [mo'va] *f* 1) language, tongue 2) speech

мовити [mo'viti] *v* say, tell

мовлення [mo'vlennya] *n* speech

мовний [mo'vniy] *adj* 1) linguistic, language 2) speech

мовознавець [movozna'vets'] *m* linguist

мовознавство [movozna'vstvo] *n* linguistics

мовчазний [movcha'zniy] *adj* silent, taciturn

мовчанка [movcha'nka] *f* silence

мовчати [movcha'ti] *v* be silent, keep silent

мовчки [mo'vchki] *adv* silently

могила [mogi'la] *f* grave

могильний [mogi'l'niy] *adj* grave

могти, змогти [mogti', zmogti'] *v* 1) can, be able 2) may

могутній [mogu'tneey] *adj* powerful, mighty

могутність [mogu'tneest'] *f* power, might

мода [mo'da] *f* fashion, vogue

моделювати [modelyuva'ti] *v* design, model

модель [mode'l'] *f* model

модернізація [moderneeza'tseeya] *f* modernization

модернізувати [moderneezuva'ti] *v* modernize

модний [mo'dniy] *adj* fashionable

модрина [modri'na] *f* larch

може [mo'zhe] *adv* may be, perhaps

можливий [mozhli'viy] *adj* possible, feasible

можливість [mozhli'veest'] *f* 1) possibility 2) opportunity, chance 3) means, resources

можливо [mozhli'vo] *adv* may be, perhaps

можна [mo'zhna] *adv* 1) one can (+inf), it is possible 2) one may (+inf)

мозаїка [moza'yeeka] *f* mosaic, inlay

мозковий [mozko'viy] *adj* cerebral

мозок [mo'zok] *m* brain, **спинний ~** spinal cord

мозолистий [mozo'listiy] *adj* callous, horny

мозоля [mozo'lya] *f* corn

мокнути [mo'knuti] *v* get wet, soak

мокрий [mo'kriy] *adj* wet

мокрота [mokro'ta] *f* phlegm, damp

мол [mol] *m* breakwater, pier, jetty

молдаванин, ~аванка, ~авський [moldava'nin, ~ava'nka, ~a'vs'kiy] *m, f, adj* Moldavian

молебен [mole'ben] *m* church, service, thanksgiving

молекула [mole'kula] *f* molecule

молекулярний [molekulya'rniy] *adj* molecular

молитва [moli'tva] *f* prayer

молитвеник [moli'tvenik] *m* prayerbook

молити [moli'ti] *v* entreat, implore

молитися [moli'tisya] *v* pray (for)

молодець [molode'ts'] *m* 1) fine fellow 2) well done!

молодий [molodi'y] *adj* young, youthful, new

молодіжний [molodee'zhniy] *adj* youth

молодість [mo'lodeest'] *f* youth

молодіти [molodee'ti] *v* get younger

молодший [molo'dshiy] *adj* 1) younger 2) junior

молодь [mo'lod'] *f* youth, young people

молоко [moloko'] *n* milk

молот(ок) [mo'lot(o'k)] *m* hammer

молоти [molo'ti] *v* grind, mill

молотилка [moloti'lka] *f* threshing machine

молотити [moloti'ti] *v* thresh

молотьба [molot'ba'] *f* threshing

молочарня [molocha'rnya] *f* dairy

молочний [molo'chniy] *adj* milk, milky

мольберт [mol'be'rt] *m* easel

момент [mome'nt] *m* moment, instant

моментальний [momenta'l'niy] *adj* instantaneous

моментально [momenta'l'no] *adv* instantly

монарх [mona'rkh] *m* monarch

монархіст [monarkhee'st] *m* monarchist

монархічний [monarkhee'chniy] *adj* monarchic (al)

монархія [mona'rkheeya] *f* monarchy

монастир [monasti'r] *m* monastery, nunnery, convent

монгол, ~ка, ~льський [mongo'l, ~ka, ~l's'kiy] *m, f, adj* Mongolian

монета [mone'ta] *f* coin

монетний [mone'tniy] *adj* monetary

монографія [monogra'feeya] *f* monograph

монолог [monolo'g] *m* monologue

монополізувати [monopoleezuva'ti] *v* monopolize

монополіст [monopolee'st] *m* monopolist

монополістичний [monopoleesti'chniy] *adj* monopolistic

монополія [monopo'leeya] *f* monopoly

монотонний [monoto'nniy] *adj* monotonous

монтаж [monta'zh] *m* 1) assembling, mounting 2) editing, cutting

монтажний [monta'zhniy] *adj* assembly

монтер [monte'r] *m* 1) fitter, assembly worker 2) electrician

монтувати [montuva'ti] *v* 1) assemble, mount 2) edit

монумент [monume'nt] *m* monument

монументальний [monumenta'l'niy] *adj* monumental

мораль [mora'l'] *f* moral, morality

моральний [mora'l'niy] *adj* moral

мораторій [morato'reey] *m* moratorium

морг [morg] *m* morgue

моргати [morga'ti] *v* wink, blink

морда [mo'rda] *f* muzzle

мордувати [morduva'ti] *v* torture

море [mo're] *n* sea

мореплавець [morepla'vets'] *m* navigator

мореплавство [morepla'vstvo] *n* navigator

морж [morzh] *m зоол.* walrus

морити [mori'ti] *v* 1) exterminate, ~ голодом starve

морква [mo'rkva] *f* carrot

мороз [moro'z] *m* frost

морозиво [moro'zivo] *n* ice-cream

морозити [moro'ziti] *v* freeze

морозний [moro'zniy] *adj* frosty

морок [mo'rok] *m* gloom, darkness

морочити [moro'chiti] *v* confuse, fool

морс [mors] *m* fruit-drink

морський [mors'ki'y] *adj* 1) sea, marine 2) naval

морфій [mo'rpheey] *m* morphine

морфологічний [morfologee'chniy] *adj* morphological

морфологія [morfolo'geeya] *f* morphology

морщити [mo'rshchiti] *v* 1) wrinkle (up) 2) crease, crumple

моряк [morya'k] *m* seaman, sailor

мостити [mosti'ti] *v* pave, cobble

мотати [mota'ti] *v* wind, reel

мотель [mote'l'] *m* motel

мотив [moti'v] *m* 1) motive, reason 2) tune

мотивувати [motivuva'ti] *v* motivate, give reason

мотлох [mo'tlokh] *m* lumber, junk

мотогонки [motogo'nki] *pl* motor-races

моток [moto'k] *m* skein

мотор [moto'r] *m* engine, motor

моторний [moto'rniy] *adj* 1) motor 2) quick, agile, brisk

моторолер [motoro'ler] *m* (motor) scooter

моторошний [moto'roshniy] *adj* ghastly, horrible, terrible

мотоцикл [mototsi'kl] *m* motor-cycle

мотоцикліст [mototsiklee'st] *m* motor-cyclist

мотузка [motu'zka] *f* string, cord, rope

мох [mokh] *m* moss

мохнатий [mokhna'tiy] *adj* furry, bushy

мочалка [mocha'lka] *f* wisp, bust

мочити [mochi'ti] *v* wet, make *smth* wet, soak

мочка [mo'chka] *f* lobe of the ear

мошка [mo'shka] *f* midge

мощі [mo'shchee] *pl* relic of the saint

мрець [mrets'] *m* corpse, dead man

мрійливий [mreeyli'viy] *adj* dreamy, dream

мрійник [mree'ynik] *m* dreamer

мрія [mree'ya] *f* dream

мріяти [mree'yati] *v* dream

мряка [mrya'ka] *f* drizzle

мрячити [mrya'chiti] *v* drizzle

мстивий [msti'viy] *adj* revengeful, vindictive

мстити(ся) [msti'ti(sya)] *v* revenge oneself (upon)

мугикати [mugi'kati] *v* hum

мудрець [mudre'ts'] *m* sage

мудрий [mu'driy] *adj* wise, sage

мудрість [mu'dreest'] *f* wisdom

мудрувати [mudruva'ti] *v* 1) reflect, philosophize 2) subtilize

мужній [mu'zhneey] *adj* courageous, brave

мужність [mu'zhneest'] *f* courage

мужніти [muzhnee'ti] *v* mature

мужньо [mu'zhnyo] *adv* courageously, bravely

муза [mu'za] *f* muse

музей [muze'y] *m* museum

музика [mu'zika] *f* music

музикальний [muzika'l'niy] *adj* musical

музикант [muzika'nt] *m* musician

музичний [muzi'chniy] *adj* musical, music

мука [mu'ka] *f* torment, torture

мукати [mu'kati] *v* low, moo

мул [mul] *m* mule

мулат, ~ка [mula't, ~ka] *m, f* mulatto

муляр [mu'lyar] *m* (stone-) mason, bricklayer

муляти [mu'lyati] *v* pinch, hurt

мультиплікаційний [mul'tipleekatsee'yniy] *adj* ~ фільм cartoon

мумія [mu'meeya] *f* mummy

мундир [mundi'r] *m* dress-coat, tunic

мур [mur] *m* wall (of stone or brick)

мурашиний [murashi'niy] *adj* ant

мурашка [mura'shka] *f* ant

мурашник [mura'shnik] *m* ant-hill

муркотати [murkota'ti] *v* purr

мурмотіти [murmotee'ti] *v* mutter

мурувати [muruva'ti] *v* build

мусити [mu'siti] *v* must, ought (+ to *inf*), have (+ to *inf*)

мутити [muti'ti] *v* stir up, muddy

мутний [mu'tniy] *adj* turbid, muddy

мутніти [mutnee'ti] *v* grow turbid

муха [mu'kha] *f* fly

мученик, ~ця [mu'chenik, ~tsya] *m, f* martyr

мученицький [mu'chenits'kiy] *adj* martyr's

мучитель [muchitel'] *m* tormentor

мучити(ся) [mu'chiti(sya)] *v* torment, torture, worry

мчати(ся) [mcha'ti(sya)] *v* rush, speed

м'яз [m"yaz] *m* muscle

м'язистий [m"ya'zistiy] *adj* muscular

м'який [m"yaki'y] *adj* soft, fresh, gentle, mild

м'яко [m"ya'ko] *adv* softly

м'якушка [m"yaku'shka] *f* crumb

м'якшати [m"ya'kshati] *v* get soft

м'ясистий [m"yasi'stiy] *adj* meaty, fleshy

м'ясний [m"yasni'y] *adj* meat, meaty

м'ясник [m"yasni'k] *m* butcher

м'ясо [m"ya'so] *n* flesh, meat

м'ясорубка [m"yasoru'bka] *f* mincing-machine, meat-grinder

м'ята [m"ya'ta] *f* mint

мяти [m"ya'ti] *v* 1) crush, crumple, rumple 2) smash

м'яч [m"yach] *m* ball

Н

на [na] *prep* 1) on, in, at 2) to 3) against 4) for 5) by, into

набагато [nabaga'to] *adv* much, far

набережна [na'berezhna] *f* embankment, quay, sea-front

набивати [nabiva'ti] *v* 1) stuff (with), pack (with), fill (with) 2) fix (to) 3) print

набиватися [nabiva'tisya] *v* crowd (into)

набирати [nabira'ti] *v* 1) gather, pick, collect 2) take, recruit

набиратися [nabira'tisya] *v* accumulate

набирач [nabira'ch] *m* type-setter

набіг [nabee'g] *m* raid

набік [nabee'k] *adv* on one side, awry

набір [nabee'r] *m* 1) admission, engaging, taking on, recruitment 2) set (of)

наближати [nablizha'ti] *v* bring nearer (to), draw nearer (to)

наближатися [nablizha'tisya] *v* 1) approach, come nearer (to) 2), approximate (to)

наближений [nabli'zheniy] *adj* approximate

наболілий [nabolee'liy] *adj* sore, urgent

набридати [nabrida'ti] *v* bother, poster, bore

набридливий [nabri'dliviy] *adj* boring, tiresome, ~людина bore

набрякати [nabryaka'ti] *v* swell

набувати [nabuva'ti] *v* 1) acquire, gain 2) become, grow

наважуватися [navazhuva'tisya] *v* dare, venture

навала [nava'la] *f* 1) invasion 2) hordes

навалювати [nava'lyuvati] *v* burden (with), heap (up), pile (up)

навальний [nava'l'niy] *adj* 1) rapid, impetuous 2) urgent

навантаження [navanta'zhennya] *n* 1) loading 2) load

навантажувати [navanta'zhuvati] *v* 1) load (with) 2) keep busy (with)

навесні [navesnee'] *adv* in spring

навздогін [navzdogee'n] *adv* after

навиворіт [navi'voreet] *adv* inside out

навик, навичка [na'vik, na'vichka] *m*, *f* habit, skill

нависати [navisa'ti] *v* hang (over), tower (over), threaten

навівати [naveeva'ti] *v* bring, blow

навігація [naveega'tseeya] *f* navigation

навідатися [navee'datisya] *v* visit, call on

навідріз [naveedree'z] *adv* flatly, point-blank

навіжений [navee'zheniy] *adj* mad, insane, crazy

навіки [navee'ki] *adv* for ever, eternally

навіс [navee's] *m* shed, awning

навіть [na'veet'] *part* even

навіщо [navee'shcho] *adv* why, what...for

навколишній [navko'lishneey] *adj*
neighbouring

навколо, навкруги [navko'lo, nav-krugi'] *adv* round, around, about

навмисне(о) [navmi'sne(o)] *adv* on purpose, purposely, deliberately

навмисний [navmi'sniy] *adj* intentional, deliberate

наводити [navo'diti] *v* guide (to), direct (to)

наводняти [navodnya'ti] *v* flood, inundate (with)

наволочка [na'volochka] *f* pillow-case

навпаки [navpaki'] *adv* on the contrary

навпомацки [navpo'matski] *adv* grope one's way

навпростець [navproste'ts'] *adv* straight, by the direct way

навряд [navrya'd] *adv* hardly

навскіс [na'vskees] *adv* obliquely

навстіж [na'vsteezh] *adv* wide open

навтікача [navteekacha'] *adv* take to one's heels

навушники [navu'shniki] *pl* ear-flaps, ear-phones

навхрест [na'vkhrest] *adv* crosswise

навчальний [navcha'l'niy] *adj* educational

навчання [navcha'nnya] *n* studies, training

навчати [navcha'ti] *v* teach

навчатися [navcha'tisya] *v* learn, study

навшпиньках [navshpi'n'kakh] *adv* on tiptoe

нав'ючити [nav''yu'chiti] *v* load (with)

нав'язливий [nav''ya'zliviy] *adj* 1) tiresome 2) obsessive, haunting

нав'язувати [nav''ya'zuvati] *v* 1) fasten (on), tie (on) 2) force (upon), impose (upon)

нагадувати [naga'duvati] *v* 1) remind (of, about) 2) resemble

нагайка [naga'yka] *f* whip

наган [naga'n] *m* revolver

нагинати [nagina'ti] *v* bend

нагинатися [nagina'tisya] *v* stoop, bow

нагірний [nagee'rniy] *adj* upland, highland

нагір'я [nagee'r''ya] *n* plateau, upland, highland

наглий [na'gliy] *adj* sudden, unexpected

наглухо [na'glukho] *adv* firmly, tightly

нагляд [na'glyad] *m* supervision, control

наглядати [naglyada'ti] *v* watch, look (after), supervise, surveil

наглядач [naglya'dach] *m* overseer, supervisor

наговоритися [nagovori'tisya] *v* have a good talk

наговорювати [nagovo'ryuvati] *v* talk a lot, slander

нагода [nago'da] *f* opportunity, chance, occasion

наголо [na'golo'] *adv* bare

наголос [na'golos] *m* stress

наголошувати [nagolo'shuvati] *v* stress, emphasize

нагорі [nagoree'] *adv* above, upstairs

нагорода [nagoro'da] *f* reward, prize

нагороджувати [nagoro'dzhuvati] *v* reward, confer, decorate

нагору [nago'ru] *adv* up, upward, upstairs

награбований [nagrabo'vaniy] *adj* robbed

награбувати [nagrabuva'ti] *v* amass by robbery

награвати [nagrava'ti] *v* play softly

нагрівальний [nagreeva'l'niy] *adj* heating

нагрівати [nagreeva'ti] *v* heat, warm

нагріватися [nagreeva'tisya] *v* get warm, warm up

нагромадження [nagroma'dzhennya] *n* 1) pilling up 2) conglomeration

нагромаджувати [nagroma'dzhuvati] *v* pill up

над [nad] *prep* over, above, at

надавати [nadava'ti] *v* 1) give, grant 2) lend

надалі [nada'lee] *adv* from now on

надбавка [nadba'vka] *f* addition

надбудова [nadbudo'va] *f* superstructure

надвечір [nadve'cheer] *adv* towards evening

надвір [nadvee'r] *adv* out, outside

надводний [nadvo'dniy] *adj* above-water

надворі [nadvoree'] *adv* out-of-doors, outside

надзвичайний [nadzvicha'yniy] *adj* extraordinary, uncommon, emergency

надземний [nadze'mniy] *adj* overground

надивитися [nadivi'tisya] *v* 1) gaze long enough (at) 2) see plenty (of)

надихати [nadikha'ti] *v* inspire (to)

надівати [nadeeva'ti] *v* put on

надій [nadee'y] *m* milk yield

надійний [nadee'yniy] *adj* 1) reliable, dependable 2) sure, effective

наділяти [nadeelya'ti] *v* 1) allot, provide (with) 2) endow (with)

надія [nadee'ya] *f* hope

надіятися [nadee'yatisya] *v* expect, hope (for), rely (on)

надлишок [nadli'shok] *m* excess, surplus

надломити [nadlomi'ti] *v* partly break

надмір [na'dmeer] *m* excess, abundance

надмірний [nadmee'rniy] *adj* excessive

надмірно [nadmee'rno] *adv* too, excessively

надовго [nado'vgo] *adv* for a long time

надокучати [nadokucha'ti] *v* bother, pester, bore

надокучливий [nadoku'chliviy] *adj* bothersome, tiresome, importunate

надолужити [nadolu'zhiti] *v* make up (for)

надпис [na'dpis] *m* inscription

надписувати [nadpi'suvati] *v* write on, superscribe

надприбуток [nadpribu'tok] *m* superprofit

надприродний [nadpriro'dniy] *adj* supernatural

надра [na'dra] *pl* depths, ~ землі bowels of the earth

надрив [nadri'v] *m* 1) tear 2) overstrain

надривати [nadriva'ti] *v* 1) tear slightly, make a tear (in) 2) strain, overstrain

надріз [nadree'z] *m* cut, incision

надрізати [nadreeza'ti] *v* cut in, make an incision (in)

надсилати [nadsila'ti] *v* send

надсипати [nadsipa'ti] *v* pour out

надто [na'dto] *adv* 1) too 2) particularly, in particular, especially

надувати [naduva'ti] *v* inflate, blow up

надуватися [naduva'tisya] *v* become inflated, fill

надувний [naduvni'y] *adj* inflatable

надуманий [nadu'maniy] *adj* forced, far-fetched

надумати [nadu'mati] *v* make up one's mind, take into one's head

надушити [nadushi'ti] *v* 1) press, put scent/perfume (on), scent

надушитися [nadushi'tisya] *v* use scent/perfume, scent oneself

надходити [nadkhodi'ti] *v* come, arrive, set in, be received

надягати [nadyaga'ti] *v* put on

наждак [nazhda'k] *m* emery

нажива [nazhi'va] *f* acquisition, gain, profit

наживати(ся) [nazhiva'ti(sya)] *v* get, acquire, get rich, make a fortune

наживка [nazhi'vka] *f* (live-)bait

назавжди [naza'vzhdi] *adv* for ever, for good

назад [naza'd] *adv* backward(s), back

назва [na'zva] *f* name, title

названий [nazva'niy] *adj* adopted, foster

наздогад [nazdoga'd] *adv* at random

наздоганяти [nazdoganya'ti] *v* overtake, catch up (with)

наземний [naze'mniy] *adj* land, ground

називати [naziva'ti] *v* name, call

назовні [nazo'vnee] *adv* out, outside, on the outside

назрівати [nazreeva'ti] *v* become imminent, come to a head

назустріч [nazu'streech] *adv* to meet, towards

наївний [nayee'vniy] *adj* naive

наїдатися [nayeeda'tisya] *v* eat one's fill

наїжджати [nayeezhdzha'ti] *v* 1) come, arrive 2) pay flying visit (to)

наїхати [nayee'khati] *v* run (into), collide (with)

найбільш(е) [naybee'l'sh(e)] *adv* the most

найбільший [naybee'l'shiy] *adj* the greatest, the largest

найважчий [nayva'zhchiy] *adj* the most difficult

найвищий [nayvi'shchiy] *adj* the highest

найгірший [naygee'rshiy] *adj* the worst

найкращий [naykra'shchiy] *adj* the best

найманець [na'ymanets'] *m* hireling

наймати [nayma'ti] *v* hire, engage, employ, rent

наймач [nayma'ch] *m* 1) employer 2) tenant

найменш(е) [nayme'nsh(e)] *adv* the least

найменший [nayme'nshiy] *adj* the least

найнижчий [nayni'zhchiy] *adj* the lowest

наказ [na'kaz] *m* order

наказувати [naka'zuvati] *v* order, command

накапати [naka'pati] *v* 1)drop, pour drops (of) 2) spill

накачати [nakacha'ti] *v* pump up

накидати [nakida'ti] *v* 1) throw, heap (up) 2) sketch, outline

накинути [naki'nuti] *v* throw on, fling on

накидатися [nakida'tisya] *v* attack, pounce (on)

накладати [naklada'ti] *v* put (in, on, over)

накладна [nakladna'] *f* invoice

наклейка [nakle'yka] *f* label

наклеп [nakle'p] *m* slander, calumny, libel

наклепницький [nakle'pnits'kiy] *adj* slanderous, libelous

наклеювати [nakle'yuvati] *v* stick (on)

наколювати [nako'lyuvati] *v* 1) chop (a lot of) 2) prick 3) pin (to)

наконечник [nakone'chnik] *m* tip, top

накопичити [nakopi'chiti] *v* accumulate, gain

накрапати [nakrapa'ti] *v* дощ ~ає rain-drops begin to fall

накреслювати [nakre'slyuvati] *v* draw

накривати [nakriva'ti] *v* cover

накриття [nakrittya'] *n* roof, shelter

накрохмалений [nakrokhma'leniy] *adj* starched

налагоджувати [nalago'dzhuvati] *v* adjust, organize, put in order

налагоджуватися [nalago'dzhuvatisya] *v* come right

належати [nale'zhati] *v* belong (to), be

належний [nale'zhniy] *adj* 1) belonging (to) 2) due, proper

наливати [naliva'ti] *v* pour (into), spill

наливатися [naliva'tisya] *v* flow (into)

налим [nali'm] *m* bourbot

наліво [nalee'vo] *adv* to the left

наліпити [naleepi'ti] *v* stick

наліт [nalee't] *v* 1) raid 2) film 3) *мед* patch

налітати [naleeta'ti] *v* 1) run into 2) make a raid (on) 3) jump on 4) fly together

налічувати [nalee'chuvati] *v* count, number

налягати [nalyaga'ti] *v* push *smth* hard 2) get down (to)

налякати [nalyaka'ti] *v* frighten

налякатися [nalyaka'tisya] *v* get frightened

намагання [namaga'nnya] *n* attempt, endeavour

намагатися [namaga'tisya] *v* try, endeavour, attempt

намазувати [nama'zuvati] *v* put (on), spread (on), smear

намацувати [nama'tsuvati] *v* grope (for)

намащувати [nama'shchuvati] *v* put (on), spread (on)

намерзати [namerza'ti] *v* freeze

намет [name't] *m* 1) tent 2) snow-drift

намилювати [nami'lyuvati] *v* soap

намисто [nami'sto] *n* beads

намір [na'meer] *m* intention

намірятися [nameerya'tisya] *v* 1) intend 2) aim (at)

намічати [nameecha'ti] *v* 1) mark 2) plan, project, outline

намова [namo'va] *f* instigation, incitement

намовляти [namovlya'ti] *v* 1) put up (on), instigate, incite 2) slander

намокати [namoka'ti] *v* get wet, be soaked

намолотити [namoloti'ti] *v* thresh

намордник [namo'rdnik] *m* muzzle

намотувати [namo'tuvati] *v* wind, spool, reel

намочувати [namo'chuvati] *v* wet, make *smth* wet, soak

намуляти [namu'lyati] *v* rub sore, make sore

нанизати [naniza'ti] *v* thread, bead

наносити [nano'siti] *v* 1) bring 2) mark, trace

наносити [nanosi'ti] *v* bring (a lot of)

наодинці [naodi'ntsee] *adv* (quite) alone, in private, privately

наосліп [nao'sleep] *adv* blindly

напад [na'pad] *m* attack, assault, the forwards

нападати [napada'ti] *v* 1) attack, assault 2) jump on 3) come over

нападаючий [napada'yuchiy] *m* forward

напалм [napa'lm] *m* napalm

напам'ять [napa'm"yat'] *adv* by heard

напасть [napa'st'] *f* misfortune, disaster

напевно [nape'vno] *adv* 1) for sure, for a certainly 2) probably, very likely

наперед [nape'red] *adv* 1) forward 2) in advance, beforehand

напередодні [naperedo'dnee] *adv* 1) the day before 2) on the eve (of)

наперекір [naperekee'r] *adv* 1) contrarily 2) in defiance of *smth*, to spite *smb*

напереріз [napereree'z] *adv* across *smb's* path

наперсток [nape'rstok] *m* thimble

напилок [napi'lok] *m* file

напинати(ся) [napina'ti(sya)] *v* 1) tighten, put on (up) 2) throw on

напис [na'pis] *m* inscription

напитися [napi'tisya] *v* 1) quench one's thirst 2) get drunk

напихати [napikha'ti] *v* staff

напіввідкритий [napeevveedkri'tiy] *adj* half-open

напівголодний [napeevgolo'dniy] *adj* half-starved

напівголосно [napeevgolo'sno] *adv* in a low voice

напівживий [napeevzhivi'y] *adj* half-dead

напівзабуття [napeevzabuttya'] *n* semi-consciousness

напівзруйнований [napeevzruyno'-vaniy] *adj* half-ruined

напівкруглий [napeevkru'gliy] *adj* semicircular

напівлежати [napeevlezha'ti] *v* recline

напіводягнений [napeevodya'gneniy] *adj* half-dressed

напівписьменний [napeevpis'-me'nniy] *adj* semi-literate

напівсонний [napeevso'nniy] *adj* half asleep/awake

напівфабрикат [napeevfabrika't] *m* semi-finished product

напій [napee'y] *m* drink, beverage

напір [napee'r] *m* pressure, thrust

наплив [napli'v] *m* flow, influx

наплутати [naplu'tati] *v* muddle

наплювати [naplyuva'ti] *v* spit, coll

наповнювати(ся) [napo'vnyuvati(sya)] *v* fill, be filled

напоготові [napogoto'vee] *adv* in readiness

напоїти [napoyee'ti] *v* give *smb* a drink, water

напоказ [napoka'z] *adv* for show

наполегливий [napole'gliviy] *adj* 1) persistent, perserving 2) insistent

наполегливість [napole'gliveest'] *f* persistence, perserverance

наполовину [napolovi'nu] *adv* 1) half 2) half-and-half

наполягати [napolyaga'ti] *v* insist (on/upon), persist (in)

напоумити [napou'miti] *v* suggest an idea

напохваті [napo'khvatee] *adv* at hand

направляти [napravlya'ti] *v* 1) direct (at), tun (upon), aim, level 2) send

направо [napra'vo] *adv* to the right, right turn

напризволяще [naprizvolya'shche] *adv* to the mercy of fate

наприкінці [naprikeentsee'] *adv* towards the end

наприклад [napri'klad] *parenth* for example, for instance

напровесні [napro'vesnee] *adv* in the early spring

напрокат [naproka't] *adv* on hire, hire

напролом [naprlo'm] *adv* straight ahead, break through

напроситися [naprosi'tisya] *v* fish for an invitation

напроти [napro'ti] *adv* opposite

напрочуд [naprochu'd] *adv* marvellouse, extremely

напруга [napru'ga] *f* 1) effort, strain 2) tensity, strain 3) stress

напружений [napru'zheniy] *adj* intense, tense

напруженість, ~ня [napru'zheneest', ~nya] *f, n* tensity, tension, stress

напружувати(ся) [napru'zhuvati(-sya)] *v* tauten, strain

напрям(ок) [na'pryam(ok)] *m* 1) direction 2) trend, school

напускати [napuska'ti] *v* fill (with), let

нарада [nara'da] *f* council

нарахувати [narakhuva'ti] *v* number, count

наречений, ~a [nare'cheniy, ~a] *m, f* fiance/bride

нарешті [nare'shtee] *adv* 1) at last 2) finally

нарив [nari'v] *m* boil, abscess

наривати [nariva'ti] *v* 1) pick (a lot of) 2) fester, gather (head)

нарис [nari's] *m* article, essay

нарівні [naree'vnee] *adv* on the same level as, on a level with, on equal terms

наріжний [naree'zhniy] *adj* coner

нарізати [nareeza'ti] *v* cut, slice, carve

нарікання [nareeka'nnya] *n* complaint, reproach

нарікати [nareeka'ti] *v* 1) complain (of), lament 2) name, call

наркоз [narko'z] *m* an anaesthesia

наркоман [narkoma'n] *m* drug addict

наркотик [narko'tik] *m* narcotic

наробити [narobi'ti] *v* do, make

народ [naro'd] *m* people, nation

народженя [naro'dzhennya] *n* birth, день ~ birthday

народжувати [naro'dzhuvati] *v* give birth (to), bear

народжуватися [naro'dzhuvatisya] *v* be born, spring up

народний [naro'dniy] *adj* people's, national

народність [naro'dneest'] *f* nationality

народонаселення [narodonase'lennya] *n* population

наростати [narosta'ti] *v* increase, grow

нарти [na'rti] *pl* sledge

наручники [naru'chniki] *pl* handcuffs, manacles

нарцис [nartsi's] *m* narcissus

наряд [narya'd] *m* 1) order, warrant 2) duty

нарядити [naryadi'ti] *v* 1) dress up 2) assign

нарядний [narya'dniy] *adj* smart, well-dressed

нас [nas] *pron* us

насадження [nasa'dzhennya] *n* plantations

насаджувати [nasa'dzhuvati] *v* 1) plant 2) spread, implant 3) fix, strick

насамперед [nasa'mpered] *adv* first of all

насвистувати [nasvi'stuvati] *v* whistle

населений [nase'leniy] *adj* populated (with), inhabited (by)

населення [nase'lennya] *n* population, inhabitants

населяти [naselya'ti] *v* 1) populate, put people (into) 2) inhabit

насиджений [nasi'dzheniy] *adj* comfortable

насиджувати [nasi'dzhuvati] *v* hatch

насилу [nasi'lu] *adv* only just, hardly

насилувати [nasi'luvati] *v* rape

насильницький [nasi'l'nits'kiy] *adj* forced, violent

насильно [nasi'l'no] *adv* by force

насильство [nasi'l'stvo] *n* violence

насип [na'sip] *m* embankment

насипати [nasipa'ti] *v* pour (in/into), fill

насичувати [nasi'chuvati] *v* sate (with), satiate (with)

насідати [naseeda'ti] *v* fall on, press, settle (on)

насінний [nasee'nniy] *adj* seed

насіння [nasee'nnya] *n* seeds

наскакувати [naska'kuvati] *v* 1) pounce on, jump at 2) run (into)

наскільки [naskee'l'ki] *adv* to what extent, as far as

наскрізь [na'skreez'] *adv* through, through out, completely

наслідник, ~ ниця [naslee'dnik, ~ nitsya] *m*, *f* heir/heiress

наслідок [na'sleedok] *m* consequence, result

наслідування [naslee'duvannya] *n* imitation

наслідувати [naslee'duvati] *v* 1) imitate 2) inherit

наслухатися [naslu'khatisya] *v* hear a lot of

насмілитися [nasmee'litisya] *v* dare

насміхатися [nasmeekha'tisya] *v* mock, gibe (at), taunt

насмішити [nasmeeshi'ti] *v* make *smb* laugh

насмішка [nasmee'shka] *f* mockery, gibe, taunt

насміятися [nasmeeya'tisya] *v* laugh (at)

наснага [nasna'ga] *f* 1) strength 2) inspiration

насолода [nasolo'da] *f* delight, pleasure, enjoyment

насолоджуватися [nasolo'dzhuvatisya] *v* dilight, enjoy

насос [naso's] *m* pump

наспів [na'speev] *m* tune, melody

наспівувати [naspee'vuvati] *v* hum, croon

наспіх [na'speekh] *adv* in a harry

насподі [naspo'dee] *adv* underneath, at the bottom

насправді [naspra'vdee] *adv* in reality

наставати [nastava'ti] *v* come, set in, fall

наставляти [nastavlya'ti] *v* 1) put (a lot of) 2) turn, aim 3), admonish

наставник [nasta'vnik] *m* teacher, instructor, preceptor

настанова [nastano'va] *f* directive, instructions

настигати [nastiga'ti] *v* overtake, catch up (with)

настилати [nastila'ti] *v* spread, lay

настирливий [nasti'rliviy] *adj* 1) tiresome, importunate 2) obsessive 3) persistent

настій [nastee'y] *m* infusion

настійний [nastee'yniy] *adj* 1) persistent 2) urgent, pressing

настільки [nastee'l'ki] *adv* so

настільний [nastee'l'niy] *adj* desk

настінний [nastee'nniy] *adj* wall, mural

насторожений [nastoro'zheniy] *adj* watchful

насторожі [nastoro'zhee] *adv* be on the alert

насторожувати(ся) [nastoro'zhuvati(sya)] *v* cause alertness, pick up one's ears

настоювати(ся) [nasto'yuvati(sya)] *v* make an infusion, draw, brew

настрій [na'streey] *m* mood, spirits

настромити [nastromi'ti] *v* stick (through)

настроювати [nastro'yuvati] *v* 1) tune, tune in 2) set *smb* against

настрювач [nastro'yuvach] *m* tuner

наступ [na'stup] *m* offensive, advance

наступальний [nastupa'l'niy] *adj* offensive

наступати [nastupa'ti] *v* 1) tread (on) 2) attack, advance

наступний [nastu'pniy] *adj* following, next

наступник [nastu'pnik] *m* successor

настурція [nastu'rtseeya] *f* nasturtium

насувати [nasuva'ti] *v* 1) pull 2) approach

насупити(ся) [nasu'piti(sya)] *v* knit, frown

насуплений [nasu'pleniy] *adj* 1) gloomy, sombre 2) frowning

насухо [na'sukho] *adv* dry, wipe dry

насущний [nasu'shchniy] *adj* vital, essential

натерпітися [naterpee'tisya] *v* have suffered a great deal (of)

натикатися [natika'tisya] *v* run (into), come across

натирати [natira'ti] *v* 1) rub 2) polish, wax 3) rub/make, sore

натиск [na'tisk] *m* pressure, thrust

натискати [natiska'ti] *v* press, tread (on), push

натовп [na'tovp] *m* crowd

натомитися [natomiti'sya] *v* get tired

наточити [natochi'ti] *v* sharpen

натравлювати [natra'vlyuvati] *v* set *smb* against

натрапляти [natraplya'ti] *v* 1) knock (against), run (into), srike 2)come across, find

натрій [na'treey] *m* sodium

натужитися [natu'zhitisya] *v* strain oneself

натура [natu'ra] *f* 1) disposition, nature 2) location

натуральний [natura'l'niy] *adj* natural, real

натурщик, ~ця [natu'rshchik, ~tsya] *m, f* (artist's) model

натхненний [natkhne'nniy] *adj* inspired

натхнення [natkhne'nnya] *n* inspiration

натюрморт [natyurmo'rt] *m* still life

натягати [natyaga'ti] *v* 1) tighten, tauten 2) pull on, pull (over)

натягнутий [natya'gnutiy] *adj* strained

натяк [na'tyak] *m* hint

натякати [natyaka'ti] *v* hint (at), drive (at)

наука [nau'ka] *f* 1) science 2) knowledge

науковець [nauko'vets'] *m* scientist

науковий [nauko'viy] *adj* scientific

науково-популярний [nauko'vopopulya'rniy] *adj* popular science

нафта [na'fta] *f* oil, petroleum

нафталін [naftalee'n] *m* naphtalene

нафтовий [na'ftoviy] *adj* oil, petroleum

нафтопровід [naftopro'veed] *m* oil pipeline

нахаба [nakha'ba] *m* impudent/insolent fellow

нахабний [nakha'bniy] *adj* inmudent, impertinent, insolent

нахабність [nakha'bneest'] *f* impudence, inpertinence, insolence

нахил [na'khil] *m* 1) bend, aptitude, inclination 2) slope

нахиляти(ся) [nakhilya'ti(sya)] *v* bend, incline, lean

націлювати(ся) [natseelyuva'ti(sya)] *v* aim (at)

націоналізація [natseeonaleeza'tseeya] *f* nationalization

націоналізм [natseeonalee'zm] *m* nationalizm

націоналізувати [natseeonaleezuva'ti] *v* nationalize

національний [natseeona'l'niy] *adj* national

національність [natseeona'l'neest'] *f* nationality

нація [na'tseeya] *f* nation

начальник [nacha'l'nik] *m* chief, head

начерк [na'cherk] *m* 1) sketch 2) outline, draft 3) essay

начинка [nachi'nka] *f* stuffing, filling

начиння [nachi'nnya] *n* 1) tackle, gear 2) utensil

начиняти [nachinya'ti] *v* stuff, fill

начисто [na'chisto] *adv* 1) clean, cleanly 2) completely

начистоту [nachistotu'] *adv* frankly, openly

начитаний [nachi'taniy] *adj* wealread

начитаність [nachi'taneest'] *f* erudition

начорно [na'chorno] *adv* roughly

наш [nash] *pron* our

нашатир [nashati'r] *m* salammomac

нашатирний [nashati'rniy] *adj* ammonia

нашестя [nashe'stya] *n* invasion

нашивати [nashiva'ti] *v* sew on

нашийник [nashi'ynik] *m* collar

наштовхувати [nashto'vkhuvati] *v* incite (to), suggest an idea

наштовхуватися [nashto'vkhuvatisya] *v* knock (against), run (into) 2) come across

нащадок [nashcha'dok] *m* descendant, offspring

наявний [naya'vniy] *adj* available

не [ne] *part* no, not, not only

неабиякий [neabi'yakiy] *adj* 1) considerable, great 2) outstanding 3) not usual, unusual

небагато [nebaga'to] *adv* a little, not much, few, not many

небажаний [neba'zhaniy] *adj* undesirable

небажання [nebazha'nnya] *n* unwillingness, reluctance

небалакучий [nebalaku'chiy] *adj* taciturn

небачений [neba'cheniy] *adj* never seen before, unprecedented

небезпека [nebezpe'ka] *f* danger

небезпечний [nebezpe'chniy] *adj* dangerous

небезпечно [nebezpe'chno] *adv* dangerously

небеса [nebesa'] *pl* heaven

небесний [nebe'sniy] *adj* celestial, heavenly

небилиця [nebili'tsya] *f* fable, tale

небіж [ne'beezh] *m* nephew

небіжчик [nebee'zhchik] *m* dead person, the late

небіжчиця [nebee'zhchitsya] *f* dead woman, the late

небо [ne'bo] *n* sky

небога [nebo'ga] *f* niece

небосхил [neboskhi'l] *m* horizon

небувалий [nebuva'liy] *adj* unprecedent

неважно [neva'zhno] *adv* poorly

неважливий [nevazhli'viy] *adj* unimportant

невблаганий [nevblaga'nniy] *adj* relentless, inexorable

неввічливий [nevvee'chliviy] *adj* rude, impolite

неввічливість [nevvee'chliveest'] *f* impoliteness, incivility

невгамовний [nevgamo'vniy] *adj* restless

невдалий [nevda'liy] *adj* unsuccessful, poor

невдаха [nevda'kha] *m* failure

невдача [nevda'cha] *f* failure, reverse

невдоволений [nevdovo'leniy] *adj* discontented, displeased, dissatisfied

невдоволення [nevdovo'lennya] *n* discontent, dissatisfaction

невдячний [nevdya'chniy] *adj* ungrateful, thankless

невдячність [nevdya'chneest'] *f* ingratitude

невеликий [neveli'kiy] *adj* small, short

невже [nevzhe'] *adv* really?

невибагливий [neviba'gliviy] *adj* unpretentious, unfastidious, hardy

невигідний [nevi'geedniy] *adj* unprofitable

невидимий [nevi'dimiy] *adj* invisible

невизначений [nevi'znacheniy] *adj* indefinite, indeterminate

невиліковний [nevileeko'vniy] *adj* incurable

невимовний [nevi'movniy] *adj* unspeakable, inexpressible

невинний [nevi'nniy] *adj* innocent, not guilty

невиразний [nevira'zniy] *adj* inexpressive, indistinct

невисокий [neviso'kiy] *adj* low, short

невитриманий [nevi'trimaniy] *adj* unrestrained, lacking self-control

невитриманість [nevi'trimaneest'] *f* lack of self-control

невихований [nevi'khovaniy] *adj* ill-bred

невихованість [nevi'khovaneest'] *f* ill-breeding

невичерпний [nevi'cherpniy] *adj* inexhaustible

невід [ne'veed] *m* seine, sweep-net

невіддільний [neveeddee'l'niy] *adj* inseparable

невід'ємний [neveed''ye'mniy] *adj* inalienable

невідкладний [neveedkla'dniy] *adj* urgent, pressing

невідомий [neveedo'miy] *adj* unknown, stranger

невідступний [neveedstu'pniy] *adj* importunate, persistent

невідчепний [neveedche'pniy] *adj* persistent

невільник, ~ця [nevee'l'nik, ~tsya] *m, f* slave

невірний [nevee'rniy] *adj* 1) unfaithful 2) incorrect, wrong

невістка [nevee'stka] *f* daughter-in-law, sister-in-law

невловимий [nevlovi'miy] *adj* 1) difficult to catch 2) elusive

невлучно [nevlu'chno] *adv* not to the point

невмирущий [nevmiru'shchiy] *adj* immortal

неволя [nevo'lya] *f* slavery, bondage, captivity

невпинний [nevpi'nniy] *adj* incessant, ceaseless

невпізнанний [nevpeezna'nniy] *adj* unrecognizable

невралгічний [nevralgee'chniy] *adj* neuralgic

невралгія [nevralgee'ya] *f* neuralgia

неврастеник [nevraste'nik] *m* neurotic

неврівноважений [nevreevnova'zheniy] *adj* unbalanced

неврівноваженість [nevreevnova'-zheneest'] *f* unbalance

неврожай [nevrozha'y] *m* crop-failure, bad harvest

неврожайний [nevrozha'yniy] *adj* of poor crops, of bad harvest

невроз [nevro'z] *m* neurosis

невропатолог [nevropato'log] *m* neurologist

невсипущий [nevsipu'shchiy] *adj* watchful, vigilant

невтішний [nevtee'shniy] *adj* inconsolable

невтомний [nevto'mniy] *adj* untiring, tireless

невтручання [nevtrucha'nnya] *n* non-interference

негайний [nega'yniy] *adj* immediate

негайно [nega'yno] *adv* immediately, at once

негарний [nega'rniy] *adj* 1) unattractive, not beautiful 2) bad, poor

негарно [nega'rno] *adv* bad, badly, not well

негатив [negati'v] *m* negative

негативний [negati'vniy] *adj* negative

негідний [negee'dniy] *adj* 1) unfit (for) 2) unworthy 3) mean

негідник [negee'dnik] *m* scoundrel, blackguard

негласний [negla'sniy] *adj* private, secret

неглибокий [neglibo'kiy] *adj* 1) shallow 2) superficial

негода [nego'da] *f* bad weather

негр [negr] *m* Negro

неграмотний [negra'motniy] *adj* illiterate

негритянка [negritya'nka] *f* Negro woman

негритянський [negritya'ns'kiy] *adj* Negro

недавній [neda'vneey] *adj* recent

недалекий [nedale'kiy] *adj* 1) near, not distant, shot 2) limited

недалеко [nedale'ko] *adv* not far

недаремне(о), недарма [nedare'm-ne(o), nedarma'] *adv* 1) not for nothing, not without reason 2) for some purpose

недбалий [nedba'liy] *adj* careless, negligent

недвозначний [nedvozna'chniy] *adj* unequivocal, unambiguous

недійсний [nedee'ysniy] *adj* invalid, null, void

неділя [nedee'lya] *f* Sunday

недобачати [nedobacha'ti] *v* have poor sight

недобір [nedobee'r] *m* shortage

недобрий [nedo'briy] *adj* unkind, hostile, evil, bad

недоброзичливий [nedobrozi'chli-viy] *adj* hostile

недоброзичливість [nedobrozi'chli-veest'] *f* ill-will

недовгий [nedo'vgiy] *adj* brief, short

недовго [nedo'vgo] *adv* not long

недовіра, недовір'я [nedovee'ra, nedovee'r"ya] *f, n* distrust, mistrust

недовірливий [nedovee'rliviy] *adj* distrustful, mistrustful

недогляд [nedoglya'd] *m* oversight

недоїдати [nedoyeeda'ti] *v* be undernourished

недокрів'я [nedokree'v"ya] *n* anaemia

недокурок [nedoku'rok] *m* (cigarette-) butt

недоладний [nedola'dniy] *adj* awkward, clumsy

недолік [nedo'leek] *m* 1) defect, deficiency 2) lack

недолічуватися [nedolee'chuvatisya] *v* miss, be short (of)

недолюблювати [nedolyu'blyuvati] *v* have little licking (for)

недоля [nedo'lya] *f* round luck, misfortune

недомовка [nedomo'vka] *f* reticence

недооцінка [nedootsee'nka] *f* underestimation

недооцінювати [nedootsee'nyuvati] *v* underestimate

недопустимий [nedopusti'miy] *adj* inadmissible

недоречний [nedore'chniy] *adj* inappropriate, out-of-place, irrelevant

недорогий [nedorogi'y] *adj* cheap, inexpensive

недорого [nedo'rogo] *adv* cheap, at a reasonable price

недорозвинений [nedorozvi'neniy] *adj* underdeveloped

недосвідчений [nedosvee'dcheniy] *adj* inexperienced

недосвідченість [nedosvee'dcheneest'] *f* inexperience

недосипати [nedosipa'ti] *v* not get enough sleep

недосконалий [nedoskona'liy] *adj* imperfect

недосконалість [nedoskona'leest'] *f* imperfection

недостатній [nedosta'tneey] *adj* insufficient, inadequate

недостача, нестача [nedosta'cha, nesta'cha] *f* deficiency, lack, shortage, deficit

недостойний [nedosto'yniy] *adj* unworthy (of), worthless

недоступний, недосяжний [nedostu'pniy, nedosya'zhniy] *adj* 1) inaccessible, unattainable (for) 2) too difficult (for)

недоторканий [nedoto'rkaniy] *adj* virgin

недоук [nedo'uk] *m* half-taught person

недоцільний [nedotsee'l'niy] *adj* inexpedient

недочувати [nedochuva'ti] *v* be hard of hearing

недруг [ne'drug] *m* enemy

недружелюбний, недружній [nedruzhelyu'bniy, nedru'zhneey] *adj* unfriendly

недуга [nedu'ga] *f* illness

недужий [nedu'zhiy] *adj* sick

недурний [nedurni'y] *adj* sensible, intelligent

неживий [nezhivi'y] *adj* 1) dead, lifeless 2) dull 3) inanimate

нежить [ne'zhit'] *f* cold

нежонатий [nezhona'tiy] *adj* unmarried, single

незабаром [nezaba'rom] *adv* soon, shortly, before long

незабудка [nezabu'dka] *f* forget-me-not

незабутній [nezabu'tneey] *adj* unforgettable

незавидний [nezavi'dniy] *adj* unenviable

незадовго [nezado'vgo] *adv* shortly before, not long before

незадовільний [nezadovee'l'niy] *adj* unsatisfactory

незадоволений [nezadovo'leniy] *adj* discontented, dissatisfied (with), displeased (with)

незадоволення [nezadovo'lennya] *n* dissatisfaction, discontent

незайманий [neza'ymaniy] *adj* untouched, virgin

незаконний [nezako'nniy] *adj* illegal, unlawful, illegitimate

незаконнонароджений [nezakonnonaro'dzheniy] *adj* illegitimate

незалежний [nezale'zhniy] *adj* independent (of)

незалежність [nezale'zhneest'] *f* independence

незалежно [nezale'zhno] *adv* independently, regardless (of), irrespective

незаміжня [nezamee'zhnya] *adj* unmarried, single

незаможний [nezamo'zhniy] *adj* indigent, poor

незаперечний [nezapere'chniy] *adj* indeniable

незаселений [nezase'leniy] *adj* uninhabited

незаслужений [nezaslu'zheniy] *adj* undeserved, unmerited

незацікавлений [nezatseeka'vleniy] *adj* indifferent, ininterested

незважаючи [nezvazha'yuchi] *adv* in spite of, despite

незваний [nezva'niy] *adj* uninvited

незвичайний [nezvicha'yniy] *adj* unusual

незвичний [nezvi'chniy] *adj* unaccustomed, unused (to)

незв'язний [nezv''ya'zniy] *adj* incoherent

незгода [nezgo'da] *f* disagreement, discord

незграбний [nezgra'bniy] *adj* 1) awkward, clumsy 2) rough

нездійснений [nezdeeysne'niy] *adj* unfeasible, impracticable

нездоланний [nezdola'nniy] *adj* irresistible, invincible

нездоровий [nezdoro'viy] *adj* unhealthy

нездужати [nezdu'zhati] *v* be ill, feel unwell

незіпсований [nezeepso'vaniy] *adj* fresh, innocent, pure

незламний [nezla'mniy] *adj* inviolable, inflexible

незліченний [nezleeche'nniy] *adj* countless, innumerable

незмінний [nezmee'nniy] *adj* 1) invariable, immutable 2) unfailing

незнайомець, ~ка [neznayo'mets', ~ka] *m, f* stranger

незнайомий [neznayo'miy] *adj* unknown, unfamiliar, strange, unacquanted (with)

незнаний [nezna'niy] *adj* unknown

незначний [neznachni'y] *adj* insignificant, small, slight

незримий [nezri'miy] *adj* invisible

незрівнянний [nezreevnya'nniy] *adj* incomparable, matchless

незрівнянно [nezreevnya'nno] *adv* 1) incomparably, matchlessly 2) much, far

незрілий [nezree'liy] *adj* unripe, immature

незрозумілий [nezrozumee'liy] *adj* incomprehensible

незручний [nezru'chniy] *adj* uncomfortable, unhandy, awkward

незручно [nezru'chno] *adv* uncomfortably, awkwardly

незрячий [nezrya'chiy] *adj* blind, sightless

неімущий [neeemu'shchiy] *adj* indigent

неїстивний [neyeesti'vniy] *adj* inedible

нейлон [neylo'n] *m* nylon

неймовірний [neymovee'rniy] *adj* incredible

нейтралізація [neytraleeza'tseeya] *f* neutralization

нейтралізувати [neytraleezuva'ti] *v* neutralize

нейтралітет [neytraleete't] *m* neutrality

нейтральний [neytra'l'niy] *adj* neutral

некваліфікований [nekvaleefeeko'vaniy] *adj* unskilled, unqualified

неквапливий [nekvapli'viy] *adj* leisurely, deliberate, slow, unharried

некомпетентний [nekompete'ntniy] *adj* incompetent

некоректний [nekore'ktniy] *adj* tactless

некрасивий [nekrasi'viy] *adj* unattractive, not beautiful, bad

некролог [nekro'log] *m* obituary (notice)

некультурний [nekul'tu'rniy] *adj* uncultured, uncivilized

некурець [nekure'ts'] *m* non-smoker

нелегальний [nelega'l'niy] *adj* illegal

нелегкий [nele'gkiy] *adj* heavy, hard, not easy

нелюдимий [nelyudi'miy] *adj* unsociable

нелюдський [nelyu'ds'kiy] *adj* inhuman, inhumane, superhuman

нема(є) [nema'(ye)] *v* 1) there is/are no 2) have no, have not got

немалий [nemali'y] *adj* great/large enough

немало [nema'lo] *adv* much, many, a lot (of)

немилість [nemi'leest'] *f* disgrace

немилосердний [nemilose'rdniy] *adj* merciless

неминуче [neminu'che] *adv* inevitably

неминучий [neminu'chiy] *adj* inevitable

немислимий [nemi'slimiy] *adj* impossible

немічний [ne'meechniy] *adj* weak, feeble, powerless, ill, sick

немов, немовби [nemo'v, nemo'vbi] *conj* as if, as though 2) somehow

немовля [nemovlya'] *n* baby, infant

неможливий [nemozhli'viy] *adj* impossible

ненавидіти [nenavi'deeti] *v* hate, detest

ненависний [nenavi'sniy] *adj* hated, hateful

ненависть [nena'vist'] *f* hatred, hate

ненадійний [nenadee'yniy] *adj* untrustworthy

ненадовго [nenado'vgo] *adv* not for long, for a short time

ненапад [nena'pad] *m* non-aggression

ненароком [nenaro'kom] *adv* by chance, by accident, by mistake

ненаситний [nenasi'tniy] *adj* insatiable

ненормальний [nenorma'l'niy] *adj* abnormal

неня, ненька [ne'nya, ne'n'ka] *f* mummy

необачний [neoba'chniy] *adj* imprudent

необгрунтований [neobgrunto'vaniy] *adj* groundless

необдуманий [neobdu'maniy] *adj* rash, unconsidered

необережний [neobere'zhniy] *adj* careless, imprudent

необ'єктивний [neob"yekti'vniy] *adj* biased

необізнаний [neobee'znaniy] *adj* uninformed, ignorant (of)

необмежений [neobme'zheniy] *adj* unlimited, absolute

необхідний [neobkhee'dniy] *adj* necessary

необхідність [neobkhee'dneest'] *f* necessity, need

необхідно [neobkhee'dno] *adv* it is necessary

неодмінно [neodmee'nno] *adv* without fail

неодноразовий [neodnorazo'viy] *adj* repeated

неодноразово [neodnorazo'vo] *adv* more than once, repeatedly

неодружений [neodru'zheniy] *adj* unmarried, single

неозброєний [neozbro'yeniy] *adj* unarmed

неон [neo'n] *m* neon

неосвічений [neosvee'cheniy] *adj* uneducated

неосяжний [neosya'zhniy] *adj* boundless, vast

неофіційний [neofeetsee'yniy] *adj* unofficial

неохайний [neokha'yniy] *adj* slovenly, untidy

неохоче [neokho'che] *adv* unwillingly

неохочий [neokho'chiy] *adj* reluctant

неоцінимий [neotseeni'miy] *adj* invaluable

непарний [nepa'rniy] *adg* odd, unpaired

непевний [nepeʻvniy] *adj* 1) uncertain 2) untrustworthy

неперевершений [nepereveʻrsheniy] *adj* unsurpassed, matchless

непередбачений [neperedbaʻcheniy] *adj* unforeseen

непереконливий [neperekoʻnliviy] *adj* unconvincing

непереможний [neperemoʻzhniy] *adj* invincible, unconquerable

неписьменний [nepisʻmeʻnniy] *adj* illiterate

неписьменність [nepisʻmeʻnneestʼ] *f* illiteracy

непідкупний [nepeedkuʻpniy] *adj* incorruptible

непідробний [nepeedroʻbniy] *adj* genuine, authentic

неповага [nepovaʻga] *f* disrespect

неповний [nepoʻvniy] *adj* incomplete

неповнолітній [nepovnoleeʻtneey] *adj* under age

неповноцінний [nepovnotseeʻnniy] *adj* defective

неповноцінність [nepovnotseeʻnneestʼ] *f* defectiveness

неповторний [nepovtoʻrniy] *adj* unique

непоганий [nepogaʻniy] *adj* good, fine, pretty

непогано [nepogaʻno] *adv* not badly, quite well

непогода [nepogoʻda] *f* bad weather

непогрішимий [nepogreeshiʻmiy] *adj* infallible

неподалік [nepodaleeʻk] *adv* 1) not far off 2) not far from

непоказний [nepokazniʻy] *adj* unattractive, plain

непокірливий [nepokeeʻrliviy] *adj* unruly, refractory

непокоїти [nepokoʻyeeti] *v* 1) trouble 2) worry, upset 3) hurt

непокора [nepokoʻra] *f* disobedience

неполадки [nepolaʻdki] *pl* defects

непомірний [nepomeeʻrniy] *adj* excessive

непомітний [nepomeeʻtniy] *adj* imperceptible, inconspicuous

непоправний [nepopraʻvniy] *adj* irreparable

непорозуміння [neporozumeeʻnnya] *n* misunderstanding

непорочний [neporoʻchniy] *adj* immaculate

непорушний [neporuʻshniy] *adj* motionless, still

непорядний [neporyaʻdniy] *adj* dishonourable

непорядок [neporyaʻdok] *m* disorder

непосидливий [neposiʻdliviy] *adj* restless, fidgety

непосильний [neposiʻlʼniy] *adj* beyond one's strength

непослідовний [neposleedoʻvniy] *adj* inconsistent

непостійний [neposteeʻyniy] *adj* inconstant, unstable

непотрібний [nepotreeʻbniy] *adj* unnecessary

непохитний [nepokhiʻtniy] *adj* steadfast, unshakeable

непочатий [nepochaʻtiy] *adj* untouched

неправда [nepraʻvda] *f* untruth, lie

неправдоподібний [nepravdopodeeʻbniy] *adj* improbable

неправильний [nepraʻvilʼniy] *adj* 1) abnormal, irregular 2) wrong

непрацездатний [nepratsezdaʻtniy] *adj* disabled, unable to work

непривітний [nepriveeʻtniy] *adj* unfriendly

непридатний [nepridaʻtniy] *adj* unfit (for)

неприємний [nepriyeʻmniy] *adj* unpleasant

неприємність [nepriyeʻmneestʼ] *f* trouble, mishap

неприємно [nepriyeʻmno] *adv* unpleasantly

неприйнятний [nepriynyatniʻy] *adj* unacceptable

непримиренний [neprimire'nniy] *adj* irreconcible

неприпустимий [nepripusti'miy] *adj* inadmissible

неприродний [nepriro'dniy] *adj* unnatural

непристойний [npristo'yniy] *adj* indecent, obscene

неприступний [npristu'pniy] *adj* unapproachable

непритомний [neprito'mniy] *adj* unconscious

непритомність [neprito'mneest'] *f* unconsciousness

непритомніти [neprito'mneeti] *v* lose consciousness

неприязний [nepri'yazniy] *adj* unfriendly, hostile

непроглядний [neproglya'dniy] *adj* impenetrable

непрозорий [neprozo'riy] *adj* opaque

непромокальний [nepromoka'l'niy] *adj* waterproof

непропорційний, ~ональний [neproportsee'yniy, ~ona'l'niy] *adj* disproportionate

непроханий [nepro'khaniy] *adj* uninvited

непрохідний [neprokheedni'y] *adj* impasseble, impenetrable

непрямий [nepryami'y] *adj* indirect

нерв [nerv] *m* nerve

нервовий [nervo'viy] *adj* nervous

нервувати(ся) [nervuva'ti(sya)] *v* feel nervous, be nervous

нержавіючий [nerzhavee'yuchiy] *adj* rustproof

нерівний [neree'vniy] *adj* unequal, uneven, rough

нерішучий [nereeshu'chiy] *adj* indecisive

нерішучість [nereeshu'cheest'] *f* indecision

нерозбірливий [nerozbee'rliviy] *adj* 1) illegible 2) indiscriminate, uncrupulous

нерозлучний [nerozlu'chniy] *adj* inseparable

нерозривний [nerozri'vniy] *adj* indissoluble, inseparable

нерозсудливий [nerozsu'dliviy] *adj* irrational

нерозумний [nerozu'mniy] *adj* unreasonable, unwise

нерухомий [nerukho'miy] *adj* motionless, still

несамовитий [nesamovi'tiy] *adj* violent

несвідомий [nesveedo'miy] *adj* unconscious

несерйозний [neseryo'zniy] *adj* lightminded

нескінченний [neskeenche'nniy] *adj* endless

нескладний [neskla'dniy] *adj* 1) discordant 2) awkward

нескладний [neskladni'y] *adj* simple

нескромний [neskro'mniy] *adj* immodest, indelicate

неслухняний [neslukhnya'niy] *adj* desobedient, naughty

несмачний [nesmachni'y] *adj* tasteless

несміливий [nesmeeli'viy] *adj* timid

несподіваний [nespodee'vaniy] *adj* unexpected, sudden

несподіванка [nespodee'vanka] *f* surprise

неспокій [nespo'keey] *m* anxiety, uneasiness

неспокійний [nespokee'yniy] *adj* restless, uneasy, anxious

несправедливий [nespravedli'viy] *adj* unjust, unfair

несправедливість [nespravedli'veest'] *f* injustice

несправний [nespra'vniy] *adj* defective, faulty

несправність [nespra'vneest'] *f* disrepair

несприятливий [nespriya'tliviy] *adj* unfavourable

неспроможний [nespromoʻzhniy] *adj* unable (to)

неспроста [nesprostaʻ] *adv* not without purpose

нестача [nestaʻcha] *f* deficiency, lack, shortage

нестерпний [nesteʻrpniy] *adj* intolerable, unbearable

нести [nestiʻ] *v* carry, bring

нестися [nestiʻsya] *v* 1) rush, tear 2) lay (eggs)

нестійкий [nesteeykiʻy] *adj* unstable

нестримний [nestriʻmniy] *adj* uncontrolled

нестяма [nestyaʻma] *m* frenzy

несумісний [nesumeeʻsniy] *adj* incompatible

несхожий [neskhoʻzhiy] *adj* unlike, different

нетактовний [netaktoʻvniy] *adj* tactless

нетвердий [netveʻrdiy] *adj* soft, unsteady

нетерпимий [neterpiʻmiy] *adj* intolerable

нетерпіння [neterpeeʻnnya] *n* impatience

нетерплячий [neterplyaʻchiy] *adj* impatient

неточний [netoʻchniy] *adj* inaccurate

неточність [netoʻchneest'] *f* inaccuracy

нетрудовий [netrudoviʻy] *adj* unearned

нетутешній [netuteʻshneey] *adj* alien, strange

неуважний [neuvaʻzhniy] *adj* inattentive

неуважність [neuvaʻzhneest'] *f* inattention

неустойка [neustoʻyka] *f* forfeit

неухильний [neukhiʻl'niy] *adj* steady

нехай [nekhaʻy] *part* 1) let + inf 2) all right

нехитрий [nekhiʻtriy] *adj* simple, artless

неходовий [nekhodoviʻy] *adj* unmarketable

нехотя [neʻkhotya] *adv* unwillingly

нехтувати [neʻkhtuvati] *v* neglect, ignore

нецікавий [netseekaʻviy] *adj* uninteresting, dull

нечемний [necheʻmniy] *adj* impolite

нечесний [necheʻsniy] *adj* dishonest

нечесність [necheʻsneest'] *f* dishonesty

нечистий [nechiʻstiy] *adj* dirty, unclean

нечіткий [necheeʻtkiy] *adj* indistinct, vague

нечленороздільний [nechlenorozdeeʻl'niy] *adj* inarticulate

нечуваний [nechuʻvaniy] *adj* prodigious

нечутний [nechuʻtniy] *adj* inaudible

нещадний [neshchaʻdniy] *adj* merciless

нещасливий [neshchasliʻviy] *adj* unhappy

нещасний [neshchaʻsniy] *adj* unhappy, miserable

нещастя [neshchaʻstya] *n* misfortune

нещирий [neshchiʻriy] *adj* insincere

нещодавній [neshchodaʻvneey] *adj* recent

нещодавно [neshchodaʻvno] *adv* recently, not long ago

неявка [neyaʻvka] *f* absence

неясний [neyaʻsniy] *adj* indistinct, vague

нива [niʻva] *f* cornfield

нижній [niʻzhneey] *adj* lower

нижче [niʻzhche] *adv* lower, below

нижчий [niʻzhchiy] *adj* 1) lower 2) the lowest 3) junior

низ [niz] *m* lower part, bottom

низина [niziʻna] *f* low ground

низка [niʻzka] *f* string

низовина [nizovinaʻ] *f* lowland

низький [niz'kiʻy] *adj* low, short

низько [ni'z'ko] *adv* 1) low 2) basely, meanly

низькопробний [niz'kopro'bniy] *adj* second-rate

нині [ni'nee] *adv* now, at present

нинішний [ni'neeshneey] *adj* present

нирка [ni'rka] *f* kidney

нити [ni'ti] *v* 1) ache 2) whine, whimper

нитка [ni'tka] *f* thread, cotton

нишком [ni'shkom] *adv* 1) quietly 2) on the sly

нищити [ni'shchiti] *v* destroy

нищівний [nishchee'vniy] *adj* crushing, shattering

ні [nee] *part, conj* no, not a, nor

ні...ні... [nee..nee] *conj* neither...nor

ніби, ~то [nee'bi, ~to] *conj* as if, as though

нівечити [nee'vechiti] *v* spoil, ruin

ніготь [nee'got'] *m* nail

ніде [nee'de] *adv* nowhere

ніде [neede'] *adv* nowhere, anywhere

ніж [neezh] *m* knife

ніж [neezh] *conj* than

ніжити [nee'zhiti] *v* pamper, coddle

ніжитися [nee'zhitisya] *v* luxuriate

ніжка [nee'zhka] *f* 1) leg 2) stem

ніжний [nee'zhniy] *adj* tender, gentle, delicate

ніжність [nee'zhneest'] *f* tenderness, delicacy

нізащо [neeza'shcho] *adv* 1) not for the world 2) for no reason, for nothing

нізвідки [neezvee'dki] *adv* from nowhere

ніздрі [nee'zdree] *pl* nostrils

нікель [nee'kel'] *m* nickel

нікельований [neekel'o'vaniy] *adj* nickel

ніколи [nee'koli] *adv* there is no time

ніколи [neeko'li] *adv* never

нікуди [nee'kudi] *adv* nowhere

нікуди [neeku'di] *adv* nowhere

нікчемний [neekche'mniy] *adj* worthless, miserable

німець, ~кий [nee'mets', ~kiy] *m, adj* German

німий [neemi'y] *adj* dumb

німіти [neemee'ti] *v* become dumb, be speechless

німка, ~еня [nee'mka, ~enya] *f* German (woman)

ніс [nees] *m* nose

нісенітниця [neesenee'tnitsya] *f* nonsense

ніскільки [neeskee'l'ki] *adv* not a bit

нітрохи [neetro'khi] *adv* not in the least

ніхто [neekhto'] *pron* no one, nobody

ніч [neech] *f* night

нічий [neechi'y] *pron* nobody's

нічия [neechiya'] *f* draw, drawn game

нічний [neechni'y] *adj* night

нічник [neechni'k] *m* night-light

нічого, ніщо [neecho'go, neeshcho'] *pron* nothing

ніша [nee'sha] *f* niche, recess

ніяк [neeya'k] *adv* simply

ніякий [neeya'kiy] *adj* no, no good at all

ніяковий [neeya'koviy] *adj* awkward, shy

ніяковіти [neeyakovee'ti] *v* feel awkward, be confused

новатор [nova'tor] *m* innovator

новела [nove'la] *f* short story

новенький [nove'n'kiy] *adj* new

новизна [novizna'] *f* novelty

новий [novi'y] *adj* new, modern

новина [novina'] *f* news

новинка [novi'nka] *f* novelty

новітній [novee'tneey] *adj* latest, recent, modern

новобранець [novobra'nets'] *m* recruit

новобудова [novobudo'va] *f* building development, new building

нововведення [novovve'dennya] *n* innovation

новонароджений [novonaro'dzheniy] *adj* new-born

новорічний [novoree'chniy] *adj* New-Year('s)

новосілля [novosee'llya] *n* 1) new home 2) house-warming

нога [noga'] *f* leg, foot

ножик [no'zhik] *m* knife

ножиці [no'zhitsee] *pl* scissors

номенклатура [nomenklatu'ra] *f* nomenclature

номер [no'mer] *m* number, check, size, room, item

нора [nora'] *f* hole, burrow

норвежець, ~жка, ~зький [norve'zhets', ~zhka, ~z'kiy] *m, f, adj* Norwegian

норка [no'rka] *f* mink

норма [no'rma] *f* 1) standard, norm 2) quota, rate

нормальний [norma'l'niy] *adj* normal, sane

нормований [normo'vaniy] *adj* fixed

нормування [normuva'nnya] *n* standardization

нормувати [normuva'ti] *v* standardize

носилки [nosi'lki] *pl* stretcher

носильник [nosi'l'nik] *m* porter

носити [nosi'ti] *v* 1) carry 2) wear (on)

носитися [nosi'tisya] *v* rush about

носій [nosee'y] *m* bearer, poster

носовий(а) [nosovi'y(a)] *adj* (хусточка) handkerchief

носок [noso'k] *m* toe

носоріг [nosoree'g] *m* rhinoceros

нота [no'ta] *f* note

нотаріальний [notareea'l'niy] *adj* notarial

нотаріус [nota'reeus] *m* notary

нотатки [nota'tki] *pl* notes

нотний [no'tniy] *adj* music

ночувати [nochuva'ti] *v* spend the night

ну [nu] *interj* well, now!

нудити [nu'diti] *v* feel sick

нудитися [nu'ditisya] *v* languish

нудний [nudni'y] *adj* dull, boring, tiresome

нудьга [nud'ga'] *f* boredom

нудьгувати [nud'guva'ti] *v* be bored, miss

нужда [nuzhda'] *f* need, want, poverty

нужденний [nuzhde'nniy] *adj* poor, miserable

нуль [nul'] *m* zero

нульовий [nul'ovi'y] *adj* zero

нумерація [numera'tseeya] *f* numbering, numeration

нумерувати [numeruva'ti] *v* number

нутрія [nu'treeya] *f* 1) coypt 2) nutria

нутрощі [nu'troshchee] *pl* internal organs, insides

нюанс [nyu'ans] *m* nuance, shade

нюх [nyukh] *m* scent

нюхати [nyu'khati] *v* smell

няня [nya'nya] *f* nurse (maid)

няньчити [nya'n'chiti] *v* nurse

няньчитися [nya'n'chitisya] *v* fuss (over)

О

о [o] *prep* at

о [o] *interj* oh!

оазис [oa'zis] *m* oasis

об [ob] *prep* against, on, over

обачливий [oba'chliviy] *adj* cautious, wary

оббивати [obbiva'ti] 1) beat off 2) knock down 3) cover (with) 4) upholster (with)

оббивка [obbi'vka] *f* upholstery

обвал [obva'l] *m* collapse, landslide, snowslide

обвалитися [obvali'tisya] *v* collapse, fall

обварити [obvari'ti] *v* scald

обвивати [obviva'ti] *v* twine (round), wind (round)

обвинувальний [obvinuva'l'niy] *adj* accusatory

обвинувач [obvinuva'ch] *m* accuser

обвинувачений [obvinuva'cheniy] *adj* the accused, the defendant

обвинувачення [obvinuva'chennya] *n* 1) accusation (of), charge (of) 2) the prosecution

обвинувачувати [obvinuva'chuvati] *v* 1) accuse (of), charge (with) 2) represent the prosecution

обвислий [obvi'sliy] *adj* drooping, sagging

обвітрений [obvee'treniy] *adj* chapped, weather-beaten

обводити [obvodi'ti] *v* 1) lead round 2) outline

обв'язувати [obv''ya'zuvati] *v* tie (round), bind (round)

обганяти [obganya'ti] *v* outdistance, surpass

обговорення [obgovo'rennya] *n* discussion

обговорювати [obgovo'ryuvati] *v* discuss, debate

обгортати [obgorta'ti] *v* wrap up, cover

обгортка [obgo'rtka] *f* wrapper, cover

обгортковий [obgortko'viy] *adj* wrapping

обгоряти [obgorya'ti] *v* 1) be burnt down 2) get burnt by the sun

обгрунтований [obgrunto'vaniy] *adj* well founded

обгрунтувати [obgruntuva'ti] *v* ground, motivate

обгрунтування [obgruntuva'nnya] *n* substantiation, grounds

обдарований [obdaro'vaniy] *adj* gifted, talented

обдарованість [obdaro'vaneest'] *f* gift, talent

обдертий [obde'rtiy] *adj* ragged

обдирати [obdira'ti] *v* strip, skin, flay

обдуманий [obdu'maniy] *adj* considered

обдумувати [obdu'muvati] *v* think over, consider

обдурювати [obdu'ryuvati] *v* deceive, cheat

обезболювати [obezbo'lyuvati] *v* anaesthetize

обезболюючий (засіб) [obezbo'lyuyuchiy (zaseeb)] *adj+m* anaesthetic

обеззброювати [obezzbro'yuvati] *v* disarm

обезсмертити [obezsme'rtiti] *v* immortalize

обеліск [obelee'sk] *m* obelisk

обережний [obere'zhniy] *adj* careful, cautious

обережність [obere'zhneest'] *f* care, carefulness, caution

обережно [obere'zhno] *adv* carefully, cautiously

оберігати [obereega'ti] *v* guard, protect

обертати [oberta'ti] *v* 1) turn 2) revolve 3) turn (into), convert (into)

обертатися [oberta'tisya] *v* 1) turn, turn round 2) revolve

об'єднаний [ob''ye'dnaniy] *adj* united, joint

об'єднання [ob''ye'dnannya] *n* 1) unification 2) union, society, association

об'єднувати(ся) [ob''ye'dnuvati(sya)] *v* unite, be consolidate, be amalgamated

об'єкт [ob''ye'kt] *m* 1) object 2) project

об'єктив [ob''yekti'v] *m* objective, lens

об'єктивний [ob''yekti'vniy] *adj* objective

об'єм [ob''ye'm] *m* volume

об'ємний [ob''ye'mniy] *adj* volumetric

обзаводитися [obzavo'ditisya] *v* provide oneself (with)

обзивати [obziva'ti] *v* call

обидва(і) [obi'dva(ee)] *m* both, the two

обирати [obira'ti] *v* 1) choose, select 2) elect

обіг [o'beeg] *m* circulation

обігравати [obeegrava'ti] *v* beat

обігрівати [obeegreeva'ti] *v* warm, heat

обід [obee'd] *m* dinner

обідати [obee'dati] *v* dine, have/take one's dinner

обідній [obee'dneey] *adj* dinner

обізнаний [obee'znaniy] *adj* well-informed, experienced (in)

обіймати(ся), обійняти(ся) [obeeyma'ti(sya), [obeeynya'ti(sya) embrace

обійми [obee'ymi] *pl* embrace

обіцянка [obeetsya'nka] *f* promise

обіцяти [obeetsya'ti] *v* promise

об'їдати [ob''yeeda'ti] *v* gnaw round

об'їдатися [ob''yeeda'tisya] *v* overeat (oneself)

об'їжджати [ob''yeezhdzha'ti] *v* 1) go round, drive round 2) tour, travel

об'їжджати (коня) [ob''yeezhdzha'ti] *v* break in

об'їзд [ob''yee'zd] *m* 1) going/riding/driving round 2) detour

обкидати, обкидати [obkida'ti, obki'dati] *v* scatter (with)

обкладати [obklada'ti] *v* put (round), cover (with)

обкладинка [obkla'dinka] *f* cover

обклеювати [obkle'yuvati] *v* paste all over

обкопувати [obko'puvati] *v* dig round

обкрадати [obkrada'ti] *v* rob

обкручувати [obkru'chuvati] *v* twine round, wind round

обкутувати [obku'tuvati] *v* wrap up

облава [obla'va] *f* raid

облагородити [oblagoro'diti] *v* ennoble

обладнання [obla'dnannya] *n* equipment, plant

обладнувати [obla'dnuvati] *v* equip, fit out

облазити [obla'ziti] *v* 1) moult 2) peel off

обламати(ся) [oblama'ti(sya)] *v* break off

обласний [oblasni'y] *adj* regional

область [o'blast'] *f* region, area, province

обледенілий [obledenee'liy] *adj* ice-covered

обледеніти [obledenee'ti] *v* ice up, become coated with ice

обливати(ся) [obliva'ti(sya)] *v* pour (over), spill (over)

облизувати [obli'zuvati] *v* lick

облизуватися [obli'zuvatisya] *v* lick one's lips

облисіти [oblisee'ti] *v* grow bold

облицьовувати [oblitsyuva'ti] *v* face (with), tile (with), panel (with)

обличчя [obli'chchya] *n* face

облишати [oblisha'ti] *v* give up, leave

облігація [obleega'tseeya] *f* bond

облізати [obleeza'ti] *v* grow bare, peel off

облізлий [oblee'zliy] *adj* shabby, bare

облік [o'bleek] *m* accounting, calculation

обліпити [obleepi'ti] *v* stick all over, cover (with)

облітати [obleeta'ti] *v* 1) fly round/all over 2) skirt, pass over

обмазувати [obma'zuvati] *v* cover (with), coat (with)

обман [obma'n] *m* deception, trickery, fraud, lies

обманливий [obma'nliviy] *adj* deceptive, illusory

обманщик, ~ця [obma'nshchik, ~tsya] *m, f* deceiver

обманювати [obma'nyuvati] *v* deceive, cheat, trick

обмахнути [obmakhnu'ti] *v* fan (with)

обмацувати [obma'tsuvati] *v* feel (all over)

обмежений [obme'zheniy] *adj* 1) limited 2) narrow-minded

обмеженість [obme'zheneest'] *f* 1) insufficiency 2) narrow-mindedness, narrowness

обмеження [obme'zhennya] *n* restriction, limitation

обмежувати [obme'zhuvati] *v* limit, restrict

обмивати [obmiva'ti] *v* wash, bathe

обминати [obmina'ti] *v*1) go round, skirt 2) avoid, get round, pass over

обмін [obmee'n] *m* exchange, renewal

обмінювати(ся) [obmee'nyuvati(sya)] *v* exchange

обмірювати [obmee'ryuvati] *v* measure

обмітати [obmeeta'ti] *v* sweep off, brush off

обмовитися [obmo'vitisya] *v* make a slip (in speaking)

обмовка [obmo'vka] *f* slip of the tongue

обмовляти [obmovlya'ti] *v* vilify, slander

обмолот [obmolo't] *m* threshing

обмолочувати [obmolo'chuvati] *v* thresh

обморожений [obmoro'zheniy] *adj* frost-bitten

обморозити(ся) [obmoro'ziti(sya)] *v* get frost-bitten

обмотувати [obmo'tuvati] *v* wind (around), wrap (around)

обмотка [obmo'tka] *f* winding

обмундирування [obmundiruva'nnya] *n* uniform, outfit

обнародувати [obnaro'duvati] *v* publish, promulgate

обнова [obno'va] *f* new dress

обновляти [obnovlya'ti] *v* renovate, renew

обновлятися [obnovlya'tisya] *v* be reborn, be renewed

обносити [obnosi'ti] *v* carry round, serve round, enclose (with)

обнюхати [obnyu'khati] *v* sniff (at)

обов'язковий [obov''yazko'viy] *adj* obligatory, compulsory

обов'язково [obov''yazk'ovo] *adv* without fail, be sure + *inf*

обов'язок [obo'v''yazok] *m* duty, obligation

обоє [obo'ye] *pl* both (of), the two

обожнювати [obo'zhnyuvati] *v* worship, adore

обойма [obo'yma] *f* cartridge clip

оболонка [obolo'nka] *f* cover, shell

оборона [oboro'na] *f* defence, protection

обороноздатність [oboronozda'tneest'] *f* defence capacity/potential

оборонити(ся) [oboronya'ti(sya)] *v* defend (oneself)

оборот [oboro't] *m* turnover

оборотний [oboro'tniy] *adj* circulating

обочина [obo'china] *f* side of the road, curb

обпікати [obpeeka'ti] *v* burn

обплітати [opleeta'ti] *v* entwine (around)

обплутувати [obplu'tuvati] *v* entangle

обприскувати [obpri'skuvati] *v* (be) sprinkle, spray

ображати [obrazha'ti] *v* insult, offend

ображатися [obrazha'tisya] *v* take offence, feel insulted

образ [o'braz] *m* image, character, type

образа [obra'za] *f* insult, offence

образливий [obra'zliviy] *adj* insulting

образний [o'brazniy] *adj* figurative, picturesque

образотворчий [obrazotvo'rchiy] *adj* ~е мистецтво the fine arts

обрамляти [obramlya'ti] *v* frame, set in frame

обранець [obra'nets'] *m* chosen one, ~ці the elect

обрахувати [obrakhuva'ti] *v* 1) count up, reckon up 2) cheat (in counting)

обрив [obri'v] *m* precipice, bluff

обривати(ся) [obriva'ti(sya)] *v* tear off, break, pick

обридати [obrida'ti] *v* pall on, pester, be sick (of)

обридливий [obridli'viy] *adj* tiresome, boring

обрис [o'bris] *m* outline, contour

обріз [obree'z] *m* edge

обрізати [obreeza'ti] *v* cut, clip, prune

обрізок [obree'zok] *m* clippings, scraps, shreds

обрій [o'breey] *m* horizon, skyline

обробіток [obrobee'tok] *m* tilling, cultivation

обробка [obro'bka] *f* 1) processing, machining 2) tilling, cultivation

обробляти, обробити [obroblya'ti, obrobi'ti] *v* 1) process, work up, machine 2) till, cultivate

обробний [obro'bniy] *adj* manufacturing

обростати [obrosta'ti] *v* be/become overgrown (with)

обрубати [obruba'ti] *v* chop off, lop off

обруч [obru'ch] *m* hoop

обручальний (перстень), обручка [obrucha'l'niy (pe'rsten'), obru'chka] *adj + m, f* engagement ring

обряд [obrya'd] *m* rite, ritual

обсвистати [obsvista'ti] *v* hiss

обсерваторія [observato'reeya] *f* observatory

обсипати [obsipa'ti] *v* strew (with)

обсипатися [obsipa'tisya] *v* fall, peel off, fall (off)

обсихати [obsikha'ti] *v* dry off

обскубувати [obsku'buvati] *v* pluck

обслідувати [obslee'duvati] *v* investigate, inquire

обслуговування [obslugo'vuvannya] *n* service, attendance

обслуговувати [obslugo'vuvati] *v* serve, wait (on), attend (to), operate, tend

обслуговуючий [obslugo'vuyuchiy] *adj* operating

обставина [obsta'vina] *f* circumstance

обставляти [obstavlya'ti] *v* furnish

обстановка [obstano'vka] *f* 1) situation 2) furniture

обстежувати [obste'zhuvati] *v* investigate, inquire

обстоювати [obsto'yuvati] *v* defend, stand up

обстріл [o'bstreel] *m* fire

обстрілювати [obstree'lyuvati] *v* fire (on), shell

обстругати [obstruga'ti] *v* plane

обступати [obstupa'ti] *v* crowd round, cluster round, surround

обсяг [o'bsyag] *m* scope, amount

обтирання [obtira'nnya] *n* rub(-down)

обтирати [obtira'ti] *v* wipe, wipe dry

обтиратися [obtira'tisya] *v* rub oneself down

обтесати [obtesa'ti] *v* trim, rough-hew

обтріпувати [obtree'puvati] *v* fray, wear out

обтрушувати [obtru'shuvati] *v* shake off, powder (with), dust (with)

обтяжливий [obtya'zhliviy] *adj* burdensome, onerous

обтяжувати [obtya'zhuvati] *v* make *smth* bend, overburden

обуза [obu'za] *f* burden, encumbrance

обумовити [obumo'viti] *v* cause, determine, stipulate

обурений [obu'reniy] *adj* indignant, outraged

обурення [obu'rennya] *n* indignation

обурливий [obu'rliviy] *adj* disgraceful, outrageous

обурювати [obu'ryuvati] *v* rouse smb's indignation, infuriate

обурюватися [obu'ryuvatisya] *v* be indignant/outraged

обхід [obkhee'd] *m* 1) rounds 2) detour

обхідний [obkheedni'y] *adj* roundabout

обходити [obkho'diti] *v* go/walk round, pass over

обходитися [obkho'ditisya] *v* 1) do without 2) be content (with) 3) treat

обхопити, охопити [obkhopi'ti, okhopi'ti] *v* 1) clasp, put one's arm(s) round 2) surround 3) spread all over 4) include 5) embrace 6) seize, overcome

обценьки [obtse'n'ki] *pl* pincers, nippers

обчислення [obchi'slennya] *n* counting, calculations

обчислювати [obchi'slyuvati] *v* calculate, compute, reckon, estimate

обчислювач [obchi'slyuvach] *m* computer specialist, computer

обчищати [obchishcha'ti] *v* 1) peel, skin 2) clear (of), clear away, clean off

обшивати [obshiva'ti] *v* 1) sew round, edge, trim (with) 2) cover (with) 3) make clothes (for)

обшук [o'bshuk] *m* search

обшукати [obshuka'ti] *v* search, go through

община [obshchi'na] *f* community, commune

общинний [obshchi'nniy] *adj* common, communal

общипувати [obshchi'puvati] *v* pluck

об'ява, оголошення [ob''ya'va, ogolo'shennya] *f, n* declaration, announcement, advertisement

об'являтися [ob''yavlya'tisya] *v* show up

овальний [ova'l'niy] *adj* oval

овація [ova'tseeya] *f* ovation

овдовіти [ovdovee'ti] *v* become a widower/a widow

овес [ove's] *m* oats

овечий [ove'chiy] *adj* sheep's

овід [o'veed] *m* gadfly

оволодівати [ovolodeeva'ti] *v* 1) seize, capture 2) overcome 3) master

овочевий [ovoche'viy] *adj* vegetable

овочі [o'vochee] *pl* vegetable

овсянка [ovsya'nka] *f* oatmeal porridge

овчина [ovchi'na] *f* sheepskin

огида [ogi'da] *f* disgust, repugnance

огидний [ogi'dniy] *adj* disgusting, loathsome

огірок [ogeero'k] *m* cucumber

оглохнути [oglo'khnuti] *v* go/grow/become deaf

оглушити [oglushi'ti] *v* deafen, stun, stagger

огляд [o'glyad] *m* 1) viewing 2) inspection, examination 3) review, survey

оглядати [oglyada'ti] *v* view, examine, inspect, scan, see, have a look, survey

оглядатися [oglyada'tisya] *v* 1) look round 2) turn to look (at)

оглядач [oglyada'ch] *m* reviewer, commentator

оголити(ся) [ogoli'ti(sya] *v* bare, uncover, denude, stripnaked

оголосити [ogolosi'ti] *v* 1) make known 2) announce, issue 3) declare

огорожа [ogoro'zha] *f* fence

ограбування [ograbuva'nnya] *n* robbery

огризатися [ogriza'tisya] *v* snap at

ода [o'da] *f* ode

одежа [ode'zha] *f* clothes

одеколон [odekolo'n] *m* eau de Cologne

одержувати [ode'rzhuvati] *v* receive, get

одержувач [ode'rzhuvach] *m* recipient, addressee

один, одна, одно(е) [odi'n, odna', odno(e')] *m, f, n* one, alone, a, an

одинадцятий [odina'dtsyatiy] *num* eleventh

одинадцять [odina'dtsyat'] *num* eleven

одинарний [odina'rniy] *adj* single

оди'ниця [odini'tsya] *f* one, bad mark, unit

одиничний [odini'chniy] *adj* isolated, individual

одинокий [odino'kiy] *adj* 1) solitary, lonely, lone 2) single, unmarried

одиночний [odino'chniy] *adj* solitary

однак [odna'k] *adv* however, but, nevertheless

однаковий [odna'koviy] *adj* the same, equal, identical

однаково [odna'kovo] *adv* equally, all the same

однобічний [odnobee'chniy] *adj* one-sided

однобортний [odnobo'rtniy] *adj* single-breasted

одноденний [odnode'nniy] *adj* one-day

однозначний [odnozna'chniy] *adj* synonymous, monosemantic

однойменний [odnoyme'nniy] *adj* of the same name

однокімнатний [odnokeemna'tniy] *adj* one-room

однокласник, ~ця [odnokla'snik, ~tsya] *m, f* class-mate, form-mate

одноколірний [odnoko'leerniy] *adj* one-colour

однокурсник, ~ця [odnoku'rsnik, ~tsya] *m, f* course-mate, person of the same year

одноліток [odnolee'tok] *m* to the same age

одноманітний [odnomanee'tniy] *adj* monotonous

одноманітність [odnomanee'tneest'] *f* monotony

одноосібний [odnosee'bniy] *adj* individual

одноповерховий [odnopoverkho'viy] *adj* one-story(ed)

однорідний [odnoree'dniy] *adj* similar, uniform, of the same kind

однорічний [odnoree'chniy] *adj* 1) one-year, year-old 2) annual

односпальний [odnospa'l'niy] *adj* single

одностайний [odnosta'yniy] *adj* unanimous

одностайність [odnosta'yneest'] *f* unanimity, accord

односторонній [odnostoro'nneey] *adj* 1) one-sided, one-way 2) unilateral

однотипний [odnoti'pniy] *adj* of the same type/model

одночасний [odnocha'sniy] *adj* simultaneous

одночасно [odnocha'sno] *adv* simultaneously, at the same time

одружений [odru'zheniy] *adj* married

одруженння [odru'zhennya] *n* marriage

одружувати(ся) [odru'zhuvati(sya)] *v* marry

одужувати [odu'zhuvati] *v* get better, recover

одуматися [odu'matisya] *v* change one's mind

одуріти [oduree'ti] *v* become/grow stupid

одурманити [odurma'niti] *v* intoxicate, stupefy

одяг [o'dyag] *m* clothes

одягати(ся) [odyaga'ti(sya)] *v* dress, put on, clothe

ожеледь [o'zheled'] *f* black ice, to be slippery

оживати [ozhiva'ti] *v* come back to life, revive

оживляти [ozhivlya'ti] *v* reanimate

ожина [ozhi'na] *f* blackberry(s)

озаглавити [ozagla'viti] *v* entitle

озадачити [ozada'chiti] *v* perplex, puzzle

озвірілий [ozveeree'liy] *adj* brutal

озброєний [ozbro'yeniy] *adj* armed

озброєння [ozbro'yennya] *n* armament, arms

озброювати(ся) [ozbro'yuvati(sya)] *v* arm, arm (oneself)

озвучений [ozvu'cheniy] *adj* sound

оздоба [ozdo'ba] *f* ornament, adornment

оздоблення [ozdo'blennya] *n* decoration, embellishment

оздоблювати [ozdo'blyuvati] v adorn, decorate

оздоровлення [ozdoro'vlennya] n making healthier, sanitation

оздоровлювати [ozdoro'vlyuvati] v make healthier, sanitate

озеленяти [ozelenya'ti] v plant trees and shrubs

озеро [o'zero] n lake

озимий [ozi'miy] adj winter

озиратися [ozira'tisya] v look round

озлоблення [ozlo'blennya] n animosity

озлобляти [ozloblya'ti] v embitter

ознайомити [oznayo'miti] v acquaint (with)

ознайомитися [oznayo'mitisya] v acquaint oneself (with)

ознака [ozna'ka] f 1) feature, characteristic 2) sign, indication

означати [oznacha'ti] v mean, signify

озон [ozo'n] m ozone

оказія [oka'zeeya] f 1) event, incident 2) opportunity

океан [okea'n] m ocean

океанський [okea'ns'kiy] adj ocean

окіст [o'keest] m ham

оклад [okla'd] m salary, framework (of icon)

оклик [o'klik] m call, hail

окликати [oklika'ti] v call, hail

око [o'ko] n eye

околиця [oko'litsya] f outskirts, neighbourhood

окоп [oko'p] m trench

окраїна [okra'yeena] f outskirts

окраса [okra'sa] f adornment

окремий [okre'miy] adj separate

окремо [okre'mo] adv separately

окреслювати [okre'slyuvati] v outline, describe

окриляти [okrilya'ti] v elate, inspirit

окріп [okree'p] m 1) boiling water 2) dill

окропляти [okroplya'ti] v (be) sprinkle

окрошка [okro'shka] f cold kvass soup

округ [o'krug] m district

округа [okru'ga] f neighbourhood

округляти [okruglya'ti] v make round

окружність [okru'zhneest'] f circumference

оксамит [oksami't] m velvet

оксамитовий [oksami'toviy] adj velvet

октава [okta'va] f octave

окуліст [okulee'st] m oculist, eye-doctor

окуляри [okulya'ri] pl spectacles, glasses

окунь [o'kun'] m perch

окупант [okupa'nt] m invader

окупати(ся) [okupa'ti(sya)] v repay

окупація [okupa'tseeya] v occupation

окупувати [okupuva'ti] v occupy

оладок [ola'dok] m thick pancake

оленеводство [olenevo'dstvo] n reindeerbreeding

оленина [oleni'na] f venison

олень [ole'n'] m deer

олива, ~ка [oli'va, ~ka] f 1) olive-tree 2) olive

оливковий [oli'vkoviy] adj olive

олівець [oleeve'ts'] m pencil

олігархія [oleega'rkheeya] f oligarchy

олімпіада [oleempeea'da] f Olympic Games

олімпійський [oleempee'ys'kiy] adj Olympian, Olympic

олія [olee'ya] f oil

олово [o'lovo] n tin

олов'яний [olov''ya'niy] adj tin

оман [oma'n] m illusion, delusion

омар [oma'r] m lobster

омлет [omle't] m omelet(te)

омолодитися [omolodi'tisya] v rejuvenate

ондатра [onda'tra] f musk-rat, musquash

оніміти [oneemee'ti] v become dumb

онкологічний [onkologee'chniy] *adj* oncologic(al)

онкологія [onkolo'geeya] *f* oncology

онук [onu'k] *m* grandson

онука [onu'ka] *f* granddaughter

опадати [opada'ti] *v* fall off/away

опади [o'padi] *pl* precipitation

опал [opa'l] *m* opal

опала [opa'la] *f* disgrace

опалення [opa'lennya] *n* heating

опалювати [opa'lyuvati] *v* heat

опальний [opa'l'niy] *adj* disgraced

опам'ятатися [opam"yata'tisya] *v* come to one's senses, recover

опанувати [opanuva'ti] *v* master, overcome

опера [o'pera] *f* opera

оперативний [operati'vniy] *adj* operative

оперативно [operati'vno] *adv* effectively

оператор [opera'tor] *m* operator, cameraman

операційний [operatsee'yniy] *adj* operating

операція [opera'tseeya] *f* operation

оперета [opere'ta] *f* operetta, musical comedy

о'перний [operniy] *adj* opera

оперувати [operuva'ti] *v* 1) operate 2) use

опечатувати [opecha'tuvati] *v* seal

опинятися [opinya'tisya] *v* find oneself

опиратися [opira'tisya] *v* lean (on), base oneself (on), resist

опис [o'pis] *m* description, inventory

описка [opi'ska] *f* slip (of the pen)

описовий [opiso'viy] *adj* descriptive

описувати [opi'suvati] *v* 1) describe 2) make an inventory 3) arrest

опитувати [opi'tuvati] *v* question, poll

опівдні [opee'vdnee] *adv* at noon

опівночі [opee'vnochee] *adv* at midnight

опік [o'peek] *m* burn, scald

опіка [opee'ka] *f* guardianship, tutelage

опікати [opeeka'ti] *v* take care of, watch (over)

опікун [opeeku'n] *m* guardian

опір [o'peer] *m* resistance

опіум [o'peeum] *m* opium

оплакувати [opla'kuvati] *v* mourn (for/over), weep (for)

оплата [opla'ta] *f* payment

оплачувати [opla'chuvati] *v* pay

оплески [o'pleski] *pl* applause

оплот [oplo't] *m* stronghold

оповідання [opoveeda'nnya] *n* story, tale, short story

оповідати [opoveeda'ti] *v* tell, relate, narrate

оповідач, ~ка [opoveeda'ch, ~ka] *m, f* narrator, teller

оповіщати [opoveeshcha'ti] *v* inform, notify

оповіщення [opovee'shchennya] *n* notice, notification

оподаткувати [opodatkuva'ti] *v* tax, impose taxes

опозиційний [opozitsee'yniy] *adj* opposition

опозиція [opozi'tseeya] *f* opposition

ополоник [opolo'nik] *m* ladle

ополонка [opolo'nka] *f* ice-hole

ополчення [opolche'nnya] *n* home guard

ополченець [opolche'nets'] *m* home guardsman

опонент [opone'nt] *m* opponent

опора [opo'ra] *f* support

опорний [opo'rniy] *adj* supporting

опортунізм [oportunee'zm] *m* opportunism

опортуніст [oportunee'st] *m* opportunist

опошляти [oposhlya'ti] *v* vulgarize, trivialize

оправа [opra'va] *f* binding, cover, rims

оправляти [opravlya'ti] *v* bind, set, mount

опрацьовувати [opratsyo'vuvati] *v* study, work out, work up, polish

опромінювати [opromee'nyuvati] *v* 1) illuminate, light up 2) irradiate

опротестувати [oprotestuva'ti] *v* appeal (against), protest

оптика [o'ptika] *f* optics

оптимальний [optima'l'niy] *adj* optimum, optimal

оптимізм [optimee'zm] *m* optimism

оптиміст [optimee'st] *m* optimist

оптимістичний [optimeesti'chniy] *adj* optimistic

оптичний [opti'chniy] *adj* optical

оптовий [opto'viy] *adj* wholesale

оптом [o'ptom] *adv* wholesale

опублікувати [opubleekuva'ti] *v* publish

опуклий [opu'kliy] *adj* protuberant, bulging

опускати [opuska'ti] *v* lower, put down

опускатися [opuska'tisya] *v* fall, descend

опухати [opuhka'ti] *v* swell

оп'яняти [op"yanya'ti] *v* intoxicate

оранжевий [ora'nzheviy] *adj* orange(-coloured)

оранжерея [oranzhere'ya] *f* hothouse, green-house

орати [ora'ti] *v* plough, till

оратор [ora'tor] *m* speaker, orator

ораторія [orato'reeya] *f* oratorio

ораторський [ora'tors'kiy] *adj* oratorical

орбіта [orbee'ta] *f* orbit

орбітальний [orbeeta'l'niy] *adj* orbital

орган [o'rgan] *m* 1) organ 2) body, agency

орган [orga'n] *m* муз. organ

організатор [organeeza'tor] *m* organizer, sponsor

організаційний [organeezatsee'yniy] *adj* organizing, organization

організація [organeeza'tseeya] *f* organization

організм [organee'zm] *m* organism

організований [organeezo'vaniy] *adj* organized

організованість [organeezo'vaneest'] *f* organization

організовано [organeezo'vano] *adv* in an organized manner

організувати [organeezuva'ti] *v* organize

організуватися [organeezuva'tisya] *v* be/get organized

органічний [organee'chniy] *adj* organic

оргія [o'rgeeya] *f* orgy

орден [o'rden] *m* order, decoration

ордер [o'rder] *m* warrant, voucher

ординарний [ordina'rniy] *adj* ordinary

ординатор [ordina'tor] *m* interne

орел [ore'l] *m* eagle

оренда [ore'nda] *f* lease, rent

орендувати [orenduva'ti] *v* rent, lease, hold on lease

ореол [oreo'l] *m* halo

оригінал [origeena'l] *m* original

оригінальний [origeena'l'niy] *adj* genuine, original

орієнтація [oreeyenta'tseeya] *f* orientation

орієнтир [oreeyenti'r] *m* landmark, reference

орієнтовний [oreeyento'vniy] *adj* tentative

орієнтувати(ся) [oreeyentuva'ti(sya)] *v* orientate, be orientated

оркестр [orke'str] *m* orchestra

оркеструвати [orkestruva'ti] *v* orchestrate

орлиний [orli'niy] *adj* eagle's, eagle

орнамент [orna'ment] *m* ornament

ортодоксальний [ortodoksa'l'niy] *adj* orthodox

орфографія [orfogra'feeya] *f* spelling

оса [osa'] *f* wasp

осадити [osadi'ti] *v* rein in, rebuff, snub

осадок [osa'dok] *m* sediment, deposit

освистати [osvista'ti] *v* hiss

освідчення [osvee'dchennya] *n* declaration, offer, proposal

освідчитися [osvee'dchitisya] *v* declare, propose

освіжити [osveezhi'ti] *v* refresh

освіжитися [osveezhi'tisya] *v* be refreshed, refresh oneself

освіта [osvee'ta] *f* education

освітлення [osvee'tlennya] *n* lighting, light

освітлювальний [osvee'tlyuval'niy] *adj* illuminating, lighting

освітлювати [osvee'tlyuvati] *v* light up, illuminate

освітній [osvee'tneey] *adj* educational

освічений [osvee'cheniy] *adj* educated

освіченість [osvee'cheneest'] *f* erudition

освоювати [osvo'yuvati] *v* develop, pioneer

освоюватися [osvo'yuvatisya] *v* feel at home, get used (to)

осел [ose'l] *m* donkey, ass

оселедець [osele'dets'] *m* herring

оселя [ose'lya] *f* home, dwelling

оселятися [oselya''tisya] *v* settle

осередок [osere'dok] *m* center

осетер [osete'r] *m* sturgeon

осика [osi'ka] *f* asp(en)

осиротіти [osirotee'ti] *v* become an orphan

осідати [oseeda'ti] *v* 1) fall (on), spread over 2) settle

осідлати [oseedla'ti] *v* saddle, straddle

осінній [osee'nneey] *adj* autumn

осінь [o'seen'] *f* autumn, fall

оскандалитися [oskanda'litisya] *v* disgrace oneself, look silly

оскарження [oska'rzhennya] *n* appeal (against)

оскаржувати [oska'rzhuvati] *v* appeal (against)

оскільки [oskee'l'ki] *conj* since, so long as

осколок [osko'lok] *m* fragment, splinter

оскома [osko'ma] *f* soreness of the mouth

ослабити [osla'biti] *v* weaken, make weak(er), loosen

ослін [oslee'n] *m* bench

осліплювати [oslee'plyuvati] *v* blind

осліпнути [oslee'pnuti] *v* go/become blind

осмислювати [osmi'slyuvati] *v* grasp the idea (of), comprehend

осмілітися [osmee'litisya] *v* dare, venture

оснащення [osna'shchennya] *v* 1) equipping, equipment

оснащувати [osna'shchuvati] *v* equip, fit out, rig

основа [osno'va] *f* 1) base, foot, bottom 2) basis

основний [osnovni'y] *adj* basic, fundamental, main, principal, fixed

основоположник [osnovopolo'zhnik] *m* founder

особа [oso'ba] *f* person, personality

особистий [osobi'stiy] *adj* personal, private

особисто [osobi'sto] *adv* personally

особливий [osobli'viy] *adj* 1)particular, (e)special 2) peculiar, unusual

особливість [osobli'veest'] *f* special feature, peculiarity

особливо [osobli'vo] *adv* particularly, especially

особовий [osobo'viy] *adj* personal

осока [osoka'] *f бот.* sedge

осокір [osokee'r] *m* black poplar

осоромити [osoro'miti] *v* cover with shame

осоромитися [osoro'mitisya] *v* disgrace oneself

останній [osta'nneey] *adj* last, past, final

остаточний [osta'tochniy] *adj* final

остача [osta'cha] *f* remainder, rest

остерігати [ostereega'ti] *v* warn (against), caution (against)

остерігатися [ostereega'tisya] *v* be careful (of), beware (of)

остигати [ostiga'ti] *v* cool off, get cool/cold

осторонь [o'storon'] *adv* aside, apart, aloof

острів [o'streev] *m* island, isle

острівний [ostreevni'y] *adj* island

оступатися [ostupa'tisya] *v* stumble, miss a step

осуд [o'sud] *m* blame, censure

осуджувати [osu'dzhuvati] *v* 1) censure, condemn, blame 2) convict, condemn, sentence (to)

осушувати [osu'shuvati] *v* dry (up), empty

осягати [osyaga'ti] *v* understand, comprehend

ось [os'] *part* here, this is, that's

отара [ota'ra] *f* flock (of sheep)

отвір [o'tveer] *m* opening, aperture

отже [o'tzhe] *parenth* so, thus

отже [o'tzhe] *adv* therefore, consequently, that is why

ототожнення [ototo'zhnennya] *n* identification

ототожнити [ototo'zhniti] *v* identify

оточення [oto'chennya] *n* environment, encirclement

оточувати [oto'chuvati] *v* surround, encircle

отримувати [otri'muvati] *v* receive, get

отруєння [otru'yennya] *n* poisoning

отруйний [otru'yniy] *adj* poisonous, toxic, venomous

отрута [otru'ta] *f* poison

отруюватися [otru'yuvatisya] *v* take poison, get poisoned

офіцер [ofeetse'r] *m* officer

офіцерський [ofeetse'rs'kiy] *adj* officer's, officers'

офіціант [ofeetseea'nt] *m* waiter

офіціантка [ofeetseea'ntka] *f* waitress

офіційний [ofeetsee'yniy] *adj* official, formal

оформлення [ofo'rmlennya] *n* design, setting, arrangement

оформляти [oformlya'ti] *v* 1) design, arrange 2) register

оформлятися [oformlya'tisya] *v* take shape, be taken on the staff

охайний [okha'yniy] *adj* tidy, neat, clean

охолоджувати [okholo'dzhuvati] *v* cool, chill

охолоджуватися [okholo'dzhuvatisya] *v* get cool/cold

охоплювати [okho'plyuvati] *v* clasp, surround, envelop, include, take in, embrace

охорона [okhoro'na] *f* 1) protection 2) guard

охороняти [okhoronya'ti] *v* guard, protect

охота [okho'ta] *f* desire, fancy

охоче [okho'che] *adv* willingly, readily, gladly

охра [o'khra] *f* ochre

охрипнути [okhri'pnuti] *v* grow/become hoarse

оцет [o'tset] *m* vinegar

оцінка [otsee'nka] *f* 1) valuation 2) appreciation 3) mark 4) opinion

оцінювати [otsee'nyuvati] *v* 1) value 2) appreciate, appraise 3) estimate

очевидець [ochevi'dets'] *m* eye-witness

очевидний [ochevi'dniy] *adj* obvious, evident

очевидно [ochevi'dno] *adv* obviously, evidently

очерет [ochere't] *m* rush, reed

очистка [ochi'stka] *f* cleaning, clearing, refining

очищати [ochishcha'ti] *v* clean, clear, purify, refine

очищатися [ochishcha'tisya] *v* become clean, be purified

очікувати [ochee'kuvati] *v* wait (for)

очко [ochko'] *n* point

очний [o'chniy] *adj* eye

очолювати [ocho'lyuvati] *v* lead, head

ошатний [osha'tniy] *adj* smart, well-dressed

ошийник [oshi'ynik] *m* collar

оштукатурити [oshtukatu'riti] *v* plaster

ошукати [oshuka'ti] *v* deceive, cheat

ощадкаса [oshchadka'sa] *f* saving-bank

ощадливий [oshcha'dliviy] *adj* economical, thrifty

ощадливість [oshcha'dliveest'] *f* economy, thrift

ощасливлювати [oshchasli'vlyuvati] *v* make happy

П

пава [pa'va] *f* peahen

павич [pa'vich] *m* peacock

павільйон [paveel'yo'n] *m* pavillon

паводок [pa'vodok] *m* spring floods

павук [pavu'k] *m* spider

павутина, ~ня [pavuti'na, ~nya] *f, n* cobweb, spider web, web

падати [pa'dati] *v* fall, drop

падіння [padee'nnya] *n* 1) fall 2) degradation

падчерка [pa'dcherka] *f* stepdaughter

пазуха [pa'zukha] *f* bosom

пай [pay] *m* share

пайовик [payovi'k] *m* shareholder

пайок [payo'k] *m* ration

пакет [pake't] *m* parcel, packet

пакістанець, ~ка, ~ський [pakeesta'nets', ~ka, ~s'kiy] *m, f, adj* Pakistani

пакт [pakt] *m* pact

пакувати [pakuva'ti] *v* pack

пакунок [paku'nok] *m* bundle, packet, parcel

палата [pala'ta] *f* 1) ward 2) house, chamber

палати [pala'ti] *v* flame, blaze

палатка [pala'tka] *f* tent

палац [pala'ts] *m* palace

палець [pa'lets'] *m* finger, toe

паливо, пальне [pa'livo, pal'ne'] *n* fuel

палити [pali'ti] *v* 1) burn (down) 2) smoke

палиця, палка [pa'litsya, pa'lka] *f* stick, cane

палісадник [paleesa'dnik] *m* small front garden

палітра [palee'tra] *f* palette

палкий [pa'lkiy] *adj* fiery

паломник [palo'mnik] *m* piligrim

палуба [palu'ba] *f* deck

палючий [palyu'chiy] *adj* burning, scorching

паляниця [palyani'tsya] *f* loaf (of bread)

пальма [pa'l'ma] *f* palm-tree

пальмовий [pa'l'moviy] *adj* palm

пальто [pal'to'] *n* coat, overcoat

памфлет [pamfle't] *m* lampoon

пам'ятати [pam"yata'ti] *v* remember

пам'ятка [pa'm"yatka] *f* 1) memorandum 2) monument

пам'ятний [pa'm"yatniy] *adj* memorable

пам'ятник [pa'm"yatnik] *m* monument, memorial

пам'ять [pa'm"yat'] *f* memory, recollection

пан [pan] *m* gentleman, sir, Mr., landlord

панацея [panatse'ya] *f* panacea

панель [pane'l'] *f* sidewalk, panel

панахида [panakhi'da] *f* office for the dead

пані [pa'nee] *f* lady, Mrs., miss

панівний [paneevni'y] *adj* ruling, prevailing, (pre)dominant

паніка [pa'neeka] *f* panic, scare

панікувати [paneekuva'ti] *v* become/be panic-stricken

панічний [panee'chniy] *adj* panic

панорама [panora'ma] *f* 1) view 2) panorama

пансіон [panseeo'n] *m* 1) board 2) boarding-house 3) boarding-school

пантера [pante'ra] *f* panther

пантоміма [pantomee'ma] *f* pantomime

пантофлі [panto'flee] *pl* slippers

панувати [panuva'ti] *v* 1) rule (over), hold away (over) 2) prevail, (pre) dominate

панцир [pa'ntsir] *m* armour

панчоха [pancho'kha] *f* stocking

папа (римський) [pa'pa] *m* pope

паперовий [papero'viy] *adj* paper

папір [papee'r] *m* paper

папка [pa'pka] *f* file, folder

папороть [pa'porot'] *f* fern, bracken

папуга [papu'ga] *m, f* parrot

пара [pa'ra] *f* 1) pair, two 2) couple

пара [pa'ra] *f* steam

параграф [para'graf] *m* paragraph

парад [para'd] *m* parade

парадний [para'dniy] *adj* 1) ceremonial 2) festive, smart

парадокс [parado'ks] *m* paradox

парадоксальний [paradoksa'l'niy] *adj* paradoxical

паразит [parazi't] *m* parasite

паразитичний [paraziti'chniy] *adj* parasitic (al)

паралель [parale'l'] *f* parallel

паралельний [parale'l'niy] *adj* parallel

паралізувати [paraleezuva'ti] *v* paralyse

параліч [paralee'ch] *m* мед. paralysis

парасолька [paraso'l'ka] *f* umbrella, sunshade

парашут [parashu't] *m* parachute

парашутист [parashuti'st] *m* parachutist

парик, перука [pari'k, peru'ka] *m, f* wig

паритет [parite't] *m* parity

парити(ся) [pa'riti(sya)] *v* steam

парі [paree'] *n* bet

парк [park] *m* park

паркан [parka'n] *m* fence

паркет [parke't] *m* parquet (floor)

парламент [parla'ment] *m* parliament

парламентарний [parlamenta'rniy] *adj* parliamentary

парний [pa'rniy] *adj* twin, pair

парник [parni'k] *m* hotbed

паровий [parovi'y] *adj* steam

паровоз [parovo'z] *m* (steam)-engine

пароль [paro'l'] *m* password, parol

паром [paro'm] *m* ferry(-boat)

пароплав [paropla'v] *m* steamer, steamship

пароплавство [paropla'vstvo] *n* steamship line

паросток [pa'rostok] *m* sprout, shoot

парта [pa'rta] *f* desk

партер [parte'r] *m* the stalls

партизан [partiza'n] *m* partisan

партизанський [partiza'ns'kiy] *adj* partisan

партія [par'teeya] *f* 1) party 2) group 3) consignment, batch 4) game 5) part

партитура [partitu'ra] *f* score *mus*

партнер [partne'r] *m* partner

парубок [pa'rubok] *m* youth, bachelor

парус [pa'rus] *m* sail

парусина [parusi'na] *f* canvas

парусиновий [parusi'noviy] *adj* canvas

парусний [pa'rusniy] *adj* sailing

парусник [pa'rusnik] *m* sailing-ship

парфюмерія [parfyume'reeya] *f* perfumery

парча [parcha'] *f* brocade

пасажир [pasazhi'r] *m* passenger

пасажирський [pasazhi'rs'kiy] *adj* passenger

пасивний [pasi'vniy] *adj* passive

пасивність [pasi'vneest'] *f* passivity

пасинок [pa'sinok] *m* stepson

пасіка [pa'seeka] *f* apiary

пасічник [pa'seechnik] *m* bee-keeper

Паска [pa'ska] *f* Easter

паспорт [pa'sport] *m* passport

паспортний [pa'sportniy] *adj* passport

паста [pa'sta] *f*, paste

пасти(ся) [pasti'(sya)] *v* graze, pasture

пастка [pa'stka] *f* trap

пастух [pastu'kh] *m* herdsman, shepherd

пасувати [pasuva'ti] *v спорт.* suit, correspond

пасуватися [pasuva'tisya] *v* pass

патент [pate'nt] *m* patent

патентований [patento'vaniy] *adj* patent

патлатий [patla'tiy] *adj* shaggy, hairy

патріот [patreeo't] *m* patriot

патріотизм [patreeoti'zm] *m* patriotism

патріотичний [patreeoti'chniy] *adj* patriotic

патрон [patro'n] *m* 1) cartridge, chuck 2) patron, boss

пауза [pa'uza] *f* pause

пафос [pa'fos] *m* enthusiasm, inspiration

пахва [pakhva'] *f* armpit

пахнути [pa'khnuti] *v* smell

пахучий [pakhu'chiy] *adj* fragrant, odorous

пацієнт, ~**ка** [patseeye'nt, ~ka] *m, f* patient

пацюк [patsyu'k] *m* rat

пачка [pa'chka] *f* bundle, batch, parcel, packet

паштет [pashte't] *m* paste

паща [pa'shcha] *f* jaws

паяльник [paya'l'nik] *m* soldering iron

паяти [paya'ti] *v* solder

певний [pe'vniy] *adj* sure, confident, certain

певно [pe'vno] *adv* confidently, certainly, surely

педагог [pedago'g] *m* teacher

педагогіка [pedago'geeka] *f* pedagogics

педагогічний [pedagogee'chniy] *adj* pedagogic(al)

педаль [peda'l'] *f* pedal

педант [peda'nt] *m* pedant

педантичний [pedanti'chniy] *adj* pedantic

пейзаж [peyza'zh] *m* landscape, scenery

пекар [pe'kar] *m* baker

пекарня [peka'rnya] *f* bakery

пекло [pe'klo] *n* hell

пекти(ся) [pekti'(sya)] *v* bake

пекучий [peku'chiy] *adj* burning, scorching

пелікан [peleeka'n] *m* pelican

пелюстка [pelyu'stka] *f* petal

пелюшка [pelyu'shka] *f* wrap

пенал [pena'l] *m* pencil-box

пензель [pe'nzel'] *m* brush

пеніцилін [peneetsilee'n] *m* penicillin

пенсіонер, ~**ка** [penseeone'r, ~ka] *m, f* pensioner

пенсія [pe'nseeya] *f* pension

пеня [pe'nya] *f* fine

пень, ~**ок** [pen', ~ok] *m* stump, stub

первинний [pervi'nniy] *adj* primary, initial

первісний [pe'rveesniy] *adj* 1) primary, initial 2) primitive

перебивати [perebiva'ti] *v* break, interrupt

перебирати [perebira'ti] *v* sort, look/go through

перебиратися [perebira'tisya] *v* get across, pass over, move

перебити [perebi'ti] *v* 1) break 2) kill

перебіг [perebee'g] *m* course, run

перебігати [perebeega'ti] *v* run, across, desert

перебіжчик [perebee'zhchik] *m* deserter

перебій [perebee'y] *m* stoppage, irregularity, misfire

перебільшення [perebee'l'shennya] *m* exaggeration, overstatement

перебільшувати [perebee'l'shuvati] *v* exaggerate

перебороти [pereboro'ti] *v* overcome

перебування [perebuva'nnya] *n* stay, being

перебувати [perebuva'ti] *v* be

перебудова [perebudo'va] *f* rebuilding, reconstruction, reformation

перебудувати [perebuduva'ti] *v* rebuild, reconstruct

перевага [pereva'ga] *f* advantage, preference

переважати [perevazha'ti] *v* 1) excel, surpass 2) prevail (over), predominate (over)

переважний [pereva'zhniy] *adj* predominant, prevailing

переважувати [pereva'zhuvati] *v* 1) outweigh 2) weigh again

перевал [pereva'l] *m* (mountain) pass

перевантажений [perevanta'zheniy] *adj* overloaded

перевантаження [perevanta'zhennya] *n* overloading

перевантажувати [perevanta'zhuvati] *v* overload, overwork

переварювати [pereva'ryuvati] *v* 1) overdo 2) digest

перевезення, перевіз [pereve'zennya, perevee'z] *n, m* transportation, conveyance

перевертати [pereverta'ti] *v* turn over, overturn

перевершувати [pereve'rshuvati] *v* surpass (in), excel (in/at)

перевидавати [perevidava'ti] *v* republish, reissue

перевидання [perevida'nnya] *n* republication, reissue

перевиробництво [perevirobni'tstvo] *n* overproduction

перевиховання [perevikhova'nnya] *n* re-education

перевиховувати [perevikho'vuvati] *v* re-educate

перевищувати [perevi'shchuvati] *v* exceed

перевірка [perevee'rka] *f* checking, control, check-up, testing, examination

перевіряти [pereveerya'ti] *v* 1) check 2) examine, inspect 3) test

переводити [perevodi'ti] *v* 1) rake (across) 2) transfer, move

перевозити [perevozi'ti] *v* carry, convey, transport, move

переворот [perevoro't] *m* radical change, revolution

перевтілення [perevtee'lennya] *n* reincarnation, transformation

перевтома [perevto'ma] *f* overstrain

перевтомлений [perevto'mleniy] *adj* overtired, overstrained

перевтомлюватися [perevto'mlyuvatisya] *v* be overtired

перев'язати [perev"yaza'ti] *v* tie up, bandage, dress

перев'язка [perev"ya'zka] *f* bandaging

переганяти [pereganya'ti] *v* outdistance, leave behind

перегинати [peregina'ti] *v* bend

перегляд [pereglya'd] *m* revision, review

переглядати [pereglyada'ti] *v* revise, go through again, review, examine

переговори [peregovo'ri] *pl* negotiations, talks

перегортати [peregorta'ti] *v* turn (over)

перегрівати [peregreeva'ti] *v* overheat

перегріватися [peregreeva'tisya] *v* become overheat

перед [pe'red] *prep* before, in front of

перед [pere'd] *m* front

передавати [peredava'ti] *v* 1) pass, give, hand 2) report, tell 3) broadcast

передатчик [pereda'tchik] *m* transmitter

передача [pereda'cha] *f* 1) passing, handing, transfer 2) broadcast, telecast

передбачати [peredbacha'ti] *v* foresee

передбачення [peredba'chennya] *n* prevision, foresight

передвиборний [peredvi'borniy] *adj* (pre-)election

передвіщати [peredveeshcha'ti] *v* foretell

переддень [peredde'n'] *m* eve

передивлятися [peredivlya'tisya] *v* look over/through

передихнути [peredikhnu'ti] *v* take a breath/a rest

передишка [peredi'shka] *f* respite, breathing-space

передмістя [peredmee'stya] *n* suburb

передмова [peredmo'va] *f* preface, foreword

передній [pere'dneey] *adj* front

передовий [peredovi'y] *adj* leading, advanced

передплата [peredpla'ta] *f* subscription

передплатник [peredpla'tnik] *m* subscriber

передплачувати [peredpla'chuvati] *v* subscribe (to)

передпокій [peredpo'keey] *m* hall, lobby

передрук [pere'druk] *m* (re)printing, (re)typing

передрукувати [peredrukuva'ti] *v* (re)print, (re)type

передувати [pereduva'ti] *v* precede

передумова [peredumo'va] *f* prerequisite, pre-condition

передумати [peredu'mati] *v* change one's mind

передчасний [peredcha'sniy] *adj* premature

передчасно [peredcha'sno] *adv* prematurely

передчувати [peredchuva'ti] *v* have a presentiment

передчуття [peredchuttya'] *n* presentiment

переждати [perezhda'ti] *v* wait

переживання [perezhiva'nnya] *n* experience, feeling

переживати [perezhiva'ti] *v* 1) outlive 2) endure 3) experience

пережиток [perezhi'tok] *m* survival

переїжджати [pereyeezhdzha'ti] *v* cross, move

переїзд [pereyee'zd] *m* 1) passage 2) removing

переймати [pereyma'ti] *v* catch, intercept

перейменувати [pereymenuva'ti] *v* rename

переказ [pere'kaz] *m* 1) retelling 2) legend 3) remittance, order

переказувати [pereka'zuvati] *v* 1) retell 2) report, tell

перекидати [perekida'ti] *v* throw over, transfer

перекидатися [perekida'tisya] *v* 1) spring/rush across 2) spread

переклад [perekla'd] *m* translation, interpretation

перекладати [pereklada'ti] *v* 1) translate, interpret 2) shift, throw

переключати(ся) [pereklyucha'ti-(sya)] *v* switch (over)

переконання [perekona'nnya] *n* 1) persuasion 2) conviction

переконливий [pereko'nliviy] *adj* convincing, persuasive

переконливо [pereko'nlivo] *adv* convincingly, persuasively

переконувати [pereko'nuvati] *v* try to convince (of), try to persuade

перекошений [pereko'sheniy] *adj* twisted, distorted

перекраяти [perekra'yati] *v* cut out again

перекреслити [perekre'sliti] *v* cross (out), draw again

перекрити [perekri'ti] *v* re-cover, exceed

перекрутити [perekruti'ti] *v* twist, distort, pervert

перекупити [perekupi'ti] *v* buy at the second-hand

перекупщик [pereku'pshchik] *m* second-hand dealer, middleman

перекусити [perekusi'ti] *v* 1) bite in two 2) take a bite/snack

перелазити [perela'ziti] *v* climb over

переламати [perelama'ti] *v* break

перелетіти [pereletee'ti] *v* fly over

переливати [pereliva'ti] *v* pour, transfuse

переливатися [pereliva'tisya] *v* 1) overflow, run over 2) gleam, glisten

перелізати [pereleeza'ti] *v* climb over

перелік [pere'leek] *m* enumeration, list

перелісок [pere'leesok] *m* copse

переліт [perelee't] *m* flight, migration

перелітати [pereleeta'ti] *v* fly (over)

перелічувати [perelee'chuvati] *v* 1) count (all) 2) count over again, recount

перелом [perelo'm] *m* 1) break, fracture 2) change

переляк [perelya'k] *m* fright

переляканий [perelya'kaniy] *adj* frightened, scared

перелякати [perelyaka'ti] *v* frighten, scare

перелякатися [perelyaka'tisya] *v* get a fright, be frightened

перемагати [peremaga'ti] *v* conquer, overcome, win, defeat

перемелювати [pereme'lyuvati] *v* grind, mill

перемир'я [peremi'r''ya] *n* armistice, truce

перемінити [peremeeni'ti] *v* change

перемішувати [peremee'shuvati] *v* (inter)mix

перемішуватися [peremee'shuvatisya] *v* get mixed

переміщення [peremeeshche'nnya] *n* transference, shift(ing), transfer

переміщувати [peremee'shchuvati] *v* move, transfer

перемога [peremo'ga] *f* victory

переможець [peremo'zhets'] *m* conqueror, winner

переможний [peremo'zhniy] *adj* victory, triumphant, victorious

перенапруження [perenapru'zhennya] *n* overstrain

перенапружитися [perenapru'zhitisya] *v* overstrain oneself

перенаселений [perenasele'niy] *adj* overcrowded, overpopulated

перенаселеність [perenasele'neest'] *f* overcrowding, overpopulation

переносити [perenosi'ti] *v* 1) carry (over), transfer 2) put off, 3) bear

переносний [pereno'sniy] *adj* metaphorical, figurative

переносний [perenosni'y] *adj* portable

переночувати [perenochuva'ti] *v* spend the night

переобирати [pereobira'ti] *v* re-elect

переобладнувати [pereobla'dnuvati] *v* re-equip

переоблік [pereo'bleek] *m* inventory, stock-taking

переобтяжений [pereobtya'zheniy] *adj* overloaded, overburdened

переодягати(ся) [pereodyaga'ti(sya)] *v* 1) change smb's clothes, change 2) dress up

переодягнений [pereodya'gneniy] *adj* dressed up (as), disguised (as)

переозброєння [pereozbro'yennya] *n* rearmament

переозброїтся [pereozbro'yeetisya] *v* rearm

переоцінка [pereotsee'nka] *f* 1) revaluation, reappraisal 2) overestimation

переоцінювати [pereotsee'nyuvati] *v* 1) revalue 2) overestimate

перепел [pe'repel] *m зоол.* quail

перепиняти [perepinya'ti] *v* interrupt

перепивати [perepiva'ti] *v* drink to excess

перепис [pe'repis] *m* listing, enumeration, census

переписувати [perepi'suvati] *v* copy out, rewrite, make out/draw up a list (of)

перепитувати [perepi'tuvati] *v* ask again

перепідготовка [perepeedgoto'vka] *f* retraining, refresher course

перепідготувати [perepeedgotuva'ti] *v* train (anew)

переплавляти [pereplavlya'ti] *v* remelt, recast, smelt (down)

переплачувати [perepla'chuvati] *v* overpay, pay too much

перепливати [perepliva'ti] *v* cross, swim (across)

переплигнути [perepli'gnuti] *v* jump (over/across)

переплітати [perepleeta'ti] *v* weave together, interlock, bind, twine

переплітатися [perepleeta'tisya] *v* interlace, intertwine

переплутати [pereplu'tati] *v* (en)tangle, confuse, mix up

переплутатися [pereplu'tatisya] *v* get (en)tangled 2) get mixed up/confused

переповзати [perepovza'ti] *v* creep/craw across/over

переповнений [perepo'vneniy] *adj* filled to overflowing, crowded

переповнювати [perepo'vnyuvati] *v* overfill, overcrowd, overwhelm

переполох [perepolo'kh] *m* alarm, commotion

перепочинок [perepochi'nok] *m* respite, breathing-space

перепочити [perepochi'ti] *v* take a rest

переправа [perepra'va] *f* crossing

переправляти(ся) [perepravlya'ti-(sya)] *v* take across/over, convey across/over, ferry

перепродаж [pereproda'zh] *f* resale

перепродати [pereproda'ti] *v* resell

перепрошувати [perepro'shuvati] *v* excuse, pardon, ask/beg *smb's* pardon

перепустка [pere'pustka] *f* pass, permit

перерахувати [pererakhuva'ti] *v* 1) count, count over again, recount

перерахунок [pererakhu'nok] *m* recalculation

перерва [pere'rva] *f* break, interval

переривати [pereriva'ti] *v* tear (apart), interrupt, break off

переріз [pereree'z] *m* 1) cut 2) section

перерізати [pereree'zati] *v* cut, sever

переробка [perero'bka] *f* 1) alteration, remaking 2) processing

переробити [pererobi'ti] *v* 1) alter, remake 2) process

переродження [perero'dzhennya] *v* 1) regeneration 2) degeneration

переродитися [pererodi'tisya] *v* become a new man/woman 2) degenerate

перерости [pererosti'] *v* grow taller than, overgrow, develop (into)

переросток [perero'stok] *m* over-age child

перерубати [pereruba'ti] *v* cut/chop in two

пересаджувати [peresa'dzhuvati] *v* give *smb* another seat, transplant

пересадка [peresa'dka] *f* 1) transplanting, transplantation 2) change

пересвідчитися [peresvee'dchitisya] *v* be convinced (of), make sure (that), satisfy oneself (that)

переселенець [peresele'nets'] *m* settler, migrant, immigrant

переселення [perese'lennya] *n* migration, move, removal

переселяти(ся) [pereselya'ti(sya)] *v* move, migrate

пересилати [peresila'ti] *v* send

пересилка [peresi'lka] *f* sending

пересилити [peresi'liti] *v* overpower, overcome

пересититися [peresi'titisya] *v* be satiated (with), be surfeited (with)

пересихати [peresikha'ti] *v* get dry, dry up, dry

пересичений [peresi'cheniy] *adj* satiated, surfeited

пересідати [pereseeda'ti] *v* change one's seat, change

пересічний [peresee'chniy] *adj* mean, average

перескочити [pereskochi'ti] *v* 1) jump over, leap over 2) skip

переслідування [pereslee'duvannya] *n* 1) pursuit, chasing 2) persecution

переслідувати [pereslee'duvati] *v* pursue, chase, persecute

пересолити [peresoli'ti] *v* oversalt, put too much salt (in)

пересохлий [pereso'khliy] *adj* dry, parched

переспілий [perespee'liy] *adj* overripe

переспіти [perespee'ti] *v* become overripe

переставати [perestava'ti] *v* stop, cease

переставляти [perestavlya'ti] *v* move, rearrange

перестерігати [perestereega'ti] *v* warn (against), caution (against)

пересторога [perestoro'ga] *f* warning, caution

перестраждати [perestrazhda'ti] *v* live through, suffer

перестраховка [perestrakho'vka] *f* 1) reinsurance 2) overcautiousness

перестрахуватися [perestrakhuva'tisya] *v* 1) get reinsured 2) play safe, make oneself safe

перестрибувати [perestri'buvati] *v* jump (over/across)

перестрілка [perestree'lka] *f* shooting, firing

перестрілюватися [perestree'lyuvatisya] *v* exchange shots

переступати [perestupa'ti] *v* step over, cross

пересування [peresuva'nnya] *n* movement

пересувати(ся) [peresuva'ti(sya)] *v* move, shift

пересувний [peresuvni'y] *adj* travelling, mobile

пересуди [peresu'di] *pl* (idle) gossip

перетасовувати [peretaso'vuvati] *v* shuffle, reshuffle

перетворення [peretvo'rennya] *n* 1) transformation, turning, conversion 2) metamorphosis

перетворювати(ся) [peretvo'ryuvati(sya)] *v* change (into), turn (into), convert (into), transform

перетерпіти [pereterpee'ti] *v* suffer

перетинати [peretina'ti] *v* cross, run, across

перетинка [pere'tinka] *f* membrane, барабанна ～ eardrum

перетирати [peretira'ti] *v* grate, wear out

перетиратися [peretira'tisya] *v* break, fray through

перетравлювати [peretra'vlyuvati] *v* digest

перетягати [peretyaga'ti] *v* drag, pull, draw

перехвалювати [perekhva'lyuvati] *v* overpraise

перехитрити [perekhitri'ti] *v* outwit

перехід [perekhee'd] *m* passing, crossing, going across, transition

перехідний [perekheedni'y] *adj* crossing, transitional

переховувати(ся) [perekho'vuvati(sya)] *v* hide, conceal

переходити [perekhodi'ti] *v* cross, move, pass

перехоплювати [perekho'plyuvati] *v* catch, intercept

перехресний [perekhre'sniy] *adj* cross

перехрестя [perekhre'stya] *n* crossroads

перехрещувати [perekhre'shchuva-ti(sya)] *v* cross

перець [pe'rets'] *m* pepper

перечитувати [perechi'tuvati] *v* re-read

перечниця [pe'rechnitsya] *f* pepper-box

перешивати [pereshiva'ti] *v* alter, have *smth* altered

перешийок [pereshi'yok] *m* isthmus

перешіптуватися [pereshee'ptuvati-sya] *v* whisper (to one another)

перешкода [pereshko'da] *f* obstacle, barrier, hindrance, impediment

перешкоджати, перешкодити [pereshkodzha'ti, pereshko'diti] *v* prevent, hinder, lay obstacles (to)

периметр [peri'metr] *m* perimeter

перина [peri'na] *f* feather-bed

периферія [periferee'ya] *f* outlying area/district

період [peree'od] *m* period

періодика [pereeo'dika] *f* periodicals, periodical press

періодичний [pereeodi'chniy] *adj* periodic(al)

періодичність [pereeodi'chneest'] *f* periodicity

перли [pe'rli] *pl* pearls

перлина [perli'na] *f* pearl

перловий, ~а [perlo'viy, ~a] *adj* (крупа) pearl-barley

перманент [permane'nt] *m* permanent wave

пернатий [perna'tiy] *adj* feathered

перо [pero'] *n* 1)feather, plume 2) pen, nib

перон [pero'n] *m* platform

перпендикуляр [perpendikulya'r] *m* perpendicular

перпендикулярний [perpendiku-lya'rniy] *adj* perpendicular

персидський [persi'ds'kiy] *adj* Persian

персик [pe'rsik] *m* peach, peach-tree

персона [perso'na] *f* person

персонаж [persona'zh] *m* character

персонал [persona'l] *m* personnel, staff

персональний [persona'l'niy] *adj* personal

перспектива [perspekti'va] *f* 1) perspective 2) vista

перспективний [perspekti'vniy] *adj* long-term

перстень [pe'rsten'] *m* ring

перука [peru'ka] *f* wig

перукар (жіночий) [peruka'r] *m* hairdresser

перукар (чоловічий) [peruka'r] *m* barber

перукарня (жіноча) [peruka'rnya] *f* hairdresser's (shop)

перукарня (чоловіча) [peruka'rnya] *f* barber's (shop)

перчити [perchi'ti] *v* pepper

перший [pe'rshiy] *adj* first, former

першість [pe'rsheest'] *f* the first place, championship

першоджерело [pershodzherelo'] *n* original/primary source

першокласний [pershokla'sniy] *adj* first-rate

першокурсник [pershoku'rsnik] *m* first-year man/student, freshman

першорядний [pershorya'dniy] *adj* paramount

першосортний [pershoso'rtniy] *adj* first-rate of the best quality

першотравневий [pershotra'vneviy] *adj* May-day

першочерговий [pershochergo'viy] *adj* urgent

пес [pes] *m* dog

песець [pese'ts'] *m* polar fox

песимізм [pesimee'zm] *m* pessimism

песиміст [pesimee'st] *m* pessimist

песимістичний [pesimeesti'chniy] *adj* pessimistic

пестити [pe'stiti] *v* 1) caress, fondle 2) cherish

пестливий [pestli'viy] *adj* gentle, caressing, affectionate

петиція [peti'tseeya] *f* petition

петлиця [petli'tsya] *f* tab

петля, петелька [petlya', pete'l'ka] *f* 1) loop, stitch 2) button-hole

петрушка [petru'shka] *f* parsley

печаль [pecha'l'] *f* grief, sorrow

печатка [pecha'tka] *f* seal, stamp

печений [peche'niy] *adj* baked

печеня [peche'nya] *f* roast (meat)

печера [peche'ra] *f* cave, cavern

печерний [peche'rniy] *adj* cave

печиво [pe'chivo] *n* biscuits, crackers, cookies

печінка [pechee'nka] *f* liver

печія [pecheeya'] *f* heartburn

п'єдестал [p''yedesta'l] *m* pedestal

п'єса [p''ye'sa] *f* 1) play 2) piece

пивна [pivna'] *f* tavern, beer-house

пивний [pivni'y] *adj* beer

пиво [pi'vo] *n* beer

пивоварний (завод) [pivova'rniy zavod] *adj + m* brewery

пил [pil] *m* dust

пила, пилка [pila', pi'lka] *f* saw

пилок [pilo'k] *m* pollen

пилосос [piloso's] *m* vacuum cleaner

пиляти [pilya'ti] *v* saw, nag (at)

пильний [pi'l'niy] *adj* 1) attentive, vigilant, alert 2) fixed, intent

пильність [pi'l'neest] *f* attention, vigilance, alertness

пильнувати [pil'nuva'ti] *v* 1) watch, guard 2) try, do one's best

пиріг [piree'g] *m* pie, pasty, tart

пиріжок [pireezho'k] *m* patty

писаний [pi'saniy] *adj* hand-written, painted

писар [pi'sar] *m* clerk

писати [pisa'ti] *v* write

писатися [pisa'tisya] *v* 1) be written 2) be spelt

писемний [pise'mniy] *adj* writing, written

писемність [pise'mneest'] *f* written language, characters

писк [pisk] *m* squeak(ing), peep, cheep

писклявий [pisklya'viy] *adj* squeaky

письменний [pis'me'nniy] *adj* literate

письменник [pis'me'nnik] *m* writer, author

письменниця [pis'me'nnitsya] *f* writer, authoress

письменність [pis'me'nneest'] *f* literacy

письмо [pis'mo'] *n* writing, characters

письмовий [pis'mo'viy] *adj* written, writing

питальний [pita'l'niy] *adj* inquiring, interrogative

питання [pita'nnya] *n* 1) question 2) problem, issue

питати [pita'ti] *v* ask, inquire, question

пити [pi'ti] *v* drink

пиха [pi'kha] *f* arrogance, haughtiness

пихатий [pikha'tiy] *adj* arrogant, haughty

пихкати [pi'khkati] *v* pant, puff

пишатися [pisha'tisya] *v* be proud (of), take pride (in)

пишний [pi'shniy] *adj* 1) fluffy, fleecy, light 2) splendid, magnificent, luxuriant

пишномовний [pishnomo'vniy] *adj* grandiloquent, high-flown

пищати [pishcha'ti] *v* squeak, cheep, peep

пияцтво [piya'tstvo] *n* drunkenness

пиячити [piya'chiti] *v* drink (heavily)

піаніно [peeanee'no] *n* piano

піаніст, ~ка [peeanee'st, ~ka] *m, f* pianist

пів [peev] *f* half

півгодини [peevgodi'ni] *f* half an hour

південний [peevde'nniy] *adj* south, southern

південно-західний [peevde'nnoza'kheedniy] *adj* south-west

південно-східний [peevde'nnoskhee'dniy] *adj* south-east

південь [pee'vden'] *m* 1) noon, midday 2) south

півень [pee'ven'] *m* cock, rooster

півколо [peevko'lo] *n* semicircle

півкуля [peevku'lya] *f* hemisphere

півмісяць [peevmee'syats'] *m* half-moon, crescent

північ [pee'vneech] *f* 1) midnight 2) north

північний [peevnee'chniy] *adj* 1) midnight 2) northern

півоберт [peevo'bert] *m* half-turn

півонія [peevo'neeya] *f* peony

півострів [pecvo'streev] *m* peninsula

півріччя [peevree'chchya] *n* half-year, half a year, semester

півтора [peevto'ra] *num* one and a half

півтораста [peevto'rasta] *num* one hundred and fifty

під [peed] *prep* 1) under 2) near, close 3) towards, on the eve of

підбадьорювати(ся) [peedbadyo'ryuvati(sya)] *v* cheer up

підбивати, підбити [peedbiva'ti, peedbi'ti] *v* 1) nail on 2) line (with) 3) incite (to)

підбирати [peedbira'ti] *v* 1) pick up, gather 2) choose, select

підбігати, підбігти [peedbeega'ti, peedbee'gti] *v* run up (to)

підбір [peedbee'r] *m* selection

підбор [peedbo'r] *m* heel

підборіддя [peedboree'ddya] *n* chin

підбурювання [peedbu'ryuvannya] *n* instigation, incitement

підбурювати [peedbu'ryuvati] *v* incite, instigate

підбурювач [peedbu'ryuvach] *m* instigator

підвал [peedva'l] *m* 1) basement 2) cellar

підвалини [peedva'lini] *pl* foundation, basis

підвищений [peedvi'shcheniy] *adj* increased, heightened

підвищення [peedvi'shchennya] *n* 1) rise, increase 2) elevation, eminence, rise 3) platform, dais

підвищувати(ся) [peedvi'shchuvati(sya)] *v* 1) raise, increase 2) promote 3) improve

підвіз [peedvee'z] *m* supply, delivery

підвіконня [peedveeko'nnya] *n* window-sill

підвісити, підвішувати [peedvee'siti, peedvee'shuvati] *v* suspend, hang

підвісний [peedveesni'y] *adj* suspended, hanging

підвладний [peedvla'dniy] *adj* dependent (on), subject (to)

підвода [peedvo'da] *f* cart

підводити [peedvo'diti] *v* 1) lead, bring (up) 2) let down 3) raise, get up

підводитися [peedvo'ditisya] *v* rise

підводний [peedvo'dniy] *adj* submarine, ~ човен submarine

підводник [peedvo'dnik] *m* submariner

підвозити [peedvozi'ti] *v* 1) take, give a lift 2) bring in, deliver, supply

підворіття [peedvoree'ttya] *n* gateway

підв'язувати [peedv''ya'zuvati] *v* tie (up)

підганяти [peedganya'ti] *v* 1) drive 2) urge on, drive on 3) adjust, fit

підгинати [peedgina'ti] *v* tuck under, bend

підгір'я [peedgee'r''ya] *n* foot

підглядати [peedglyada'ti] *v* peep at, spy (in)

підгодовувати [peedgodo'vuvati] *v* feed up

підгоряти [peedgorya'ti] *v* get burnt

підготовка [peedgoto'vka] *f* 1) preparation, training 2) schooling, education

підготовчий [peedgoto'vchiy] *adj* preparatory

підготувати [peedgotuva'ti] *v* prepare, get *smb* ready, train

підготуватися [peedgotuva'tisya] v
prepare (for), make oneself ready
(for)

піддавати [peeddava'ti] v 1) add 2)
subject

піддаватися [peeddava'tisya] v give
way (to), yield (to)

підданий [pee'ddaniy] adj subject

підданство [pee'ddanstvo] n citizen-
ship

піджак [peedzha'k] m coat, jacket

підживлювати [peedzhi'vlyuvati] v 1)
feed up 2) give (extra) fertilizer

підзаголовок [peedzagolo'vok] v sub-
title, subheading

підземелля [peedzeme'llya] n cave,
dungeon

підземний [peedze'mniy] adj under-
ground, subterranean

підзорний [peedzo'rniy] adj ~труба
spy-glass

підігрівати [peedeegreeva'ti] v warm
up, stir up

під'їжджати [peed''yeezhdzha'ti] v
drive up (to), ride up (to)

під'їзд [peed''yee'zd] m 1) entrance,
porch 2) approaches

підйом [peedyo'm] m 1) lifting, raising,
hoisting, ascent, climb 2) instep

підйомний [peedyo'mniy] adj lifting

підказувати [peedka'zuvati] v prompt,
suggest

підкидати [peedkida'ti] v 1) throw up,
toss (up) 2) add

підкладати [peedklada'ti] v 1) lay
under 2) add, put out some more

підкладка [peedkla'dka] f lining

підклеювати [peedkle'yuvati] v paste
up, glue up

підкликати [peedklika'ti] v call (up)

підкова [peedko'va] f horseshoe

підковувати [peedko'vuvati] v shoe

підкоп [peedko'p] m undermining

підкопувати(ся) [peedko'puvati-
(sya)] v undermine, sap

підкорення [peedko'rennya] n 1)
conquest 2) taming, obedience,
submission, subordination

підкоряти, підкорити [peedkorya'ti,
peedkori'ti] v conquer, sub-due,
subordinate (to)

підкорятися [peedkorya'tisya] v sub-
mit (to), surrender (to), obey, re-
sign oneself (to)

підкрадатися [peedkrada'tisya] v
steal up

підкреслювати [peedkre'slyuvati] v
1) underline, underscore 2) em-
phasize, stress

підкріплення [peedkree'plennya] n
1) support 2) reinforcement

підкріплювати [peedkree'plyuvati] v
1) support 2) reinforce

підкріплюватися [peedkree'plyu-
vatisya] v refresh oneself, have a
snack

підкуп [pee'dkup] m bribery, graft

підкупати, підкупити [peedkupa'ti,
peedkupi'ti] v bribe

підлабузник [peedlabu'znik] m syco-
phant, toady

підламувати [peedla'muvati] v break
underneath

підламуватися [peedla'muvatisya] v
give way

підлеглий [peedle'gliy] adj subordi-
nate, subject

підлеглість [peedle'gleest'] f subordi-
nation, submission

підлещуватися [peedle'shchuvatisya]
v fawn, cajole, flatter

підлива [peedli'va] f sauce, gravy

підливати [peedliva'ti] v pour, add (to)

підлиза [peedli'za] f toady, wheedler

підлизуватися [peedli'zuvatisya] v
toady (to), make up (to)

підлий [pee'dliy] adj mean, base

підлість [pee'dleest'] f meanness,
baseness

підліток [pee'dleetok] m adolescent,
teanager

підлога [peedlo'ga] f floor

підлягати [peedlyaga'ti] *v* be subordinate (to), be subject (to)

підмальовувати [peedmalyo'vuvati] *v* touch up

підманювати [peedma'nyuvati] *v* deceive, let down

підметка [peedme'tka] *f* sole

підмивати [peedmiva'ti] *v* 1) give a wash 2) undermine

підміна [peedmee'na] *f* substitute, substitution

підмінювати [peedmee'nyuvati] *v* 1) substitute (for) 2) replace, stand in (for)

підмітати [peedmeeta'ti] *v* sweep

підмішувати [peedmee'shuvati] *v* mix (into)

підмовляти [peedmovlya'ti] *v* instigate (to), put up (to)

підмога [peedmo'ga] *f* help, assistance, aid

підмочений [peedmo'cheniy] *adj* damp, slightly wet

піднебіння [peednebee'nnya] *n* palate

підневільний [peednevee'l'niy] *adj* dependent, forced

піднесений [peedne'seniy] *adj* elated, excited, elevated

підніжжя [peednee'zhzhya] *n* foot (of the mountain), pedestal

підніжка [peednee'zhka] *f* step, footboard, running-board

піднімати [peedneema'ti] *v* 1) lift, raise 2) pick up 3) get *smb* up 4) raise

підніматися [peedneema'tisya] *v* rise, get up, go up, climb, ascend

підновлювати [peedno'vlyuvati] *v* renovate

піднос [peedno's] *m* tray

підносити, піднести [peedno'siti, peedne'sti] *v* 1) lift, raise 2) carry, bring

підозра [peedo'zra] *f* suspicion

підозрівати [peedozreeva'ti] *v* suspect

підозрілий [peedozree'liy] *adj* 1) suspicious 2) mistrustful

підошва [peedo'shva] *f* sole

підпадати [peedpada'ti] *v* fall (under)

підпал [peedpa'l] *m* arson

підпалювати [peedpa'lyuvati] *v* set on fire, set fire (to)

підпалювач [peedpa'lyuvach] *m* incendiary

підперізувати(ся) [peedperee'zuvati(sya)] *v* put on one's belt

підпирати [peedpira'ti] *v* prop up, shore up, support

підпис [pee'dpis] *m* signature

підписний [peedpisni·y] *adj* subscription

підписувати(ся) [peedpi'suvati(sya)] *v* sign

підпілля [peedpee'llya] *n* secret/underground work

підпільний [peedpee'l'niy] *adj* secret, underground

підпільник, ~льниця [peedpee'l'nik, ~l'nitsya] *m, f* underground worker

підпірка [peedpee'rka] *f* support, prop

підполковник [peedpolko'vnik] *m* lieutenant-colonel

підпора [peedpo'ra] *f* stand-by

підпорядкований [peedporyadko'vaniy] *adj* subordinate

підпорядкувати [peedporyadkuva'ti] *v* subordinate, place

підприємство [peedpriye'mstvo] *n* enterprise, factory, works

підпускати [peedpuska'ti] *v* allow to approach

підраховувати [peedrakho'vuvati] *v* count up, calculate

підрахунок [peedrakhu'nok] *m* calculation, counting

підрив [peedri'v] *m* blowing up, blasting

підривати [peedriva'ti] *v* blow up, dynamite, undermine

підривати [peedriva'ti] *v* dig (the earth from beneath)

підривний [peedrivni'y] *adj* blasting, undermining, subversive

підрізувати [peedree'zuvati] *v* cut, clip, trim, prune

підробка [peedro'bka] *f* forgery, counterfeit

підробляти [peedroblya'ti] *v* forge, counterfeit

підрозділ [peedro'zdeel] *m* 1) subdivision 2) subunit

підростати [peedrosta'ti] *v* grow up, get a little older

підручний [peedru'chniy] *adj* 1) handy, at hand 2) assistant, apprentice

підручник [peedru'chnik] *m* textbook

підряд [peedrya'd] *m* one after the other, in a row

підсвідомий [peedsveedo'miy] *adj* subconscious

підсвідомість [peedsveedo'meest'] *f* subconsciousness

підсилати, підіслати [peedsila'ti, peedeesla'ti] *v* send for a (secret) purpose

підсилений [peedsi'leniy] *adj* intensified

підсилювач [peedsi'lyuvach] *m* amplifier

підсідати, підсісти [peedseeda'ti, peedsee'sti] *v* take a seat, sit down

підскакувати [peedska'kuvati] *v* jump up, run up (to)

підсліпуватий [peedsleepuva'tiy] *adj* weak-sighted

підслухувати [peedslu'khuvati] *v* listen in (to), overhear

підсмажувати [peedsma'zhuvati] *v* fry, grill, roast, toast

підсобний [peedso'bniy] *adj* subsidiary

підсовувати [peedso'vuvati] *v* 1) put (under) 2) slip, palm off

підстава [peedsta'va] *f* reason, grounds

підставка [peedsta'vka] *f* stands, support, prop

підставний [peedstavni'y] *adj* false

підставляти, підставити [peedstavlya'ti, peedsta'viti] *v* 1) put (under), place (under) 2) substitute

підстанція [peedsta'ntseeya] *f* substation

підстерігати [peedstereega'ti] *v* lie in wait (for), be on the watch (for)

підстилати [peedstila'ti] *v* spread (under)

підстилка [peedsti'lka] *f* floor covering, litter

підстрелити [peedstreli'ti] *v* wound (by a shot)

підстрибувати [peedstri'buvati] *v* jump up, bounce

підстригати [peedstriga'ti] *v* trim, cut/trim one's hair

підстригатися [peedstriga'tisya] *v* cut one's hair, have one's hair cut

підступ [pee'dstup] *m* 1) approach 2) intrigue, scheming

підступати(ся) [peedstupa'ti(sya)] *v* approach

підступний [peedstu'pniy] *adj* insidious, perfidious

підступність [peedstu'pneest'] *f* insidiousness, guile

підсудний [peedsu'dniy] *adj* 1) under/within the jurisdiction 2) the accused, defendant

підсумковий [peedsumko'viy] *adj* 1) total 2) final, concluding

підсумовувати [peedsumo'vuvati] *v* 1) add up, total up 2) sum up

підсумок [peedsu'mok] *m* 1) total, sum 2) result

підтасовувати [peedtaso'vuvati] *v* garble, juggle (with)

підтвердження [peedtve'rdzhennya] *n* confirmation, corroboration

підтверджувати [peedtve'rdzhuvati] *v* confirm, corroborate, acknowledge

підтверджуватися [peedtve'rdzhuvatisya] *v* be confirmed, prove correct

підтекст [peedte'kst] *m* implication

підточувати [peedto'chuvati] *v* sharpen, eat away, erode, undermine

підтримка [peedtri'mka] *f* support, backing

підтримувати [peedtri'muvati] *v* 1) support, back up 2) keep up, maintain

підтягувати [peedtya'guvati] *v* 1) tighten 2) pull, draw 3) bring up 4) ginger up, pull up, join in

підтягуватися [peedtya'guvatisya] *v* pull oneself up, catch up

підтяжки [peedtya'zhki] *pl* braces, suspenders

підучувати [peedu'chuvati] *v* teach, learn, egg on

підфарбовувати [peedfarbo'vuvati] *v* touch up

підхід [peedkhee'd] *m* approach 2) method of approach 3) point of view

підходити, підійти [peedkhodi'ti, peedeeyti'] *v* 1) come up (to), approach 2) draw near 3) suit, fit

підхоплювати, підхопити [peedkho'plyuvati, peedkhopi'ti] *v* 1) catch (up), seize, snatch up 2) take up, pick up, join in

підхоплюватися [peedkho'plyuvatisya] *v* jump up

підчепити [peedchepi'ti] *v* hook, pick up, catch

підшефний [peedshe'fniy] *adj* affiliated, adopted, under the patronage

підшивати, підшити [peedshiva'ti, peedshi'ti] *v* 1) sew in/on 2) hem 3) file

підшипник [peedshi'pnik] *m* bearing

підшкірний [peedshkee'rniy] *adj* hypodermic

підштовхувати [peedshto'vkhuvati] *v* push, shove, nudge

підшукувати [peedshu'kuvati] *v* try to find

піжама [peezha'ma] *f* pyjamas

пізнавальний [peeznava'l'niy] *adj* cognitive

пізнавати, пізнати [peeznava'ti, peezna'ti] *v* 1) recognize 2) get to know, get acquainted (with), cognize

пізнання [peezna'nnya] *n* knowledge, cognition

пізній [pee'zneey] *adj* late

пізно [pee'zno] *adv* late

пійло [pee'ylo] *n* swill, mash

піймати [peeyma'ti] *v* catch

пік [peek] *m* peak, години~ rushhours

пікантний [peeka'ntniy] *adj* piquant, savoury

пікет [peeke't] *m* picket

пікірувати [peekee'ruvati] *v* dive

піклуватися [peekluva'tisya] *v* look after, take care (of)

пікнік [peeknee'k] *m* picnic

пілот [peelo't] *m* pilot

пілотаж [peelota'zh] *m* piloting, flying

пілюля [peelyu'lya] *f* pill

пільга [pee'l'ga] *f* privilege

пільговий [pee'l'goviy] *adj* special, favourable

піна [pee'na] *f* 1) foam, froth, lather 2) (soap) suds

пінгвін [peengvee'n] *m* penguin

пінистий [pee'nistiy] *adj* foamy, frothy

пінитися [pee'nitisya] *v* foam, froth

пінцет [peentse't] *m* tweezers, pincers

піонер, ~ка [peeone'r, ~ka] *m, f* pioneer

піонерський [peeone'rs'kiy] *adj* pioneer

піпетка [peepe'tka] *f* pipette, dropper

піраміда [peeramee'da] *f* pyramid

пірат [peera't] *m* pirate

піратський [peera'ts'kiy] *adj* pirate

пір'їна [peer"yee'na] *f* feather

пір'їнка [peer"yee'nka] *f* (small) feather, plumelet

пірнати [peerna'ti] *v* dive, plunge

пір'я [pee'r"ya] *n* feathers, plumage

після [pee'slya] *adv, prep* 1) afterwards, later (on) 2) after

післявоєнний [peeslyavoye'nniy] *adj* post-war

післязавтра [peeslyaza'vtra] *adv* the day after tomorrow

післямова [peeslyamo'va] *f* epilogue

післяобідній [peeslyaobee'dneey] *adj* after-dinner

пісний [peesni'y] *adj* lenten, lean

пісня [pee'snya] *f* song

пісок [peeso'k] *m* sand

пістолет [peestole't] *m* pistol

піт [peet] *m* sweat, perspiration

піти [pee'ti] *v* set off, go off, start, begin to fall

пітний [peetni'y] *adj* sweaty

пітніти, спітніти [peetnee'ti, speetnee'ti] *v* sweat, perspire

пітьма [peet'ma'] *f* dark, darkness

піхви [pee'khvi] *pl* scabbard, sheath

піхота [peekho'ta] *f* infantry

піхотинець [peekhoti'nets'] *m* infantryman

піхотний [peekho'tniy] *adj* infantry

піч [peech] *f* stove, oven, furnace

пішак [peesha'k] *m* pawn

піший [pee'shiy] *adj* foot, on foot

пішки [pee'shki] *adv* on foot, ходити~ walk, go on foot

пішохід [peeshokhee'd] *m* pedestrian

пішохідний [peeshokhee'dniy] *adj* pedestrian, foot

піщаний [peeshcha'niy] *adj* sandy, sand

плавання [pla'vannya] *n* 1) swimming, boating 2) voyage, cruise

плавати [pla'vati] *v* swim, float, drift, sail, steam, cruise, navigate

плавець [plave'ts] *m* swimmer

плавильний [plavi'l'niy] *adj* smelting

плавити [pla'viti] *v* melt, smelt

плавитися [pla'vitisya] *v* fuse

плавка [pla'vka] *f* (s)melting, fusion

плавкий [pla'vkiy] *adj* fusible

плавкість [pla'vkeest'] *f* fusibility

плавний [pla'vniy] *adj* easy, smooth, fluent

плавність [pla'vneest'] *f* smoothness, fluency

плавучий [plavu'chiy] *adj* floating

плагіат [plageea't] *m* plagiarism

плазом [pla'zom] *adv* crawling, on all fours

плазувати [plazuva'ti] *v* creep, crawl

плазун [plazu'n] *m* reptile(s)

плакат [plaka't] *m* poster, bill, placard

плакати [pla'kati] *pl* cry, weep

плакатися [pla'katisya] *v* moan, complain

плакса [pla'ksa] *f* cry-baby

плаксивий [plaksi'viy] *adj* whining

план [plan] *m* plan

планер [pla'ner] *m* glider, sail-plane

планета [plane'ta] *f* planet

планетарій [planeta'reey] *m* planetarium

планетний [plane'tniy] *adj* planetary

планка [pla'nka] *f* plank, lath

плановий [pla'noviy] *adj* planned, planning

планомірний [planomee'rniy] *adj* planned, systematic

плантація [planta'tseeya] *f* plantation

планувати [planuva'ti] *v* plan

пласт [plast] *m* 1) layer 2) bed, stratum

пластинка [plasti'nka] *f* plate, record, recording, disc

пластир [pla'stir] *m* plaster, липкий~ sticking plaster

пластичний [plasti'chniy] *adj* plastic

пластівці [plasteevtse'] *pl* flakes

пластмаса [plastma'sa] *f* plastic

плата [pla'ta] *f* pay, fee, rent, fare

платина [pla'tina] *f* platinum

платити [plati'ti] *v* pay, repay (with)

платіж [platee'zh] *m* payment

платіжний [platee'zhniy] *adj* pay

платний [platni'y] *adj* paid, вхід ~ й paid admission

платник [pla'tnik] *m* payer

платня [platnya'] *f* 1) salary, wages 2) pay

плато [plato'] *n* plateau, tableland

платоспроможний [platospromo'zhniy] *adj* solvent

плаття [pla'ttya] *n* dress, frock, gown

платформа [platfo'rma] *f* 1) platform 2) open track 3) programme

плацдарм [platsda'rm] *m* bridge-head, base

плацкарта [platska'rta] *f* reserved-seat ticket

плацкартний (вагон) [platska'rtniy vago'n] *adj + m* car with reserved seats

плач [plach] *m* weeping, crying

плащ [plashch] *m* 1) raincoat, waterproof 2) cloak

плеврит [plevri't] *m* pleurisy

плед [pled] *m* plaid, rug

плекати [pleka'ti] *v* cherish, foster

племінник [plemee'nnik] *m* nephew

племінниця [plemee'nnitsya] *f* niece

плем'я [ple'm''ya] *n* tribe

пленарний [plena'rniy] *adj* plenary

плентатися [ple'ntatisya] *v* trudge along

пленум [ple'num] *m* plenum

плескати(ся) [pleska'ti(sya)] *v* 1) lap 2) splash 3) clap

плескатий [pleska'tiy] *adj* flat

плескіт [ple'skeet] *m* lapping, splash

плести [plesti'] *v* weave, plait, braid, spin

плетений [ple'teniy] *adj* knitted, wicker

плече [pleche'] *n* shoulder

плигати [pliga'ti] *v* jump, loap, hop

плин [plin] *m* flow, course

плинний [pli'nniy] *adj* flowing, running, unstable

плинність [pli'nneest'] *f* instability, fluctuation(s)

плита [plita'] *f* 1) plate, slab, flagstone 2) kitchenrange, stove

плитка [pli'tka] *f* 1) (small) stove 2) tile 3) bar

плівка [plee'vka] *f* film, tape

плід [pleed] *m* fruit

пліснява [plee'snyava] *f* mould

пліснявіти [pleesnya'veeti] *v* grow/get mouldy

пліт [pleet] *m* fence

плітка [plee'tka] *f* piece of gossip, gossip

пліч-о-пліч [pleech-o'-pleech] *adv* shoulder to shoulder

плодитися [ploditi'sya] *v* breed, propagate

плодівництво [plodeevni'tstvo] *n* fruit-growing

плодовий [plodo'viy] *adj* fruit

плодовитий [plodovi'tiy] *adj* fertile, fecund, prolific

плодоносити [plodonosi'ti] *v* bear fruit

плодотворний [plodotvo'rniy] *adj* fruitful

плодючий [plodyu'chiy] *adj* fertile, fruit-bearing

пломба [plo'mba] *f* 1) seal 2) stopping, filling

пломбувати, запломбувати [plombuva'ti, zaplombuvati] *v* 1) seal (up) 2) stop, fill

плоский [plo'skiy] *adj* flat

плоскогубці [ploskogu'btsee] *pl* pliers

площа [plo'shcha] *f* 1) area 2) square 3) dwelling/living space

площина [ploshchi'na] *f* space, area, plain

плуг [plug] *m* plough

плутанина [plutani'na] *f* muddle, confusion

плутати [plu'tati] *v* 1) tangle, muddle up, mix up 2) confuse 3) take for

плутатися [plu'tatisya] *v* get confused

плювальниця [plyuva'l'nitsya] *f* spittoon

плювати [plyuva'ti] *v* spit

плювок [plyuvo'k] *m* spit(tle)

плюс [plyus] *m* 1) plus 2) advantage

плюскіт [plyu'skeet] *m* splash, lapping

плюш [plyush] *m* plush

плюшевий [plyu'sheviy] *adj* plush

плющ [plyushch] *m* ivy

пляж [plyazh] *m* beach

пляжний [plya'zhniy] *adj* beach

пляма [plya'ma] *f* spot, stain, blot

плямувати, заплямувати [plyamuva'ti, zaplyamuva'ti] *v* stain, spot

пляшка [plya'shka] *f* bottle

пневматичний [pnevmati'chniy] *adj* pneumatic

по [po] *prep* 1) on, over, through, about 2) by, over 3) in, by 4) (up) to 5) for

побажання [pobazha'nnya] *n* wish

побажати [pobazha'ti] *v* wish, desire

побачення [poba'chennya] *n* meeting, appointment, rendezvous, date

побачити [poba'chiti] *v* see

побачитися [poba'chitisya] *v* see each other, meet

побити [pobi'ti] *v* beat, defeat, break, smash

побитися [pobi'tisya] *v* 1) fight 2) be broken/smashed

побігти [pobee'gti] *v* run, start running

побіжний [pobee'zhniy] *adj* cursory, superficial

побічний [pobee'chniy] *adj* accessory, collateral, incidental

поблажливий [pobla'zhliviy] *adj* 1) lenient, indulgent 2) patronizing

поблизу [poblizu'] *adv* close be, hereabouts

поборник [pobo'rnik] *m* champion

поборювати, побороти [pobo'ryuvati, poboro'ti] *v* overpower, overcome

по-братерськи [po-brate'rs'ki] *adv* fraternally, like brothers

побратим [pobrati'm] *m* sworn brother

побрити(ся) [pobri'ti(sya)] *v* shave (oneself)

побувати [pobuva'ti] *v* be, visit

побудова [pobudo'va] *f* construction

побудувати [pobuduva'ti] *v* build, construct

побудуватися [pobuduva'tisya] *v* be built, be constructed

побут [po'but] *m* 1) mode/way of life 2) everyday life

побути [pobu'ti] *v* stay

побутовий [pobuto'viy] *adj* everyday

повага [pova'ga] *f* respect

поважати [povazha'ti] *v* respect, esteem

поважний [pova'zhniy] *v* worthy, respected, respectable

повалення [pova'lennya] *n* overthrow

повалити [povali'ti] *v* 1) throw down, overthrow 2) fell

повалити [povali'ti] *v* throw

повалитися [povali'tisya] *v* fall down

повернення [pove'rnennya] *n* return

повертати, повернути [poverta'ti, povernu'ti] *v* 1) turn 2) change 3) return, give back

повертатися [poverta'tisya] *v* 1) turn 2) go/come back, return

поверх [po'verkh] *m* story, floor

поверх [pove'rkh] *prep* 1) on the top 2) over, beyond

поверхня [pove'rkhnya] *f* surface

поверховий [poverkho'viy] *adj* surface, superficial, shallow

повести [povesti'] *v* lead, take

повечеряти [poveche'ryati] *v* supper, take/have supper

повз [povz] *prep* past, by

повзати [po'vzati] *v* creep, crawl, cringe (to), fawn (upon)

повзти [povzti'] *v* creep, crawl

повидло [povi'dlo] *n* jam

повинен [povi'nen] *v* must, should (+ *inf*), ought (+ *inf*)

повинність [povi'nneest'] *f* duty, obligation

повід [po'veed] *m* bridle-rein

повідомлення [poveedo'mlennya] *n* communication, announcement, report, communique

повідомляти, повідомити [poveedomlya'ti, poveedomi'ti] *v* inform (about), let know, communicate (to), report (to), announce 2) notify (of, about)

повік [povee'k] *adv* for ever

повіки [povee'ki] *pl* eye-lids

повільний [povee'l'niy] *adj* slow, sluggish

повінь [po'veen'] *f* flood, inundation

повірити [povee'riti] *v* believe

повір'я [povee'r''ya] *n* popular belief, superstition

повісити [povee'siti] *v* hang

повіситися [povee'sitisya] *v* hang oneself

повістка [povee'stka] *f* notice, notification, summons

поведінка [povedee'nka] *f* behavior, conduct

повість [po'veest'] *f* tale, story

повітроплавання [poveetropla'vannya] *n* aeronautics, aerostatics

повітря [povee'trya] *n* air

повітряний [povee'trya'niy] *adj* air

повний [po'vniy] *adj* 1) full, packed 2) complete

повністю [po'vneestyu] *adv* fully, completely

повноваження [povnova'zhennya] *n* authority, powers

повноважний [povnova'zhniy] *adj* plenipotentiary

повновладний [povnovla'dniy] *adj* sovereign

повнолітній [povnolee'tneey] *adj* for age

повноліття [povnolee'ttya] *n* coming of age, majority

повноправний [povnopra'vniy] *adj* enjoying full rights

повнота [povnota'] *f* fullness, completeness

повноцінний [povnotsee'nniy] *adj* of full value

поводженя [povo'dzhennya] *n* behaviour, manners

поводитися [povo'ditisya] *v* behave, treat *smb*

поволі [povo'lee] *adv* gradually, little by little

поворот [povoro't] *m* 1) turn(ing), bend 2) change, turning-point

поворотний [povoro'tniy] *adj* 1) rotating, turning, swing 2) turning, crucial

повставати, повстати [povstava'ti, povsta'ti] *v* rise, revolt

повстанець [povsta'nets'] *m* insurgent

повстання [povsta'nnya] *n* (up) rising, revolt, rebellion, insurrection

повсякденний [povsyakde'nniy] *adj* daily, everyday

повторення [povtore'nnya] *n* repetition, reiteration

повторний [povto'rniy] *adj* repeated

повторювати [povto'ryuvati] *v* repeat, reiterate

повчальний [povcha'l'niy] *adj* instructive

повчання [povcha'nnya] *n* precept, lesson, homily

повчати [povcha'ti] *v* teach, lecture

пов'язувати [pov''ya'zuvati] *v* 1) tie together, bind 2) unite, connect, link

поганий [poga'niy] *adj* bad, poor

погано [poga'no] *adv* badly, not well, unwell

погіршати [pogee'rshati] *v* be/become worse, deteriorate

погіршення [pogee'rshennya] *n* worsening, change for the worse, aggravation, deterioration

погіршувати, погіршити [pogee'r shuvati, pogee'rshiti] *v* make worse, worsen, aggravate

поглиблювати(ся), поглибити-(ся) [pogli'blyuvati(sya), pogli'biti(sya)] *v* make deeper, deepen

поглинати, поглинути [poglina'ti, pogli'nuti] *v* absorb, soak up, engross

погляд [poglya'd] *m* 1) glance, look 2) new, opinion

поглядати, поглянути [poglyada'ti, poglyanu'ti] *v* glance (from time to time)

погнати [pogna'ti] *v* drive

поговір [pogovee'r] *m* gossip

поговорити [pogovori'ti] *v* (have a) talk

погода [pogo'da] *f* weather, прогноз погоди weather forecast

погодження [pogo'dzhennya] *n* coordination

погоджувати, погодити [pogo'dzh uvati, pogo'diti] *v* coordinate, get agreement

погоджуватися, погодитися [pogo'dzhuvatisya, pogo'ditisya] *v* agree, be in conformity (with)

поголити(ся) [pogoli'ti(sya)] *v* shave (oneself)

поголів'я [pogolee'v"ya] *n* (live-)-stock

поголос [po'golos] *m* rumour

погон [pogo'n] *m* shoulder-strap

погонич [pogo'nich] *m* driver

погоня [pogo'nya] *f* 1) pursuit, chase 2) pursuers

поготів [pogotee'v] *adv* all the more, so much, the more

пограбування [pograbuva'nnya] *n* robbery

пограбувати [pograbuva'ti] *v* rob

погріб [po'greeb] *m* cellar

погрожувати [pogro'zhuvati] *v* threaten, menace

погроза [pogro'za] *f* threat, menace

погрозливий [pogro'zliviy] *adj* threatening, menacing

погром [pogro'm] *m* massacre

погруддя [pogru'ddya] *n* bust

подавати, подати [podava'ti, poda'ti] *v* 1) give, hand 2) serve

подагра [poda'gra] *f* gout

подання [podannya'] *n* presentation

подарувати [podaruva'ti] *v* present, give a present

подарунок [podaru'nok] *m* present, gift

податися [poda'tisya] *v* go, leave (for)

податок [poda'tok] *m* tax, обкладення податком taxation

подбати [podba'ti] *v* look (after), take care (of)

подвиг [po'dvig] *m* exploit, feat, heroic deed

подвійний [podvee'yniy] *adj* 1) double 2) ambivalent

подвір'я [podvee'r"ya] *n* court, yard

подвоєний [podvo'yeniy] *adj* double, redoubled

подвоєння [podvo'yennya] *n* doubling, redoubling

подвоювати(ся), подвоїти(ся) [podvo'yuvati(sya), podvo'yeeti-(sya)] *v* double, redouble

подекуди [pode'kudi] *adv* here and there, somewhere

поденний [pode'nniy] *adj* by the day

поденник [pode'nnik] *m* day-labourer, time-worker

подерти [pode'rti] *v* tear

подертий [pode'rtiy] *adj* torn

подертися [pode'rtisya] *v* tear, be torn

подзвонити [podzvoni'ti] *v* ring, toll, ring up, call up

подив [po'div] *m* astonishment, surprise, amazement

подивитися [podivi'tisya] *v* look (at), gaze (at)

подих [po'dikh] *m* breathing, breath

подібний [podee'bniy] *adj* 1) similar (to), like 2) such, of this (that) kind

подібність [podee'bneest'] *f* similarity, resemblance, likeness

поділ [po'deel] *m* 1) division 2) point 3) fission

поділ [podee'l] *m* 1) lowland 2) hem (of a skirt), skirt

поділити [podeeli'ti] *v* 1) divide, share 2) separate

поділитися [podeeli'tisya] *v* 1) break up, split up, fall into 2) be divided

подільний [podee'l'niy] *adj* divisible

подільність [podee'l'neest'] *f* divisibility

подіти [podee'ti] *v* put

подітися [podee'tisya] *v* go, get to

подія [podee'ya] *f* event

подобатися, сподобатися [podo'batisya, spodo'batisya] *v* please, like

подовження [podo'vzhennya] *n* lengthening, prolongation, extension

подовжній [podo'vzhneey] *adj* longitudinal, lengthwise

подовжувати [podo'vzhuvati] *v* lengthen, prolong

подовжуватися [podo'vzhuvatisya] *v* lengthen, become longer

подолання [podola'nnya] *n* overcoming, surmounting

подолати [podola'ti] *v* overcome, surmount, get the better (of)

подорож [po'dorozh] *f* journey, voyage, trip, tour

подорожник [podoro'zhnik] *m* plantain

подорожній [podoro'zhneey] *adj* 1) travel, travelling 2) traveller

подорожувати [podorozhuva'ti] *v* travel, voyage

подразнення [podra'znennya] *n* irritation

подразник [podra'znik] *m* irritant

подразнювати [podra'znyuvati] *v* irritate

подробиця [podro'bitsya] *f* detail

подруга [podru'ga] *f* (girl-)friend, schoolmate

по-друге [po-dru'ge] *adv* secondly, in the second place

подружжя [podru'zhzhya] *n* married couple, husband and wife

подружитися [podruzhi'tisya] *v* make friends (with)

подружній [podru'zhneey] *adj* matrimonial, conjugal

подряпати [podrya'pati] *v* scratch

подув [po'duv] *m* puff, breath

подужати [podu'zhati] *v* overpower, master, overcome

подумати [podu'mati] *v* think

подушка [podu'shka] *f* pillow, cushion

подяка [podya'ka] *f* gratitude, message of thanks

подякувати [podya'kuvati] *v* thank

поезія [poe'zeeya] *f* poetry

поема [poe'ma] *f* poem

поет [poe't] *m* poet

поетичний [poeti'chniy] *adj* poetic(al)

поєдинок [poyedi'nok] *m* duel

поєднувати, поєднати [poye'dnuvati, poyedna'ti] *v* join, connect, link, bind

поєднуватися [poye'dnuvatisya] *v* unite, combine

пожадливий [pozha'dliviy] *adj* greedy (for), vocacious

пожадливість [pozha'dliveest'] *f* greed(iness)

пожартувати [pozhartuva'ti] *v* joke

пожвавлення [pozhva'vlennya] *n* animation

пожвавлювати [pozhva'vlyuvati] *v* revive, enliven, brighten up

пожвавлюватися [pozhva'vlyuvatisya] *v* become animated, liven up

пожежа [pozhe'zha] *f* fire, conflagration

пожежний [pozhe'zhniy] *adj* fire

пожежник [pozhe'zhnik] *m* fireman

пожертвувати [pozhe'rtvuvati] *v* donate, sacrifice

пожива [pozhi'va] *f* food, nourishment

поживний [pozhi'vniy] *adj* nutritious, nourishing

поживати [pozhiva'ti] *v* як поживаєте? how are you getting on?

пожинати [pozhina'ti] *v* reap

пожирати, пожерти [pozhira'ti, pozhe'rti] *v* devour

пожитки [pozhi'tki] *pl* things, belongings

поза [po'za] *f* pose, posture

поза [po'za] *prep* outside, out of

позавчора [pozavcho'ra] *adv* the day before yesterday

позаду [poza'du] *adv* behind, at the back

позаминулий [pozaminu'liy] *adj* before last

позаочі [poza'ochee] *adv* behind *smb's* back

позаторік [pozatoree'k] *adv* the year before last

позачерговий [pozachergo'viy] *adj* out of turn, extraordinary

позашкільний [pozashkeel'ni'y] *adj* out-of-school

позаштатний [pozashta'tniy] *adj* not on the staff

позбавляти, позбавити [pozbavlya'ti, pozba'viti] *v* deprive (of)

позбавлятися [pozbavlya'tisya] *v* be deprived (of)

позбуватися, позбутися [pozbuva'tisya, pozbu'tisya] *v* get rid of

поздовжній [pozdo'vzhneey] *adj* longitudinal, lengthwise

поздоровлення [pozdoro'vlennya] *n* congratulation

поздоровляти [pozdorovlya'ti] *v* congratulate, ~ з днем нарождення many happy returns (of the day)

поздоровчий [pozdoro'vchiy] *adj* congratulatory

позивач [poziva'ch] *m* plaintiff

позика [po'zika] *f* loan

позитивний [poziti'vniy] *adj* positive, affirmative

позиція [pozi'tseeya] *f* position

позичати [pozicha'ti] *v* 1) borrow 2) lend

позичка [po'zichka] *f* deft, loan

позіхати, позіхнути [pozeekha'ti, pozeekhnu'ti] *v* yawn

познайомити [poznayo'miti] *v* acquaint (with), introduce

познайомитися [poznayo'mitisya] *v* acquaint oneself (with), make *smb's* acquaintance

позначати, позначити [poznacha'ti, pozna'chiti] *v* 1) mark, denote, designate 2) indicate

позначатися [poznacha'tisya] *v* be reflected, affect

позначка [po'znachka] *f* note, mark

позолота [pozolo'ta] *f* gilt, gilding

позолотити [pozoloti'ti] *v* gild

позолочений [pozolo'cheniy] *adj* gilt, gilded

позувати [pozuva'ti] *v* pose, put on airs

поіменний [poeeme'nniy] *adj* nominal

по-іншому [po-ee'nshomu] *adv* differently, in a different way

поїзд [po'yeezd] *m* go by train

поїздка [poyee'zdka] *f* journey, trip, outing, excursion

поїсти [poyee'sti] *v* eat, have *smth* (to eat)

поїти, напоїти [poyee'ti, napoyee'ti] *v* give to drink, water, поїти чаєм give tea

поїхати [poyee'khati] *v* 1) go 2) depart, set off

покажчик [poka'zhchik] *m* 1) index 2) guide, list 3) indicator, pointer 4) road-sign

показ [poka'z] *m* showing, demonstration, display

показання [pokaza'nnya] *n* testimony, evidence

показати(ся) [pokaza'ti(sya)] *v* appear, come in sight, show oneself

показний [pokazni'y] *adj* imposing, impressive, dignified

показник [pokazni'k] *m* 1) proof, indicator 2) index 3) exponent

показовий [pokazo'viy] *adj* 1) significant 2) demonstration 3) model

показувати, показати [poka'zuvati, pokaza'ti] *v* 1) show, demonstrate, perform 2) point, indicate 3) display, show 4) testify, give evidence (of, against)

покалічений [pokalee'cheniy] *adj* maimed, crippled

покалічити [pokalee'chiti] *v* maim, cripple

покарання [pokara'nnya] *n* punishment

покарати [pokara'ti] *v* punish

покаяння [pokaya'nnya] *n* repentance, confession

покаятися [poka'yatisya] *v* repent, confess

поки [po'ki] *adv, conj* 1) for the present, for the time being 2) while 3) till, until

покидати [pokida'ti] *v* leave, abandon, desert, forsake

покинутий [poki'nutiy] *adj* left, forsaken, deserted, abandoned

покійний [pokee'yniy] *adj* 1) late 2) the deceased

покійник [pokee'ynik] *m* the deceased

покінчити [pokee'nchiti] *v* finish

покірливий, покірний [pokee'rliviy, pokee'rniy] *adj* submissive, obedient

покірність [pokee'rneest'] *f* submissiveness, obedience

покірно [pokee'rno] *adv* submissively, humbly

покіс [pokee's] *m* meadow

поклад [po'klad] *m* deposit, поклади вугілля coal-field

покладати, покласти [poklada'ti, pokla'sti] *v* charge, place (on), set (on)

покладатися, покластися [poklada'tisya, pokla'stisya] *v* rely (upon), depend (upon)

поклик [po'klik] *m* appeal, call

покли'кання [poklikannya] *n* vocation, calling

покликати [pokli'kati] *v* call, appeal

поклін [poklee'n] *m* bow

поклонятися, поклонитися [poklonya'tisya, pokloni'tisya] *v* worship

поклястися [poklya'stisya] *v* swear

покоління [pokolee'nnya] *n* generation

покоряти, покорити [pokorya'ti, pokori'ti] *v* conquer, subdue

покотити(ся) [pokoti'ti(sya)] *v* roll down

покохати [pokokha'ti] *v* fall in love (with)

покращати, покращити [pokra'sh chati, pokra'shchiti] *v* improve

покривало [pokriva'lo] *n* cloth, coverlet

покривати, покрити [pokriva'ti, pokri'ti] *v* 1) cover 2) coat, paint 3) pay off, discharge

покриття [pokrittya'] *n* 1) covering, coating 2) payment 3) roofing

покришка [po'krishka] *f* lid, tyrecover

покрівля [pokree'vlya] *f* roofing

покрій [pokree'y] *m* cut

покровитель [pokrovi'tel'] *m* patron, protector

покручений [pokru'cheniy] *adj* twisted, curved

покупатися [pokupa'tisya] *v* take/ have a bath

покупець [pokupe'ts'] *m* buyer, purchaser, client

покупка [poku'pka] *f* purchase

покуштувати [pokushtuva'ti] *v* taste

пола [pola'] *f* flap, з-під поли on the sly

полагодити [pola'goditi] *v* repair, mend

поламаний [pola'maniy] *adj* broken

поле [po'le] *n* 1) field, sphere 2) ground 3) margin 4) brim

полегшення [pole'gshennya] *n* relief

полегшувати, полегшити [pole'g-shuvati, pole'gshiti] v lighten, make lighter, facilitate, make easy, relieve

полемізувати [polemeezuva'ti] v argue (with), polemize (with)

полеміка [pole'meeka] f polemics, dispute

полемічний [polemee'chniy] adj polemic(al)

полетіти [poletee'ti] v 1) fly 2) take off, make a flight

поливати, полити [poliva'ti, poli'ti] v pour, water

полин [poli'n] m wormwood

полиця [poli'tsya] f shelf, berth

полігон [poleego'n] m shooting-range, proving ground

поліграфічний [poleegraphee'chniy] adj printing

поліграфія [poleegraphee'ya] f printing industry

поліклініка [poleeklee'neeka] f polyclinic

поліно [polee'no] n log

поліпшений [polee'psheniy] adj improved

поліпшувати(ся) [polee'pshuvati-(sya)] v improve

полірований [poleero'vaniy] adj polished

полірувати [poleeruva'ti] v polish

політ [polee't] m flight

політехнічний [poleetekhnee'chniy] adj polytechnic(al)

політик [polee'tik] m politician

політика [polee'tika] f politics, policy

політичний [poleeti'chniy] adj political, ~ діяр politician

поліцейський [poleetse'ys'kiy] adj, m 1) police 2) policeman

поліція [polee'tseeya] f police

полічити [poleechi'ti] v count, calculate

полк [polk] m regiment

полковник [polko'vnik] m colonel

полководець [polkovo'dets'] m general

половина [polovi'na] f half

пологи [polo'gi] pl childbirth

пологий [pologi'y] adj sloping

положення [polozhe'nnya] n 1) position 2) posture 3) state, condition 4) principle

полоз, ~ок (саней) [po'loz, ~o'k] m runner

полон [polo'n] m captivity

полонений [polone'niy] adj prisoner, war prisoner

полонити [poloni'ti] v captivate, fascinate

полоскати [poloska'ti] v rinse, gargle

полоскатися [poloska'tisya] v splash

полоти [polo'ti] v weed

полотно [polotno'] n 1) linen 2) canvas

полотняний [polotnya'niy] adj linen

полохати, сполохати [polo'khati, spolo'khati] v frighten

полохатися [polo'khatisya] v be frightened

полохливий [polokhli'viy] adj timorous, shy

полудень [po'luden'] m noon, midday

полум'я [po'lum"ya] n flame

полум'яний [polum"ya'niy] adj flaming, fiery, ardent

полуниці [poluni'tsee] pl (garden) straw-berries

полюбити [polyubi'ti] v grow fond (of), fall in love (with)

полювання [polyuva'nnya] n hunting, chase

полюс [po'lyus] m pole

полягати, полягти [polya'gati, polya'gti] v 1) lie down 2) go to bed 3) fall

полягати (зводитись до чогось) [polyaga'ti] v consist (in), lie (in)

поляк [polya'k] m Pole

полярний [polya'rniy] adj arctic, polar

полярник [polya'rnik] *m* polar explorer

полька (жінка) [po'l'ka] *f* Polish woman, Pole

полька (танець) [po'l'ka] *f* polka

польовий [polyovi'y] *adj* field

польський [po'l's'kiy] *adj* Polish

помада [poma'da] *f* pomade, губна помада lip-stick

помазок [pomazo'k] *m* shaving-brush

помаленьку, помалу [pomale'n'ku, poma'lu] *adv* little by little, slowly

помандрувати [pomandruva'ti] *v* travel (for some time), leave (for), set off

помах [po'makh] *m* wave, movement, stroke, sweep, flap

помацки [po'matski] *adv* groping(ly), іти напомацки grope one's way

померлий [pome'rliy] *adj*, *m* 1) dead 2) the deceased

померти, помирати [pome'rti, pomira'ti] *v* die, be dead

помиї [pomi'yee] *pl* slops

помилитися, помилятися [pomili'tisya, pomilya'tisya] *v* make mistakes, be mistaken, be wrong

помилка [pomi'lka] *f* mistake, error

помилковий [pomilko'viy] *adj* erroneous, mistaken

помилково [pomilko'vo] *adv* by mistake, erroneously

помилування [pomi'luvannya] *n* pardon

помилувати [pomi'luvati] *v* pardon

помирити [pomiri'ti] *v* reconcile (with)

помиритися [pomiri'tisya] *v* make it up (with), be reconciled (to)

помідор [pomeedo'r] *m* tomato

поміж [pomee'zh] *prep* between, among

поміркований [pomeerko'vaniy] *adj* moderate, abstemious

поміркованість [pomeerko'vaneest'] *f* moderation, abstemiousness

помірний [pomee'rniy] *adj* moderate, temperate

поміряти [pomee'ryati] *v* measure, (температуру) take

помірятися [pomee'ryatisya] *v* try one's strength on each other

поміст [pomees't] *m* dais, platform

помістити, поміщати [pomeesti'ti, pomeeshcha'ti] *v* put, place

помітити, помічати [pomee'titi, pomeecha'ti] *v* notice, mark

помітка [pomee'tka] *f* note, mark

помітний [pomee'tniy] *adj* 1) visible, noticeable, appreciable, marked 2) notable

помітно [pomee'tno] *adv* noticeably, appreciably

поміч [po'meech] *f* help, assistance, aid

помічник, ~ця [pomeechni'k, ~tsya] *m*, *f* assistant, helper

помішати [pomeesha'ti] *v* stir, mix

поміщатися [pomeeshcha'tisya] *v* get in

поміщик [pomee'shchik] *m* landowner, landlord

поміщицький [pomee'shchits'kiy] *adj* landowner's, landlord's

помножити [pomno'zhiti] *v* multiply (by)

по-моєму [po-mo'yemu] *adv* 1) in my opinion, as i see it 2) in my way

помста [po'msta] *f* revenge

помститися [pomsti'tisya] *v* revenge oneself (on), take revenge (on)

пом'якшувати [pom''ya'kshuvati] *v* 1) make soft, soften, mollify 2) moderate, allay

пом'якшуватися [pom''ya'kshuvatisya] *v* 1) become soft, soften, mollify 3) diminish, abate 3) grow milder

пом'я́тий [pom''yatiy] *adj* crumpled, creased

понад [po'nad] *prep* over, above

поневолення [ponevo'lennya] *n* enslavement, subjugation

поневолювати [ponevo'lyuvati] *v* enslave, subjugate

понеділок [ponedee'lok] *m* Monday

понижувати, понизити [poni'zhuvati, poni'ziti] *v* lower, reduce 2) degrade

поникати, поникнути [ponika'ti, poni'knuti] *v* droop, wilt

поновлювати, поновити [pono'vl yuvati, ponovi'ti] *v* 1) renew, renovate, refresh 2) restore, reconstruct

поновлюватися [pono'vlyuvatisya] *v* 1) be renewed 2) be restored, recover

по-новому [po-novo'mu] *adv* in a new way, жити по-новому begin a new life

поночі [po'nochee] *adv* in the dark

понурий [ponu'riy] *adj* downcast, dismal

понурити (голову) [ponu'riti golovu] *v* + *m* hang one's head

поняття [ponya'ttya] *n* 1) concept, notion, idea, conception

пообідати [poobee'dati] *v* dine, have/take one's dinner

поодинокий [poodino'kiy] *adj* isolated

поодинці [poodi'ntsee] *adv* separately, singly, one at a time

попадати, попасти [popada'ti, popa'sti] *v* 1) hit, strike 2) get

попадатися [popada'tisya] *v* get caught

поперед [popere'd] *adv* in front of, before

попереджати, попередити [poperedzha'ti, popere'diti] *v* 1) notify, give advance, notice (about), warm 2) prevent

попередження [popere'dzhennya] *n* notification, notice, warning 2) preventation

попередник, ~ця [popere'dnik, ~tsya] *m, f* precursor, predecessor

попередній [popere'dneey] *adj* preceding, previous

попереду [popere'du] *adv* 1) in front, in advance, ahead 2) in front of, before

поперек [popere'k] *m* loins, small of the back

поперек [po'pere'k] *prep* across

поперемінно [poperemee'nno] *adv* alternately

поперечний [popere'chniy] *m* transverse, cross

поперечник [popere'chnik] *m* diameter

по-перше [po-pe'rshe] *adv* first, in the first place

попит [po'pit] *m* demand

попід [popee'd] *prep* under, near

попіл [po'peel] *m* ashes

попільничка [popeel'ni'chka] *f* ashtray

поплавець, поплавок [poplave'ts', poplavo'k] *m* float

поплічник [poplee'chnik] *m* accomplice

поповнення [popo'vnennya] *n* replenishment, reinforcement

поповнювати, поповнити [popo' vnyuvati, popo'vniti] *v* 1) replenish, enrich 2) reinforce

поповнюватися [popo'vnyuvatisya] *v* 1) be replenished, be enriched 2) be reinforced

пополам [popola'm] *adv* in two, in half

попона [popo'na] *f* horse-cloth

поправити, поправляти [popra'viti, popravlya'ti] *v* 1) correct 2) adjust, put straight

поправка [popra'vka] *f* correction, amendment

попрікати, попрікнути [popreeka'ti, popreeknu'ti] *v* reproach

попросити [poprosi'ti] *v* ask (for), beg (for)

попрощатися [poproshcha'tisya] *v* say good-bay (to), take one's leave (of), bid farewell

популярний [populya'rniy] *adj* popular

популярність [populya'rneest'] *f* popularity

попускати, попустити [popuska'ti, popusti'ti] *v* relax, ease, loosen

пора [po'ra] *f* pore

пора [pora'] *f* time

порада [pora'da] *f* advice, counsel

порадити [pora'diti] *v* advise

порадитися [pora'ditisya] *v* consult, ask advise of

порадник [pora'dnik] *m* 1) adviser 2) reference book

поразка [pora'zka] *f* defeat

поранення [pora'nennya] *n* wounding, wound

поранений [pora'neniy] *adj* 1) wounded, injured 2) wounded man, injured man

поранити [pora'niti] *v* wound, injure, hurt

поратися [po'ratisya] *v* 1) keep house 2) be busy (over, with)

порвати [porva'ti] *v* tear, break off

порватися [porva'tisya] *v* tear, be torn, break, be broken off

пориватися [poriva'tisya] *v* try to attain, strive (for/after)

поривчастий [pori'vchastiy] *adj* gusty, jerky, abrupt, impetuous

поринати, поринути [porina'ti, pori'nuti] *v* dip, plunge

пористий [po'ristiy] *adj* porous

порівну [po'reevnu] *adv* equally, in equal parts

порівнювати, порівняти [poree'vnyuvati, poreevnya'ti] *v* compare

поріг [poree'g] *m* 1) threshold 2) rapids

поріз [poree'z] *m* cut

порізати [poree'zati] *v* cut

порізатися [poree'zatisya] *v* cut oneself

порізно [po'reezno] *adv* separately

по-різному [po-ree'znomu] *adv* in different ways

порічки [poree'chki] *pl* red/white currants

порода [poro'da] *f* 1) breed, race 2) sort, type 3) rock

породжувати, породити [poro'dzhuvati, porodi'ti] *v* give birth, beget, generate, evoke, dive rise (to)

породистий [poro'distiy] *adj* thoroughbred, pedigree

порожнеча [porozhnee'cha] *f* 1) emptiness 2) vacuum

порожнина [porozhni'na] *f* emptiness, cavity

порожній [poro'zhneey] *adj* 1) empty 2) hollow 3) vacant

порозумітися [porozumee'tisya] *v* come to a mutual understanding

порозумнішати [porozumnee'shati] *v* grow wiser

пором [poro'm] *m* ferry(-boat)

порося [porosya'] *n* sucking-pig

пороти [poro'ti] *v* unpick

порох [poro'kh] *m* 1) (gun)powder 2) dust

пороховий [porokhovi'y] *adj* (gun)-powder

пороша [poro'sha] *f* fresh/loose show

порошина [poroshi'na] *f* speck of dust

порошити [poroshi'ti] *v* raise the dust

порошок [porosho'k] *m* powder

порт [port] *m* port

портативний [portati'vniy] *adj* portable

портвейн [portve'yn] *m* port

портовий [porto'viy] *adj* port, портовий рабітник docker

портрет [portre't] *m* portrait

портсигар [portsiga'r] *m* cigarette-case

португалець, ～ка, ～льський [portuga'lets', ～ka, ～l's'kiy] *m, f, adj* Portuguese

178

портфель [portfe'l'] *m* 1) bag, brief-case 2) portfolio

портьєра [port'ye'ra] *f* curtain, door-curtain

порука [poru'ka] *f* bail, guarantee

поруч [po'ruch] *adv* beside, side by side, near, close by

поручень [po'ruchen'] *m* hand-rail

порушення [poru'shennya] *n* breach, violation, infringement, disturb-ance

порушник [poru'shnik] *m* disturber, offender

порушувати, порушити [poru'shu-vati, poru'shiti] *v* break, infringe, vi-olate, disturb

порцеляна [portselya'na] *f* china, porcelain

порція [po'rtseeya] *f* portion, helping

поршень [po'rshen'] *m* piston

поряд [porya'd] *adv prep* beside, side by side, near, close by

порядковий [porya'dkoviy] *adj* ordi-nal

порядний [porya'dniy] *adj* decent, honest

порядність [porya'dneest'] *f* decency, honesty

порядок [porya'dok] *m* 1) order 2) regime 3) rules, customs

порятунок [poryatu'nok] *m* rescue, salvation, rescuing, saving

посада [posa'da] *f* post, position

посадити [posadi'ti] *v* 1) plant 2) offer a seat, seat

посадка [posa'dka] *f* 1) planting 2) boarding 3) landing

посвідчення [posvee'dchennya] *n* 1) attestation, certification 2) card, certificate, ~ особи identity card

посвідчувати, посвідчити [pos-vee'dchuvati, posvee'dchiti] *v* cer-tify

по-своєму [po-svo'yemu] *adv* in one's own way

поселенець [posele'nets'] *m* settler

поселяти(ся), поселити(ся) [po-selya'ti(sya), poseli'ti(sya)] *v* settle

посеред [pose're'd] *adv prep* in the middle (of)

посередині [posere'dinee] *adv prep* 1) in the middle 2) in the middle (of)

посередник [posere'dnik] *m* mediator, intermediary, go-between

посередництво [posere'dnitstvo] *n* mediation

посередній [posere'dneey] *adj* me-diocre

посередність [posere'dneest'] *f* me-diocrity

посередньо [posere'dnyo] *adv* so-so, fair, satisfactory

посилання [posila'nnya] *n* reference (to)

посилати, послати [posila'ti, poslati] *v* send, dispatch, mail, post

посилатися, послатися [posila'-tisya, posla'tisya] *v* refere (to), cite

посилений [posi'leniy] *adj* intensified, reinforced

посилення [posi'lennya] *n* streng-thening, intensification

посилка (поштова) [posi'lka poshto-va] *f + adj* parcel

посилювати, посилити [posi'lyuva-ti, posi'liti] *v* intensify, strengthen

посилюватися [posi'lyuvatisya] *v* in-tensify, become stronger, grow louder

посильний [posi'l'niy] *adj* messenger

посипати, посипати [posipa'ti, po-si'pati] *v* powder, strew

посібник [posee'bnik] *m* text-book, manual

посів [posee'v] *m* 1) sowing 2) crops

посівний [poseevni'y] *adj* sowing, under grain

посіяти [posee'yati] *v* 1) sow 2) sift 3) drizzle

посковзнутися [poskovznu'tisya] *v* slip

послаблення [posla'blennya] *n* weakening, relaxation

послаблювати, послабити [posla'b lyuvati, posla'biti] *v* 1) weaken, make *smb* weak(er), relax, ease 2) loosen

посланець [posla'nets'] *m* messenger, envoy

послідовний [posleedo'vniy] *adj* 1) successive, consecutive 2) consistent

послідовник [posleedo'vnik] *m* follower

послідовність [posleedo'vneest'] *f* 1) succession, sequence 2) consistency

послуга [po'sluga] *f* service, favour

послужливий [poslu'zhliviy] *adj* obliging

послухати(ся) [poslu'khati(sya)] *v* 1) be obedient (to), obey 2) be tried

посмертний [posme'rtniy] *adj* posthumous

посміти [posmee'ti] *v* dare, venture

посміхатися, посміхнутися [posmeekha'tisya, posmeekhnu'tisya] *v* smile

посміховисько, ~ще [posmeekho'vis'ko, ~shche] *n* laughing-stock

посмішка [po'smeeshka] *f* smile, grin

поснідати [posnee'dati] *v* (have) breakfast, (have) lunch

посол [poso'l] *m* ambassador

посольство [poso'l'stvo] *n* embassy

поспіх [po'speekh] *m* haste, hurry

поспіхом [po'speekhom] *adv* hastily

поспішати, поспішити [pospeesha'ti, pospeeshi'ti] *v* 1) harry, hasten, make haste 2) be fast

поспішний [pospee'shniy] *adj* hasty, hurried

поспішність [pospee'shneest'] *f* haste, hurry

пост [post] *m* post

постава [posta'va] *f* carriage, bearing

поставати, постати [postava'ti, posta'ti] *v* spring up, arise

поставити [posta'viti] *v* 1) stand, make *smb* stand up, put, place, set 2) install, fix 3) give 4) stage 5) propose, move, demand 6) make, set up

поставка [posta'vka] *f* delivery

поставляти [postavlya'ti] *v* supply

постанова [postano'va] *f* decision, resolution, decree

постановник [postano'vnik] *m* producer, director

по-старому [po-sta'romu] *adv* as before, as of old

постать [po'stat'] *f* figure

постачання [postacha'nnya] *n* supply

постачати, постачити [postacha'ti, posta'chiti] *v* supply, provide (with)

постійний [postee'yniy] *adj* constant, steady, regular, permanent, invariable

постійність [postee'yneest'] *f* constancy, regularity

постійно [postee'yno] *adv* constantly

постіль [postee'l'] *f* 1) bed 2) bedclothes

постріл [po'streel] *m* shot, report

поступальний [postupa'l'niy] *adj* onward, progressive

поступатися [postupa'tisya] *v* 1) let *smb* have, yield 2) give in

поступка [postu'pka] *f* 1) yielding 2) concession

поступливий [postu'pliviy] *adj* yielding, pliant, compliant

поступливість [postu'pliveest'] *f* pliancy, compliance

поступовий [postupo'viy] *adj* gradual

посувати(ся), посунути(ся) [posuva'ti(sya), posu'nuti(sya)] *v* move, advance, make progress

посуд [po'sud] *m* dishes

посуха [posu'kha] *f* drought

посушливий [posu'shliviy] *adj* arid, droughty

посягання [posyaga'nnya] *n* encroachment (on/upon), infringement (on/upon)

посягати, посягнути [posyaga'ti, posyagnuti] *v* encroach (on/upon), infringe (on/upon)

потаємний [potaye'mniy] *adj* innermost, secret

потай, ~**ки** [po'tay, ~ki] *adv* secretly, surreptitiously

потайний [potayni'y] *adj* secret, hidden, concealed

потакати [potaka'ti] *v* indulge

поталанити [potala'niti] *v* be lucky/fortunate enough

по-твоєму [po-tvo'yemu] *adv* 1) in your opinion 2) as you like it, as you wish

потвора [potvo'ra] *f* monster

потворний [potvo'rniy] *adj* monstrous, ugly

потерпілий [poterpee'liy] *adj* victim

потилиця [poti'litsya] *f* back of the head

потиск [po'tisk] *m* handshake

потискати, потиснути [potiska'ti, poti'snuti] *v* shake, press

потихеньку [potikhe'n'ku] *adv* 1) slowly 2) quietly 3) secretly

потік [potee'k] *m* flood, torrent, flow, stream

потім [po'teem] *adv* afterwards, later on, than

потіти [potee'ti] *v* sweat, perspire, be damp

потіха [potee'kha] *f* fun, amusement, funny thing

потішати, потішити [poteesha'ti, potee'shiti] *v* amuse, divert

потішатися [poteesha'tisya] *v* amuse oneself, make fun (of), mock (at)

потоваришувати [potovarishuva'ti] *v* make friends

потовщення [poto'vshchennya] *n* thickening

потонути, потопати [potonu'ti, potopa'ti] *v* sink, go down, drown

потопити (судно) [potopi'ti sudno'] *v + n* sink

поточний [poto'chniy] *adj* 1) current, present-day 2) everyday, routine

потрапляти [potraplya'ti] *v* get (into), get (to), reach

потреба [potre'ba] *f* want, necessity, need, requirement

потребувати [potrebuva'ti] *v* need, require, be in need (of)

по-третє [po-tre'tye] *adv* thirdly

потрібен, потрібний [potree'ben, potree'bniy] *adj* necessary

потрібно [potree'bno] *adv* necessary, the very thing

потрійний [potree'yniy] *adj* triple

потріскатися [potree'skatisya] *v* crack, chap

потроху [potro'khu] *adv* 1) a little 2) little by little, gradually, slowly

потрясати, потрясти [potryasa'ti, potryasti'] *v* snake, impress, have a deep

потужний [potu'zhniy] *adj* effect (on), powerful, strong

потужність [potu'zhneest'] *f* 1) power 2) capacity, output

потурання [potura'nnya] *n* indulgence

потурати [potura'ti] *v* indulge, pander

потухати [potukha'ti] *v* go out, die out

потяг [po'tyag] *m* leaning (towards), inclination, bent

по-українському [po-ukrayee'n-s'komu] *adv* (in) Ukrainian

пофарбувати [pofarbuva'ti] *v* paint, dye

похапцем [po'khaptsem] *adv* hastily, hurriedly

похвала [pokhvala'] *f* praise

похвалити [pokhvali'ti] *v* praise

похвалятися [pokhvalya'tisya] *v* boast

похвальний [pokhva'l'niy] *adj* 1) approving, praising 2) laudable, praiseworthy, commendable

похилий [pokhi'liy] *adj* slanting, inclined, sloping

похилитися [pokhili'tisya] *v* bend (over), lean

похитнути [pokhitnu'ti] *v* give a push, rock, sway, snake

похитнутися [pokhitnu'tisya] *v* lurch, stagger, be snaken

похід [pokhee'd] *m* 1) march 2) excursion, tour 3) campaign (against)

похідний [pokhee'dniy] *adj* 1) march, marching 2) field, camp

похідний [pokheedni'y] *adj* derivative

похмілля [pokhmee'llya] *n* hang-over

похмурий [pokhmu'riy] *adj* gloomy, sombre, dismal

поховання [pokhova'nnya] *n* 1) funeral, burial 2) grave, entombment

поховати [pokhova'ti] *v* hide, conceal

походження [pokho'dzhennya] *n* origin, birth

походити [pokho'diti] *v* come (of), descend (from)

похорон [po'khoron] *m* funeral, burial

похоронний [pokhoro'nniy] *adj* funeral

поцілувати(ся) [potseeluva'ti(sya)] *v* kiss

поцілунок [potseelu'nok] *m* kiss

почасти [pocha'sti] *adv* partly

почати(ся), починати(ся) [pocha'ti(sya), pochina'ti(sya)] *v* begin, start, commence

початківець [pochatkee'vets'] *m* beginner

початковий [pochatko'viy] *adj* 1) first, initial 2) primary, elementary

початок [pocha'tok] *m* beginning, outset, start

почекати [pocheka'ti] *v* 1) wait (for), await 2) expert

почервоніти [pochervonee'ti] *v* redden, grow/turn red, flush, blush

почерк [po'cherk] *m* handwriting, гарний ~ good hand

почесний [poche'sniy] *adj* 1) honoured, почесний гість guest of honour, honoured guest 2) honourary 3) honourable

почесть [po'chest'] *f* honour

почет [po'chet] *m* suite, retinue

почин [pochi'n] *m* 1) initiative 2) start, beginning

починати(ся) [pochina'ti(sya)] *v* begin, start, commence

почорніти [pochornee'ti] *v* turn, black

почувати [pochuva'ti] *v* 1) feel, have a sensation 2) sense, be aware

почути [pochu'ti] *v* hear, scent, smell

почутися [pochu'tisya] *v* be heard

почуття [pochuttya'] *n* sense, feeling, sensation, emotion

пошана [posha'na] *f* respect

пошепки [po'shepki] *adv* in a whisper

поширення [poshi'rennya] *n* 1) widening, bradening, expansion 2) spreading, dissemination

поширювати, поширити [poshi'ryuvati, poshi'riti] *v* 1) widen, broaden, enlarge, extend, expand 2) spread, circulate

пошити [poshi'ti] *v* sew, make

пошкодження [poshko'dzhennya] *n* damage, injury, damaging, injuring

пошкоджувати, пошкодити [poshko'dzhuvati, poshko'diti] *v* 1) damage, spoil 2) injure, hurt

пошта [po'shta] *f* post, mail, post-office

поштамт [poshta'mt] *m* post-office

поштовий [poshto'viy] *adj* postal, post

поштовх [po'shtovkh] *m* 1) push, jolt, bump 2) shock, tremor 3) stimulus, incitement

пошук [po'shuk] *m* search

поява [poya'va] *f* appearance

пояс [po'yas] *m* 1) belt, girdle 2) waist 3) zone

пояснення [poya'snennya] *n* explanation

пояснювальний [poya'snyuval'niy] *adj* explanatory

пояснювати [poya'snyuvati] *v* explain, make clear

прабаба, прабабуся [praba'ba, prababu'sya] *f* great-grandmother правда [pra'vda] *f* truth

правдивий [pravdi'viy] *adj* true, truthful

правдоподібний [pravdopodee'bniy] *adj* plausible

правий [pra'viy] *adj* 1) right 2) guiltless

правило [pra'vilo] *n* rule, regulations, principle, maxim

правильний [pra'vil'niy] *adj* 1) right, true, correct 2) proper 3) regular

правильно [pra'vil'no] *adv* rightly, correctly, it is right/correct

правитель [pravi'tel'] *m* ruler

правити [pra'viti] *v* 1) rule, govern 2) drive, steer 3) correct 4) demand

правління [pravlee'nnya] *n* board

правлячий [pra'vlyachiy] *adj* ruling

правнук [pra'vnuk] *m* great-grandson

правнучка [pra'vnuchka] *f* great-granddaughter

право [pra'vo] *n* 1) right 2) law 3) licence

правобережний [pravobere'zhniy] *adj* right-bank

правовий [pravovi'y] *adj* legal

правомірний [pravomee'rniy] *adj* lawful, rightful, legitimate

правомірність [pravomee'rneest'] *f* legitimateness

правопис [pravo'pis] *m* spelling, orthography

правопорушення [pravoporu'shennya] *n* offence, infringement of the law

правопорушник [pravoporu'shnik] *m* offender, delinquent

праворуч [pravo'ruch] *adv* 1) on the right (of) 2) to the right

правосуддя [pravosu'ddya] *n* justice

прагнення [pra'gnennya] *n* aspiration (for), striving (for)

прагнути [pra'gnuti] *v* aspire (to), strive (for)

прадід [pra'deed] *m* great-grandfather

практика [pra'ktika] *f* practice

практикувати(ся) [praktikuva'ti(sya)] *v* practise

практичний [prakti'chniy] *adj* practical

праля [pra'lya] *f* laundress

пральний [pra'l'niy] *adj* washing

пральня [pra'l'nya] *f* laundry

прання [prannya'] *n* washing, laundering

прапор [pra'por] *m* flag, banner, colours

прапорець [prapore'ts'] *m* small flag

прапороносець [praporono'sets'] *m* standard-bearer

праска [pra'ska] *f* iron

прасувати [prasuva'ti] *v* iron, press

прати [pra'ti] *v* wash, launder

прах [prakh] *m* 1) dust 2) remains, ashes

працездатний [pratsezda'tniy] *adj* able-bodied

працездатність [pratseszda'tneest'] *f* capacity for work

працівник [pratseevni'k] *m* worker

працювати [pratsyuva'ti] *v* 1) work 2) operate 3) be open

праця [pra'tsya] *f* work, labour, job

працьовитий [pratsyovi'tiy] *adj* industrious, hard-working

предмет [predme't] *m* 1) object, thing, article 2) topic

предок [pre'dok] *m* ancestor

представляти [predstavlya'ti] *v* 1) introduce, present 2) represent 3) ~ до нагороди put *smb* for a reward

представник [predstavni'k] *m* representative

представництво [predstavni'tstvo] *n* representation

пред'являти [pred"yavlya'ti] *v* 1) present, produce 2) bring, lay, raise

пред'явник [pred"yavni'k] *m* bearer

президент [prezide'nt] *m* president

президія [prezi'deeya] *f* presidium

презирливий [prezi'rliviy] *adj* contemptuous

презирство [prezi'rstvo] *n* contempt, scorn

прекрасний [prekra'sniy] *adj* beautiful, fine, excellent

прем'єра [prem''ye'ra] *f* premiere, first, performance

прем'єр-міністр [prem''ye'r-meenee'str] *m* prime minister, premier

премія [pre'meeya] *f* prise, reward

препарат [prepara't] *m* preparation

прес [pres] *m* press

преса [pre'sa] *f* the press, pressman

прес-конференція [pres-konfere'ntseeya] *f* press-conference

престиж [presti'z] *m* prestige

престол [presto'l] *m* throne

претендент [pretende'nt] *m* pretender (to), claimant (to)

претендувати [pretenduva'ti] *v* claim (to), pretend (to)

претензія [prete'nzeeya] *f* 1) claim, pretension 2) complaint

префікс [pre'feeks] *m* prefix

при [pri] *prep* 1) by, at, near 2) attached to 3) in *smb's* presence

прибережний [pribere'zhniy] *adj* shore, near the shore, coastal, riverside

приберігати [pribereega'ti] *v* save up, reserve

прибивати [pribiva'ti] *v* 1) nail 2) lay

прибиральниця [pribira'l'nitsya] *f* office-cleaner

прибирати [pribira'ti] *v* 1) take away 2) clean up, tidy, put in order 3) put away

прибити [pribi'ti] *v* 1) nail 2) lay

прибігати [pribeega'ti] *v* come running

прибій [pribee'y] *m* surf

прибічник [pribee'chnik] *m* supporter

приблизний [pribli'zniy] *adj* approximate

приблизно [pribli'zno] *adv* approximately, roughly

приборкувати [pribo'rkuvati] *v* tame, curb, subdue

приборкувач [pribo'rkuvach] *m* (animal-)tamer

прибувати [pribuva'ti] *v* 1) arrive, come 2) increase, rise

прибутковий [pributko'viy] *adj* profitable

прибуток [pribu'tok] *m* profit, gain

привабливий [priva'bliy] *adj* attractive, engaging

приваблювати [priva'blyuvati] *v* attract

привал [priva'l] *m* stop, halt

приватний [priva'tniy] *adj* private, ~власність private property

привертати, привернути [priverta'ti, privernu'ti] *v* attract, draw

привид [pri'vid] *m* ghost, spectre, apparition

привід [privee'd] *m* pretext, plea

привіз [privee'z] *m* 1) bringing (in) 2) delivery

привізний [priveezni'y] *adj* imported, brought in

привілей [priveele'y] *m* privilege

привілейований [priveeleyo'vaniy] *adj* privileged

привільний [privee'l'niy] *adj* 1) open, spacious 2) free

привіт [privee't] *m* greetings, regards

привітальний [priveeta'l'niy] *adj* welcoming

привітання [priveeta'nnya] *n* 1) greeting, salute

привітати [priveeta'ti] *v* 1) greet, welcome, hail, cheer 2) salute 3) applaud

привітний [privee'tniy] *adj* affable, friendly

привітність [privee'tneest'] *f* affability, friendliness

привласнення [privla'snennya] *n* appropriation

привласнювати [privla'snyuvati] *v* appropriate, take prossession (of), arrogate (to)

приводити, привести [privo'diti, prive'sti] *v* 1) bring, take 2) lead 3) drive

привозити, привезти [privozi'ti, prive'zti] *v* bring in

привчати [privcha'ti] *v* accustom (to), inure (to), train

привчатися [privcha'tisya] *v* get used (to)

прив'язувати [priv"ya'zuvati] *v* fasten, bind, tie

прив'язуватися [priv"ya'zuvatisya] *v* 1) be/get attached (to) 2) pester, bother

прив'язь [pri'v"yaz'] *f* leash, lead, tether

пригадувати [priga'duvati] *v* remember, recall, recollect

приганяти [priganya'ti] *v* 1) drive in 2) adjust (to), fit (on)

пригвинчувати [prigvi'nchuvati] *v* screw on

пригнічений [prignee'cheniy] *adj* oppressed, depressed, dispirited

пригнічення [prignee'chennya] *n* oppression, depression

пригнічувати [prignee'chuvati] *v* oppress, depress, dispirit

пригноблений [prigno'bleniy] *adj* oppressed

пригноблення [prigno'blennya] *n* oppression

пригноблювати [prigno'blyuvati] *v* oppress

пригноблювач [prigno'blyuvach] *m* oppressor

пригода [prigo'da] *f* adventure, incident

пригодитися [prigodi'tisya] *v* be of use, prove/be useful

пригодницький [prigo'dnits'kiy] *adj* adventure

приголомшувати [prigolo'mshuvati] *v* stun, stupefy

приголосний [pri'golosniy] *adj, m* consonant

пригортати [prigorta'ti] *v* press (to), hug *smb* to one's heart

пригорща [pri'gorshcha] *f* handful

приготувати(ся) [prigotuva'ti(sya)] *v* prepare, get ready

пригощати [prigoshcha'ti] *v* entertain, treat

пригрівати [prigreeva'ti] *v* warm, shelter

придатний [prida'tniy] *adj* fit, suitable, useful, usable

придатність [prida'tneest'] *f* fitness, suitability, usefulness

придбання [pridbannya'] *n* acquirement, acquisition

придбати [pridba'ti] *v* acquire, buy

придивлятися [pridivlya'tisya] *v* look attentively

приділяти [prideelya'ti] *v* allot, spare, ~ **бувагу** give/grant attention (to)

придумувати [pridu'muvati] *v* have the idea (of), make up, invent

придушувати [pridu'shuvati] *v* 1) weight down press 2) suppress

приєднувати [priye'dnuvati] *v* 1) join 2) add 3) connect

приєднуватися [priye'dnuvatisya] *v* 1) join up (with) 2) support

приємний [priye'mniy] *adj* pleasant, agreeble

приємність [priye'mneest'] *f* pleasure

приємно [priye'mno] *adv* 1) pleasantly, agreeably 2) it is pleasant

приз [priz] *m* prize

призводити [prizvo'diti] *v* drive, reduce, cause

приземлення [prize'mlennya] *n* touch-down, landing

приземлятися [prizemlya'tisya] *v* touch down, land, alight

призер [prize'r] *m* prize-winner

призма [pri'zma] *f* prism

признаватися [priznava'tisya] *v* confess

признання [prizna'nnya] *n* confession

призначати [priznacha'ti] *v* 1) fix, set, make 2) allocate, assign 3) prescribe

призначення [prizna'chennya] *n* 1) allocation, assignment 2) appointment 3) function, purpose 4) prescription

призов [pri'zov] *m* call, call up

призовник [prizovni'k] *m* draftee, person called up for military service

приїжджати, приїхати [priyeezhdzha'ti, priyee'khati] *v* arrive, come

приїжджий [priyee'zhdzhiy] *adj* newcomer, visitor

приїзд [priyee'zd] *m* arrival

прийдешній [priyde'shneey] *adj* future, coming

прийдешнє [priyde'shnye] *n* the future, time to come

приймальний [priyma'l'niy] *adj* 1) reception 2) receiving

приймальня [priyma'l'nya] *f* waiting-room, consulting-room

приймати [priyma'ti] *v* 1) accept, take 2) take over 3) admit, engage, take on 4) receive 5) pass, carry, adopt 6) take

приймач [priyma'ch] *m* receiver

прийменник [priyme'nnik] *m* preposition

прийнятний [priynya'tniy] *adj* acceptable

прийом [priyo'm] *m* 1) reception, receiving 2) admittance 3) way, method

приказка [pri'kazka] *f* proverbial phrase, saying

прикидатися, прикинутися [prikida'tisya, priki'nutisya] *v* feign, simulate, pretend (to be)

приклад [pri'klad] *m* example, instance

приклад (рушниці) [prikla'd rushni'tsee] *m + f* butt

прикладати, прикласти [priklada'ti, prikla'sti] *v* put (to), apply (to)

прикладний [prikladni'y] *adj* applied

приклеювати [prikle'yuvati] *v* stick

прикмета [prikme'ta] *f* sign, token

прикметник [prikme'tnik] *m* adjective

приковувати [priko'vuvati] *v* chain, tie, rivet

прикордонний [prikordo'nniy] *adj* border, frontier

прикордонник [prikordo'nnik] *m* frontier-guard

прикраса [prikra'sa] *f* adornment, decoration, ornament

прикрашати, прикрасити [prikrasha'ti, prikra'siti] *v* adorn, decorate, ornament

прикривати, прикрити [prikriva'ti, prikri'ti] *v* cover, screen, close, softly

прикриватися [prikriva'tisya] *v* cover oneself (with)

прикрий [pri'kriy] *adj* regrettable, annoying

прикриття [prikrittya'] *n* cover, screen, shelter, protection

прикріпляти, прикріпити [prikreeplya'ti, prikreepi'ti] *v* 1) fasten (to), attach (to) 2) register

прикрість [pri'kreest'] *f* annoyance, vexation

прикушувати, прикусити [priku'shuvati, prikusi'ti] *v* bite

прилавок [prila'vok] *m* counter

прилад [pri'lad] *m* instrument, apparatus, device

приладдя [prila'ddya] *n* articles, accessories

приладжувати, приладити [prila'dzhuvati, prola'diti] *v* fit (to)

прилеглий [prile'gliy] *adj* adjacent, adjoining

прилетіти [priletee'ti] *v* fly in, rush in

прилив [prili'v] *m* 1) surge 2) rush

приливати, прилити [priliva'ti, prili'ti] *v* rush

прилинути [prili'nuti] *v* arrive, come

прилипати, прилипнути [prilipa'ti, prili'pnuti] *v* stick (to)

прилітати [prileeta'ti] *v* fly in, rush in

прилюдний [prilyu'dniy] *adj* public, open

прилягати [prilyaga'ti] *v* 1) adjoin 2) fit closely

прилягти [prilyagti'] *v* lie down (for a while)

приманювати, приманити [prima'nyuvati, prima'niti] *v* entice, lure

примара [prima'ra] *f* phantom, specter, ghost

примарний [prima'rniy] *adj* phantasmal, ghostly, illusory

применшувати [prime'nshuvati] *v* belittle, detract

примикати, примкнути [primika'ti, primknu'ti] *v* join, side (with)

примирення [primi'rennya] *n* (re)conciliation

примиряти, примирити [primirya'ti, primiri'ti] *v* reconcile

примиритися [primiri'tisya] *v* make it up (with), be reconciled (with)

примірка [primee'rka] *f* trying on, fitting

примірник [primee'rnik] *m* copy

примірювати, приміряти [primee'ryuvati, primeerya'ti] *v* try on

приміський [primees'ki'y] *adj* suburban, local

примітивний [primeeti'vniy] *adj* primitive

примітка [primee'tka] *f* note, annotation, footnote

приміщення [primee'shchennya] *n* building, house

примовка [primo'vka] *f* by-word

примовляти [primovlya'ti] *v* keep saying

приморський [primo'rs'kiy] *adj* seaside

примус [pri'mus] *m* 1) compulsion, coercion 2) primus(-stove)

примусовий [primuso'viy] *adj* compulsory, forced

примушувати, примусити [primu'shuvati, primu'siti] *v* compel, force

примха [pri'mkha] *f* whim, caprice

примхливий [primkhli'viy] *adj* capricious, whimsical

примчати(ся) [primcha'ti(sya)] *v* come tearing along

принада [prina'da] *f* bait, allurement, lure, attraction

принаджувати, принадити [prina'dzhuvati, prina'diti] *v* lure, entice, attract, draw

принадний [prina'dniy] *adj* attractive

принадність [prina'dneest'] *f* attractiveness

принаймні [prina'ymnee] *adv* at least, at any rate

принести, приносити [prine'sti, prino'siti] *v* 1) bring, carry, fetch 2) bear, yield

принижений [prini'zheniy] *adj* humiliated, abject

приниження [prini'zhennya] *adj* humiliation, abasement

принижувати [prini'zhuvati] *v* humiliate, belittle, lower

принижуватися [prini'zhuvatisya] *v* abase oneself

принизливий [prini'zliviy] *adj* humiliating

принц [prints] *m* prince

принцесса [printse'sa] *f* princess

принцип [pri'ntsip] *m* principle

принциповий [printsipo'viy] *adj* principled, of principle

принциповість [printsipo'veest'] *f* adherence to principle

припас [pripa's] *m* store, provisions

припасати, припасти [pripasa'ti, pripasti'] *v* lay up, store

припасувати [pripasuva'ti] *v* adjust (to), fit (on)

припинення [pripi'nennya] *n* cessation, stopping

припиняти(ся), припинити(ся) [pripinya'ti(sya), pripini'ti(sya)] *v* stop, cease, end

припис [pri'pis] *m* instructions, order

приписати(ся), приписувати(ся) [pripisa'ti(sya), pripisuvati(sya)] *v* 1) add 2) register 3) ascribe (to), impute (to) 4) attribute (to)

приписка [pripi'ska] *f* 1) addition, postscript 2) registration

приплив [pripli'v] *m* 1) (морський) rising tide, flood (of tide) 2) surge, upsurge 3) congestion, rush (of blood)

припливати [pripliva'ti] *v* come swimming, swim up (to), sail up

приплід [priplee'd] *m* offspring

приплющений [priplyu'shcheniy] *adj* flat, flattened

приплющувати [priplyu'shchuvati] *v* flatten

приправа [pripra'va] *f* seasoning, flavouring, relish

приправляти, приправити [pripravlya'ti, pripra'viti] *v* season, flavour

припускати, припустити [pripuska'ti, pripusti'ti] *v* suppose, presume, assume, presuppose

припустимий [pripusti'miy] *adj* 1) admissible 2) hypothetical

припущення [pripu'shchennya] *n* supposition, assumption

приречений [prire'cheniy] *adj* doomed (to), condemned

приреченість [prire'cheneest'] *f* doom

прирівнювати, прирівняти [priree'vnyuvati, prireevnya'ti] *v* equate (with), put on the same footing (as)

прирікати, приректи [prireeka'ti, prirekti'] *v* doom (to), condemn (to)

приріст [priree'st] *m* increment, increase

приробіток [prirobee'tok] *m* extra earnings

приробляти, приробити [priroblya'ti, prirobi'ti] *v* 1) fix 2) earn extra

природа [priro'da] *f* nature, character, disposition

природжений [priro'dzheniy] *adj* innate, inborn

природний [priro'dniy] *adj* 1) natural 2) native, inborn, innate 3) unaffected

природничий [prirodni'chiy] *adj* natural

природність [priro'dneest'] *f* naturalness, simplicity, ease

природно [priro'dno] *adv* naturally

природознавець [prirodozna'vets'] *m* scientist, naturalist

природознавство [prirodozna'vstvo] *n* (natural) science

приростати, прирости [prirosta'ti, prirosti'] *v* 1) adhere (to), grow fast (to) 2) increase

приручати, приручити [prirucha'ti, priruchi'ti] *v* tame, domesticate

присадкуватий [prisa'dkuvatiy] *adj* thickest, squat

присвійний [prisvee'yniy] *adj* possessive

присвоєння [prisvo'yennya] *n* 1) appropriation 2) awarding, conferment

присвоювати, присвоїти [prisvo'yuvati, prosvo'yeeti] *v* 1) appropriate, confer (on), give

присвята [prisvya'ta] *f* dedication

присвячувати, присвятити [prisvya'chuvati, prisvyati'ti] *v* 1) devote 2) dedicate

присилати [prisila'ti] *v* send

присипляти, приспати [prisiplya'ti, prispa'ti] *v* lull to sleep, lull

присідати, присісти [priseeda'ti, prisee'sti] *v* squat, cowre

присікуватися [prisee'kuvatisya] *v* pick on

прискорення [prisko'rennya] *n* acceleration

прискорювати [prisko'ryuvati] *v* 1) speed up, accelerate 2) hasten, precipitate

прислівник [prislee'vnik] *m* adverb

прислів'я [prislee'v"ya] *n* proverb

прислужувати, прислужити [prislu'zhuvati, prisluzhi'ti] *v* wait (upon)

прислужуватися [prislu'zhuvatisya] *v* be subservient (to)

прислухатися [prislukha'tisya] *v* listen (attentively) (to), lend an ear (to)

присмак [pri'smak] *m* smack, aftertaste

присмерк [pri'smerk] *m* twilight

приснитися [prisni'tisya] *v* dream, have a dream (about)

присоромити [prisoro'miti] *v* shame, put to shame

приспів [pri'speev] *m* refrain

приставати, пристати [pristava'ti, prista'ti] *v* 1) stick (to), adhere (to) 2) pester, badger, worry 3) join, take up (with) 4) come in (to), put in (to)

приставляти, приставити [pristavlya'ti, prista'viti] *v* 1) put (against), lean (against) 2) leave in charge

пристановище [prista'novishche] *n* shelter, refuge

пристань [pri'stan'] *f* landing-stage, pier, wharf

пристібати, пристебнути [pristeeba'ti, pristebnu'ti] *v* fasten, button up, buckle (on)

пристойний [pristo'yniy] *adj* decent, proper

пристойність [pristo'yneest'] *f* decency, propriety

пристосований [pristoso'vaniy] *adj* fit (for), adjusted (for), adapted (for)

пристосовувати [pristoso'vuvati] *v* fit up (for), adjust (for), adapt (for)

пристосовування [pristoso'vuvannya] *n* 1) adaptation, adjustment, acclimatization 2) device, appliance

пристрасний [pri'strasniy] *adj* passionate, impassioned, ardent

пристрасність [pri'strasneest'] *f* passion, ardour

пристрасть [pri'strast'] *f* passion (for)

пристрій [pri'streey] *m* device, appliance

пристроювати, пристроїти [pristro'yuvati, pristro'yeeti] *v* 1) set (up), fix (up) 2) find a place (for)

приступ [pri'stup] *m* 1) fit, attack 2) assault, storm

приступати, приступити [pristupa'ti, pristupi'ti] *v* set (about), begin, start, proceed (to)

приступний [pristu'pniy] *adj* 1) available, reasonable 2) within the reach (of) 3) simple 4) approachable

приступність [pristu'pneest'] *f* 1) accessibility, availability 2) simplicity 3) approachability

присувати, присунути [prisuva'ti, prisu'nuti] *v* move (near, to)

присуд [pri'sud] *m* verdict, judgment, sentence

присуджувати, присудити [prisu'dzhuvati, prisudi'ti] *v* 1) sentence (to), condemn (to) 2) award

присудок [pri'sudok] *m* predicate

присутній [prisu'tneey] *adj* present, attend

присутність [prisu'tneest'] *f* presence

присяга [prisya'ga] *f* oath, приймати ~ take the oath

присягати(ся) [prisyaga'ti(sya)] *v* swear, take/make an oath

притаїти(ся) [pritayee'ti(sya)] *v* hide (oneself)

притаманний [pritama'nniy] *adj* characteristic, inherent (in), intrinsic (in)

притискувати, притиснути [priti'skuvati, pritisnu'ti] *v* press (to), clasp

притиснутися [priti'snutisya] *v* cuddle up (to)

притока [prito'ka] *f* tributary

притомний [prito'mniy] *adj* conscious

притомність [prito'mneest'] *f* consciousness, втрачати ~ lose consciousness

притулок [pritu'lok] *m* refuge, shelter, політичний ~ political asylum

притуляти(ся) [pritulya'ti(sya)] *v* lean (against), rest (against)

притупляти, притупити [prituplya'ti, pritupi'ti] *v* blunt, take the edge off

притуплятися [prituplya'tisya] *v* become blunted/dull

притча [pri'tcha] *f* parable

притягати, притягти [prityaga'ti, prityagti'] *v* draw, pull, attract

прихиляти(ся), прихилити(ся) [prikhilya'ti(sya), prikhili'ti(sya)] *v* bend, incline

прихильний [prikhi'l'niy] *adj* 1) well-disposed, sympathetic 2) inclined (to), disposed (to)

прихильник [prikhi'l'nik] *m* supporter, adherent, advocate, champion

прихитрятися [prikhitrya'tisya] *v* contrive, manage

прихід [prikhee'd] *m* coming, arrival

прихований [prikho'vaniy] *adj* hidden, concealed

приховувати, приховати [prikho'vuvati, prikhova'ti] *v* 1) conceal, hide 2) keep back

приходити, прийти [prikho'diti, priyti'] *v* 1) come, arrive 2) appear

приходитися, прийтися [prikho'ditisya, priyti'sya] *v* 1) fit 2) have

приціл (рушниці) [pritsee'l rushni'tsee] *m* back-sight

прицілюватися [pritsee'lyuvatisya] *v* take aim (at), aim (at)

прицільний [pritsee'l'niy] *adj* aiming

прицінюватися, прицінитися [pritsee'nyuvatisya, pritseeni'tisya] *v* ask the price (of)

причал [pricha'l] *m* moorage, berth

причалювати, причалити [pricha'lyuvati, pricha'liti] *v* moor (to)

причепити(ся) [prichepi'ti(sya)] *v* 1) hook (on, to) 2) pin on, fasten on 3) catch (on), cling (to) 4) pester 5) pick on

причепливий [priche'pliviy] *adj* captious, carping, faultfinding

причепуритися [prichepuri'tisya] *v* smarten oneself up

причесати(ся) [prichesa'ti(sya)] *adj* comb, do *smb's* hair, have one's hair done, have a hair-do

причетний (до) [priche'tniy] *adj* participating (in), involved (in), concerned (with, in)

причина [prichi''na] *f* cause, reason, excuse

причиняти (вікно, двері) [prichinya'ti] *v* close, shut

причіп [prichee'p] *m* trailer

причіпка [prichee'pka] *f* captious, objection

причому [pricho'mu] *adv* moreover, and what's more

пришивати [prishiva'ti] *v* sew (on, to)

прищ [prishch] *m* pimple

прищеплювати, прищепити [prishche'plyuvati, prishchepi'ti] *v* 1) engraft 2) inoculate 3) implant (in)

приязний [pri'yazniy] *adj* friendly, amicable, cordial, affable

приятелювати [priyatelyuva'ti] *v* be friends (with)

приятель, ~ка [priya'tel', ~ka] *m, f* friend

приятельський [priya'tel's'kiy] *adj* friendly

прізвисько [pree'zvis'ko] *n* nickname

прізвище [pree'zvishche] *n* surname, name

прілий [pree'liy] *adj* rotten

прірва [pree'rva] *f* precipice, gulf, abyss

прісний [pree'sniy] *adj* fresh, unleavened, insipid

пріти [pree'ti] *v* rot

про [pro] *prep* about, of, on, to

проба [pro'ba] *f* trial, test, sample, **взяти** ~ take a sample

пробачати, пробачити [probacha'ti, proba'chiti] *v* excuse, pardon, **пробачте!** (i'm) sorry! Excuse me! I beg your pardon

пробачення [proba'chennya] *n* forgiveness, pardon, apology, **просити** ~ beg smb's pardon

пробивати, пробити [probiva'ti, probi'ti] *v* 1) pierce, make a hole (in) 2) punch 3) make, open up, clear, ~ дорогу make one's way in the world

пробиратися, пробратися [probira'tisya, probra'tisya] *v* 1) make one's way, struggle (through) 2) steal in

пробіг [probee'g] *m* run, *спорт.* race

пробігати [probeega'ti] *v* run, cover

пробірка [probee'rka] *f* test-tube, test-glass

пробка [pro'bka] *f* 1) cork, stopper 2) plug, fuse 3) (транспорту) (traffic) jam

проблема [proble'ma] *f* problem, **розв'язати** ~ solve a problem

проблиск [pro'blisk] *m* gleam, glimmer

пробний [pro'bniy] *adj* trial, test, ~ **камінь** touchstone

пробоїна [probo'yeena] *f* hole, breach, gap

пробувати, спробувати [pro'buvati, spro'buvati] *v* 1) try, test 2) taste 3) attempt

пробудження [probu'dzhennya] *n* awakening

пробуджувати(ся), пробудити-(ся) [probu'dzhuvati(sya), probudi'ti(sya)] *v* rouse, arouse, awake, awaken

пробути [probu'ti] *v* stay, remain

провадити [prova'diti] *v* carry out, conduct

провал [prova'l] *m* 1) collapse, falling in 2) failure, crash

провалити, провалювати [provali'ti, prova'lyuvati] *v* 1) wreck, ruin 2) turn down

провалитися [provali'tisya] *v* 1) fall (down), tumble (down) 2) fail, wreck 3) fail

проведення [prove'dennya] *n* 1) construction, building, laying, installation, carrying out, realization

провина [provi'na] *f* fault, guilt

провинити(ся) [provini'ti(sya)] *v* be guilty (of), be at fault (in)

провід (дріт) [pro'veed] *m* wire

провід (керівництво) [pro'veed] *m* leadership, guidance

провідний [proveedni'y] *adj* 1) leading 2) guiding

провідник [proveedni'k] *m физ.* conductor

провідник [proveedni'k] *m* 1) guide 2) guard, conductor

провізія [provee'zeeya] *f* food-stuffs, provisions

провінціал, ~лка, ~льний [proveentseea'l, ~lka, ~l'niy] *m, f, adj* provincial

провінція [provee'ntseeya] *f* province, the provinces

провісник [provee'snik] *m* precursor, forerunner, herald

провітрювати [provee'tryuvati] *v* ventilate, air

провіщати, провістити [proveeshcha'ti, proveesti'ti] *v* foretell, presage, portend, betoken

проводжати [provodzha'ti] *v* accompany, see off

проводити, провести [provo'diti, prove'sti] *v* 1) take, lead 2) pass (over), 30 built, install, put, lay on 4) develop 5) carry through, get accepted 6) carry out, pursue, conduct 7) spend pass

провозити, провезти [provo'ziti, prove'zti] *v* carry, get through, transport

провокатор [provoka'tor] *m* provocateur

провокаційний [provokatsee'yniy] *adj* provocative

провокація [provoka'tseeya] *f* provocation

провокувати [provokuva'ti] *v* provoke

провулок [provu'lok] *m* by-street, lane

провчати, провчити [provcha'ti, provchi'ti] *v* teach a good lesson

прогалина [proga'lina] *f* 1) blank, empty space 2) gap, flaw

проганяти, прогнати [proganya'ti, progna'ti] *v* 1) drive (away), banish, dispel 2) sack, dismiss

прогірклий [progee'rkliy] *adj* rank, rancid

прогледіти [progle'deeti] *v* overlook, miss

проглядати [proglyada'ti] *v* glance (through), skim (through) 2) break/peep through

прогнити [progni'ti] *v* rot to pieces, be rotten through

прогноз [progno'z] *m* forecast, prediction, prognosis, ～ погоди weather forecast

проговорити [progovori'ti] *v* 1) say 2) talk

проговоритися [progovori'tisya] *v* let it out

проголосити, проголошувати [progolosi'ti, progolo'shuvati] *v* proclaim, ～ тост propose the health

програвати, програти [prograva'ti, progra'ti] *v* lose

програватися [prograva'tisya] *v* loose all one's money

програма [progra'ma] *f* programme, syllabus

програмний [progra'mniy] *adj* programmatic, program(me), програмне управління computer control

програмований [programo'vaniy] *adj* programmed

програш [pro'grash] *m* loss, defeat

прогрес [progre's] *m* progress

прогресивний [progresi'vniy] *adj* progressive

прогресувати [progresuva'ti] *v* progress, advance, make progress, develop

прогул [progu'l] *m* truancy, absence from work

прогулювати [progu'lyuvati] *v* shirk work, stay away from work, miss

прогулюватися [progu'lyuvatisya] *v* walk, stroll, take a walk

прогулянка [progu'lyanka] *f* outing, walk, stroll

прогульник [progu'l'nik] *m* shirker, truant, slacker

продавати, продати [prodava'ti, proda'ti] *v* sell

продаватися [prodava'tisya] *v* 1) be on/for sale 2) sell oneself (to)

продавець [prodave'ts'] *m* seller, salesman, shopman, shop-assistant

продавщиця [prodavshchi'tsya] *f* seller, saleswoman, shop-girl, shop-assistant

продаж [pro'dazh] *m* sale, бути у ～ be on sale

продажний [proda'zhniy] *adj* 1) sale, selling, for sale 2) mercenary, venal

продешевити [prodeshe'viti] *v* make a bad bargain

продиктувати [prodiktuva'ti] *v* dictate

продирати(ся) [prodira'ti(sya)] *v* force one's way (through)

проділ [pro'deel] *m* parting, прямий ～ middle parting, косий ～ side parting

продірявлювати [prodeerya'vlyuvati] *v* make a hole (in)

продовження [prodo'vzhennya] *n* 1) continuation 2) prolongation, extension

продовжувати, продовжити [prodo'vzhuvati, prodo'vzhiti] *v* 1) continue, go on, carry on (with), go on (with) 2) prolong

продовжуватися [prodo'vzhuvatisya] *v* last, continue, go on

продовольство [prodovo'l'stvo] *n* provisions, food-stuffs

продовольчий [prodovo'l'chiy] *adj* food, ~ **магазин** grocery, foodstore

продукт [produ'kt] *m* 1) product 2) (харчові) food products, foodstuffs

продуктивний [produkti'vniy] *adj* productive, efficient

продуктивність [produkti'vneest'] *f* productivity

продуктовий [produkto'viy] *adj* food, ~ **магазин** grocery, food store

продукція [produ'ktseeya] *f* production, output

продумувати, продумати [produ'muvati, produ'mati] *v* think (over)

проект [proe'kt] *m* 1) project, design, scheme, plan, **розробляти** ~ draw up a plan 2) draft

проектний [proe'ktniy] *adj* design, projected

проектувати [proektuva'ti] *v* 1) project, design, plan 2) plan, contemplate

проекція [proe'ktseeya] *f* projection

прожектор [prozhe'ktor] *m* searchlight

проживати [prozhiva'ti] *v* 1) live, reside 2) spend

прожитковий [prozhitko'viy] *adj* living-wage

прожогом [prozho'gom] *adv* headlong

проза [pro'za] *f* prose

прозаїчний [prozayee'chniy] *adj* prose, prosaic

прозивати, прозвати [proziva'ti, prozva'ti] *v* nickname, dub

прозорий [prozo'riy] *adj* transparent, limpid, pellucid

прозорість [prozo'reest'] *f* transparence, transparency, limpidity

прозорливий [prozorli'viy] *adj* sagacious, farsighted

прозорливість [prozorli'veest'] *f* sagacity, far-sightedness

прозрівати, прозріти [prozreeva'ti, prozree'ti] *v* recover one's sight, see things clearly

проіснувати [proeesnuva'ti] *v* subsist, exist

проїдати, проїсти [proyeeda'ti, proyee'sti] *v* 1) eat, corrode 2) spend on food

проїжджати, проїхати [proyeezhdzha'ti, proyee'khati] *v* 1) go, pass, drive, ride 2) cover, 30 miss

проїзд [proyee'zd] *m* 1) drive, journey 2) passage, thoroughfare

проїздити [proyee'zditi] *v* 1) go, pass, drive, ride 2) spend on the journey

проїздом [proyee'zdom] *adv* passing through

проймати, пройняти [proyma'ti, proynya'ti] *v* pierce, penetrate, go right through strike

пройти, проходити [pro'yti, prokho'diti] *v* 1) pass, go, walk, cover, do, travel 2) go by/past, miss 3) stop, be over 4) go off, be held 5)do, study

проказувати, проказати [proka'zuvati, prokaza'ti] *v* articulate, say, utter, repeat

прокат [proka't] *m* 1) hire 2) rolling 3) rolled metal

прокидатися, прокинутися [prokida'tisya, proki'nutisya] *v* wake up, awake

прокисати, прокиснути [prokisa'ti, proki'snuti] *v* turn sour

прокладати, прокласти [proklada'ti, prokla'sti] *v* build, lay

прокладка [prokla'dka] *f* packing, gasket, washer

прокламація [proklama'tseeya] *f* leaflet

проклинати, проклясти [prokli-na'ti, proklya'sti] *v* curse, damn

проклін, прокляття [proklee'n, proklya'ttya] *n* 1) damnation 2) curse 3) damn it!

проклятий [proklya'tiy] *adj* damned, (ac)cursed

проковтнути [prokovtnu'ti] *v* swallow

прокол [proko'l] *m* puncture, small hole

проколювати, проколоти [proko'-lyuvati, prokolo'ti] *v* prick, pierce (through)

прокрадатися, прокрастися [pro-krada'tisya, prokra'stisya] *v* steal (in/into)

прокуратура [prokuratu'ra] *f* public prosecutor's office

прокурор [prokuro'r] *m* public prosecutor

пролазити, пролізати, пролізти [prola'ziti, proleeza'ti, prolee'zti] *v* get through, squeeze through

проламувати [prola'muvati] *v* break, make a hole (in)

пролежень [pro'lezhen'] *m* bedsore

пролетар [proleta'r] *m* proletarian

пролетаріат [proletareea't] *m* proletariat

пролетарський [proleta'rs'kiy] *adj* proletarian

пролетіти, пролітати [proletee'ti, proleeta'ti] *v* fly (past, over, by)

проливати(ся), пролити(ся) [pro-liva'ti(sya), proli'ti(sya)] *v* spill, shed

пролісок [pro'leesok] *m* snowdrop

проліт [prolee't] *m* 1) flight 2) stair

пролог [prolo'g] *m* prologue

пролом [prolo'm] *m* break, gap, breach

проломити [prolomi'ti] *v* break, make a hole

пролягати, пролягти [prolyaga'ti, prolyagti] *v* lie/run (across)

промайнути [promaynu'ti] *v* flash, fly, by

промах [pro'makh] *m* miss, blunder

промахнутися [promakhnu'tisya] *v* 1) miss (one's aim) 2) make a blunder

променевий [promene'viy] *adj* 1) ray, radial, radiation, **~а хвороба** radiation sickness

променистий [promeni'stiy] *adj* radiant

промерзати, промерзнути [pro-merza'ti, prome'rznuti] *v* freeze through

промивати, промити [promiva'ti, promi'ti] *v* wash, bathe

проминати, проминути [promina'ti, prominu'ti] *v* 1) pass (by) 2) be over, be past 3) elapse 4) miss, omit

промисел [pro'misel] *m* 1) trade, craft 2) field(s)

промисловий [promislo'viy] *adj* industrial

промисловість [promislo'veest'] *f* industry

проміж [pro'meezh] *prep* between, among

проміжний [promeezhni'y] *adj* intermediate

проміжок [promee'zhok] *m* interval, gap, space

проміння, промінь [promee'nnya, pro'meen'] *n, m* ray, beam

промова [promo'va] *f* speech

промовець [promo'vets'] *m* speaker, orator

промовистий [promo'vistiy] *adj* eloquent, expressive

промовляти, промовити [promov-lya'ti, promo'viti] *v* 1) pronounce, articulate 2) say, make/deliver a speech

промовчати [promo'vchati] *v* 1) be/keep silent 2) give no answer

промокальний [promoka'l'niy] *adj* blotting

промокати, промокнути [promo-ka'ti, promoknu'ti] *v* 1) get wet/soaked 2) let water (through) 3) blot

промочувати, промочити [promo'-chuvati, promochi'ti] *v* wet, drench

промтовари (промислові товари) [promtova'ri] *pl* manufactured/consumer goods

промтоварний (магазин) [promtova'rniy magazi'n] *adj+m* stores, department store

пронести(ся), проносити(ся) [pronesti'(sya), pronosi'ti(sya)] *v* 1) rush (by), fly(by, past) 2) flash

пронизати, пронизувати [proniza'ti, proni'zuvati] *v* pierce, penetrate

пронизливий [proni'zliviy] *adj* shrill, piercing, penetrating

проникати, проникнути [pronika'ti, proni'knuti] *v* penetrate, get (into)

проникливий [proni'kliviy] *adj* penetrating, acute, shrewd

проносити, пронести [prono'siti, prone'sti] *v* carry (by, past, through)

пропаганда [propaga'nda] *f* propagation, propaganda

пропагандистський [propagandi'sts'kiy] *adj* propaganda

пропагувати [propaguva'ti] *v* propagandize

пропадати, пропасти [propada'ti, propa'sti] *v* 1) disappear, vanish, be missing 2) be wasted 3) die, perish, come to a bad end

пропажа [propa'zha] *f* loss, missing/lost thing

пропалювати, пропалити [propa'lyuvati, propali'ti] *v* burn (through)

пропасниця [propa'snitsya] *f* fever

пропелер [prope'ler] *m* propeller

пропивати, пропити [propiva'ti, propi'ti] *v* spend/squander in drink

пропис [pro'pis] *m* samples of writing

прописати(ся), прописувати(ся) [propisa'ti(sya), propi'suvati(sya)] *v* get registered

прописка [propi'ska] *f* (residence) registration

прописувати, прописати [propi'suvati, propisa'ti] *v* register, **~ паспорт** register one's passport

пропливати, пропливти, пропливсти [propliva'ti, propli'vti, propli'sti] *v* 1) swim (by, past), sail (by, past) 2) float, drift (by, past)

проповідь [pro'poveed'] *f* sermon, preaching

пропозиція [propozi'tsiya] *f* proposal, suggestion, motion, **внести ~ю** make a motion

прополка [propo'lka] *f* weeding

прополювати, прополоти [propo'lyuvati, propolo'ti] *v* weed

пропонувати [proponuva'ti] *v* offer, propose, suggest, put up, forward

пропорціональний [proportseeona'l'niy] *adj* proportional, well-proportioned, proportionate

пропорція [propo'rtseeya] *f* proportion, ratio

пропуск [pro'pusk] *m* 1) pass, permit 2) omission gap 3) non-attendance, absence (from)

пропускати, пропустити [propuska'ti, propusti'ti] *v* 1) let pass, make way (for), let in, admit 2) omit, leave out 3) miss

прорвати(ся), проривати(ся) [prorva'ti(sya), proriva'ti(sya)] *v* 1) tear 2) break (through)

проректор [prore'ktor] *m* vice-president, vice-rector

прорив [prori'v] *m* 1) break 2) breakthrough 3) gap, hitch

проривати, прорити [proriva'ti, prori'ti] *v* dig

пророк [proro'k] *m* prophet

пророкувати [prorokuva'ti] *v* prophesy, predict

проростати, прорости [prorosta'ti, prorosti'] *v* germinate, sprout

просвердлювати, просвердлити [prosve'rdlyuvati, prosverdli'ti] *v* bore, drill, perforate

просвіт [prosvee't] *m* 1) (clear) gap 2) bay, aperture

просвітитель [prosveeti'tel'] *m* enlightener

просвітительство [prosveeti'tel'stvo] *n* enlightenment

просвітительський [prosveeti'tel's'kiy] *adj* educational

просвітити, просвічувати [prosveeti'ti, prosvee'chuvati] *v* x-ray, examine with x-rays

просвіщати, просвітити [prosveeshcha'ti, prosveeti'ti] *v* enlighten

просиджувати, просидіти [prosi'd zhuvati, prosi'deeti] *v* sit

просипатися, просинатися, проснутися [prosipa'tisya, prosina'tisya, prosnu'tisya] *v* wake up, awake

просити, попросити [prosi'ti, poprosi'ti] *v* 1) ask (for), beg (for) 2) intercede (for) 3) invite

просити, прощати [prosi'ti, proshcha'ti] *v* forgive, pardon

проситися [prosi'tisya] *v* ask (for)

просихати, просохнути [prosikha'ti, proso'khnuti] *v* get dry

просіювати, просіяти [prosee'yuvati, prosee'yati] *v* sift

проскакувати, проскочити [proska'kuvati, prosko'chiti] *v* 1) rush by 2) slip through

прославляти, прославити [proslavlya'ti, prosla'viti] *v* glorify

прославлятися, прославитися [proslavlya'tisya, prosla'vitisya] *v* become famous (for, through)

просо [pro'so] *n* millet

проспати [prospa'ti] *v* 1) oversleep 2) sleep (for a time)

проспект [prospe'kt] *m* 1) avenue 2) prospectus

простак [prosta'k] *m* simpleton

простежити, простежувати [prost e'zhiti, proste'zhuvati] *v* 1) observe 2) retrace 3) trace, track

простий [prosti'y] *adj* 1) simple, easy 2) common ordinary, plain

простиня, простирадло [prostinya', prostira'dlo] *f, n* sheet

простій [prostee'y] *m* idle time, stoppage, standing idle

простінок [prostee'nok] *m* pier

простір [pro'steer] *m* space, spaciousness

просто [pro'sto] *adv* 1) simply, easily 2) sheer

простоволосий [prostovolo'siy] *adj* bare-headed

простодушний [prostodu'shniy] *adj* open-hearted, simple-hearted

простодушність [prostodu'shneest'] *f* open-heartedness, simple-heartedness

просторний [prosto'rniy] *adj* 1) roomy, spacious 2) loose

просторовий [prostoro'viy] *adj* spatial

простота [prostota'] *f* simplicity

прострілювати, прострелити [prostree'lyuvati, prostreli'ti] *v* shoot through

простромлювати, простромити [prostro'mlyuvati, prostromi'ti] *v* pierce through

простувати [prostuva'ti] *v* go/make for, move (in the direction of)

простуда [prostu'da] *f* cold, chill

простуджувати(ся), простудити(ся) [prostu'dzhuvati(sya), prostudi'ti(sya)] *v* let *smb* catch cold, catch cold

проступок [prostu'pok] *m* misdeed, offence, fault

простягати, простягти, простягнути [prostyaga'ti, prostyagti', prostyagnu'ti] *v* 1) stretch out, reach out (for) 2) offer, hold out

простягатися [prostyaga'tisya] *v* extend, reach, stretch

просувати, просунути [prosuva'ti, prosu'nuti] *v* push (through)

проталина [prota'lina] *f* thawed patch

проте [prote'] *conj* but, however, but still

протез [prote'z] *m* artificial limb

протезний [prote'zniy] *adj* orthopaedic

протекти, протікати [protekti', proteeka'ti] *v* 1) flow, run 2) leak

протекція [prote'ktseeya] *f* patronage

протерти, протирати [prote'rti, protira'ti] *v* 1) rub dry, wipe clean 2) rub (through)

протест [prote'st] *m* protest

протестувати [protestuva'ti] *v* protest (against)

проти [pro'ti] *prep* 1) against 2) opposite, facing 3) contrary to 4) to, as against

противага [protiva'ga] *f* техн. counterpoise, counterbalance

противитися [proti'vitisya] *v* oppose, object (to), resist

противний [proti'vniy] *adj* 1) opposite 2) adverse

противник [proti'vnik] *m* opponent, adversary, enemy

протигаз [protiga'z] *m* gas-mask, respirator

протидія [protidee'ya] *f* counteraction

протидіяти [protidee'yati] *v* counteract

протикати, проткнути [protika'ti, protknu'ti] *v* pierce (through)

протилежний [protile'zhniy] *adj* 1) opposite, 1) opposed, contrary, reverse

протилежність [protile'zhneest'] *f* opposition, opposite, antipode

протиповітряний [protipoveetrya'niy] *adj* anti-aircraft, ~ а оборона anti-aircraft defence

протиставити [protista'viti] *v* oppose (to), contrast (with)

протиставлення [protista'vlennya] *n* opposing, contrasting

протитанковий [protita'nkoviy] *adj* anti-tank

протока [proto'ka] *f* strait, straits

протокол [protoko'l] *m* minutes, record

проторований [protoro'vaniy] *adj* beaten, well-trodden

протяг [pro'tyag] *m* drought

протягати, протягнути, протягти [protyaga'ti, protyagnu'ti, protyagti'] *v* 1) stretch out, reach out 2) push (through) 3) extend, last, linger

протягом [pro'tyagom] *adv* in the course (of), during, within

протяжний [protya'zhniy] *adj* long, drawling

протяжність [protya'zhneest'] *f* extent, length

проучувати, провчати, провчити [prou'chuvati, provcha'ti, provchi'ti] *v* teach a good lesson

профан [profa'n] *m* ignoramus

профанація [profana'tseeya] *f* profanation

професійний, професіональний [profesee'yniy, profeseeona'l'niy] *adj* professional

професіонал [profeseeona'l] *m* professional

професія [profe'seeya] *f* profession, trade

професор [profe'sor] *m* professor

професорський [profe'sors'kiy] *adj* professorial

професура [profesu'ra] *f* 1) professorship 2) professors, professorate

профілактика [profeela'ktika] *f* 1) prophylactic/preventive measures 2) техн. service

профілактичний [profeelakti'chniy] *adj* prophylactic, preventive

профіль [pro'feel'] *m* 1) profile, sideview 2) type, character

профорг (професійний організатор) [profo'rg] *m* trade-union group organizer

профспілка (професійна спілка) [profspee'lka] *f* trade-union

профспілковий [profspeelko'viy] *adj* trade-union

прохання [prokha'nnya] *n* request

прохати [prokha'ti] *v* ask, beg

прохач [prokha'ch] *m* applicant

прохід [prokhee'd] *m* passage, aisle, gangway

проходити, пройти [prokho'diti, proyti'] *v* pass, go, walk, cover, do

прохожий [prokho'zhiy] *adj* passer-by

прохолода [prokholo'da] *f* cool, coolness, freshness

прохолодний [prokholo'dniy] *adj* cooling, refreshing

прохолонути [prokholo'nuti] *v* cool off, get cold, cool (down)

процвітання [protsveeta'nnya] *n* prosperity

процвітати [protsveeta'ti] *v* prosper

процедура [protsedu'ra] *f* 1) procedure 2) treatment

процент [protse'nt] *m* 1) percentage, per cent 2) interest

процес [protse's] *m* 1) process 2) legal proceedings, case

процесія [protse'sseeya] *f* procession

прочиняти, прочинити [prochinya'ti, prochini'ti] *v* open slightly, set ajar

прочитувати, прочитати [prochi'tuvati, prochita'ti] *v* read (through)

прошарок [prosha'rok] *m* 1) layer, stratum 2) seam

проштовхувати, проштовхнути [proshtovkhuva'ti, proshtovkhnu'ti] *v* push (through)

прощавати [proshchava'ti] *v* **прощавайте!** good bye!

прощання [proshcha'nnya] *n* farewell, parting, leave-taking

прощальний [proshcha'l'niy] *adj* parting, farewell

прощатися, попрощатися [proshcha'tisya, poproshcha'tisya] *v* say good-bye (to), take one's leave (of), bid farewell

прояв [pro'yav] *m* manifestation, display

проявляти, проявити [proyavlya'ti, proyavi'ti] *v* 1) show, display, manifest 2) develop

проявлятися [proyavlya'tisya] *v* show/manifest itself

проявник [proya'vnik] *m* developer

прояснюватися, прояснятися, прояснитися [proyasnyuvatisya, proyasnya'tisya, proyasni'tisya] *v* (become) clear, clear up, brighten

прудкий [prudki'y] *adj* quick, lively

пружина [pruzhi'na] *f* spring

пружний [pru'zhniy] *adj* elastic, resilient

пружність [pru'zhneest'] *f* elasticity, resilience

прут [prut] *m* twig, switch, rod

пручатися [prucha'tisya] *v* resist

пряжа [prya'zha] *f* yarn

пряжка [prya'zhka] *f* buckle, clasp

прямий [pryami'y] *adj* 1) straight 2) through, direct 3) straightforward 4) open, obvious

прямо [prya'mo] *adv* 1) straight 2) directly 3) bluntly, frankly 4) right, exactly

прямокутний [pryamoku'tniy] *adj* right-angled, rectangular

прямокутник [pryamoku'tnik] *m* rectangle

прямолінійний [pryamoleenee'yniy] *adj* 1) rectilineal, rectilinear 2) straightforward

прямувати, попрямувати [pryamuva'ti, popryamuva'ti] *v* set off (for), make (for)

пряник [prya'nik] *m* gingerbread, honeycake

прясти [prya'sti] *v* spin

псевдонім [psevdonee'm] *m* pseudonym, assumed name, pen-name

психіатр [psykheea'tr] *m* psychiatrist

психіатричний [psykheeatri'chniy] *adj* psychiatric

психіатрія [psykheeatree'ya] *f* psychiatry

психіка [psy'kheeka] *f* psychology, psychics

психічний [psykhee'chniy] *adj* mental, psychical

психолог [psykho'log] *m* psychologist

психологічний [psykhologee'chniy] *adj* psychologic(al)

психологія [psykholo'geeya] *f* psychology

псувати [psuva'ti] *v* spoil, corrupt

псуватися [psuva'tisya] *v* spoil, get spoiled, go bad, break up, degenerate, become corrupt

птах [ptakh] *m* bird

птахівництво [ptakheevni'tstvo] *n* poultry breeding

птахоферма [ptakhofe'rma] *f* poultry farm

пташеня [ptashenya'] *n* fledgling, nestling

пташиний [ptashi'niy] *adj* bird

птиця [pti'tsya] *f* 1) bird 2) poultry fowl(s)

публіка [pu'bleeka] *f* public, audience

публікація [publeeka'tseeya] *f* publication, published work

публікувати [publeekuva'ti] *v* publish

публіцист [publeetsi'st] *m* publicist, journalist

публіцистика [publeetsi'stika] *f* publicistic, writing, journalism

публічний [publee'chniy] *adj* public

публічно [publee'chno] *adv* in public, openly, publicly

пудра [pu'dra] *f* powder

пудрениця [pu'drenitsya] *f* powder-case

пудрити [pu'driti] *v* powder

пудритися [pu'dritisya] *v* powder oneself

пульс [pul's] *m* pulse

пульсувати [pul'suva'ti] *v* pulsate, pulse, throb

пульт [pul't] *m* 1) control desk/panel 2) music stand

пункт [punkt] *m* 1) point 2) post, station 2) paragraph, item

пунктир [punkti'r] *m* dotted line

пунктуальний [punktua'l'niy] *adj* punctual

пунктуальність [punktua'l'neest'] *f* punctuality

пунктуація [punktua'tseeya] *f* punctuation

пунш [punsh] *m* punch

пуп [pup] *m* navel

пуп'янок (брунька) [pu'p''yanok] *m* bud, shoot

пурга [purga'] *f* blizzard, snow-storm

пурпур [pu'rpur] *m* purple

пурпурний, ~овий [purpu'rniy, ~o'viy] *adj* purple

пуск [pusk] *m* starting, setting in motion, launch(ing)

пускати, пустити [puska'ti, pusti'ti] *v* 1) let *smb* go, set *smb* free, let 2) let in 3) start, put in action, set in motion, 40 turn on 5) set up

пусковий [puskovi'y] *adj* starting, launching

пустеля [puste'lya] *f* desert, wilderness

пустельний [puste'l'niy] *adj* desert, deserted, lonely

пустий [pusti'y] *adj* 1) empty 2) shallow 3) idle, empty

пустир [pusti'r] *m* waste-ground

пустка [pu'stka] *f* deserted house

пустота [pustota'] *f* 1) emptiness 2) vacuum

пустотливий [pustotli'viy] *adj* mischievous, playful

пустотливість [pustotli'veest'] *f* playfulness

пустощі [pu'stoshchee] *pl* prank(s)

пустувати [pustuva'ti] *v* 1) be haughty, play pranks 2) be/start empty

пустун [pustu'n] *m* mischievous person, naughty child

пута [pu'ta] *pl* clog, bonds, ties

путівка [putee'vka] *f* pass

путівник [puteevni‘k] *m* guide(-book), itinerary

путо [pu‘to] *n* hobble

путящий [putya‘shchiy] *adj* sensible, worthwhile

путь [put’] *m* way, track, path

пух [pukh] *m* down, fuzz, fluff, nap

пухир [pukhi‘r] *m* bubble, blister

пухкий [pukhki‘y] *adj* loose, soft, light

пухлий [pu‘khliy] *adj* plump, chubby, swollen

пухлина [pukhli‘na] *f* tumor, swelling

пухнастий [pukhna‘stiy] *adj* fluffy, downy

пухнути [pu‘khnuti] *v* swell

пуховий [pukho‘viy] *adj* downy

пучок [pucho‘k] *m* 1) bundle, bunch 2) pencil

пушинка [pushi‘nka] *f* bit of fluff, feather of snow

пушок [pusho‘k] *m* 1) fluff, down 2) bloom

пуща [pu‘shcha] *f* dense forest

пшениця [psheni‘tsya] *f* wheat

пшеничний [psheni‘chniy] *adj* wheaten

пшоно [pshono‘] *n* millet

пюре [pyure‘] *n* mash

п’явка [p”ya‘vka] *f* leech

п’ядь [p”yad’] *f* inch

п’яльці [p”ya‘l’tsee] *pl* tambour-frame

п’яний [p”ya‘niy] *adj* drunk, tipsy

п’янити [p”yani‘ti] *v* make drunk, intoxicate

п’яниця [p”yani‘tsya] *m* drunkard

п’яніти, сп’яніти [p”yanee‘ti, sp”yanee‘ti] *v* be/get drunk, be intoxicated (with)

п’янкий [p”yanki‘y] *adj* intoxicated, heady

п’янство [p”ya‘nstvo] *n* drunkenness, hard drinking

п’ята [p”yata‘] *f* heel

п’ятдесят [p”yatdesya‘t] *num* fifty

п’ятдесятий [p”yatdesya‘tiy] *num* fiftieth

п’ятеро [p”ya‘tero] *num* five

п’ятиборство [p”yatibo‘rstvo] *n* pentathlon

п’ятий [p”ya‘tiy] *num* fifth

п’ятикутний [p”yatiku‘tniy] *adj* pentagonal

п’ятикутник [p”yatiku‘tnik] *m* pentagon

п’ятирічка [p”yatiree‘chka] *f* five-year plan

п’ятисотий [p”yatiso‘tiy] *num* five-hundredth

п’ятірка [p”yatee‘rka] *f* 1) five 2) excellent

п’ятнадцятий [p”yatna‘dtsayatiy] *adj* fifteenth

п’ятнадцять [p”yatna‘dtsayat’] *num* fifteen

п’ятниця [p”ya‘tnitsya] *f* Friday

п’ятсот [p”yatso‘t] *num* five hundred

п’ять [p”yat’] *num* five

Р

раб [rab] *m* slave

рабовласник [rabovla‘snik] *m* slave-owner

рабовласницький [rabovla‘snits’kiy] *adj* slave-owning

рабство [ra‘bstvo] *n* slavery

рабський [ra‘bs’kiy] *adj* 1) slave 2) servile, slavish

рада [ra‘da] *f* 1) Soviet 2) council 3) advice, counsel

радгосп [radgo‘sp] *m* state farm

радгоспний [radgo‘spniy] *adj* state farm

радий [ra‘diy] *adj* 1) glad 2) joyful

радикал [radika‘l] *m* radical

радикальний [radika‘l’niy] *adj* radical, drastic

радист [radi‘st] *m* radio operator

радити, порадити [ra‘diti, pora‘diti] *v* advise

радитися [ra'ditisya] *v* consult, ask advise (of), discuss

радій [ra'deey] *m хим.* radium

радіо [ra'deeo] *n* radio, wireless

радіоактивний [radeeoakti'vniy] *adj* radio-active

радіоактивність [radeeoakti'vneest'] *f* radio-activity

радіозв'язок [radeeozv''yazo'k] *m* radio communication

радіокоментатор [radeeokomenta'tor] *m* radio commentator

радіола [radeeo'la] *f* radio-gramophone, radiogram

радіолюбитель [radeeolyubi'tel'] *m* radio amateur/fan

радіопередача [radeeopereda'cha] *f* broadcast

радіопередавач [radeeoperedava'ch] *m* transmitter

радіоприймач [radeeopriyma'ch] *m* radio set, radio receiver

радіослухач [radeeoslukha'ch] *m* (radio) listener

радіостанція [radeeosta'ntseeya] *f* radio station

радіотехніка [radeeote'khneeka] *f* radio engineering

радіофікація [radeeofeeka'tseeya] *f* installation of radio

радісний [ra'deesniy] *adj* joyful, glad

радість [ra'deest'] *f* joy, gladness, з **радістю** with pleasure

радіти [radee'ti] *v* be pleased, be glad, rejoice

радіус [ra'deeus] *m* radius

радник [ra'dnik] *m* 1) adviser, counsellor 2) councillor

радо [ra'do] *adv* 1) gladly, willingly, readily 2) cordially

радощі [ra'doshchee] *pl* joy, gladness

радувати [ra'duvati] *v* make glad, gladden

радянський [radya'ns'kiy] *adj* Soviet

раз [raz] *m, adv* 1) time 2) one, раз по раз again and again 3) one day, once 4) since

разом [ra'zom] *adv* 1) together 2) in all, sum-total

разючий [razyu'chiy] *adj* striking, impressive

рай [ray] *m* paradise

райдуга [ra'yduga] *f* rainbow

райдужний [ra'yduzhniy] *adj* iridescent

район [rayo'n] *m* 1) area, region, locality 2) district

районний [rayo'nniy] *adj* district

райський [ra'ys'kiy] *adj* paradise, heavenly

рак [rak] *m* 1) crayfish 2) cancer

ракета [rake'ta] *f* rocket, flare

ракетка [rake'tka] *f* rocket, bat

ракетний [rake'tniy] *adj* rocket, jet

раковина [ra'kovina] *f* 1) shell 2) sink, wash-bowl

рама, рамка [ra'ma, ra'mka] *f* frame, sash

рампа [ra'mpa] *f* footlights

рана [ra'na] *f* wound

ранг [rang] *m* rank, class

ранець [ra'nets'] *m* hayersack, knapsack, satchel

ранити, поранити [ra'niti, pora'niti] *v* wound

раніш, раніше [ranee'sh, ranee'she] *adv* 1) earlier 2) before, until 3) formerly

ранішній, ранковий [ra'neeshneey, ranko'viy] *adj* morning

ранком [ra'nkom] *adv* in the morning

ранній [ra'nneey] *adj* early

рано [ra'no] *adv* early

рано-вранці [ra'no-vra'ntsee] *adv* early in the morning

ранок [ra'nok] *m* morning, доброго ранку good morning

рапорт [ra'port] *m* report

рапортувати [raportuva'ti] *v* report

раптовий [rapto'viy] *adj* sudden, unexpected, surprise

раптовість [rapto'veest'] *f* suddenness, unexpectedness, surprise

раптом [ra'ptom] *adv* suddenly, unexpectedly, all of a sudden

раса [ra'sa] *f* race

расизм [rasi'zm] *m* racism, racialism

расист [rasi'st] *m* racist, racialist

расистський [rasi'sts'kiy] *adj* racialist

ратифікація [ratifeeka'tseeya] *f* ratification

ратифікувати [ratifeekuva'ti] *v* ratify

ратиця [ra'titsya] *f* hoof

раунд [ra'und] *m* round

рафінад [rafeena'd] *m* refined sugar, lump sugar

рахівник [rakheevni'k] *m* book-keeper

рахівництво [rakheevni'tstvo] *n* book-keeping

рахівниця [rakheevni'tsya] *f* abacus

рахувати [rakhuva'ti] *v* count, calculate, compute

рахуватися [rakhuva'tisya] *v* consider, take into consideration

рахунок [rakhu'nok] *m* 1) calculation 2) account 3) bill 4) score

раціоналізатор [ratseeonaleeza'tor] *m* rationalizer

раціоналізація [ratseeonaleeza'tseeya] *f* rationalization

раціоналізувати [ratseeonaleezuva'ti] *v* rationalize

раціональний [ratseeona'l'niy] *adj* rational

раціонально [ratseeona'l'no] *adv* rationally

рація [ra'tseeya] *f* 1) radio transmitter-receiver 2) sense, reason, **ви маєте рацію** you are right

рваний [rva'niy] *adj* torn, worn

рвати [rva'ti] *v* 1) tear, rend, tear up 2) pick, pluck 3) pull out 4) break off

рватися [rva'tisya] *v* 1) tear, break 2) be broken 3) struggle to get free

рвонутися [rvonu'tisya] *v* rush, dash

реабілітація [reabeeleeta'tseeya] *f* rehabilitation

реабілітувати [reabeeleetuva'ti] *v* rehabilitate

реагувати [reaguva'ti] *v* react (to), respond (to)

реактивний [reakti'vniy] *adj* jet, ~ двигун jet engine, ~ літак jet plane

реактор [rea'ktor] *m* reactor, **атомний** ~ atomic/nuclear reactor

реакційний [reaktsee'yniy] *adj* reactionary

реакціонер [reaktseeone'r] *m* reactionary

реакція [rea'ktseeya] *f* reaction, response

реалізація [realeeza'tseeya] *f* realization

реалізм [realee'zm] *m* realism

реалізувати [realeezuva'ti] *v* realize

реаліст [realee'st] *m* realist

реалістичний [realeesti'chniy] *adj* realistic(al)

реальний [rea'l'niy] *adj* real, practicable

реальність [rea'l'neest'] *f* reality

ребро [rebro'] *n* 1) rib 2) edge

ребус [re'bus] *m* rebus

рев [rev] *m* roar, bellow

реванш [reva'nsh] *m* revenge, return match, **брати/взяти реванш** have one's revenge

реваншист [revanshi'st] *m* revenge-seeker

ревізійний [reveezee'yniy] *adj* inspection

ревізіонізм [reveezeeonee'zm] *m* revisionism

ревізія [revee'zeeya] *f* 1) inspection, auditing 2) revision, revising

ревізор [reveezo'r] *m* inspector, auditor

ревізувати [reveezuva'ti] *v* 1) inspect 2) revise

ревматизм [revmati'zm] *m* rheumatism

ревнивий [revni'viy] *adj* jealous

ревний [re'vniy] *adj* zealous, diligent, assiduous

ревнощі [re'vnoshchee] *pl* jealousy

ревнувати [revnuva'ti] *v* be jealous (of)

революційний [revolyutsee'yniy] *adj* revolutionary

революціонер [revolyutseeone'r] *m* revolutionary

революція [revolyu'tseeya] *f* revolution

револьвер [revol've'r] *m* revolver

ревти [revti'] *v* 1) roar, bellow, howl 2) howl, weep

регіт [re'geet] *m* roar(s) of laughter

регламент [regla'ment] *m* 1) regulations 2) time limit

регламентація [reglamenta'tseeya] *f* regulation

регламентувати [reglamentuva'ti] *v* regulate

реготати [regota'ti] *v* roar with laughter

регрес [regre's] *m* regress, retrogression

регулювальник [regulyuva'l'nik] *m* traffic-controller

регулювати [regulyuva'ti] *v* regulate, adjust, control

регулярний [regulya'rniy] *adj* regular

регулярність [regulya'rneest'] *f* regularity

регулятор [regulya'tor] *m* regulator

редагувати [redaguva'ti] *v* edit

редактор [reda'ktor] *m* editor, головний ~ editor-in-chief

редакційний [redaktsee'yniy] *adj* editorial, редакційна колегія editorial board

редакція [reda'ktseeya] *f* 1) editing, editorship, за редакцією edited by 2) wording 3) version, the editors 5) editorial office

редиска [redi'ska] *f* garden radish

редька [re'd'ka] *f* black radish

реєстр [reye'str] *m* list, register

реєстрація [reyestra'tseeya] *f* registration

реєструвати [reyestruva'ti] *v* register

режим [rezhi'm] *m* 1) regime 2) routine, regimen, режим дня daily time-table

режисер [rezhise'r] *m* producer, director, помічник ~ stagemanager, assistant producer

резерв [reze'rv] *m* reserve, мати в резерві have in reserve

резервний [reze'rvniy] *adj* reserve

резервуар [rezervua'r] *m* reservoir, tank

резидент [rezide'nt] *m* resident

резиденція [rezide'ntseeya] *f* residence

резолюція [rezolyu'tseeya] *f* resolution, прийняти ~ю pass/adopt a resolution

резонанс [rezona'ns] *m* resonance, effect

резонний [rezo'nniy] *adj* reasonable

результат [rezul'ta't] *m* result, outcome, в результаті as a result

результативний [rezul'tati'vniy] *adj* effective

резюме [rezyume'] *n* summary

рейд [reyd] *m* 1) roadstead, road(s) 2) raid

рейка [re'yka] *f* 1) lath 2) rail

рейс [reys] *m* trip, run, voyage, flight

рейсовий [re'ysoviy] *adj* regular-route

рейсфедер [reysfe'der] *m* ruling-pen

рейсшина [reysshi'na] *f* T-square

рейтузи [reytu'zi] *pl* tights

реквізиція [rekveezi'tseeya] *f* requisition

реклама [rekla'ma] *f* advertisement, publicity

рекламний [rekla'mniy] *adj* advertising, publicity

рекламувати [reklamuva'ti] *v* advertise

рекомендація [rekomenda'tseeya] *f* recommendation, reference

рекомендований [rekomendoʻvaniy] *adj* recommended, registered

рекомендувати [rekomenduvaʻti] *v* recommend

реконструкція [rekonstruʻktseeya] *f* reconstruction, restoration

реконструювати [rekonstruyuvaʻti] *v* reconstruct, restore

рекорд [rekoʻrd] *m* record, **поставити** ~ set up a record, **побити** ~ break/beat a record

рекордний [rekoʻrdniy] *adj* record

рекордсмен [rekordsmeʻn] *m* record-holder

ректор [reʻktor] *m* rector, president, chancellor

ректорат [rektoraʻt] *m* university administration, rector' office

релігійний [releegeeʻyniy] *adj* religious

релігія [releeʻgeeya] *f* religion

реліквія [releeʻkveeya] *f* relic

рельєф [relʼyeʻf] *m* relief

рельєфний [relʼyeʻfniy] *adj* relief, raised, embossed

ремесло [remesloʻ] *n* craft, trade, handicraft

ремінець [remeeneʻts'] *m* small strap, wristlet

ремінь [reʻmeen'] *m* strap, belt

ремісник [remeesniʻk] *m* craftsman, handicraft worker

ремісничний [remeesniʻchiy] *adj* craft, handicraft

ремонт [remoʻnt] *m* repair(s)

ремонтний [remoʻntniy] *adj* repair, fix, decorate

ремствувати [reʻmstvuvati] *v* complain (to, of)

ренегат [renegaʻt] *m* renegade, turncoat

рента [reʻnta] *f* rent, **земельна** ~ ground rent

рентабельний [rentaʻbelʼniy] *adj* paying, profitable

рентабельність [rentaʻbelʼneest'] *f* profitableness

рентген [rentgeʻn] *m* 1) X-ray photography 2) Roentgen

рентгенівський [rentgeʻneevsʼkiy] *adj* X-ray, ~ **знімок** X-ray (picture), radiograf

реорганізація [reorganeezaʻtseeya] *f* reorganization

реорганізувати [reorganeezuvaʻti] *v* reorganize

репатріант [repatreeaʻnt] *m* repatriate

репатріація [repatreeaʻtseeya] *f* repatriation

репатріювати [repatreeyuvaʻti] *v* repatriate

репертуар [repertuaʻr] *m* repertoire

репетирувати [repetiʻruvati] *v* 1) rehearse 2) coach

репетитор [repetiʻtor] *m* coach

репетиція [repetiʻtseeya] *f* rehearsal, **генеральна** ~ dress-rehearsal

репетувати [repetuvaʻti] *v* shout, cry out

репліка [reʻpleeka] *f* 1) remark, refort 2) cue

репортаж [reportaʻzh] *m* reporting, report, commentary

репортер [reporteʻr] *m* reporter

репресивний [represiʻvniy] *adj* repressive

репресія [repreʻseeya] *f* repression

репродуктор [reproduʻktor] *m* loudspeaker

репродукція [reproduʻktseeya] *f* reproduction

репутація [reputaʻtseeya] *f* reputation

реп'ях [repʼʼyaʻkh] *m* agrimony, burdock

ресора [resoʻra] *f* spring

республіка [respuʻbleeka] *f* republic

республіканець [respubleekaʻnets'] *m* republican

республіканський [respubleekaʻnsʼkiy] *adj* republican

реставратор [restavraʻtor] *m* restorer

реставрація [restavraʻtseeya] *f* restoration

реставрувати [restavruva'ti] *v* restore

ресторан [restora'n] *m* restaurant

ресурси [resu'rsi] *pl* resources

ретельний [rete'l'niy] *adj* zealous, diligent, assiduous

реферат [refera't] *m* summery, synopsis, paper, essay

рефлекс [refle'ks] *m* reflex

рефлектор [refle'ktor] *m* reflector

реформа [refo'rma] *f* reform

реформатор [reforma'tor] *m* reformer

реформувати [reformuva'ti] *v* reform

рефрижератор [refrizhera'tor] *m* refrigerator

рецензент [retsenze'nt] *m* reviewer, reader

рецензія [retse'nzeeya] *f* review, opinion

рецензувати [retsenzuva'ti] *v* review

рецепт [retse'pt] *m* 1) recipe 2) prescription, **виписати** ~ prescribe *smth*

рецидив [retsidi'v] *m* relapse

рецидивист [retsidivi'st] *m* recidivist

речення [re'chennya] *n* sentence, clause

речовий [rechovi'y] *adj* material, **речовий мішок** knapsack

речовина [rechovina'] *f* substance, matter

решето [re'sheto] *n* sieve

решітка [reshee'tka] *f* grating, grille, lattice, bars, railings

решта [re'shta] *f* remainder, rest

рештки [re'shtki] *pl* 1) remains 2) vestiges, traces

риба [ri'ba] *f* fish

рибалити [riba'liti] *v* fish

рибалка [riba'lka] *f* 1) fisherman 2) fishing

рибальський [riba'l's'kiy] *adj* fishing, fisherman's

рибний [ri'bniy] *adj* fish

ривок [rivo'k] *m* jerk, tug

ридання [rida'nnya] *n* sob, sobbing

ридати [rida'ti] *v* sob

ризикувати, ризикнути [riziku'vati, riziknu'ti] *v* take a risk,

рикошет [rikoshe't] *m* ricochet

рима [ri'ma] *f* rhyme

римський [ri'ms'kiy] *adj* Roman

римувати(ся) [rimuva'ti(sya)] *v* rhyme

ринва [ri'nva] *f* drain-pipe

ринг [ring] *m* ring

ринковий [ri'nkoviy] *adj* market

ринок [ri'nok] *m* market, market-place

рипіти [ripee'ti] *v* creak, squeak, scratch

рис [ris] *m* rice

риса [ri'sa] *f* 1) line 2) feature, train

рисак [risa'k] *m* trotter

риск [risk] *m* risk, hazard, **іти на** ~ run risks, take chances

риска [ri'ska] *f* 1) line 2) hyphen

рискований [risko'vaniy] *adj* risky

рискувати, рискнути [riskuva'ti, risknu'ti] *v* 1) take a risk/chance 2) risk, jeopardize 3) venture

рись [ris'] *f* 1) lynx 2) trot, бігти риссю trot

рити(ся) [ri'ti(sya)] *v* dig, root (in)

ритм [ritm] *m* rhythm

ритмічний [ritmee'chniy] *adj* rhythmic(al)

ритуал [ritua'l] *m* ritual

риф [rif] *m* reef

рицар [ri'tsar] *m* knight, gentleman

рицарство [ri'tsarstvo] *n* knighthood, chivalry

рицарський [ri'tsars'kiy] *adj* knightly, chivalrous

рицина [ritsi'na] *f* castor oil

ричати [richa'ti] *v* growl, snarl

риштовання, риштування [rishto'vannya, rishtuva'nnya] *v* scaffolding, staging

рів [reev] *m* ditch, moat

рівень [ree'ven'] *m* 1) level 2) standard

рівний [ree'vniy] *adj* 1) equal, the same 2) even, level, smooth 3) straight 4) regular

рівнина [reevni'na] *f* plain

рівнинний [reevni'nniy] *adj* flat

рівність [ree'vneest'] *f* equality

рівно [ree'vno] *adv* 1) equally 2) smoothly 3) exactly, precisely 4) evenly, regularly

рівновага [reevnova'ga] *f* equilibrium, balance

рівнодення [reevnode'nnya] *n* equinox

рівнодіюча [reevnodee'yucha] *adj* resultant (force)

рівнозначний [reevnozna'chniy] *adj* equivalent, equipollent

рівномірний [reevnomee'rniy] *adj* even, rhythmical, uniform

рівноправний [reevnopra'vniy] *adj* equal (in right), of equal standing

рівноправність [reevnopra'vneest'] *f* equality (of rights)

рівноцінний [reevnotsee'nniy] *adj* of equal value, equivalent

рівня [ree'vnya] *f* equal, він їй не ~ he's no match for her

рівняння [reevnya'nnya] *n* equation

рівняти, зрівняти [reevnya'ti, zreevnya'ti] *v* 1) smooth, 1) make equal, even, equalize 3) compare (with) 4) line up, dress

рівнятися [reevnya'tisya] *v* 1) straighten out 2) line up, dress

рівчак [reevcha'k] *m* ditch, trench

ріг [reeg] *m* 1) horn, antler 2) corner, за рогом round the corner

рід [reed] *m* 1) family, kin 2) birth, origin, stock 3) sort, kind 4) genus 5) gender

рідина [reedina'] *f* liquid, fluid

рідіти [reedee'ti] *v* 1) get thinner 2) disperse, drift away 3) be depleted

рідкий [reedki'y] *adj* 1) thin, sparse, scanty 2) rare, infrequent 3) liquid 4) wattery

рідкісний [ree'dkeesniy] *adj* rare, uncommon, exceptional

рідкість [ree'dkeest'] *f* rarity, curiosity

рідко [ree'dko] *adv* seldom, rarely

рідний [ree'dniy] *adj* 1) one's own 2) native 3) dear, darling

ріднити(ся), поріднити(ся) [reedni'ti(sya), poreedni'ti(sya)] *v* bring together, make related, become related (with)

рідня (родичі) [reednya'] *f* relatives, relations

рідшати [ree'dshati] *v* 1) become rare 2) get thinner

різанина [reezani'na] *f* slaughter, massacre

різати [ree'zati] *v* 1) cut, slice, carve 2) slaughter

Різдво [reezdvo'] *n* Christmas

різець [reeze'ts'] *m* chisel, cutter

різка [ree'zka] *f* rod, birch

різкий [reezki'y] *adj* sharp, cutting, biting, harsh, sudden, abrupt, blunt

різкість [ree'zkeest'] *f* sharpness, abruptness, bluntness, harsh words

різний [ree'zniy] *adj* 1) differing, different 2) various, diverse

різнитися [reezni'tisya] *v* differ (in)

різниця [reezni'tsya] *f* difference

різнобарвний [reeznoba'rvniy] *adj* of different colours, many coloured

різнобій [reeznobee'y] *m* lack of coordination

різнобічний [reeznobee'chniy] *adj* many-sided, versatile

різновид [reeznovi'd] *m* variety

різноманітити [reeznomanee'titi] *v* vary, diversify

різноманітний [reeznomanee'tniy] *adj* diverse, varied, various

різноманітність [reeznomanee'tneest'] *f* variety, diversity

різнорідний [reeznoree'dniy] *adj* heterogeneous

різносторонній [reeznostoro'nneey] *adj* many-sided, versatile

різьба [reez'ba‘] *f* 1) carving 2) thread

різьбити [reez'bi‘ti] *v* carve, engrave

рій [reey] *m* swarm

рік [reek] *m* year, **цього року** this year, **з року в рік** from year to year

ріка, річка [reeka‘, ree‘chka] *f* river

рілля [reellya‘] *f* tillage

ріпа [ree‘pa] *f* turnip

ріст [reest] *m* 1) growth, increase, rice 2) height, stature, **високого росту** tall, **маленького росту** short

річ [reech] *f* 1) thing, object, article 2) **речі (майно)** things belongings

річище [ree‘chishche] *n* river-bed, channel

річковий [reechkovi‘y] *adj* river

річний [reechni‘y] *adj* year's, annual

річниця [reechni‘tsya] *f* anniversary

рішення [ree‘shennya] *n* 1) decision, resolution, verdict, **прийомати ~** come to a decision 2) solution (of), answer (to)

рішуче [reeshu‘che] *adv* resolutely, decidedly

рішучий [reeshu‘chiy] *adj* resolute, decided, decisive

рішучість [reeshu‘cheest’] *f* resolution, firmness

робити, зробити [robi‘ti, zrobi‘ti] *v* do, make

робитися, зробитися [robi‘tisya, zrobi‘tisya] *v* 1) become, get, grow 2) be going on, happen

робітник [robeetni‘k] *m* worker, workman, working man

робітниця [robeetni‘tsya] *f* worker, working woman, **хатня работніця** housemaid

робітничий [robeetni‘chiy] *adj* working, workers, **робітничий клас** working class

робот [ro‘bot] *m* robot

робота [robo‘ta] *f* 1) work, working, functioning 2) work, job, **домашня робота** housework, **(завдання)** homework

роботящий [robotya‘shchiy] *adj* industrious

робочий [robo‘chiy] *adj* work, working, **робочий день** working day

рогатий [roga‘tiy] *adj* horned, **велика рогата худоба** cattle

роговий [rogovi‘y] *adj* horn

родимка [ro‘dimka] *f* birth-mark

родина [ro‘dina] *f* family

родинний [rodi‘nniy] *adj* family

родити, народити [rodi‘ti, narodi‘ti] *v* give birth (to), bear, give rise

родитися, народитися [rodi‘tisya, narodi‘tisya] *v* be born, arise, spring up

родич, ~ка [ro‘dich, ~ka] *m,f* relative, relation

родичатися, породичатися [rodicha‘tisya, porodicha‘tisya] *v* 1) become related (to) 2) maintain family ties

родовий (відмінок) [rodovi‘y veedmee‘nok] *adj + m* genitive (case)

родовий [rodovi‘y] *adj* 1) family 2) generic 3) gender

родовище [rodo‘vishche] *n* deposit, field

родовід [rodovee‘d] *m* family tree, pedigree

родоначальник [rodona‘chal’nik] *m* ancestor

родючий [rodyu‘chiy] *adj* fertile

рожевий [rozhe‘viy] *adj* pink, rosy

розбавляти, разбавити [rozbavlya‘ti, rozba‘viti] *v* dilute

розбагатіти [rozbagatee‘ti] *v* get rich

розбазарювати, розбазарити [rozbaza‘ryuvati, rozbaza‘riti] *v* waste, squander

розбещений [rozbe‘shcheniy] *adj* 1) undisciplined, wild 2) dissolute

розбещеність [rozbe‘shcheneest’] *f* lack of discipline 2) dissoluteness

розбещувати, розбестити [rozbe‘shchuvati, rozbe‘stiti] *v* corrupt spoil

розбивати, розбити [rozbiva'ti, rozbi'ti] *v* 1) break, shatter 2) knock, hurt, fracture 3) beat, defeat 4) разбивати табір make a camp

розбиватися, розбитися [rozbiva'tisya, rozbi'tisya] *v* 1) break, crash, be wrecked/shattered 2) hurt oneself

розбирати, розібрати [rozbira'ti, rozeebra'ti] *v* 1) take, buy up 2) disassemble, take to pieces, dismantle, pull down 3) look (into), discuss 4) parse, analyse 5) make out 6) **мене разбирає сміх** I can't help laughing

розбиратися, розібратися [rozbira'tisya, rozeebra'tisya] *v* 1) disassemble, come apart 2) understand

розбіг [rozbee'g] *m* running start

розбігатися, розбігтися [rozbeega'tisya, rozbee'gtisya] *v* 1) scatter 2) make/take one's run

розбіжність [rozbee'zhneest'] *f* divergence

розбій [rozbee'y] *m* robbery

розбійник [rozbee'ynik] *m* highwayman, robber

розбійницький [rozbee'ynits'kiy] *adj* robber's, gangster's

розбір [ro'zbeer] *m* 1) disassembling 2) investigation, examination 3) parsing, analysis

розбірливий [rozbee'rliviy] *adj* 1) fastidious, scrupulous 2) legible

розбірливість [rozbee'rliveest'] *f* 1) fastidiousness, scrupulousness 2) legibility

розбірний [rozbee'rniy] *adj* sectional, prefabricated

розболітися [rozbolee'tisya] *v* ache, **у мене разболілася голова** I have a headache

розбороняти, розборонити [rozboronya'ti, rozboroni'ti] *v* separate

розбрат [rozbra't] *m* discord, dissension

розбрестися [rozbresti'sya] *v* disperse

розбризкувати, розбризкати [rozbri'zkuvati, rozbri'zkati] *v* splash about

розбудити [rozbudi'ti] *v* wake (up)

розбухати, розбухнути [rozbukha'ti, rozbu'khnuti] *v* swell

розвага [rozva'ga] *f* amusement, distraction, entertainment

розважати, розважити [rozvazha'ti, rozva'zhiti] *v* 1) distract 2) amuse, entertain

розважатися [rozvazha'tisya] *v* amuse oneself

розважливий [rozva'zhliviy] *adj* deliberate, reasonable

розважливість [rozva'zhliveest'] *f* reasonableness

розвал [rozva'l] *m* disintegration, break-down

розвалювати, розвалити [rozva'lyuvati, rozvali'ti] *v* 1) pull apart, pull down 2) wreck, ruin

розвалюватися, розвалитися [rozva'lyuvatisya, rozvali'tisya] *v* 1) fall to pieces, collapse, fall down 2) go to pieces, be ruined 3) sprawl, lounge

розвантаження [rozvanta'zhennya] *n* unloading, discharging

розвантажувати, розвантажити [rozvanta'zhuvati, rozvanta'zhiti] *v* unload, discharge

розвеселяти(ся), розвеселити(ся) [rozveselya'ti(sya), rozveseli'ti(sya)] *v* cheer up

розвивати(ся), розвинути(ся) [rozviva'ti(sya), rozvi'nuti(sya)] *v* develop

розвиднятися [rozvidnya'tisya] *v* **розвидняється** day is breaking

розвинений [rozvi'neniy] *adj* 1) developed 2) cultivated, intelligent

розвиток [ro'zvitok] *m* development, progress

розвіватися [rozveeva'tisya] *v* flutter, fly

розвідка [rozvee'dka] *f* 1) research, investigation 2) intelligence/secret service 3) reconnaissance, intelligence 4) exploring

розвідний (міст) [rozveedni'y meest] *adj* + *m* drawbridge

розвідник [rozvee'dnik] *m* 1) secret service man/agent 2) scout 3) prospector

розвідувальний [rozvee'duval'niy] *adj* intelligence, reconnaissance

розвідувати, розвідати [rozvee'duvati, rozvee'dati] *v* 1) (try to) find out 2) reconnoiter 3) explore, protect

розвінчувати, розвінчати [rozvee'nchuvati, rozveencha'ti] *v* dethrone, debunk

розвішувати, розвішати, розвісити [rozvee'shuvati, rozvee'shati, rozvee'siti] *v* hang (out)

розвіювати, розвіяти [rozvee'yuvati, rozvee'yati] *v* disperse, dispel

розводити, розвести [rozvo'diti, rozve'sti] *v* 1) take, conduct 2) part, raise, open 3) dilute 4) breed, rear, cultivate

розводитися [rozvo'ditisya] *v* get divorced, divorce

розвозити, розвезти [rozvo'ziti, rozve'zti] *v* take,transport, deliver

розворушувати, розворушити [rozvoru'shuvati, rozvorushi'ti] *v* stir up, rouse

розв'язка [rozv''ya'zka] *f* outcome, issue, end, denouement

розв'язувати, розв'язати [rozv''ya'zuvati, rozv''ya'zati] *v* 1) undo, untie, unbind 2) solve

розв'язуватися [rozv''ya'zuvatisya] *v* 1) come undone/untied 2) come out, be solved

розгадка [rozga'dka] *f* solution, answer

розгадувати, розгадати [rozgaduvati, rozgada'ti] *v* solve, guess

розгалужений [rozgalu'zheniy] *adj* ramifide

розгалуження [rozgalu'zhennya] *n* branching, ramification

розгалужуватися [rozgalu'zhuvatisya] *v* branch out, fork

розганяти, розігнати [rozganya'ti, rozeegna'ti] *v* 1) drive away, disperse, break up 2) get up speed

розганятися [rozganya'tisya] *v* run

розгардіяш [rozgardeeya'sh] *m* mess

розгарячитися [rozgaryachi'tisya] *v* get hot, get excited

розгвинчувати, розгвинтити [rozgvi'nchuvati, rozgvinti'ti] *v* unscrew

розгинати, розігнути [rozgina'ti, rozeegnu'ti] *v* unbend, straighten (out)

розгинатися [rozgina'tisya] *v* straighten oneself

розгін [rozgee'n] *m* run, moment, з розгону full tilt

розгладжувати, розгладити [rozgla'dzhuvati, rozgla'diti] *v* smooth out, iron, press

розгляд [ro'zglyad] *m* examination, consideration, trial, analysis

розглядати, розглянути [rozglyada'ti, rozglyanu'ti] *v* 1) look (at), scrutinize 2) regard (as), consider (to be) 3) examine

розгніваний [rozgnee'vaniy] *adj* enraged, furious

розгнівати [rozgnee'vati] *v*infuriate

розгніватися [rozgnee'vatisya] *v* fly into a rage

розговоритися [rozgovori'tisya] *v* get into talk (with)

розгойдувати(ся), розгойдати-(ся) [rozgo'yduvati(sya), rozgoyda'ti(sya)] *v* rock, swing

розголошувати, розголосити [rozgolo'shuvati, rozgolosi'ti] *v* divulge, make known

розгороджувати, розгородити [rozgoro'dzhuvati, rozgorodi'ti] *v* partition

розгортати, розгорнути [rozgorta'ti, rozgornu'ti] *v* 1) unroll, unfold, unwrap 2) develop

розгортатися, розгорнутися [rozgorta'tisya, rozgornu'tisya] *v* 1) become unrolled/unfolded/undone 2) develop

розгорятися, розгорітися [rozgorya'tisya, rozgoree'tisya] *v* 1) flame up, flare up, get well alight 2) begin to glow

розгризати, розгризти [rozgriza'ti, rozgri'zti] *v* crunch, crack

розгрібати, розгребти [rozgreeba'ti, rozgrebti'] *v* rake (away)

розгром [rozgro'm] *m* 1) crushing defeat, rout 2) devastation

розгромити [rozgromi'ti] *v* rout, defeat, devastate

розгубити [rozgubi'ti] *v* lose (one after the other)

розгубитися [rozgubiti'sya] *v* be bewildered

розгублений [rozgu'bleniy] *adj* be taken aback, bewildered, perplexed

розгубленість [rozgu'bleneest'] *f* bewilderment, perplexity

розгул [rozgu'l] *m* revelry, debauch

роздавати, роздати [rozdava'ti, rozda'ti] *v* distribute, hand out, give out

роздавити [rozdavi'ti] *v* crush, smash, run down

роздвоєний [rozdvo'yeniy] *adj* forked

роздвоєння [rozdvo'yennya] *n* fork, bifurcation

роздвоюватися [rozdvo'yuvatisya] *v* fork, bifurcate

роздивлятися, роздивитися [rozdivlya'tisya, rozdivi'tisya] *v* look (at), examine

роздирати, роздерти [rozdira'ti, rozde'rti] *v* tear up, tear to pieces

розділ [ro'zdeel] *m* 1) division 2) section, part, issue

розділовий [rozdeelo'viy] *adj* dividing, separating

розділяти, розділити [rozdeelya'ti, rozdeeli'ti] *v* 1) divide 2) separate 3) share

розділятися, розділитися [rozdeelya'tisya, rozdeeli'tisya] *v* divide (into), be divided

роздільний [rozdee'l'niy] *adj* 1) separate 2) distinct

роздмухувати, роздмухати [rozdmu'khuvati, rozdmu'khati] *v* fan

роздобувати, роздобути [rozdobuva'ti, rozdobu'ti] *v* get, get hold (of), procure

роздоріжжя [rozdoree'zhzhya] *n* cross-roads

роздратований [rozdrato'vaniy] *adj* irritated, exasperated

роздратовано [rozdrato'vano] *adv* in irritation

роздратовувати, роздратувати [rozdrato'vuvati, rozdratuva'ti] *v* irritate, exasperate

роздратування [rozdratuva'nnya] *n* irritation, exasperation

роздріб [ro'zdreeb] *adv* **на/у роздріб** by/at retail

роздрібний [rozdreebni'y] *adj* retail

роздрібнювати, роздрібнити [rozdree'bnyuvati, rozdreebni'ti] *v* reduce to fragments, pound

роздробляти, роздробити [rozdroblya'ti, rozdrobi'ti] *v* break, crush, splinter

роздувати, роздути [rozduva'ti, rozdu'ti] *v* 1) fan 2) inflate, enlarge (upon), exasperate

роздуватися, роздутися [rozduva'tisya, rozdu'tisya] *v* swell, billow

роздум [ro'zdum] *m* meditation, thought

роздумати [rozdu'mati] *v* change one's mind

роздумувати [rozdu'muvati] *v* 1) meditate, think ponder 2) hesitate

роздутий [rozdu'tiy] *adj* 1) swollen 2) billowing 3) inflated

роздушувати, роздушити [rozdu'shuvati, rozdushi'ti] *v* crush

роздягальня [rozdyaga'l'nya] *f* cloak-room

роздягати(ся), роздягти(ся) [roz-dyaga'ti(sya), rozdyagti'(sya)] *v* undress

розетка [roze'tka] *f* rosette

роз'єднувати(ся), роз'єднати(ся) [roz"ye'dnuvati(sya), roz"yedna'ti(sya)] *v* 1) separate, disjoin, part 2) disconnect, break 3) come apart, become disconnected

розжалобити [rozzha'lobiti] *v* move to pity

розжарювати, розжарити [rozzha'-ryuvati, rozzha'riti] *v* heat, make schorching hot

розжарюватися, розжаритися [r ozzha'ryuvatisya, rozzha'ritisya] *v* be schorching hot

розжиріти [rozzhiree'ti] *v* grow fat

розжовувати, розжувати [rozz-ho'vuvati, rozzhuva'ti] *v* 1) chew, masticate 2) spoonfeed (to), chew over

роззброєння [rozzbro'yennya] *n* disarmament

роззброювати(ся), роззброїти-(ся) [rozzbro'yuvati(sya), rozz-bro'yeeti(sya)] *v* disarm

роззувати, роззути [rozzuva'ti, rozzu'ti] *v* take off *smb's* shoes

роззуватися [rozzuva'tisya] *v* take off one's shoes

роззява [rozzya'va] *m, f* gawk, goof

роззявляти, роззявити [rozzyav-lya'ti, rozzyavi'ti] *v* open wide

розігрувати, розіграти [rozeegru-va'ti, rozeegra'ti] *v* 1) play 2) raffle, draw lots (for)

розігрівати, розігріти [rozeegree-va'ti, rozeegree'ti] *v* heat up, warm up

розізлити [rozeezli'ti] *v* make angry/furious

роз'їдати, роз'їсти [roz"yeeda'ti, roz"yee'sti] *v* eat away, corrode

роз'їжджати [roz"yeezhdzha'ti] *v* travel about, drive about

роз'їжджатися, роз'їхатися [roz"-yeezhdzha'tisya, roz"yee'khatisya] *v* 1) depart, go away 2) separate (from), part (from) 3) miss each other

роз'їзд [roz"yee'zd] *m* 1) departure 2) passing-track, double-track section

розказувати, розказати [rozka'zu-vati, rozkaza'ti] *v* relate, narrate, tell

розкаюватися, розкаятися [roz-ka'yuvatisya, rozka'yatisya] *v* repent (of)

розквитатися [rozkvita'tisya] *v* settle up accounts (with), be even (with), be quits (with)

розквіт [ro'zkveet] *m* blossoming, prosperity, golden age, у розквіті сил in the prime of (one's) life

розквітати, розквітнути [rozkvee-ta'ti, rozkvee'tnuti] *v* blossom, bloom, flourish

розкиданий [rozki'daniy] *adj* 1) scattered 2) disconnected, confused

розкидати, розкидати [rozkida'ti, rozki'dati] *v* throw about, scatter

розкіш [ro'zkeesh] *m* luxury

розкішний [rozkee'shniy] *adj* luxurious, magnificent, splendid

розклад [ro'zklad] *m* 1) decomposition 2) corruption, demoralization 3) time-table, schedule

розкладати, розкласти [rozklada'ti, rozkla'sti] *v* 1) lay out 2) distribute, apportion 3) decompose 4) demoralize, corrupt

розкладатися, розкластися [roz-klada'tisya, rozkla'stisya] *v* 1) decompose, decay 2) become corrupted

розкладний [rozkladni'y] *adj* folding

розкланюватися, розкланятися [rozkla'nyuvatisya, rozkla'nyatisya] *v* 1) make one's bow, greet 2) take leave (of)

розклеювати, розклеїти [rozkle‘-yuvati, rozkle‘yeeti] *v* 1) stick, paste 2) unpaste

розкол [rozko‘l] *m* split, disunity

розколина [rozko‘lina] *f* crack, cleft, crevice

розколювати(ся), розколоти(ся) [rozko‘lyuvati(sya), rozkolo‘ti(sya)] *v* cleave, split, chop, crack

розкопки [rozko‘pki] *pl* excavations

розкопувати, розкопати [rozko‘puvati, rozkopa‘ti] *v* 1) dig out 2) excavate

розкочувати, розкотити [rozko‘ch uvati, rozkoti‘ti] *v* roll

розкошувати [rozkoshuva‘ti] *v* luxuriate

розкрадати, розкрасти [rozkrada‘ti, rozkra‘sti] *v* steal, plunder

розкривати, розкрити [rozkriva‘ti, rozkri‘ti] *v* 1) open 2) bare 3) expose 4) reveal, discover, lay, bare

розкриватися, розкритися [rozkriva‘tisya, rozkri‘tisya] *v* 1) open, come open 2) uncover oneself 3) reveal oneself 4) come out, come to light

розкритикувати [rozkritikuva‘ti] *v* criticize severely

розкричатися [rozkricha‘tisya] *v* bawl (at), bellow (at)

розкріпачення [rozkreepa‘chennya] *n* emancipation

розкріпачувати, розкріпачити [rozkreepa‘chuvati, rozkreepa‘chi-ti] *v* emancipate, set free

розкручувати, розкрутити [rosk-ru‘chuvati, roskruti‘ti] *v* 1) untwist, unscrew 2) start turning

розкуповувати, розкупити [rosku-po‘vuvati, roskupi‘ti] *v* buy up

розкупорювати, розкупорити [roskupo‘ryuvati, roskupo‘riti] *v* open, uncork

розкусити [rozkusi‘ti] *v* 1) bite (through) 2) get to the core, see through

розкутувати, розкутати [rosku‘tu-vati, rosku‘tati] *v* unwrap

розлад [ro‘zlad] *m* 1) discord, dissension, lack of coordination 2) disorder, unseating, разлад шлунку indigestion

розладжувати(ся), розладити(ся) [rozla‘dzhuvati(sya), rozla‘diti-(sya)] *v* 1) break up, be upset/ ruined/ shattered/ frustrated 2) get out of tune

розламувати(ся), розламати(ся) [rozla‘muvati(sya), rozlama‘ti(sya)] *v* break, break to pieces

розливати(ся), розлити(ся) [roz-liva‘ti(sya), rozli‘ti(sya)] *v* 1) spill 2) pour out, bottle 3) overflow (its banks)

розлітатися, розлетітися [rozlee-ta‘tisya, rozletee‘tisya] *v* fly away

розлогий [rozlo‘giy] *adj* spacious, ample, spreading

розломлювати, розломити [roz-lo‘mlyuvati, rozlomi‘ti] *v* break

розлука [rozlu‘ka] *f* separation (from), parting (with)

розлучати(ся), розлучити(ся) [rozlucha‘ti(sya), rozluchi‘ti(sya)] *v* 1) separate, part (from) 2) divorce, get divorced

розлучення [rozlu‘chennya] *n* divorce

розлюбити [rozlyubi‘ti] *v* cease to love

розлютити [rozlyuti‘ti] *v* make angry/furious

розмазувати, розмазати [rozma‘-zuvati, rozma‘zati] *v* smear, spread

розмальовувати, розмалювати [rozmal’yo‘vuvati, rozmalyuva‘ti] *v* 1) draw all over 2) paint, colour

розмах [ro‘zmakh] *m* 1) swing 2) wing-spread, wing-span 3) scope, range, extent

розмахувати, розмахнути [rozma'-khuvati, rozmakhnu'ti] *v* swing, brandish, wave, gesticulate

розмежовувати, розмежувати [rozmezho'vuvati, rozmezhuva'ti] *v* delimit, differentiate (between)

розмелювати, розмолоти [rozme'-lyuvati, rozmolo'ti] *v* grind, mill

розмивати, розмити [rozmiva'ti, rozmi'ti] *v* erode, wash, away

розминатися, розминутися [rozmina'tisya, rozminu'tisya] *v* 1) miss one another 2) pass

розминка [rozmi'nka] *f* limbering-up, work-out

розмін [ro'zmeen] *m* exchange

розмінювати(ся), розміняти(ся) [rozmee'nyuvati(sya), rozmeenya'-ti(sya)] *v* change, exchange

розмір [ro'zmeer] *m* 1) size, dimensions 2) amount 3) size 4) extent, scale 5) metre 6) measure

розмірковувати, розміркувати [rozmeerko'vuvati, rozmeerkuva'ti] *v* consider, think

розміряти, розміряти [rozmee'-ryati, rozmeerya'ti] *v* measure (off)

розмічувати, розмітити [rozmee'-chuvati, rozmee'titi] *v* mark (out)

розмішувати, розмішати [rozmee'shuvati, rozmeesha'ti] *v* stir, mix

розміщати, розміщувати, розмістити [rozmeeshcha'ti, rozmeeshchuva'ti, rozmeesti'ti] *v* 1) put, place 2) accommodate, quirter

розміщатися [rozmeeshcha'tisya] *v* 1) take one's place 2) be accommodated, be quirtered

розміщення [rozmee'shchennya] *n* 1) placing 2) accommodation 3) arrangement

розмноження [rozmno'zhennya] *n* 1) duplicating, making copies (of) 2) reproduction

розмножувати, розмножити [rozmno'zhuvati, rozmno'zhiti] *v* 1) duplicate, make copies (of) 2) reproduce

розмножуватися, розмножитися [rozmno'zhuvatisya, rozmno'zhitisya] *v* 1) multiply 2) reproduce oneself

розмова [rozmo'va] *f* talk, conversation

розмовляти [rozmovlya'ti] *v* speak (to, with), talk (to, with)

розмовний [rozmo'vniy] *adj* colloquial

розмовник [rozmo'vnik] *m* conversation book, phrasebook

розмотувати, розмотати [rozmo'-tuvati, rozmota'ti] *v* unwind

розмочувати, розмочити [rozmo'-chuvati, rozmochi'ti] *v* soak

розм'якшувати, розм'якшити [rozm"ya'kshuvati, rozm"yakshi'ti] *v* soften

розм'якшуватися, розм'якшитися [rozm"ya'kshuvatisya, rozm"yakshi'tisya] *v* become soft, soften

розносити, рознести [rozno'siti, rozne'sti] *v* 1) carry, convey, deliver 2) spread 3) destroy

розноситися, рознестися [rozno'-sitisya, rozne'stisya] *v* 1) spread 2) resound

розношувати, розносити [rozno'-shuvati, rozno'siti] *v* wear in

розорювати, розорати [rozo'ryuvati, rozora'ti] *v* plough up

розпад [ro'zpad] *m* disintegration, decay

розпадатися, розпастися [rozpada'tisya, rozpa'stisya] *v* fall to pieces, disintegrate, decay, break down

розпаковувати, розпакувати [rozpako'vuvati, rozpakuva'ti] *v* unpack

розпал [ro'zpal] *m* climax

розпалювати, розпалити [rozpa'-lyuvati, rozpali'ti] *v* kindle, inflame, rouse

розпатланий [rozpa'tlaniy] *adj* disheveled

розпач [ro'zpach] *m* despair, **у розпачі** in despair

розпачливий [rozpa'chliviy] *adj* desperate

розпачливо [rozpa'chlivo] *adv* desperately

розпечатувати, розпечатати [rozpecha'tuvati, rozpecha'tati] *v* open, unseal

розпечений [rozpe'cheniy] *adj* schorching, burning hot, red-hot

розпещувати, розпестити [rozpe'shchuvati, rozpe'stiti] *v* coddle, spoil

розпилювати, розпилити [rozpi'-lyuvati, rozpili'ti] *v* powder, pulverize

розпилювати, розпиляти [rozpi'-lyuvati, rozpilya'ti] *v* saw up, saw into pieces

розпис [ro'zpis] *m* 1) murals 2) painting

розписка [rozpi'ska] *f* receipt

розписувати, розписати [rozpi'suvati, rozpisa'ti] *v* 1) assign 2) paint

розписуватися, розписатися [rozpi'suvatisya, rozpisa'tisya] *v* 1) sign, receipt 2) register one's marriage

розпитувати, розпитати [rozpi'tuvati, rozpita'ti] *v* question, make inquiries (about)

розпізнавати, розпізнати [rozpeeznava'ti, rozpeezna'ti] *v* recognize, discern

розплакатися [rozpla'katisya] *v* burst into tears

розпланувати [rozplanuva'ti] *v* plan

розплата [rozpla'ta] *f* 1) payment 2) retribution, **час розплати** day of reckoning

розплачуватися, розплатитися [rozpla'chuvatisya, rozplati'tisya] *v* 1) pay (off), settle accounts (with) 2) pay (for)

розпливатися, розпливтися [rozpliva'tisya, rozpli'vtisya] *v* 1) flow, run 2) become blurred

розпліскувати, розплескувати, розплескати [rozplee'skuvati, rozple'skuvati, rozpleska'ti] *v* spill, splash about

розпліскуватися [rozplee'skuvatisya] *v* spill (over)

розплітати, розплести [rozpleeta'ti, rozple'sti] *v* unplait

розплітатися, розплестися [rozpleeta'tisya, rozple'stisya] *v* come unplaited

розплодити(ся) [rozplodi'ti(sya)] *v* breed, multiply

розплутувати, розплутати [rozplu'tuvati, rozplu'tati] *v* unravel, disentangle

розплющувати, розплющити [rozplyu'shchuvati, rozplyu'shchiti] *v* open

розповідати, розповісти [rozpoveeda'ti, rozpoveesti'] *v* tell, relate, narrate

розповідач [rozpoveeda'ch] *m* narrator, talker

розповідний [rozpovee'dniy] *adj* narrative

розповідь [ro'zpoveed'] *f* narration, narrative, story, tale

розповсюджений [rozpovsyu'dzheniy] *adj* widespread, widely distributed

розповсюдження [rozpovsyu'dzhennya] *n* 1) spreading, dissemination 2) prevalence

розповсюджувати(ся), розповсюдити(ся) [rozpovsyu'dzhuvati(sya), rozpovsyu'diti(sya)] *v* 1) distribute 2) spread, extend, disseminate

розподіл [rozpo'deel] *m* distribution, allocation, assignment

розподіляти, розподілити [rozpo-deelya'ti, rozpodeeli'ti] *v* distribute, allocate, assign

розподільний [rozpodee'l'niy] *adj* distributive, distributing

розпорошення [rozporo'shennya] *n* pulverization, spraying, atomizing, frittering, scattering

розпорошувати, розпорошити [rozporo'shuvati, rozporoshi'ti] *v* powder, pulverize, disperse, spray, atomize

розпорювати(ся), розпороти(ся) [rozpo'ryuvati(sya), rozporo'ti(sya)] *v* rip open, unpick, come undone

розпоряджатися, розпорядитися [rozporyadzha'tisya, rozporyadi'tisya] *v* give instructions/orders

розпорядження [rozporya'dzhennya] *n* instruction, order, decree, **мати в своєму розпорядженні** have at one's disposal

розпорядливий [rozporya'dliviy] *adj* active, efficient

розпорядник [rozporya'dnik] *m* manager, organizer

розпорядок [rozporya'dok] *m* routine, **правила внутрішнього розпорядку** regulations

розпочинати(ся), розпочати(ся) [rozpochina'ti(sya), rozpocha'ti(sya)] *v* begin, start, commence

розправа [rozpra'va] *f* violence, reprisal, massacre

розправляти, розправити [rozpravlya'ti, rozpra'viti] *v* straighten, smooth out, square

розправлятися, розправитися [rozpravlya'tisya, rozpra'vitisya] *v* 1) straighten 2) deal (with), make shot work (of)

розприскувати, розприскати [rozpri'skuvati, rozpri'skati] *v* splash/sprinkle about

розпродавати, розпродати [rozprodava'ti, rozproda'ti] *v* have a (clearance) sale, sell off

розпродаж [rozpro'dazh] *m* sale, selling off

розпрощатися [rozproshcha'tisya] *v* take leave (of), bid farewell (to)

розпрягати, розпрягти [rozpryaga'ti, rozpryagti'] *v* unharness

розпрямляти, розпрямити [rozpryamlya'ti, rozpryami'ti] *v* straighten

розпуск [ro'zpusk] *m* breaking up, dismissal

розпускати, розпустити [rozpuska'ti, rozpusti'ti] *v* 1) dismiss, disband, dissolve 2) loosen 3) spread, unfurl 4) let *smb* get out of hand 5) set afloat 6) undo

розпускатися, розпуститися [rozpuska'tisya, rozpusti'tisya] *v* 1) (про рослину) come out 2) get out of hand

розпуста [rozpu'sta] *f* dissoluteness

розпутний [rozpu'tniy] *adj* dissolute

розпухати, розпухнути [rozpukha'ti, rozpu'khnuti] *v* swell

розпухлий [rozpu'khliy] *adj* swollen

розпушувати, розпушити [rozpu'shuvati, rozpushi'ti] *v* loosen, hoe

розрада [rozra'da] *f* comfort, consolation, solace

розраховувати, розрахувати [rozrakho'vuvati, rozrakhuva'ti] *v* 1) calculate 2) depend (upon), rely (on/upon), count (on)

розрахуватися [rozrakhuva'tisya] *v* 1) pay the bill, settle up (with) 2) get even (with) 3) leave, give up the job

розрахунок [rozrakhu'nok] *v* 1) calculation, computation 2) payment, account 3) expectation, з розрахунку а) at the rate (of), б) counting, reckoning

розрив [rozri'v] *m* 1) gap, rapture 2) burst, explosion

розривати, розірвати [rozriva'ti, rozeerva'ti] *v* 1) tear (up), break (off), tear to pieces 2) blow to pieces

розривати, розрити [rozriva'ti, roz-ri'ti] *v* 1) dig up 2) turn upside-down

розриватися, розірватися [rozriva'tisya, rozeerva'tisya] *v*1) be torn 2) burst

розривний [rozrivni'y] *adj* explosive

розріджений [rozree'dzheniy] *adj* rarefied

розріджувати, розрідити [rozree'-dzhuvati, rozreedi'ti] *v* 1) thin out 2) rarefy

розріз [ro'zreez] *m* 1) cut, slit 2) section

розрізати, розрізати, розрізувати [rozreeza'ti, rozree'zati, rozree'zu-vati] *v* cut, snip, slit, section

розрізнений [rozree'zneniy] *adj* 1) odd, incomplete 2) isolated, separate

розрізнювати, розрізняти, розрізнити [rozree'znyuvati, rozre-eznya'ti, rozreezni'ti] *v* 1) make out, discern 2) distinguish (between)

розрізнюватися [rozree'znyuvatisya] *v* distinguish (by)

розробляти, розробити [rozro-blya'ti, rozrobi'ti] *v* 1) work out, elaborate 2) work, exploit

розростатися, разростися [rozros-ta'tisya, rozrosti'sya] *v* grow, spread, develop, expand

розруха [rozru'kha] *f* devastation, ruin

розряд [rozrya'd] *m* 1) type, sort 2) grade 3) discharge

розряджати, разрядити [rozryadz-ha'ti, rozryadi'ti] *v* 1) unload, discharge 2) relieve, relax

розряджатися, розрядитися [roz-ryadzha'tisya, rozryadi'tisya] *v* 1) run down, be used up 2) relax, be relieved

розрядка [rozrya'dka] *f* 1) relaxation, detente 2) discharging

розсада [rozsa'da] *f* seedlings

розсаджувати, розсадити [rozsa'-dzhuvati, rozsadi'ti] *v* 1) seat 2) separate 3) plant out

розсадник [rozsa'dnik] *m* 1) seed-bed 2) breeding-ground, hotbed

розсвітати [rozsveeta'ti] *v* **розсвітає** day is breaking, it is dawning

розселення [rozse'lennya] *n* settling (in a new place)

розселяти(ся), розселити(ся) [rozselya'ti(sya), rozseli'ti(sya)] *v* 1) settle (in a new place) 2) separate

розсердити [rozse'rditi] *v* make angry

розсердитися [rozse'rditisya] *v* get angry

розсилати, розіслати [rozsila'ti, ro-zeesla'ti] *v* send (out)

розсильний [rozsi'l'niy] *adj* messenger

розсипати(ся), розсипати(ся) [rozsipa'ti(sya), rozsi'pati(sya)] *v* spill, scatter

розсипчастий [rozsi'pchastiy] *adj* crumbly, friable, short

розсихатися, розсохнутися [roz-sikha'tisya, rozso'khnutisya] *v* dry up, crack from dryness

розсідатися, розсістися [rozsee-da'tisya, rozsee'stisya] *v* 1) take one's seats 2) sprawl

розсідлувати, розсідлати [rozsee'-dluvati, rozseedla'ti] *v* unsaddle

розсіл [rozsee'l] *m* brine, pickle

розсіювати(ся), розсіяти(ся) [rozsee'yuvati(sya), roz-see'yati(sya)] *v* 1) disperse, diffuse 2) scatter, break up, divert, clear away 3) disappear, be dispelled

розслаблений [rozsla'bleniy] *adj* weak, relaxed

розслабленість [rozsla'bleneest'] *f* weakness, relaxation

розслаблювати, розслабляти, розслабити [rozsla'blyuvati, roz-slabla'yti, rozsla'biti] *v* weaken, relax

розслідування [rozslee'duvannya] *n* investigation, inquiry (into)

розслідувати [rozslee'duvati] *v* investigate, inquire (into), look (into), examine

розсмішити [rozsmeeshi'ti] *v* make *smb* laugh

розсміятися [rozsmeeya'tisya] *v* burst out laughing

розсортувати [rozsortuva'ti] *v* sort out

розставатися, розстатися [rozsta-va'tisya, rozsta'tisya] *v* 1) part (with) 2) divorce, get divorced

розставляти, розставити [rozstav-lya'ti, rozsta'viti] *v* 1) place, arrange, ~ **cіті** set nets 2) move apart

розстеляти(ся), розстилати(ся), розіслати(ся) [rozstelya'ti(sya), rozstila'ti(sya), rozeesla'ti(sya)] *v* spread (out), extend

розстібати, розстебнути [rozstee-ba'ti, rozstebnu'ti] *v* undo, unfasten, unbutton, unclasp, unhook

розстібатися, розстебнутися [roz-steeba'tisya, rozstebnu'tisya] *v* become unbuttoned/unfastened

розстріл [ro'zstreel] *m* execution, shooting

розстрілювати, розстріляти [roz-stree'lyuvati, rozstreelya'ti] *v* shoot

розстрочка [rozstro'chka] *f* installment system у розсрочку by instalments

розстроювати, розстроїти [roz-stro'yuvati, rozstro'yeeti] *v* 1) disorder, disturb, upset, ruin, shatter, frustrate 2) put out of tune

розстроюватися, розстроїтися [rozstro'yuvatisya, rozstro'yeetisya] *v* 1) break up, be upset/ ruined/ shattered/ frustrated 2) get out of tune

розступатися, розступитися [roz-stupa'tisya, rozstupi'tisya] *v* part, move aside, make way (for)

розсувати, розсунути [rozsuva'ti, rozsu'nuti] *v* move apart/aside, draw, part

розсуд [ro'zsud] *m* discretion

розсудити [rozsudi'ti] *v* 1) judge 2) consider

розсудливий [rozsu'dliviy] *adj* sober, reasonable

розсудливість [rozsu'dliveest'] *f* reasonableness

розтанути [rozta'nuti] *v* thaw, melt

розташовувати, розташувати [roztasho'vuvati, roztashuva'ti] *v* dispose, put, arrange

розташовуватися, розташувати-ся [roztasho'vuvatisya, roztashuva'tisya] *v* settle down

розташування [roztashuva'nnya] *n* 1) arrangement, disposition 2) situation, position(s)

розтинати [roztina'ti] *v* 1) cut, slit 2) dissect

розтирати, розтерти [roztira'ti, rozte'rti] *v* 1) grind (fine) 2) rub, spread 3) rub down, massage

розтиратися, розтертися [roztira'tisya, rozte'rtisya] *v* rub oneself (down)

розтікатися, розтектися [roztee-ka'tisya, rozte'ktisya] *v* spread (about), run

розтлумачувати, розтлумачити [roztluma'chuvati, roztluma'chiti] *v* explain, interpret

розтоплювати, розтопити [rozto'-plyuvati, roztopi'ti] *v* 1) melt, light, kindle

розтоптувати, розтоптати [rozto'-ptuvati, roztopta'ti] *v* trample

розтрата [roztra'ta] *f* embezzlement

розтратник [roztra'tnik] *m* embezzler

розтрачувати, розтратити [roz-tra'chuvati, roztra'titi] *v* squander, embezzle

розтривожити [roztrivo'zhiti] *v* alarm, stir up

розтріпаний [roztree'paniy] *adj* dishevelled, tattered, dog-eared розтріпувати, розтріпати [roztree'puvati, roztreepa'ti] v disarrange, rumple, tatter

розтріпуватися, розтріпатися [roztree'puvatisya, roztreepa'tisya] v dishevelled, be tattered

розтрощити [roztroshchi'ti] v break, crush, rout, defeat, smash

розтрушувати, розтрусити [roztru'shuvati, roztru'siti] v strew

розтуляти, розтулити [roztulya'ti, roztuli'ti] v open, part

розтягати, розтягти [roztyaga'ti, roztyagti'] v 1) stretch, wear 2) strain 3) protract, prolong, make too long

розтягатися, розтягтися [roztyaga'tisya, roztyagti'sya] v 1) stretch, be worn out 2) be strained, 1) stretch oneself

розум [ro'zum] m mind, brains, intellect, reason

розуміти, зрозуміти [rozumee'ti, zrozumee'ti] v understand, comprehend, realize

розумітися [rozumee'tisya] v be a good judge, be versed (in), добре розумітися (в) have a good understanding (of)

розумний [rozu'mniy] adj clever, intelligent, sensible, reasonable, rational

розумнішати, порозумнішати [rozu'mneeshati, porozu'mneeshati] v grow wiser

розумовий [rozumo'viy] adj mental, intellectual, розумова праця brain work

розучувати, розучити [rozu'chuvati, rozuchi'ti] v learn, study

розучуватися, розучитися [rozu'c huvatisya, rozuchi'tisya] v forget

розформовувати, розформувати [rozformo'vuvati, rozformuva'ti] v disband

розхапувати, розхапати [rozkha'puvati, rozkha'pati] v snatch up, buy up

розхвалювати, розхвалити [rozkhva'lyuvati, rozkhvali'ti] v praise (to the skies)

розхвилювати [rozkhvi'lyuvati] v upset

розхвилюватися [rozkhvi'lyuvatisya] v get excited

розхитувати, розхитати [rozkhi'tuvati, rozkhita'ti] v loosen, shake loose, slacken, impair

розхитуватися, розхитатися [rozkhi'tuvatisya, rozkhita'tisya] v get loose, get impaired

розхлюпувати(ся), розхлюпати(ся) [rozkhlyu'puvati(sya), rozkhlyu'pati(sya)] v splash about, spill, spill (over)

розходження [rozkho'dzhennya] n divergence, ~ в думках difference of opinion

розходитися, розійтися [rozkhodi'tisya, rozeeyti'sya] v 1) go away, disperse, break up 2) miss 3) get divorced (from) 4) disagree (with), differ (with, from) 5) diverge, fork 6) be sold out

розхолоджувати, розхолодити [rozkholo'dzhuvati, rozkholo'diti] v damp smb's ardour

розцінка [roztsee'nka] f 1) valuation 2) price, rate

розцінювати, розцінити [roztsee'nyuvati, roztseeni'ti] v 1) estimate, value, price 2) regard, consider

розціплювати, розціпити [roztsee'plyuvati, roztseepi'ti] v unclench, undo, open

розчарований [rozcharo'vaniy] adj disappointed, disillusioned

розчаровувати, розчарувати [rozcharo'vuvati, rozcharuva'ti] v disappoint (in), disillusion (with)

розчаровуватися, розчаруватися [rozcharo'vuvatisya, rozcharuva'tisya] v be disappoint (in), disillusion (with)

розчарування [rozcharuva'nnya] n disappointment, disillusionment

розчервонітися [rozchervonee'tisya] *v* grow red in the face, be flushed

розчерк [ro'zcherk] *m* flourish

розчин [ro'zchin] *m* solution

розчинник [rozchi'nnik] *m* (dis)solvent

розчиняти(ся), розчинити(ся) [rozchinya'ti(sya), rozchini'ti(sya)] *v* 1) open 2) dissolve

розчищати, розчистити [rozchishcha'ti, rozchi'stiti] *v* clear (away)

розчіплювати, розчепити [rozchee'plyuvati, rozchepi'ti] *v* unhook, uncouple

розчісувати(ся), розчесати(ся) [rozchee'suvati(sya), rozchesa'ti(sya)] *v* comb, card

розчленування [rozchlenuva'nnya] *n* dismemberment, breaking up

розчленовувати, розчленувати [rozchleno'vuvati, rozchlenuva'ti] *v* dismember, break up

розчулений [rozchu'leniy] *adj* touched, moved

розчулювати, розчулити [rozchu'lyuvati, rozchu'liti] *v* touch, moved

розчулюватися, розчулитися [rozchu'lyuvatisya, rozchu'litisya] *v* be moved/touched

розчути [rozchu'ti] *v* hear, catch

розширений [rozshi'reniy] *adj* broadened, enlarged

розширення [rozshi'rennya] *n* widening, broadening, increase, expansion

розширювати(ся), розширити(ся), розширяти(ся) [rozshi'ryuvati(sya), rozshi'riti(sya), rozshirya'ti(sya)] *v* 1) widen, broaden, enlarge, increase, expand 2) be enlarged/expanded

розшифровувати, розшифрувати [rozshifro'vuvati, rozshifruva'ti] *v* decipher, decode

розштовхувати, розштовхати [rozshto'vkhuvati, rozshtovkha'ti] *v* 1) push apart/away 2) shake

розшук [ro'zshuk] *m* search

розшукувати, розшукати [rozshu'kuvati, rozshuka'ti] *v* look (for), search (for), find

розшукуватися, розшукатися [rozshu'kuvatisya, rozshuka'tisya] *v* turn up, be found

розщедритися [rozshche'dritisya] *v* show one's generosity

розщеплення [rozshche'plennya] *n* splitting

розщеплювати(ся), розщепити(ся) [rozshche'plyuvati(sya), rozshchepi'ti(sya)] *v* 1) split, splinter 2) decompose, break down

роз'яснення [roz"ya'snennya] *n* explanation, clarification, interpretation

роз'яснювальний [roz"ya'snyuval'niy] *adj* explanatory

роз'яснювати, роз'ясняти, роз'яснити [roz"ya'snyuvati, roz"yasnya'ti, roz"yasni'ti] *v* explain, make clear

роз'яснюватися, роз'яснятися, роз'яснитися [roz"ya'snyuvatisya, roz"yasnya'tisya, roz"yasni'tisya] *v* become clear

роз'ятрювати, роз'ятрити [roz"ya'tryuvati, roz"ya'triti] *v* irritate, ~ старі рани re-open old wounds/sores

роїтися [royee'tisya] *v* swarm, hive

роковини [rokovi'ni] *pl* anniversary

ролик [ro'lik] *m* roller

роликовий [ro'likoviy] *adj* roller

роль [rol'] *m* role, part, lines

ром [rom] *m* rum

роман [roma'n] *m* novel, romance

романист [romani'st] *m* novelist

романс [roma'ns] *m* song, romance

романський [roma'ns'kiy] *adj* Romance, Romanic, ~і мови Romance languages

романтизм [romanti'zm] *m* romanticism

романтик [roma'ntik] *m* romantic

романтика [roma'ntika] *f* romance, the romantic side (of)

романтичний [romanti'chniy] *adj* romantic

ромашка [roma'shka] *f* fox-eye daisy, *мед.* camomile

ромб [romb] *m* rhomb

ромбічний [rombee'chniy] *adj* rhombic

ронити [roni'ti] *v* drop, let fall, shed

ропа [ropa'] *f* brine, leach

роса [rosa'] *f* dew

російський [rosee'ys'kiy] *adj* Russian, ~а мова Russian, the Russian language

росіянин, ~ка [roseeya'nin, ~ka] *m, f,* Russian

рослина [rosli'na] *f* plant

рослинний [rosli'nniy] *adj* plant, vegetable

рослинність [rosli'nneest'] *f* vegetation

рости [rosti'] *v* 1) grow, grow up 2) increase, grow, develop

ростити [rosti'ti] *v* raise, grow

росяний [ro'syaniy] *adj* dewy, dew, sprinkled

рот [rot] *m* mouth

рота [ro'ta] *f* company

рохкати [ro'khkati] *v* grunt

рояль [roya'l'] *m* grand piano

ртутний [rtu'tniy] *adj* mercury, mercurial

ртуть [rtut'] *f* mercury, quick silver

рубанок [ruba'nok] *m* plane

рубати [ruba'ti] *v* 1) chop, mince 2) fell 2) cut (down), sabre 4) hew

рубець [rube'ts'] *m* 1) scar, weal 2) hem

рубильник [rubi'l'nik] *m* (knife-)switch, cut-out

рубіж [rubee'zh] *m* border, boundary, за рубежем abroad

рубін [rubee'n] *m* ruby

рубка [ru'bka] *f* deck-house

рублений [ru'bleniy] *adj* 1) chopped, minced 2) log

рубрика [ru'brika] *f* heading, rubric

руда [ruda'] *f* ore

рудий [rudi'y] *adj* red, red-haired

рудник [rudni'k] *m* mine, pit

руїна [ruyee'na] *f* ruin

руйнівний [ruynee'vniy] *adj* destructive

руйнувати, зруйнувати [ruynuva'ti, zruynuva'ti] *v* destroy, demolish

руйнуватися, зруйнуватися [ruynuva'tisya, zruynuva'tisya] *v* collapse, be demolished

рука [ruka'] *f* hand, arm

рукав [ruka'v] *m* 1) sleeve 2) arm, branch 3) hose

рукавиця [rukavi'tsya] *f* mitten, gauntlet

рукавичка [rukavi'chka] *f* glove

рукомийник [rukomi'ynik] *m* washstand, wash-hand stand

рукопис [ruko'pis] *m* manuscript, typescript

рукописний [rukopi'sniy] *adj* manuscript

рукоятка [rukoya'tka] *f* handle, grip

рулет [rule't] *m* roll

рулетка [rule'tka] *f* tape-measure

рулон [rulo'n] *m* roll

руль [rul'] *m* rudder, helm

рульовий [rulyovi'y] *adj* helmsman, man at the wheel

румун, ~ка, ~ський [rumu'n, ~ka, ~s'kiy] *m, f, adj* Rumanian

рум'янець [rum"ya'nets'] *m* (high) colour, flush

рум'яний [rum"ya'niy] *adj* rosy, pink, pink checked, ruddy

рупор [ru'por] *m* megafone, mouthpiece

русалка [rusa'lka] *f* water-nymph, mermaid

русий, русявий [ru'siy, rusya'viy] *adj* auburn, light brown, blond, fair

рутина [ruti'na] *f* routine

рух [rukh] *m* 1) motion, movement 2) traffic

рухати(ся) [ru'khati(sya)] *v* 1) move, set in motion 2) promote, advance 3) stir

рухливий [rukhli'viy] *adj* lively, quick

рухливість [rukhli'veest'] *f* 1) mobility 2) liveliness

рухомий [rukho'miy] *adj* movable

ручатися, ручитися [rucha'tisya, ruchi'tisya] *v* guarantee, warrant, vouch (for)

ручка [ru'chka] *f* 1) hand 2) handle, knob 3) door-knob 4) pen, fountain-pen, ball/point pen, penholder

ручний [ruchni'y] *adj* 1) hand, ~ годинник wrist-watch 2) manual 3) hand-made 4) tame

рушати, рушити [rusha'ti, ru'shiti] *v* start, begin to move, set out

рушійний [rushee'yniy] *adj* рушійна сила motive power

рушник [rushni'k] *m* towel, dish-cloth

рушниця [rushni'tsya] *f* gun

рюкзак [ryukza'k] *m* knapsack, rucksack

рябий [ryabi'y] *adj* 1) dappled 2) pockmarked, pitted

ряд [ryad] *m* 1) row, line 2) series, a number (of) 3) **ряди** *мн.* ranks

рядовий [ryadovi'y] *adj* 1) ordinary, common 2) rank-and-file 3) як *ім.* private (soldier), man

рядок [ryadok'] *m* 1) row, line, string 2) line

ряска [rya'ska] *f* duckweed

рясний [ryasni'y] *adj* 1) thick, dense 2) lavish, rich

рясніти [ryasnee'ti] *v* abound (in), exuberate

рятівний, рятувальний [ryativni'y, ryatuva'l'niy] *adj* saving, life-saving, rescue, escape, ~ пояс life-belt

рятівник [ryativni'k] *m* rescuer, saviour, life-guard

рятувати, врятувати [ryatuva'ti, vryatuva'ti] *v* save, rescue, **рятуйте!** help!

рятуватися, врятуватися [ryatuva'tisya, vryatuva'tisya] *v* escape, save oneself

рятунок [ryatu'nok] *m* 1) rescuing, saving 2) escape, safety 3) rescue, salvation

С

саботаж [sabota'zh] *m* sabotage

саботажник [sabota'zhnik] *m* saboteur

саботувати [sabotuva'ti] *v* sabotage

сад [sad] *m* garden, orchard

садженець [sa'dzhenets'] *m* seedling

садиба [sadi'ba] *f* 1) farmstead 2) country-seat

садити, саджати, посадити [sadi'ti, sadzha'ti, posadi'ti] *v* 1) seat 2) put, ~ у в'язницю put into prison 3) plant 4) land

садівник [sadeevni'k] *m* gardener

садівництво [sadeevni'tstvo] *n* gardening, horticulture

садно [sadno'] *n* excoriation

садовий [sado'viy] *adj* garden, cultivated

садовина [sadovina'] *f* fruits

садовити [sadovi'ti] *v* 1) seat 2) plant

сажа [sa'zha] *f* soot

салат [sala't] *m* 1) lettuce 2) salad

салатний, салатовий [sala'tniy, sala'toviy] *adj* light-green

сало [sa'lo] *n* fat

салон [salo'n] *m* 1) lounger, saloon 2) salon, художній ~ art gallery

салют [salyu't] *m* salute

салютувати [salyutuva'ti] *v* salute

сам, сама, само (саме), самі [sam, sama', samo' (same'), samee'] *m, f, n, pl* myself *(1-ша ос. одн.)*, yourself *(2-га ос. одн.)*, himself, herself, itself *(3-тя ос. одн.)*, ourselves *(1-ша ос. мн.)*, yourselves *(2-га ос. мн.)*, themselves *(3-тя ос. мн.)* 2) alone

самбо [sa'mbo] *n* sambo-wrestling

саме [sa'me] *adv* just, exactly, **а ~** namely

самець [same'ts'] *m* male, he-, buck, cock

самий [sa'miy] *pron* 1) the very 2) той самий, та сама the same

самиця [sami'tsya] *f* female, she-, doe, hen

самітний [samee'tniy] *adj* lonely, solitary

самобутній [samobu'tneey] *adj* original, distinctive

самовар [samova'r] *m* sanovar, tea-urn

самовбивство, самогубство [samovbi'vstvo, samogu'bstvo] *n* suicide

самовбивець, самогубець [samovbi'vets', samogu'bets'] *m* suicide

самовбивця, самогубиця [samovbi'vtsya, samogu'bitsya] *m, f* suicide

самовдоволений [samovdovo'leniy] *adj* self-satisfied, complacent

самовдоволення [samovdovo'lennya] *n* self-satisfaction, complacency

самовизначення [samovi'znachennya] *n* self-determination

самовідданний [samovee'ddaniy] *adj* selfless, dedicated

самовідданність [samovee'ddanneest'] *f* selflessness, dedication

самовільний [samovee'l'niy] *adj* 1) unauthorized 2) self-willed

самовільно [samovee'l'no] *adv* without permission

самовпевнений [samovpe'vneniy] *adj* self-assured, over-confident

самовпевненість [samovpe'vneneest'] *f* self-assurance, over-confidence

самоврядування [samovryaduva'nnya] *n* government, **органи ~** local authorities

самовчитель [samovchi'tel'] *m* teach-yourself book

самодержавний [samoderzha'vniy] *adj* autocratic

самодержавство [samoderzha'vstvo] *n* autocracy

самодіяльний [samodeeya'l'niy] *adj* amateur

самодіяльність [samodeeya'l'neest'] *f* spontaneous activiti, **художня ~** amateur performances

самодур [samodu'r] *m* petty tyrant

самодурство [samodu'rstvo] *n* petty tyranny

самозабуття [samozabuttya'] *n* self-oblivion

самозадоволений [samozadovo'leniy] *adj* satisfied, complacent

самозадоволення [samozadovo'lennya] *n* satisfaction, complacency

самозахист [samoza'khist] *m* self-defence

самозбереження [samozbere'zhennya] *n* self-preservation

самозванець [samozva'nets'] *m* impostor

самозваний [samozva'niy] *adj* self-styled

самокритика [samokri'tika] *f* self-criticism

самокритичний [samokriti'chniy] *adj* self-critical

самолюбивий [samolyubi'viy] *adj* proud

самолюбство [samolyu'bstvo] *n* pride, self-respect

самообман [samoobma'n] *m* self-deception

самооборона [samooboro'na] *f* self-defence

самообслуговування [samoobslu-go'vuvannya] *n* self-service

самоосвіта [samoosvee'ta] *f* self-education

самоплив [samopli'v] *m* drift

самопливом [samopli'vom] *adv* of its own accord

самопожертва [samopozhe'rtva] *f* self-sacrifice

самоправний [samopra'vniy] *adj* arbitrary

самоправство [samopra'vstvo] *n* arbitrariness

самоприниження [samoprini'zhennya] *n* self-humiliation

саморобний [samoro'bniy] *adj* homemade

самородок [samoro'dok] m 1) virgin metal, nugget 2) native talent

самосвідомість [samosveedo'meest'] *f* self-awareness

самоскид [samoski'd] *m* tip-up lorry, dump truck

самостійний [samostee'yniy] *adj* independent

самостійність [samostee'yneest'] *f* independence

самосуд [samosu'd] *f* lynching, mob law

самота [samota'] *f* solitude loneliness, на самоті а) in solitude, б) face to face

самотній [samo'tneey] *adj* 1) lonely, solitary

самотність [samo'tneest'] *f* solitude loneliness

самоук, самоучка [samou'k, samou'chka] *m* self-taught/self-educated person

самоуправління [samoupravlee'nnya] *n* self-government

самоцвіт [samotsvee't] *m* (semi-)-precious stone

самоціль [samotsee'l'] *f* end in itself

санаторій [sanato'reey] *m* sanatorium, health center

сандалії [sanda'leeyee] *pl* sandals

сани [sa'ni] *pl* sledge, sleigh, sled

санітар [saneeta'r] *m* hospital attendant, medical orderly

санітарія [saneetaree'ya] *f* sanitation

санітарка [saneeta'rka] *f* junior nurse

санітарний [saneeta'rniy] *adj* sanitary, medical, **санітарний поїзд** hospital train

санкціонувати [sanktseeonuva'ti] *v* sanction

санкція [sa'nktseeya] *f* sanction, approval

сантиметр [santime'tr] *m* centimeter, tape-measure

сапа, сапка [sa'pa, sa'pka] *f* hoe, mattock

сапер [sape'r] *m* (field)engineer, sapper

сарай [sara'y] *m* shed

сарана [sarana'] *f* locust

сарделька [sarde'l'ka] *f* (small) sausage

сардина [sardi'na] *f* sardine

сарказм [sarka'zm] *m* sarcasm

саркастичний [sarkasti'chniy] *adj* sarcastic

сателіт [satelee't] *m* satellite

сатин [sati'n] *m* sateen

сатира [sati'ra] *f* satire

сатирик [sati'rik] *m* satirist

сатиричний [satiri'chniy] *adj* satirical

сачок [sacho'k] *m* butterfly-net, landing-net

свавілля [svavee'llya] *n* self-will

свавільний [svavee'l'niy] *adj* self-willed

сваритися [svari'tisya] *v* quarrel (with)

сварка [sva'rka] *f* quarrel, squabble

сварливий [svarli'viy] *adj* quarrelsome, shrewish

сватати [sva'tati] *v* ask in marriage

сваха [sva'kha] *f* match-maker

свекор [sve'kor] *m* father-in-law

свекруха [svekru'kha] *f* mother-in-law

свербіти [sverbee'ti] *v* itch

свердел, свердло [sve'rdel, sverdlo']
m, n drill, borer, gimlet

свердлити [sverdli'ti] *v* drill, bore

свердловина [sverdlovi'na] *f* bore-hole, boring well, pore

светр [svetr] *m* sweater, pullover

свинар [svina'r] *m* pig-man

свинарка [svina'rka] *f* pig-woman

свинарство [svina'rstvo] *n* pig-breeding

свинець [svine'ts'] *m* lead

свинина [svini'na] *f* pork

свиноферма [svinofe'rma] *f* pig-breeding farm

свиня [svinya'] *f* pig, swine, hog, sow

свист [svist] *m* whistle

свистати, свистіти, свиснути
[svista'ti, svistee'ti, svi'snuti] *v*
whistle

свисток [svisto'k] *m* whistle

свідок [svee'dok] *m* witness, **бути
свідком** witness *smth*

свідомий [sveedo'miy] *adj* conscious/aware

свідомість [sveedo'meest'] *f* consciousness, **втрачати свідомість**
lose consciousness, faint

свідомо [sveedo'mo] *adv* consciously

свідоцтво [sveedo'tstvo] *n* certificate,
~ **про народження** birth certificate

свідчення [svee'dchennya] *n* 1) evidence 2) testimony

свідчити [svee'dchiti] *v* witness, testify

свіжий [svee'zhiy] *adj* fresh, latest

свіжіти, свіжішати [sveezhee'ti,
sveezheesha'ti] *v* become cool(er),
look fresher

свій, своя, своє, свої [sveey, svoya',
svoye', svoyee'] *m, f, n, pl* my *(1-ша
ос. одн.)*, your *(2-га ос. одн. і мн.)*,
his, her, its *(3-тя ос. одн.)*, our *(1-ша ос. мн.)*, their *(3-тя ос. мн.)*,
one's *(неозн.)*

свійський [svee'ys'kiy] *adj* domestic

світ [sveet] *m* 1) world, universe, **у
всьому світі** all over the world,
вищий світ high life, society, **вийти у світ** (про книгу) be published, come out

світанок [sveeta'nok] *m* daybreak,
dawn, **на світанку** at dawn

світати [sveeta'ti] *v* **світає** it is dawning

світило [sveeti'lo] *n* celestial/heavenly body, luminary

світильник [sveeti'l'nik] *m* lighting
appliance, lamp

світити [sveeti'ti] *v* 1) shine, hold a
light (for) 2) (запалювати) light

світитися [sveeti'tisya] *v* shine

світлий [svee'tliy] *adj* light, bright,
світла голова lucid mind, clear intellect

світліти, світлішати [sveetlee'ti,
sveetle'eshati] *v* brighten up, clear
up

світло [svee'tlo] *n* light

світловий [sveetlovi'y] *adj* light

світловолосий [sveetlovolo'siy] *adj*
fair(-haired)

світлонепроникний [sveetleproni'kniy] *adj* light-tight

світлофор [sveetlofo'r] *m* traffic lights

світлочутливий [sveetlochutli'viy]
adj light-sensitive

світляк [sveetlya'k] *m* glow-worm,
fire-fly

світовий [sveetovi'y] *adj* world

світогляд [sveeto'glyad] *m* world outlook

світський [svee'ts'kiy] *adj* 1) secular
2) fashionable, of the world

свічник [sveechni'k] *m* candlestick

свобода [svobo'da] *f* freedom, liberty

своєрідний [svoyeree'dniy] *adj* original, peculiar

своєрідність [svoyeree'dneest'] *f*
originality, peculiarity

своєчасний [svoyecha'sniy] *adj* timely, opportune

святий [svyati'y] *adj* 1) holy, saint, sacred 2) saint

святковий [svyatko'viy] *adj* festive, holding

святкування [svyatkuva'nnya] *n* celebration

святкувати [svyatkuva'ti] *v* celebrate

свято [svya'to] *n* holiday, festival, із святом! best wishes!

священик [svyashche'nik] *m* priest

священий [svyashche'niy] *adj* sacred, holy

сеанс (в кіно) [sea'ns v kee'no] *m* show(ing)

себе [sebe'] *pron* myself *(1-ша ос. одн.)*, yourself *(2-га ос. одн.)*, himself, herself, itself *(3-тя ос. одн.)*, ourselves *(1-ша ос. мн.)*, yourselves *(2-га ос. мн.)*, themselves *(3-тя ос. мн.)*

сезон [sezo'n] *m* season

сезонний [sezo'nniy] *adj* seasonal, season

сейсмічний [seysmee'chniy] *adj* seismic

сейсмологія [seysmolo'geeya] *f* seismology

сейф [seyf] *m* safe, strong-box

секрет [sekre't] *m* secret, по секрету secretly, confidentially

секретар [sekreta'r] *m* secretary

секретаріат [sekretareea't] *m* secretariat(e)

секретний [sekre'tniy] *adj* secret

секретно [sekre'tno] *adv* secretly

секреція [sekre'tseeya] *f* secretion

секта [se'kta] *f* sect

сектант [sekta'nt] *m* sectarian

сектор [se'ktor] *m* sector

секунда [seku'nda] *f* second

секундний [seku'ndniy] *adj* second

секція [se'ktseeya] *f* section

селезень [se'lezen'] *m* drake

селезінка [selezee'nka] *f* spleen

селекція [sele'ktseeya] *f* selection

селити(ся) [seli'ti(sya)] *v* settle

селище [se'lishche] *n* settlement, village

село [selo'] *n* village, country(-side)

селянин [selyani'n] *m* peasant

селянка [selya'nka] *f* peasant woman

селянство [selya'nstvo] *n* peasantry

селянський [selya'ns'kiy] *adj* peasant

семафор [semafo'r] *m* semaphore

семеро [se'mero] *num* seven (of)

семестр [seme'str] *m* term

семирічний [semiree'chniy] *adj* seven-year, of seven years, seven year-old

семінар [semeena'r] *m* seminar

семінарія [semeena'reeya] *f* seminary

сенат [sena't] *m* senate

сенатор [sena'tor] *m* senator

сенс [sens] *m* sense, meaning

сенсаційний [sensatsee'yniy] *adj* sensational

сенсація [sensa'tseeya] *f* sensation

сентиментальний [sentimenta'l'niy] *adj* sentimental

сепаратний [separa'tniy] *adj* separate

серб, ~ка, ~ський [serb, ~ka, ~s'kiy] *m, f, adj* Serb(ian), Serbian

сервант [serva'nt] *m* sideboard

серветка [serve'tka] *f* (table-)napkin

сервіз [servee'z] *m* service, set, обідній ~ dinner set

сердечний [serde'chniy] *adj* 1) heart 2) hearty, cordial

сердешний [serde'shniy] *adj* unfortunate, miserable

сердити [serdi'ti] *v* make angry, angry

сердитий [serdi'tiy] *adj* angry

сердитися [serdi'tisya] *v* be angry (with)

серед [se'red] *prep* among, amongst, amidst, in the middle (of)

середа [sereda'] *f* Wednesday

середина [seredi'na] *f* middle

середній [sere'dneey] *adj* 1) middle 2) average, medium, mean 3) ordinary, average, **середні віки** the Middle Ages, **середня освіта** secondary education, **середня школа** secondary school

середняк [serednya'k] *m* middle peasant

середньовічний [serednyovee'chniy] *adj* medieval

середньовіччя [serednyovee'chchya] *n* the Middle Ages

середовище [seredo'vishche] *n* 1) environment, surroundings 2) medium

сережка [sere'zhka] *f* ear-ring

серенада [serena'da] *f* serenade

сержант [serzha'nt] *m* sergeant

серійний [seree'yniy] *adj* serial

серія [se'reeya] *f* series, part

серйозний [seryo'zniy] *adj* serious, earnest

серйозно [seryo'zno] *adv* 1) seriously 2) really

серп [serp] *m* sickle

серпанок [serpa'nok] *m* haze, mist

серпень [se'rpen'] *m* August

серце [se'rtse] *n* heart, **від усього серця** with all one's heart

серцебиття [sertsebi'ttya] *n* palpitation (of the heart)

серцевина [sertsevi'na] *f* pith, core, heart

сесія [se'seeya] *f* session, term, **екзаменаційна ~** examination period

сестра [sestra'] *f* 1) sister 2) **медична ~** (trained) nurse

сеча [secha'] *f* urine

сечовий [sechovi'y] *adj* urinary, **~ міхур** (urinary) bladder

сибірський [sibee'rs'kiy] *adj* Siberian

сивий [si'viy] *adj* grey, white, grey-haired, white-haired

сивина [sivina'] *f* grey(ing) hair

сивіти [sivee'ti] *v* go/turn grey

сигара [siga'ra] *f* cigar

сигарета [sigare'ta] *f* cigarette

сигнал [signa'l] *m* signal

сигналити [signa'liti] *v* signal

сигналізація [signaleeza'tseeya] *f* signaling

сигналувати [signaluva'ti] *v* signal, warn

сигнальний [signa'l'niy] *adj* signal

сидіти [sidee'ti] *v* 1) sit, be seated, perch 2) sit (over, at) 3) be, stay 4) fit, sit

сизий [si'ziy] *adj* dove-coloured

сила [si'la] *f* 1) strength, force, power, **сила волі** will-power 3) power, capacity, force 3) lots of

силач [sila'ch] *m* strong man

силовий [silovi'y] *adj* power

силоміць [silomee'ts'] *adv* by force

силос [si'los] *m* silage

силосувати [silosuva'ti] *v* silage

силует [silue't] *m* silhouette

сильний [si'l'niy] *adj* strong, powerful, intense, heavy

сильце [sil'tse'] *n* snare

символ [si'mvol] *m* symbol

символізм [simvolee'zm] *m* symbolism

символізувати [simvoleezuva'ti] *v* symbolize

символічний [simvolee'chniy] *adj* symbolic

симетричний [simetri'chniy] *adj* symmetrical

симетрія [sime'treeya] *f* symmetry

симпатизувати [simpatizuva'ti] *v* sympathize, like

симпатичний [simpati'chniy] *adj* likable, nice

симпатія [simpa'teeya] *f* liking, sympathy, **відчувати симпатію** (go) have a liking (for)

симпозіум [simpo'zeeum] *m* symposium

симптом [simpto'm] *m* symptom

симулювати [simulyuva'ti] *v* simulate, sham, **симулювати хворобу** malinger

симулянт [simulya'nt] *m* simulator, malingerer

симуляція [simulya'tseeya] *f* simulation

симфонічний [simfonee'chniy] *adj* symphonic

симфонія [simfo'neeya] *f* symphony

син [sin] *m* son

синдикат [sindika't] *m* syndicate

синець [sine'ts'] *m* bruise, black-eye

синити [sini'ti] *v* blue

синиця [sini'tsya] *f* (tom)tit, titmouse

синій [si'neey] *adj* (dark-)blue

синіти [sinee'ti] *v* become/turn blue

синонім [sino'neem] *m* synonym

синоптик [sino'ptik] *m* weather forecaster

синтаксис [si'ntaksis] *m* syntax

синтаксичний [sintaksi'chniy] *adj* syntactic(al)

синтез [si'ntez] *m* synthesis

синтезувати [sintezuva'ti] *v* synthesize

синтетичний [sinteti'chniy] *adj* synthetic

синус [si'nus] *m* sine

синява [si'nyava] *f* the (dark-)blue

сипати [si'pati] *v* pour, strew

сир [sir] *m* curds, cottage cheese, **(твердий)** cheese

сирена [sire'na] *f* siren

сирий [siri'y] *adj* 1) damp 2) raw, uncooked, unboiled

сирівець [sireeve'ts'] *m* (bread) kwass

сирник [si'rnik] *m* curd fritter

сироватка [sirova'tka] *f* 1) молочна whey 2) *мед.* serum

сировина [sirovina'] *f* raw material(s)

сироп [siro'p] *m* syrup

сирота [sirota'] *f* orphan

система [siste'ma] *f* system

систематизувати [sistematizuva'ti] *v* systematize

систематичний [sistemati'chniy] *adj* systematic

ситець [si'tets'] *m* printed cotton, calico, chintz

ситий [si'tiy] *adj* satisfied, sated

ситний [si'tniy] *adj* mourishing, substantial, copious

сито [si'to] *m*, *adv* 1) sieve 2) ~ **поїсти** have a substantial meal

ситро [sitro'] *n* squash

ситуація [situa'tseeya] *f* situation

сифон [sifo'n] *m* siphon

сич [sich] *m* brown owl

сичати [sicha'ti] *v* hiss

сівалка [seeva'lka] *f* seeding machine, seeder, drill

сівба [seevba'] *f* sowing

сідало [see'dalo] *n* roost

сідати, сісти [seeda'ti, see'sti] *v* 1) sit down, sit up 2) boardd, get on (to), get (into), mount 3) alight, perch, land 4) set

сідлати [seedla'ti] *v* saddle

сідло [seedlo'] *n* saddle

сік [seek] *m* juice, sap

сікатися, присікатися (до когось) [see'katisya, priseeka'tisya do kogos'] *v* + *prep* + *pron* rush (at), dash (at)

сікач *ніж.* [seeka'ch] *m* chopper, cleaver

сікти [seekti'] *v* 1) cut 2) floor

сіль [seel'] *f* salt

сільниця, сільничка [seel'ni'tsya, seel'ni'chka] *f* salt-cellar

сільрада (сільська Рада) [seel'ra'da (seel's'ka rada)] *f* + *adj* + *f* Village Soviet

сільський [see'l's'kiy] *adj* village, country, rural, **сільська місцевість** country (-side), **сільське господство** agriculture, farming

сільськогосподарський [seel's'kogospoda'rs'kiy] *adj* agricultural, farm

сім [seem] *num* seven

сімдесят [seemdesya't] *num* seventy

сімдесятий [seemdesya'tiy] *num* seventieth, сімдесяті роки the seventies

сімейний [seeme'yniy] *adj* family, home

сімнадцятий [seemna'dtsyatiy] *num* seventeenth

сімнадцять [seemna'dtsyat'] *num* seventeen

сімсот [seemso't] *num* seven hundred

сім'я [seem"ya'] *f* family

сім'янин [seem'yani'n] *m* family man

сіни [see'ni] *pl* passage

сіно [see'no] *n* hay

сінокіс [seenokee's] *m* 1) haymaking 2) hayfield 3) haymaking time

сіпати [see'pati] *v* pull, jerk

сірий [see'riy] *adj* grey, dull

сірка [see'rka] *f* sulphur

сірник [seerni'k] *m* match

сірчаний [seercha'niy] *adj* сірчана кислота sulphuric acid

сітка [see'tka] *f* 1) net, wire-gauze, rack 2) network, system 3) string-bag

сіть [seet'] *f* net, розставляти сіті set/lay nets

січень [see'chen'] *m* January

сіяти [see'yati] *v* 1) sow 2) sift 3) drizzle

сіяч [seeya'ch] *m* sower, disseminator

скажений [skazhe'niy] *adj* 1) mad, rabid 2) furious, violent

скаженіти [skazhenee'ti] *v* rage, fly into rage

сказ [skaz] *m* 1) hydrophobia, rabies 2) rage, fury

сказати [skaza'ti] *v* say, tell

сказитися [skazi'tisya] *v* go mad

скакати [skaka'ti] *v* skip, jump, hop

скалити [ska'liti] *v* ~ зуби bare one's teeth

скалка [ska'lka] *f* 1) chip, splinter 2) fragment

скандал [skanda'l] *m* scandal

скандалити [skanda'liti] *v* brawl, make a row

скандаліст [skandalee'st] *m* quarreler, trouble-maker

скандальний [skanda'l'niy] *adj* scandalous

скарб [skarb] *m* treasure

скарбник [skarbni'k] *m* treasurer

скарбниця [skarbni'tsya] *f* treasury

скарга [ska'rga] *f* complaint

скаржитися [ska'rzhitisya] *v* complain

скарлатина [skarlati'na] *f* scarlet fever

скасовувати, скасувати [skaso'vu-vati, skasuva'ti] *v* abolish, abrogate, repeal, cancel

скасування [skasuva'nnya] *n* abolition, abrogation, cancellation

скатерка, скатертина [skate'rka, skaterti'na] *f* table-cloth

скафандр [skafa'ndr] *m* 1) diving suit 2) full-pressure suit, space-suit

скелет [skele't] *m* skeleton

скеля [ske'lya] *f* rock, cliff

скелястий [skelya'stiy] *adj* rocky

скептик [ske'ptik] *m* sceptic

скептичний [skepti'chniy] *adj* skeptical

скеровувати, скерувати [skero'vu-vati, skeruva'ti] *v* direct, turn, aim

скибка [ski'bka] *f* slice, piece

скиглити [ski'gliti] *v* 1) whine 2) whimper

скидати, скинути [skida'ti, ski'nuti] *v* 1) throw down 2) take off, throw off 3) overthrow

скирта [ski'rta] *f* stack, rick

скисати, скиснути [skisa'ti, ski'snuti] *v* turn sour

скільки [skee'l'ki] *adv* 1) how much, how many, скільки це коштує? how much is it? скільки вам років? how old are you? 2) (наскільки) far as

скільки-небудь [skee'l'ki-ne'bud']
adv some, any

скіф, ~ ський [skeef, ~s'kiy] *m, adj*
Scythian

склад [sklad] *m* 1) store, stock 2)
warehouse, storehouse 3) composition, **входити до складу** be/form
part (of) 4) complement 5) будова
тіла build 6) syllable

складаний [skla'daniy] *adj* folding,
collapsible, ~ ніж. clasp-knife

складати, скласти [sklada'ti, skla'sti]
v 1) pile up, put, pack 2) assemble,
put together 3) write compose,
draw up 4) take, pass 5) make,
form

складатися, скластися [sklada'ti-
sya, skla'stisya] *v*1) form, shape,
turn out, develop 2) pack one's
things 3) consist (of), be made (of)

складач [sklada'ch] *m* 1) compiler,
writer, author 2) compositor, type-
setter

складений [skla'deniy] *adj* compound,
composite

складка [skla'dka] *f* fold, crease

складний [skla'dniy] *adj* well-
rounded, smooth

складний [skladni'y] *adj* 1) com-
pound, composite 2) complicated,
complex, intricate

складнопідрядний [skladnopeed-
rya'dniy] *adj грам.* complex

складносурядний [skladnosu-
rya'dniy] *adj грам.* compound/co-
ordinated

складовий [skladovi'y] *adj* consti-
tuent, component

склеп [sklep] *m* vault, arch

склеювати, склеїти [skle'yuvati,
skle'yeeti] *v* 1) stick/glue together

скликати, скликати [sklika'ti, skli'-
kati] *v* 1) call together, invite 2)
call, convene, convoke

скло [sklo] *n* glass, glass-ware

скляний [sklyani'y] *adj* glass

склянка [sklya'nka] *f* 1) glass 2) bit a
glass

скляр [sklyar] *m* glazier

скнара [skna'ra] *m, f* miser, skinflint

скоба [skoba'] *f* staple, cramp

сковзатися [sko'vzatisya] *v* 1) slide
(about) 2) skate

сковзнути [skovznu'ti] *v* slip

сковорода [skovoroda'] *f* frying-pan

сковувати, скувати [sko'vuvati, sku-
va'ti] *v* 1) forge together 2)
shackle, fetter 3) lock, **мороз
скував річку** the river is ice-
bound

скоїтися [skoyee'tisya] *v* happen,
come about

сколихнути [skolikhnu'ti] *v* stir up

сколочувати, сколотити [skolo'-
chuvati, skoloti'ti] *v* 1) stir up,
muddy 2) mix, shake up

сколювати, сколоти [sko'lyuvati,
skolo'ti] *v* 1) pin together 2) chip
off, break off

скорбота [skorbo'ta] *f* grief, (deep)
sorrow

скорботний [skorbo'tniy] *adj* mourn-
ful, sorrowful

скорий [sko'riy] *adj* 1) quick, fast 2)
near, forthcoming, **у скорому часі**
before long

скористатися [skorista'tisya] *v* 1)
avail oneself (of), take advantage
(of), ~ нагодою seize the oppor-
tunity 2) use, make use (of)

скоритися [skori'tisya] *v* submit, yield,
obey

скоро [sko'ro] *adv* 1) quickly, fast 2)
soon

скоромовка [skoromo'vka] *f* tongue-
twister

скорочувати(ся), скоротити(ся)
[skorochuva'ti(sya), skoroti'ti(sya)]
v 1) shorten, cut (down), abbrevi-
ate, abridge 2) reduce, curtail 3)
cancel out, eliminate

скорпіон [skorpeeo'n] *m* scorpion

скоса [sko'sa] *adv* sideways, askance

скотина [skoti'na] *f* cattle, livestock

скотарство [skota'rstvo] *n* cattle-breeding, stock-breeding

скошувати, скосити [sko'shuvati, skosi'ti] *v* 1) mow (down) 2) twist, quint

скраю [skra'yu] *adv* at/from the end (of)

скребти [skrebti'] *v* scrape, scratch

скрегіт [skre'geet] *m* gritting, grinding

скреготати [skregota'ti] *v* ~ зубами grit one's teeth

скрекотати, скрекотіти [skrekota'ti, skrekotee'ti] *v* chirp, chirrup, chatter, croak

скресати, скреснути [skresa'ti, skre'snuti] *v* break (up)

скривавлений [skriva'vleniy] *adj* blood-stained

скривитися [skrivi'tisya] *v* become twisted, make a wry face

скрикувати, скрикнути [skri'kuvati, skri'knuti] *v* scream, shriek, exclaim

скриня, скринька [skri'nya, skri'n'ka] *f* chest, box, **поштова скринька** letter-box

скрип [skrip] *m* creak, scratch, crunch

скрипаль, скрипач [skripa'l', skripa'ch] *m* violinist, fiddler

скрипіти, скрипнути [skripee'ti, skri'pnuti] *v* creak, squeak, scratch, crunch, ~ зубами grit ones teeth

скрипка [skri'pka] *f* violin, fiddle, **грати першу** ~ play a leading part

скріплювати, скріпити [skree'plyuvati, skreepi'ti] *v* 1) fasten (together), consolidate, tighten 2) seal

скромний [skro'mniy] *adj* modest, simple

скромність [skro'mneest'] *f* modesty

скроня [skro'nya] *f* temple

скрута [skru'ta] *f* difficulty, financial difficulties

скрутний [skru'tniy] *adj* difficult, straightened, reduced

скручувати, скрутити [skru'chuvati, skruti'ti] *v* 1) twist 2) bind tightly

скубти [sku'bti] *v* pull, jerk, pluck

скульптор [sku'l'ptor] *m* sculptor

скульптура [skul'ptu'ra] *f* sculpture, piece of sculpture

скупий [skupi'y] *adj* 1) misery, stingy 2) miser

скупість [sku'peest'] *f* miserliness, stinginess

скупчення [sku'pchennya] *n* 1) accumulation 2) jam, congestion

скупчувати(ся), скупчити(ся) [sku'pchuvati(sya), sku'pchiti(sya)] *v* gather, collect, accumulate

слабий [sla'biy] *adj* 1) weak, feeble 2) sick

слабість, слабкість [sla'beest', sla'bkeest'] *f* 1) weakness, feebleness 2) weak point/side

слабкий [slabki'y] *adj* 1) weak, feeble, delicate 2) faint 3) poor

слабовільний, слабохарактерний [slabovee'l'niy, slabokhara'kterniy] *adj* weak-willed

слабшати [sla'bshati] *v* weaken, grow/get weaker, abate

слава [sla'va] *f* 1) glory, fame 2) rumour

славетний [slave'tniy] *adj* glorious, famous, celebrated

славити [sla'viti] *v* glorify

славитися [sla'vitisya] *v* be famous (for)

славний [sla'vniy] *adj* 1) glorious, famous, celebrated 2) (very) nice, fine

слати [sla'ti] *v* 1) send 2) spread, lay

слива [sli'va] *f* 1) plum 2) plum-tree

слиз [sliz] *m* slime, mucus

слизький [sliz'ki'y] *adj* slippery

слимак [slima'k] *m* snail

слина [sli'na] *f* saliva

слід [sleed] *m, v* 1) track, footprint 2) mark 3) it is necessary, should/ought+in *f*, **слід пам'ятати** it should be remembered

слідкувати [sleedkuva'ti] *v* 1) watch, follow 2) keep up (with), keep an eye (on) 3) see (to), look (after)

слідом [slee'dom] *adv* (immediately) after

слідство [slee'dstvo] *n* investigation

слідчий [slee'dchiy] *adj, m* 1) investigatory 2) як *ім.* (preliminary) investigator

сліпий [sleepi'y] *adj, m* 1) blind 2) blind man

сліпити [sleepi'ti] *v* blind, dazzle

сліпнути [slee'pnuti] *v* lose one's sight, go/become blind

сліпота [sleepota'] *f* blindness

сліпучий [sleepu'chiy] *adj* blinding, dazzling

словак, ~цький [slova'k, ~ts'kiy] *m, adj* Slovak, Slovakian

словесний [slove'sniy] *adj* verbal, oral

словник [slovni'k] *m* dictionary, glossary, vocabulary

слово [slo'vo] *n* 1) word 2) speech, **просити слова** ask for the floor, **брати слово** take the floor

словотвір, словотворення [slovotvee'r, slovotvo'rennya] *m, n* word-building

слов'янин [slov''yani'n] *m* Slav

слов'янський [slov''ya'ns'kiy] *adj* Slavonic, Slavic

слон [slon] *m* 1) elephant 2) *шах* bishop

слоновий [slono'viy] *adj* elephant's, **слонова кістка** ivory

служба [slu'zhba] *f* service, work, job

службовець [sluzhbo'vets'] *m* employee, office worker

службовий [sluzhbo'viy] *adj* 1) official, office 2) auxiliary

слух [slukh] *m* ear, hearing, **музичний слух** ear for music

слухати [slu'khati] *v* 1) listen (to), **я слухаю!** (по телефону) hullo! 2) attend 3) hear

слухатися [slu'khatisya] *v* 1) obey, be obedient (to) 2) be tried

слухач [slukha'ch] *m* 1) listener, hearer 2) student

слухняний [slukhnya'niy] *adj* obedient

слуховий [slukhovi'y] *adj* auditory, acoustic, **~ апарат** hearing aid

слушний [slu'shniy] *adj* 1) suitable, proper, favourable, **~ момент** opportune moment 2) right, correct, just

слюда [slyuda'] *f* mica

слюсар [slyu'sar] *m* fitter, plumber

слюсарний [slyusa'rniy] *adj* fitter's, **~а майстерня** tool shop

сльоза [slyoza'] *f* tear

сльота [slyota'] *f* slush, mire, sleet

смаглий, смаглявий [sma'gliy, smaglya'viy] *adj* 1) brown, dark, dark-skinned 2) sunburnt, tanned, brown

смажений [sma'zheniy] *adj* fried, grilled, roast(ed), **смажена картопля** chips

смажити [sma'zhiti] *v* fry, grill, roast

смак [smak] *m* taste, **це приємно на смак** it tastes nice

смалець [sma'lets'] *m* lard

смалити [smali'ti] *v* singe, scorch

смарагд [smara'gd] *m* emerald

смарагдовий [smara'gdoviy] *adj* emerald

смачний [smachni'y] *adj* tasty, good, delicious

смачно [sma'chno] *adv* **~ готувати** cook well, **~ їсти** eat well

смердіти [smerdee'ti] *v* stink (of)

смердючий [smerdyu'chiy] *adj* stinking

смерека [smere'ka] *f* spruce, fir-tree

смеркати(ся), смеркнути(ся) [smerka'ti(sya), sme'rknuti(sya)] *v* be growing dusk

смерком [smerko'm] *adv* in the twi-
light

смертельний, смертний [smerte'l'-
niy, sme'rtniy] *adj, m* 1) death,
deathly, mortal, fatal, deadly,
смертельний ворог mortal enemy,
смертний вирок death-sentence

смертник [sme'rtnik] *m* prisoner sen-
tenced to death

смертність [sme'rtneest'] *f* mortality,
death-rate

смертоносний [smertono'sniy] *adj*
lethal

смерть [smert'] *f* death

смерч [smerch] *m* whirlwind, tornado,
sand-storm, water-spout

сметана [smeta'na] *f* sour cream

смикати, смикнути   [smika'ti,
smiknu'ti] *v* pull, jerk

смирний [smi'rniy] *adj* quiet, mild

смисл [smisl] *m* sense, meaning, point,
смисл життя meaning of life

смисловий [smislovi'y] *adj* semantic,
notional

смичковий [smichko'viy] *adj* bow

смичок [smicho'k] *m* bow, fiddlestick

сміливий [smeeli'viy] *adj* bold, daring,
courageous

сміливість [smeeli'veest'] *f* boldness,
courage

смільчак [smeel'cha'k] *m* plucky fel-
low

сміти, посміти [smee'ti, posmee'ti] *v*
dare, **не смій!** don't you dare!

смітити [smeeti'ti] *v* litter

смітник [smeetni'k] *m* dust-heap, rub-
bish-heap

сміттєпровід [smeettyeprovee'd] *m*
rubbish chute

сміття [smeettya'] *f* dust, rubbish, lit-
ter, **виносити ~ з хати** wash
one's dirty linen public

сміх [smeekh] *m* laughter, **піднімати
на ~** make fun of *smb*

сміховинний [smeekhovi'nniy] *adj*
laughable, ridiculous

сміхотливий [smeekhotli'viy] *adj*
risible, easily amused

смішити [smeeshi'ti] *v* make laugh

смішний [smeeshni'y] *adj* 1) funny 2)
laughable, ridiculous

смішно [smee'shno] *adv* 1) funnily, in
funny manner, absurdly 2) it would
be absurd

сміятися [smeeya'tisya] *v* 1) laugh,
chuckle 2) make fun (of), laugh
(at)

смоктати [smokta'ti] *v* suck

смола [smola'] *f* resin, tar, pitch

смолистий [smoli'stiy] *adj* resinous

смолити [smoli'ti] *v* tar

смолоскип [smoloski'p] *m* torch

сморід [smoree'd] *m* stench, stink

смородина [smoro'dina] *f* (black) cur-
rents

смуга [smu'ga] *f* 1) strip, stripe 2)
zone, belt 3) period

смугастий [smuga'stiy] *adj* striped,
stripy

смуглий, смуглявий [smu'gliy, smu-
glya'viy] *adj* 1) brown, dark-
skinned 2) sunburnt, tanned

смутити, засмутити [smuti'ti, zas-
muti'ti] *v* grieve, distress

смутний [smutni'y] *adj* sad, sorrowful

смуток [smu'tok] *m* grief, sadness,
sorrow

снага [sna'ga] *f* strength, vigour

снайпер [sna'yper] *m* sniper, sharp-
shooter

снаряд [snarya'd] *m* 1) projectile, shell
2) machine, apparatus

снасть [snast'] *f* 1) rope, rigging 2)
gear, tackle

снитися [sni'tisya] *v* dream

сніг [sneeg] *m* snow, **іде ~** it is snow-
ing

сніговий [sneegovi'y] *adj* snow, snowy

сніговій, сніговиця   [sneegovee'y,
sneegovi'tsya] *m, f* snow-storm

снігоочисник [sneegoochi'snik] *m*
snow-plough

снігопад [sneegopa'd] *m* snow-fall

снігур [sneegu'r] *m* bullfinch

снігурка [sneegu'rka] *f* Snow-Maiden

сніданок [sneeda'nok] *m* breakfast, lunch

снідати [snee'dati] *v* (have) breakfast, (have) lunch

сніжинка [sneezhi'nka] *f* snow-flake

сніжка [snee'zhka] *f* snowball

сніжний [snee'zhniy] *adj* snowy, snow

сніп [sneep] *m* sheaf

снотворний [snotvo'rniy] *adj* soporific, ~ засіб soporific

снувати [snuva'ti] *v* scurry

собака [soba'ka] *f* dog, hound

собачий [soba'chiy] *adj* canine, dog

собівартість [sobeeva'rteest'] *f* (prime) cost

соболь [so'bol'] *m* sable

собор [sobo'r] *m* church, кафедральний ~ cathedral

сова [sova'] *f* owl

совати [so'vati] *v* 1) shove, thrust 2) move

совісний [so'veesniy] *adj* conscientious

совість [so'veest'] *f* conscience, на ~ conscientiously, well

совок [sovo'k] *m* shovel, scoop, dust-pan

сода [so'da] *f* soda

содовий [so'doviy] *adj* soda

сокира [soki'ra] *f* axe

сокіл [so'keel] *m* falcon

соковитий [sokovi'tiy] *adj* 1) juicy, succulent 3) rich

солдат [solda't] *m* soldier

солдатський [solda'ts'kiy] *adj* soldier's

солити [soli'ti] *v* salt, pickle

солідарний [soleeda'rniy] *adj* 1) united 2) solidary

солідарність [soleeda'rneest'] *f* solidarity

солідний [solee'dniy] *adj* 1) solid, strong 2) through, substantial 3) reliable, serious, impressive 4) considerable

соліст, ~ка [solee'st, ~ka] *m, f* soloist

соло [so'lo] *n* solo

соловей [solove'y] *m* nightingale

солодити [solodi'ti] *v* sweeten, sugar

солодкий [solo'dkiy] *adj* sweet, honeyed

солодощі [so'lodoshchee] *pl* sweets, sweetmeats, candies

солома [solo'ma] *f* straw, thatch

соломина [solo'mina] *f* straw

солом'яний [solo'm"yaniy] *adj* straw

солоний [solo'niy] *adj* 1) salt, salty 2) salted, pickled

солончак [soloncha'k] *m* salt-marsh, saline

соляний [solya'niy] *adj* ~ кислота *хим.* hydrochloric acid

соляний [solya'niy] *adj* salt

солярій [solya'reey] *m* solarium

сольний [so'l'niy] *adj* solo

сом [som] *m* sheat-fish

сон [son] *m* 1) sleep 2) dream, бачити ~ (have a) dream

соната [sona'ta] *f* sonata

сонет [sone't] *m* sonnet

сонливий [sonli'viy] *adj* sleepy, drowsy

сонливість [sonli'veest'] *f* sleepiness, drowsiness

сонний [so'nniy] *adj* 1) sleepy, drowsy 2) sleeping 3) sluggish, listless

сонце [so'ntse] *n* sun

сонячний [so'nyachniy] *adj* 1) sun, solar 2) sunny, ~ удар sunstroke

соняшник [so'nyashnik] *m* sunflower

сопілка [sopee'lka] *f* reed(-pipe)

сопіти, сопти [sopee'ti, sopti'] *v* snuffle, sniff

соплі [so'plee] *pl* snivel

сопрано [sopra'no] *n* soprano

соратник [sora'tnik] *m* companion-in-arms, comrade (-in-arms)

сорок [so'rok] *num* forty

сорока [soro'ka] *f* magpie

сороковий [soroko'viy] *num* fortieth, **~і роки** the forties

сором [so'rom] *m* shame, **без ~у** shamelessly

соромити [soro'miti] *v* shame, put to shame

соромитися [soro'mitisya] *v* be ashamed (of)

соромливий [soromli'viy] *adj* bashful, modest

соромливість [soromli'veest'] *f* bashfulness, modesty

соромно [so'romno] *adv* be ashamed of (*smth* or *smb*)

сорочка [soro'chka] *f чол.* shirt, *жін.* slip, chemise

сорт [sort] *m* 1) grade, quality, kind, sort 2) variety, першого сорту first-rate

сортувальник [sortuva'l'nik] *m* sorter

сортувати [sortuva'ti] *v* sort, grade, classify

сосиска [sosi'ska] *f* sausage, frankfurt(er)

соска [so'ska] *f* comforter, baby's dummy, nipple

сосна [sosna'] *f* pine(-tree)

сосновий [sosno'viy] *adj* pine, pinewood

сосок [soso'k] *m* nipple, teat

сотий [so'tiy] *num* hundredth

сотня [so'tnya] *num* hundred

соус [so'us] *m* sauce, gravy, dressing

сохнути [so'khnuti] *v* 1) (get) dry, dry up, wither 2) pine, waste away

соціал-демократ [sotseea'l-demokra't] *m* Social Democrat

соціал-демократичний [sotseea'l-demokrati'chniy] *adj* social democratic

соціалізм [sotseealee'zm] *m* socialism

соціаліст, ~ичний [sotseealee'st, ~i'chniy] *m, adj* socialist

соціальний [sotseea'l'niy] *adj* social

соціологія [sotseeolo'geeya] *f* sociology

сочитися [sochiti'sya] *v* ooze (out), trickle

союз [soyu'z] *m* union, alliance

союзний [soyu'zniy] *adj* 1) allied 2) union

союзник [soyu'znik] *m* ally

спад [spad] *m* abatement, falling-off (of)

спадати, спасти [spada'ti, spa'sti] *v* 1) fall (from) 2) abate

спадковий [spadko'viy] *adj* hereditary

спадковість [spadko'veest'] *f* heredity

спадкоємець [spadkoye'mets'] *m* heir, successor

спадкоємиця [spadkoye'mitsya] *f* heiress

спадщина [spa'dshchina] *f* 1) inheritance, legacy 2) heritage

спазм [spazm] *m* spasm

спалах [spa'lakh] *m* 1) flash 2) outburst 3) outbreak

спалахувати, спалахнути [spala'khuvati, spalakhnu'ti] *v* 1) blaze up, flash 2) flush 3) break out

спалювати, спалити [spa'lyuvati, spali'ti] *v* burn (down)

спальний [spa'l'niy] *adj* sleeping, **~ вагон** sleeper, sleeping-car

спальня [spa'l'nya] *f* bedroom

спартакіада [spartakeea'da] *f* Spartakiada

спасибі [spasi'bee] *part* thank you, thanks, **велике ~** thank you very much, many thanks (for)

спати [spa'ti] *v* sleep, be asleep, **лягати ~** go to bed

спека [spe'ka] *f* heat

спектакль [spekta'kl'] *m* performance, show

спектр [spektr] *m* spectrum

спекулювати [spekulyuva'ti] *v* speculate (in, on), profiteer

спекулянт [spekulya'nt] *m* speculator, profiteer

спекуляція [spekulya'tseeya] *f* speculation, profiteering

спереду [spe'redu] *adv* 1) in front, from the front 2) in front of

сперечатися [sperecha'tisya] *v* argue (with *smb* about), dispute (with *smb* about)

сперш(у) [spe'rsh(u)] *adv* at first

специфічний [spetsifee'chniy] *adj* specific, characteristic

спеціалізація [spetseealeeza'tseeya] *f* specialization

спеціалізувати [spetseealeezuva'ti] *v* give specialized training, concentrate

спеціалізуватися [spetseealeezuva'tisya] *v* specialize (in)

спеціаліст [spetseealee'st] *m* expert, specialist

спеціальний [spetseea'l'niy] *adj* 1) special 2) specialized

спеціальність [spetseea'l'neest'] *f* speciality, profession, trade

спилювати, спиляти [spi'lyuvati, spilya'ti] *v* saw down

спина [spina'] *f* back

спинний [spinni'y] *adj* spinal, ~ мозок *анат.* spinal cord

спиняти, спинити [spinya'ti, spini'ti] *v* 1) stop, make stop, pull up 2) restrain

спиратися, спертися [spira'tisya, spe'rtisya] *v* 1) lean (on) 2) rely (on), base oneself (on)

спирт [spirt] *m* alcohol, spirit

спиртний [spirtni'y] *adj* alcoholic

спис [spis] *m* spear, lance

список [spi'sok] *m* list, у ~ку on the list

списувати, списати [spi'suvati, spisa'ti] *v* 1) copy (out) 2) write off 3) discharge

спитати [spita'ti] *v* ask, inquire (after), question

спиця [spi'tsya] *f* 1) knitting-needle 2) spoke

спів [speev] *m* singing

співавтор [speeva'vtor] *m* co-author

співак [speeva'k] *m* singer, songster

співати [speeva'ti] *v* sing

співачка [speeva'chka] *f* singer

співбесіда [speevbe'seeda] *f* interview

співбесідник [speevbesee'dnik] *m* interlocutor, чудовий співбесідник he's excellent company

співвідносний [speevveedno'sniy] *adj* correlative

співвідношення [speevveedno'shennya] *n* correlation, alignment

співдружність [speevdru'zhneest'] *f* concord, co-operation

співець [speeve'ts'] *m* singer, bard

співзвучний [speevzvu'chniy] *adj* consonant (with, to), in harmony (with)

співіснування [speeveesnuva'nnya] *n* coexistence

співіснувати [speeveesnuva'ti] *v* coexist

співочий [speevo'chiy] *adj* singing

співробітник [speevrobee'tnik] *m* 1) collaborator, helper 2) employee, member of the staff, науковий ~ research worker

співробітництво [speevrobee'tnitstvo] *n* cooperation, collaboration, contributions

співробітничати [speevrobee'tnichati] *v* cooperate (with), collaborate (with)

співрозмовник [speevrozmo'vnik] *m* interlocutor

співучасник [speevucha'snik] *m* collaborator, partner, accomplice

співучий [speevu'chiy] *adj* 1) songful 2) melodious 3) singing

співчувати [speevchuva'ti] *v* sympathize (with), feel (for), condole (with, on)

співчутливий [speevchutli'viy] *adj* sympathetic

співчуття [speevchuttya'] *f* sympathy

спід [speed] *m* 1) lower part, bottom 2) wrong side

спідлоба [speedlo'ba] *adv* дивитися ~ scowl (at), lour (at)

спідниця [speedni'tsya] *f* skirt, petticoat

спідній [spee'dneey] *adj* 1) lower, bottom 2) under, спідня білизна underclothes, underwear

спізнюватися, спізнитися [spee' znyuvatisya, speezni'tisya] *v* be late (of), **спізнитися на поїзд** miss the train

спіймати [speeyma'ti] *v* catch

спілий [spee'liy] *adj* ripe

спілка [spee'lka] *f* union, league

спілкуватися [speelkuva'tisya] *v* associate (with), be associated (with)

спільний [spee'l'niy] *adj* 1) common, mutual 2) joint, combined

спільник [spee'l'nik] *m* ally, accomplice

спінінг [spee'neeng] *m* spinning tackle

спір [speer] *m* argument, dispute, discussion

спіраль [speera'l'] *f* spiral

спірний [spee'rniy] *adj* disputable, controversial

спіти [spee'ti] *v* ripen

спіткати [speetka'ti] *v* 1) meet, encounter 2) happen, overtake, befall, його спіткало горе he has had a misfortune

спішити, поспішити, поспішати [speeshi'ti, pospeeshi'ti, pospeesha'ti] *v* hurry, fasten

спішний [spee'shniy] *adj* 1) pressing, urgent 2) hurried, rapid

сплав [splav] *m* 1) floating, rafting 2) alloy

сплавляти, сплавити [splavlya'ti, spla'viti] *v* 1) float, raft 2) fuse, alloy

сплата [spla'ta] *f* payment, paying off

сплачувати, сплатити [spla'chuvati, splati'ti] *v* pay, pay off

спливати, сплисти, спливти [spliva'ti, splisti', splivti'] *v* float/drift away, pass on

сплітати, сплести [spleeta'ti, splesti'] *v* weave, lock, interlock, plait

сплутати [splu'tati] *v* (en)tangle, muddle, confuse, take (for), mix up, ~ карти upset *smb's* plans

сплющувати, сплющити [splyu'shchuvati, splyu'shchiti] *v* flatten

сплячка [splya'chka] *f* 1) (у тварин) hibernation 2) (у людей) lethargy, sleepiness

сповзати, сповзти [spovza'ti, spovzti'] *v* slip down

сповивати, сповити [spoviva'ti, spovi'ti] *v* 1) swaddle 2) envelop, cover

сповільнювати, сповільнити [spovee'l'nyuvati, spovee'l'niti] *v* slow down

сповіщати, сповістити [spoveeshcha'ti, spoveesti'ti] *v* inform (of, about), let *smb* know (of, about)

сповна [spo'vna] *adv* completely, in full

спогад [spoga'd] *m* 1) memory, recollection 2) **спогади** memoirs, reminiscences

споглядати [spoglyada'ti] *v* contemplate

сподіватися [spodeeva'tisya] *v* expert, hope (for), rely (on), wait (for)

сподобатися [spodo'batisya] *v* like, please

споживати, спожити [spozhiva'ti, spozhi'ti] *v* consume, use, eat, have

споживач [spozhiva'ch] *m* consumer

споживчий [spozhi'vchiy] *adj* consumer

спокій [spo'keey] *m* 1) quiet, calm(ness), tranquility 2) peace, public order

спокійний [spokee'yniy] *adj* 1) quiet, calm, tranquil, **бути спокійним** fell at ease, **будьте спокійні** don't worry

споконвіку [spokonvee'ku] *adv* from time immemorial

спокуса [spoku'sa] *f* temptation

спокусник [spoku'snik] *m* tempter, seducer

спокута [spoku'ta] *f* redemption, atonement

спокутувати [spoku'tuvati] *v* redeem, atone (for), ~ **провину** atone for one's guilt

спокушати, спокусити [spokusha'ti, spokusi'ti] *v* tempt (with, into), seduce

сполох [spo'lokh] *m* 1) alarm, panic 2) flash

сполохувати, сполохати [spolo-'chuvati, spolo'chati] *v* frighten, scare away, flush

сполука [spolu'ka] *f* combination

сполучати, сполучити [spolucha'ti, spoluchi'ti] *v* 1) join, unite, connect, link up, combine

сполучення [spolu'chennya] *n* 1) joining, junction, combination 2) communication

сполучний [spolu'chniy] *adj* 1) connecting, conjunctive 2) connective, copulative

сполучник [spolu'chnik] *m грам.* conjuction

спонукати [sponuka'ti] *v* impel, induce, prompt

споріднений [sporee'dneniy] *adj* kindred, akin, related

споріднювати, споріднити [sporee'dnyuvati, sporee'dniti] *v* 1) unite, draw, together 2) make alike

спорожняти, спорожнити [sporozhnya'ti, sporozhni'ti] *v* empty

спорт [sport] *m* sport, sports

спортивний [sporti'vniy] *adj* 1) sports 2) athletic(-looking)

спортсмен [sportsme'n] *m* sportsman, athlete

споруда [sporu'da] *f* edifice, construction, structure, building

споруджувати, спорудити [sporu'd-zhuvati, sporudi'ti] *v* erect, build

споряджати, спорядити [sporyadz-ha'ti, sporyadi'ti] *v* fit out, equip, prepare, supply

спорядження [sporya'dzhennya] *n* 1) equipping 2) equipment, outfit

спосіб [spo'seeb] *m* 1) way, method, mode 2) means, **усіма способами** by every means 3) *грам.* mood

спостереження [spostere'zhennya] *n* observation

спостережливий [spostere'zhliviy] *adj* observant

спостерігати [spostereega'ti] *v*1) observe, study 2) keep an eye (on), watch

спостерігач [spostereega'ch] *m* observer

спотворювати, спотворити [spot-vo'ryuvati, spotvo'riti] *v* distort, twist

спотикатися, спіткнутися, спотикнутися [spotika'tisya, speet-knu'tisya, spotiknu'tisya] *v* stumble (over)

спочатку [spocha'tku] *adv* 1) at first, in the beginning 2) formerly, before 3) all over again

спочивати, спочити [spochiva'ti, spochi'ti] *v* (have a) rest, sleep

спочинок [spochi'nok] *m* rest

справа [spra'va] *f* 1) affair, business 2) cause 3) deed, act 4) **справи** things, **справи поправляються** things are improving 5) case 6) file

справа [spra'va] *adv* from the right, on the right (of), to the right (of)

справджувати, справдити [spra'v-dzhuvati, spra'vditi] *v* 1) fulfil, realize 2) justify

справді [spra'vdee] *adv, parenth* 1) really, actually 2) indeed 3) **справді? really?**

справедливий [spravedli'viy] *adj* just, fair, impartial

справедливість [spravedli'veest'] *f* justice, fairness, impartiality

справжній [spra'vzhneey] *adj* real true, genuine

справляти, справити [spravlya'ti, spravi'ti] *v* arrange, hold, celebrate, keep 2) produce, make

справлятися, справитися [spravlya'tisya, spravi'tisya] *v* manage, cope (with), get the better of

справний [spra'vniy] *adj* 1) in working order, in good repair 2) conscientious, skilful

спрага [spra'ga] *f* thirst, **почувати ~у** be thirsty

спраглий [spra'gliy] *adj* thirsty

спрацьовуватися, спрацюватися [spratsyo'vuvatisya, spratsyuva'tisya] *v* 1) wear, be worn (out) 2) work

сприймання [spriyma'nnya] *n* perception, apprehension

сприймати, сприйняти [spriyma'ti, spriynya'ti] *v* perceive, apprehend, receive, take

спритний [spri'tniy] *adj* agile, quick, dexterous, adroit, smart, ingenious

спричиняти, спричинити [sprichinya'ti, sprichini'ti] *v* cause, evoke, give rise (to)

сприяти [spriya'ti] *v* further, favour, promote

сприятливий [spriya'tliviy] *adj* favourable, propitious

спроба [spro'ba] *f* attempt, endeavour

спробувати [spro'buvati] *v* try, test, taste

спроваджувати, спровадити [sprova'dzhuvati, sprova'diti] *v* get rid (of), pack off

спроможний [spromo'zhniy] *adj* able

спроможність [spromo'zhneest'] *f* ability

спросоння, спросонку [sproso'nnya, sproso'nku] *adv* not fully awake

спростовувати, спростувати [sprosto'vuvati, sprostuva'ti] *v* refute

спрощувати, спростити [spro'shchuvati, sprosti'ti] *v* 1) simplify 2) oversimplify

спрямовувати, спрямувати [spryamo'vuvati, spryamuva'ti] *v* 1) direct, turn, aim

спуск [spusk] *m* 1) descent 2) slope

спускати, спустити [spuska'ti, spusti'ti] *v* 1) lower, let down 2) release, unleash 3) let out 4) show indulgence (towards)

спустошувати, спустошити [spusto'shuvati, spusto'shiti] *v* 1) devastate, ravage 2) drain *smb*, 's spirit

спутати [spu'tati] *v* hobble

сп'яніння [sp'yanee'nnya] *n* intoxication

срібло [sree'blo] *n* 1) silver 2) silverware

срібний [sree'bniy] *adj* silver, silvery

ссати [ssa'ti] *v* suck

стабілізація [stabeeleeza'tseeya] *f* stabilization

стабілізувати [stabeeleezuva'ti] *v* stabilize

стабільний [stabee'l'niy] *adj* stable

став, ставок [stav, stavo'k] *m* pond

ставати, стати [stava'ti, sta'ti] *v* 1) stand, rise 2) get down (to) 3) stop, pull up 4) become, get grow 5) appear, spring up 6) begin, come, take

ставатися, статися [stava'tisya, sta'tisya] *v* take place, happen, occur

ставити, поставити [sta'viti, posta'viti] *v* 1) stand, make *smb* stand up, put, place, set 2) install, fix 3) apply 4) put, give 5) stage 6) raise, promote, move 7) **~ досліди** make experiments, **~ рекорд** set up a record

ставитися [sta'vitisya] *v* treat, be disposed (to), regard

ставка [sta'vka] *f* 1) quarters 2) stake 3) reliance (on) 4) rate, **очна ~** confrontation

ставлення [sta'vlennya] *n* attitude (to), treatment (of)

стадіон [stadeeo'n] *m* stadium

стадія [sta'deeya] *f* stage

стадо [sta'do] *n* herd, flock

стаж [stazh] *m* length/record of service

стайня [sta'ynya] *f* stable

сталевар [staleva'r] *m* steel-maker

сталевий, стальний [stale'viy, stal'-ni'y] *adj* steel, steel-gray

сталий [sta'liy] *adj* constant, steady, stable, permanent, invariable

сталь [stal'] *f* steel

стан [stan] *m* 1) figure 2) camp 3) state, status, condition 4) mill

стандарт [standa'rt] *m* standard

стандартний [standa'rtniy] *adj* standard, mass-produced, standardized

становити [stanovi'ti] *v* 1) stand, put, place, set, install 2) be, make, form

становище [stano'vishche] *n* condition, state, status, situation

станція [sta'ntseeya] *f* station, depot

старанний [stara'nniy] *adj* painstaking, diligent

старатися, постаратися [stara'tisya, postara'tisya] *v* try, do one's best

старий [stari'y] *adj, m* 1) old 2) як ім. old man

старість [sta'reest'] *f* old age

старіти [staree'ti] *v* 1) grow/get old 2) become obsolete/old-fashioned

старовина [starovina'] *f* 1) old times 2) relic of the past

старовинний [starovi'nniy] *adj* old, ancient

стародавній [staroda'vneey] *adj* old, ancient, antique

старожил [starozhi'l] *m* old resident, old-timer

старомодний [staromo'dniy] *adj* old-fashioned

староста [sta'rosta] *m, f* 1) starosta, village elder 2) monitor, form captain

старт [start] *m* 1) start, blast-off, take-off 2) starting-line

стартер [starte'r] *m* starter

стартувати [startuva'ti] *v* start, blast off

старший [sta'rshiy] *adj* 1) older, oldest, elder 2) senior

старшина [starshina'] *m* 1) *військ.* sergeant-major, first sergeant 2) pette officer

старшинство [starshinstvo'] *n* seniority

статевий [state'viy] *adj* sex, sexual

статечний [state'chniy] *adj* staid, sedate, grave

статист [stati'st] *m* super, walker-on

статистика [stati'stika] *f* statistics

статистичний [statisti'chniy] *adj* statistic(al)

стаття [stattya'] *f* 1) article 2) paragraph, item, clause

статут [statu't] *m* regulations

статуя [sta'tuya] *f* statue

стать [stat'] *f* sex

стаціонар [statseeona'r] *m* 1) hospital, in-patient department 2) day/full-time department

стверджувати, ствердити [stve'rdzhuvati, stve'rditi] *v* confirm

ствол [stvol] *m* 1) barrel, tube 2) shaft

створювати, створити [stvo'ryuvati, stvori'ti] *v* create, make, **створити враження** create/produce an impression

стебло [steblo'] *n* stalk, stem

стегно [stegno'] *n* thigh, hip

стежити [ste'zhiti] *v* 1) watch, follow 2) keep up (with), keep an eye (on) 3) see (to), look (after)

стежка [ste'zhka] *f* path, walk, trail

стекти, стікати [stekti', steeka'ti] *v* run/flow down

стелити [steli'ti] *v* 1) spread, ~ **постіль** make a bed 2) lay

стеля [ste'lya] *f* ceiling

стенд [stend] *m* stand

стенографіст, ~ **ка** [stenografee'st, ~ka] *m, f* stenographer

стенографія [stenogra'feeya] *f* stenography, shorthand

стенографувати [stenografuva'ti] *v* take down in shorthand

степ [step] *m* steppe

степінь [ste'peen'] *m мат* power

степовий [stepovi'y] *adj* steppe

стерегти [steregti'] *v* 1) guard, watch (over) 2) watch (for)

стерегтися [steregti'sya] *v* be careful (of), beware (of)

стереокіно [stereokeeno'] *n* 3-D cinema

стереоскоп [stereosko'p] *m* stereoscope

стереоскопічний [stereoskopee'chniy] *adj* stereoscopic

стереотип [stereoti'p] *m* stereotype

стереотипний [stereoti'pniy] *adj* stereotype

стереофільм [stereofee'l'm] *m* 3-D film

стереофонічний [stereofonee'chniy] *adj* stereophonic

стержень [ste'rzhen'] *m* rod, pivot

стерилізувати [sterileezuva'ti] *v* sterilize

стерильний [steri'l'niy] *adj* sterilized, sterile

стерно [sterno'] *n* rudder, helm, (steering-)wheel

стиглий [sti'gliy] *adj* ripe

стиглість [sti'gleest'] *f* ripeness

стигнути [sti'gnuti] *v* 1) ripen 2) be getting cold/cool

стилістика [stilee'stika] *f* stylistic

стилістичний [stileesti'chniy] *adj* stylistic

стиль [stil'] *m* style

стимул [sti'mul] *m* stimulus, incentive

стимулювати [stimulyuva'ti] *v* stimulate

стипендіат [stipendeea't] *m* grantholder, scholarship holder

стипендія [stipe'ndeeya] *f* grant, scholarship

стирати, стерти [stira'ti, ste'rti] *v* 1) wipe off, dust, rub out, erase, obliterate 2) grind fine

стискувати, стискати, стиснути [sti'skuvati, sti'skati, sti'snuti] *v* 1) compress, squeeze 2) press 3) constrict, seize

стислий [sti'sliy] *adj* brief, concise

стислість [sti'sleest'] *f* conciseness

стиха [sti'kha] *adv* softly, in a low voice, furtively, stealthily, slowly, slightly, gently

стихати, стихнути [stikha'ti, sti'khnuti] *v* 1) die away, become quiet 2) subside, abate

стихійний [stikhee'yniy] *adj* 1) elemental, natural 2) spontaneous

стихія [stikhee'ya] *f* element

стишувати, стишити [sti'shuvati, sti'shiti] *v* deaden, muffle, ~ **голос** lower one's voice 2) slow down

стібок [steebo'k] *m* stitch

стіг, стіжок [steeg, steezho'k] *m* stack, rick

стійкий [steeyki'y] *adj* 1) stable, steady, steadfast 2) durable, persistent

стійло [stee'ylo] *m* stall

стік [steek] *m* 1) flow 2) gutter, waste-pipe

стікати, стекти [steeka'ti, stekti'] *v* run/flow down

стіл [steel] *m* 1) table, **письмовий** ~ desk, writing-table 2) board, food 3) department desk

стілець [steele'ts'] *m* chair, stool

стільки [stee'l'ki] *adv* so/as much, so/as many, **не** ~ **...,** **скільки** rather.. than, not so much...as

стільник [steel'ni'k] *m* honeycomb

стіна [steena'] *f* wall

стінгазета (стінна газета) [steen-gaze'ta (steenna' gazeta')] *f* wall newspaper

стінний [steenni'y] *adj* wall, mural

стічний [steechni'y] *adj* ~і води sewage

сто [sto] *num* hundred

стовбур [sto'vbur] *m* 1) trunk, stem 2) shaft

стовп [stovp] *m* post, pole, pillar, column

стогін [sto'geen] *m* moan, groan

стогнати [stogna'ti] *v* moan, groan

стоїк [sto'yeek] *m* stoic

стойка [sto'yka] *f* 1) counter, bar 2) handstand, headstand

стокротка [stokro'tka] *f* daisy

столиця [stoli'tsya] *f* capital

столичний [stoli'chniy] *adj* capital, metropolitan

столітній [stolee'tneey] *adj* hundred-year-old, centenary, centenarian, ~ ювілей centenary

століття [stolee'ttya] *n* 1) century 2) centenary

столовий [stolo'viy] *adj* table

столяр [sto'lyar] *m* joiner

столярний [stolya'rniy] *adj* joiner's, ~ справа joinery

стомлений [sto'mleniy] *adj* tired, weary

стомлюватися, стомитися [sto'm-lyuvatisya, stomi'tisya] *v* tire (oneself), get tired

стопа (нога) [stopa' (noga')] *f* foot

стопроцентний [stoprotse'ntniy] *adj* hundred-percent

сторінка [storee'nka] *f* page

сторічний [storee'chniy] *adj* hundred-year-old, centenary

сторіччя [storee'chchya] *n* 1) century 2) centenary

сторож [sto'rozh] *m* watchman, guard

сторожа [storo'zha] *f* watch, guard

сторожити [storozhi'ti] *v* be on the watch, guard, keep watch (over)

сторожовий [storozhovi'y] *adj* watch, guard, ~ катер patrol boat

сторона [storona'] *f* 1) side 2) land, рідна ~ native land 3) side, party, ставати на чиюсь сторону take *smb's* side

сторонній [storo'nneey] *adj, m* 1) strange, ~ня людина stranger outsider 2) outside 3) як *ім.* stranger

сторч [storch] *adv* 1) upright 2) head first

стосовно [stoso'vno] *prep* with/in reference (to), concerning

стосуватися [stosuva'tisya] *v* concern, це вас не стосується a) it doesn't refer to you, б) it's not your business

стосунки [stosu'nki] *pl* relations, бути в найкращих стосунках be on the best terms (with)

стоянка [stoya'nka] *f* 1) stop, mooring, parking 2) stand, camp, moorage, parking, place, parking lot, ~ таксі taxi-stand

стояти [stoya'ti] *v* 1) stand, be, be situated 2) stop 3) be at a standstill 4) confront 5) stand up (for)

стоячий [stoya'chiy] *adj* 1) standing 2) stagnant

страва [stra'va] *f* 1) dish, course 2) food

стравохід [stravokhee'd] *m мед.* gullet

страждання [strazhda'nnya] *n* suffering

страждати [strazhda'ti] *v* suffer (from)

страйк [strayk] *m* strike

страйкар [strayka'r] *m* striker

страйкувати [straykuva'ti] *v* strike, be on strike

страта [stra'ta] *f* execution, capital punishment

стратег [strate'g] *m* strategist

стратегічний [strategee'chniy] *adj* strategic(al)

стратегія [strate'geeya] *f* strategy, strategics

стратостат [stratosta't] *m* stratospheric balloon

стратосфера [stratosfe'ra] *f* stratosphere

страус [stra'us] *m* ostrich

страх [strakh] *m, adv* 1) fear, fright, dread 2) terribly

страхати [strakha'ti] *v* frighten, threaten, intimidate

страховий [strakhovi'y] *adj* insurance

страховка, страхування [strakho'vka, strakhuva'nnya] *f, n* insurance

страхувати, застрахувати [strakhuva'ti, zastrakhuva'ti] *v* 1) insure (against) 2) ensure the safety (of)

страчувати, стратити [stra'chuvati, stra'titi] *v* execute

страшний [strashni'y] *adj* terrible, frightful, fearful, dreadful

страшно [stra'shno] *adv* 1) terribly, awfully 2) **мені** ~ I'm afraid/frightened

стрекотати, стрекотіти [strekota'ti, strekotee'ti] *v* chirp, chirrup, chatter, chug

стремено [stremeno'] *n* stirrup

стрепенутися [strepenu'tisya] *v* start, begin to throb

стрибати, стрибнути [striba'ti, stribnu'ti] *v* 1) jump, leap, spring, skip, hop 2) bounce, rebound 3) take a leap/jump

стрибок [stribo'k] *m* 1) jump, leap, spring, ~ **у воду** dive 2) sudden leap/change

стрибун [stribu'n] *m* jumper

стривати [striva'ti] *v* ~ **й (те)** just a minute, wait a bit, look out, take care

стривожений [strivo'zheniy] *adj* alarmed, disturbed

стривожити [strivo'zhiti] *v* 1) alarm, worry 2) disturb, trouble

стригти, постригати [stri'gti, postriga'ti] *v* cut, shear

стригтися, постригатися [stri'gtisya, postriga'tisya] *v* cut one's hair, have one's hair cut

стрижений [stri'zheniy] *adj* cut, short, short-haired

стрижень [stri'zhen'] *m* 1) rod, pivot 2) core, heart

стрижка [stri'zhka] *f* 1) (hair-)cutting 2) hair-cut

стриманий [stri'maniy] *adj* reserved, restrained

стриманість [stri'maneest'] *f* restraint

стрій [streey] *m* formation, order

стріла [streela'] *f* arrow, jib

стрілець [streele'ts'] *m* 1) shot, **вправний** ~ marksman 2) rifleman

стрілецький [streele'ts'kiy] *adj* 1) shooting 2) rifle

стрілка [stree'lka] *f* 1) hand, needle, pointer 2) points, switch 3) arrow

стрілочник [stree'lochnik] *m* pointsman, switchman

стрілянина [streelyani'na] *f* shoot(ing), firing, exchange of shots/fire

стріляти [streelya'ti] *v* shoot (at), fire (at)

стрімголов [streemgolo'v] *adv* headlong

стрімкий [streemki'y] *adj* 1) steep, precipitous 2) rapid, fastmoving

стріха [stree'kha] *f* roofing, eaves

стрічка [stree'chka] *f* 1) ribbon 2) tape 3) film, **кулементна** ~ machine-gun belt

стройовий [stroyovi'y] *adj* ~**а підготовка** drill

строк [strok] *m* 1) period, term 2) time, date, deadline

строкатий [stroka'tiy] *adj* 1) particoloured, variegated, motley, gay 2) mixed, diverse

строфа [strofa'] *f* stanza

строчити [strochi'ti] *v* 1) stitch 2) scribble 3) blaze away

стругати [struga'ti] *v* plane

стружка [stru'zhka] *f* shaving

структура [struktu'ra] *f* structure

струм [strum] *m* 1) stream 2) current

струмінь [stru'meen'] *m* stream, jet, spurt, current

струмок [strumo'k] *m* brook, stream, brooklet, streamlet

струна [struna'] *f* string

стрункий [strunki'y] *adj* 1) graceful, slender 2) well-balanced, orderly

струнко [stru'nko] *adv* 1) gracefully, струнко! attention!

струнний [stru'nniy] *adj* stringed, string

струп [strup] *m* scab

струс [strus] *m* 1) push, shaking, tremor 2) shock, ~ мозку concussion of the brain

струсити, струснути, струшувати [stru'siti, strusnu'ti, strushuva'ti] *v* shake, jolt, shake off/down

стручок [strucho'k] *m* pod

студент, ~ка [stude'nt, ~ka] *m, f* student

студентський [studen'ts'kiy] *adj* student's

студити, остудити [studi'ti, ostudi'ti] *v* cool, chill

студія [stu'diya] *f* studio

стук, стукіт [stuk, stu'keet] *m* knock(ing), tap, clatter

стукати, стукнути [stu'kati, stu'knuti] *v* knock (at), tap, hit, strike

стуляти, стулити [stulya'ti, stuli'ti] *v* close, put together

ступа [stu'pa] *f* mortar

ступати [stupa'ti] *v* step, tread, walk

ступінь [stupee'n'] *f* 1) degree, ~ доктора наук doctor's degree 2) stage

ступня [stupnya'] *f* foot

стюардеса [styuarde'sa] *f* stewardess

стяг [styag] *m* banner

стягати, стягувати, стягти, стягнути [styaga'ti, stya'guvati, styagti', styagnu'ti] *v* 1) fasten, tie up 2) concentrate, assemble 3) pull off, pull down 4) exact

стягнення [stya'gnennya] *n* penalty

суб'єкт [sub''ye'kt] *m* 1) subject 2) individual, type

суб'єктивний [sub''yekti'vniy] *adj* subjective

субота [subo'ta] *f* Saturday

суботник [subo'tnik] *m* subotnik

субсидія [subsi'deeya] *f* subsidy

субтропіки [subtro'peeki] *pl* subtropics

субтропічний [subtropee'chniy] *adj* subtropical

сувенір [suvenee'r] *m* souvenir

суверенітет [suvereneete't] *m* sovereignty

суверенний [suvere'nniy] *adj* sovereign

сувій [suvee'y] *m* roll, scroll

суворий [suvo'riy] *adj* strict, stern, severe, hard, rigorous

суглоб [suglo'b] *m анат.* joint

суд [sud] *m* 1) (law-)court 2) justice 3) trial

суддя [suddya'] *m* 1) judge 2) referee, umpire

судження [su'dzhennya] *n* 1) opinion, judgment 2) statement

судина [sudi'na] *f мед.* vessel

судити [sudi'ti] *v* 1) judge, try 2) referee, umpire 3) blame

судитися [sudi'tisya] *v* go to law

судно [sudno'] *n* vessel, ship, boat

суднобудівний [sudnobudeevni'y] *adj* ship-building

суднобудування [sudnobuduva'nnya] *n* ship-building

судноплавний [sudnopla'vniy] *adj* navigable

судноплавство [sudnopla'vstvo] *n* navigation

судома [sudo'ma] *f* convulsion, cramp

суєта [suyeta'] *f* fuss, bustle

сузір'я [suzee'r"ya] *n* constellation

сук [suk] *m* bough, twig, knot

сукно [sukno'] *n* (smooth) woolen cloth, **класти під** ~ selve

сукня [su'knya] *f* dress, frock

сукупний [suku'pniy] *adj* joint, combined

сукупність [suku'pneest'] *f* totality, total combination

султан [sulta'n] *m* sultan

сум [sum] *m* grief, sadness, sorrow

сума [su'ma] *f* sum, **загальна** ~ total

сумбур [sumbu'r] *m* confusion, muddle

суміжний [sumee'zhniy] *adj* adjoining, adjacent, neighbouring

сумісний [sumee'sniy] *adj* 1) joint 2) compatible

суміш [su'meesh] *f* mixture

суміщати, сумістити [sumeeshcha'ti, sumeesti'ti] *v* combine

сумка [su'mka] *f* bag, shopping-bag

сумлінний [sumlee'nniy] *adj* conscientious, painstaking

сумління [sumlee'nnya] *adj* conscience

сумний [sumni'y] *adj* sad, sorrowful

сумнів [su'mneev] *m* doubt

сумніватися [sumneeva'tisya] *v* doubt, have doubts (about)

сумнівний [sumnee'vniy] *adj* 1) doubtful, questionable 2) dubious, shady

сумно [su'mno] *adv* 1) sadly, sorrowfully 2) **мені** ~ I'm sad

сумувати [sumuva'ti] *v* grieve, be sad

суниці [suni'tsee] *pl* strawberries, wild strawberries

суп [sup] *m* soup

суперечити [supere'chiti] *v* object (to), disagree (with) 2) contradict

суперечка [supere'chka] *f* argument, dispute

суперечливий [supere'chliviy] *adj* contradictory, conflicting

суперечність [supere'chneest'] *f* contradiction, discrepancy

суперник [supe'rnik] *m* rival

суперництво [supe'rnitstvo] *n* rivalry

супровід [su'proveed] *m* 1) *муз.* accompaniment 2) **у** ~**оді** accompanied (by), escorted (by)

супроводжувати, супроводити [suprovo'dzhuvati, suprovo'diti] *v* accompany, escort

супротивний [suproti'vniy] *adj* 1) opposite, adverse 2) contrary, adverse

супротивник [suproti'vnik] *m* opponent, adversary

супутник [supu'tnik] *m* 1) companion, fellow traveller 2) satellite, **штучний** ~ sputnik

супутній [supu'tneey] *adj* attendant

сургуч [surgu'ch] *m* sealing-wax

сурма [su'rma'] *f* trumpet, bugle

сурмач [surma'ch] *m* trumpeter, bugler

сурмити [surmi'ti] *v* blow, trumpet

сурогат [suroga't] *m* substitute

сурядний [surya'dniy] *adj* co-ordinated

сурядність [surya'dneest'] *f* co-ordination

сусід, ~**ка** [susee'd, ~ka] *m, f* neighbour

сусідній [susee'dneey] *adj* neighbouring, next

сусідство [susee'dstvo] *n* neighbourhood

сусідський [susee'ds'kiy] *adj* neighbours'

суспільний [suspee'l'niy] *adj* social

суспільство [suspee'l'stvo] *n* society

суспільствознавство [suspee'l'stvozna'vstvo] *n* social science

сутичка [su'tichka] *f* collision, conflict, clash

сутінки [su'teenki] *pl* twilight

сутність [su'tneest'] *f* essence

суттєвий [suttye'viy] *adj* essential, vital

сутулий [sutu'liy] *adj* round-shoul-dered, stooping

сутулитися [sutu'litisya] *v* stoop

суть [sut'] *f* essence, substance, gist, **суть справи** the (main) point, **по суті** as a matter of fact

суфікс [su'feeks] *m* suffix

суфлер [sufle'r] *m* prompter

сухар [sukha'r] *m* piece of dried bread, rusk

сухий [sukhi'y] *adj* dry, dried-up, arid, withered, dead

суховій [sukhovee'y] *m* dry wind

сухожилля [sukhozhi'llya] *n* tendon, sinew

сухопутний [sukhopu'tniy] *adj* land

сухорлявий [sukhorlya'viy] *adj* lean, spare

суцвіття [sutsvee'ttya] *n* floscule, raceme

суцільний [sutsee'l'niy] *adj* 1) con-tinuous, unbroken 2) all-round, overall

сучасний [sucha'sniy] *adj* 1) contem-porary 2) modern, present-day 3) up-to-date

сучасник [sucha'snik] *m* contempor-ary

сучасність [sucha'sneest'] *f* contem-poraneity, modernity, up-to-date-ness

сучок [sucho'k] *m* bough, twig, knot

суша [su'sha] *f* 1) dry land 2) drought, dry weather

сушарка [susha'rka] *f* dryer

сушити [sushi'ti] *v* dry, ~ **собі голову** (над) rack one's brains (over)

сушитися [sushi'tisya] *v* dry, get dried

сфабрикувати [sfabrikuva'ti] *v* fabri-cate, forge

сфера [sfe'ra] *f* sphere

сферичний [sferi'chniy] *adj* spherical

сфінкс [sfeenks] *m* sphinx

сформувати [sformuva'ti] *v* form

сформулювати [sformulyuva'ti] *v* formulate

сфотографувати [sfotografuva'ti] *v* photograph

схаменутися [skhamenu'tisya] *v* re-cover one's wits, change one's mind

схвалення [skhva'lennya] *n* approval

схвалювати, схвалити [skhva'lyu-vati, skhvali'ti] *v* approve (of), **не** ~**лювати, не** ~**лити** disapprove

схвальний [skhva'l'niy] *adj* approving, favourable

схвилювати [skhvilyuva'ti] *v* 1) agi-tate, excite, stir 2) ruffle

схвильований [skhvilyova'niy] *adj* agitated, excited, moved

схема [skhe'ma] *f* diagram, scheme, lay-out

схематичний [skhemati'chniy] *adj* schematic, out-line

схил [skhil] *m* slope

схиляти, схилити [skhilya'ti, skhi-li'ti] *v* 1) bend, lower, stoop 2) per-suade, incline, win over

схилятися, схилитися [skhilya'ti-sya, skhili'tisya] *v* 1) bend over 2) bow (before/to), be inclined (to)

схильний [skhi'l'niy] *adj* inclined (to), disposed (to)

схильність [skhi'l'neest'] *f* inclination (to), disposition (to/for), liking (for), taste (for), susceptibility (to)

схід [skheed] *m* 1) the east 2) ascent (of) 2) rise, rising, **схід сонця** sun-rise

східець [skheede'ts'] *m* 1) step 2) ~ **ці** stairs, staircase

східний [skhee'dniy] *adj* 1) eastern, east 2) oriental

схлипувати, схлипнути [skhli'puva-ti, skhli'pnuti] *v* gulp down sobs

схов [skhov] *m* custody, (safe) keeping, storage

схований [skho'vaniy] *adj* hidden, concealed

схованка [skho'vanka] *f* hiding-place, secret recess

сховати [skhova'ti] *v* hide, conceal

сховище [skho'vishche] *n* 1) storehouse, repository 2) refuge, shelter, dug-out

сходи [skho'di] *pl* 1) stairs, staircase, steps 2) (рослин) shoots

сходити, зійти [skho'diti, zeeyti'] *v* 1) go up, mount, climb, ascend 2) rise 3) sprout, come up 4) go

сходити [skhodi'ti] *v* 1) go 2) go/ travel all over

сходитися, зійтися [skhodi'tisya, zeeyti'sya] *v* 1) meet, gather, come together 2) become friends (with) 3) agree (in) 4) tally

схожий [skho'zhiy] *adj* resembling, like, similar (to)

схожість [skho'zheest'] *f* similarity, likeness, resemblance

схоластика [skhola'stika] *f* scholasticism

схоластичний [skholasti'chniy] *adj* scholastic

схоплювати, схопити [skho'plyuvati, skhopi'ti] *v* 1) seize, grasp, grip, catch hold (of) 2) jump up

схрещення [skhre'shchennya] *n* 1) crossing 2) intersection

схрещувати, схрестити [skhre'shchuvati, skhresti'ti] *v* cross

схуднути [skhudnu'ti] *v* grow/thin, lose flesh

сцена [stse'na] *f* 1) stage 2) scene 3) scene

сценарій [stsena'reey] *m* scenario, script

сценічний [stsenee'chniy] *adj* scenic, stage

сюди [syudi'] *adv* here, this way

сюжет [syuzhe't] *m* 1) plot, story 2) topic, subject

сюїта [syuyee'ta] *f муз.* suite

сюрприз [syurpri'z] *m* surprise

сюрчати [syurcha'ti] *v* whistle, chirr, chirr up

сягати, сягнути [syaga'ti, syagnu'ti] *v* 1) reach, touch 2) extend, stretch (for) 3) go back (to)

сяйво [sya'yvo] *n* radiance, halo

сякатися [syaka'tisya] *v* blow one's nose

сяяти [syaya'ti] *v* 1) shine, gleam 2) beam, be radiant

сьогодні [syogo'dnee] *adv* today, ~ вранці this morning, ~ увечері this evening, tonight

сьогоднішній [syogo'dneeshneey] *adj* today's, present-day

сьогорічний [syogoree'chniy] *adj* this year's

сьомий [syo'miy] *num* seventh

сьорбати, сьорбнути [syo'rbati, syorbnu'ti] *v* sip, take a gulp (of)

Т

та [ta] *conj* 1) and 2) but

та [ta] *part* but, ~ що ви кажете! You don't say so!

та [ta] *pron* that, the other, the right

табель [ta'bel'] *m* 1) table 2) timeboard

табельник [ta'bel'nik] *m* time-keeper

табір [ta'beer] *m* camp, розбити ~ pitch a camp

таблетка [table'tka] *f* tablet, pill

таблиця [tabli'tsya] *f* table, list

табличка [tabli'chka] *f* plate

табло [tablo'] *n* indicator panel

табу [tabu'] *n* taboo

табун [tabu'n] *m* herd (of horses), flock

табурет, ~ка [tabur'et, ~ka] *m, f* stool

тавро [tavr'o] *n* brand

таврований [tavro'vaniy] *adj* branded

таврувати [tavruva'ti] *v* brand, stigmatize

тавтологія [tavtolo'geeya] *f* tautology

таджик, ~цький [tadzhi'k, ~ts'kiy] *m, adj* Tadjik

таджичка [tadzhi'chka] *f* Tadjik woman

таємний [taye'mniy] *adj* secret, clandestine

таємниця [tayemni'tsya] *f* secret, mystery

таємничий [tayemni'chiy] *adj* 1) mysterious 2) secret 3) enigmatic

таємничість [tayemni'cheest'] *f* mysteriousness, mystery

таємно [taye'mno] *adv* secretly

таз [taz] *m* 1) basin, wash-basin, pan 2) *анат.* pelvis

таїти [tayee'ti] *v* conceal, ~ в собі harbour, hold, be fraught (with)

таїтися [tayee'tisya] *v* 1) hide/conceal oneself 2) be hidden/concealed

тайга [tayga'] *f* taiga

тайм [taym] *m, спорт.* half, period, time

тайник [tayni'k] *m* hiding-place

тайфун [tayfu'n] *m* typhoon

так [tak] *part, adv* 1) yes, no 2) so, thus

такелаж [takela'zh] *m* rigging

такелажник [takela'zhnik] *m* rigger

таки [taki'] *part* still, for all that, after all

такий [taki'y] *pron* 1) such, like that 2) that kind (of), that sort (of) 3) the following

такий-то [taki'y-to] *pron* certain, such-and-such, so-and-so

також [ta'ko'zh] *adv* also, as well, too, either

такса [tak'sa] *f* 1) (fixed) rate 2) (порода собак) dachshund

таксі [taksee'] *n* taxi

такт [takt] *m* 1) *муз.* time, *(у нотах)* bar 2) tact

тактика [ta'ktika] *f* tactics

тактичний [takti'chniy] *adj* tactical

тактовний [taktovniy] *adj* tactful

тактовність [takto'vneest'] *f* tactfulness, tact

тактовно [takto'vno] *adv* tactfully

талан [tala'n] *m* 1) fate, destiny 2) good luck, success

таланити [tala'niti] *v* be lucky, be in luck

талановитий [talanovi'tiy] *adj* talented, gifted

талановитість [talanovi'teest'] *f* talent, giftedness

талант [tala'nt] *m* talent, gift

талісман [taleesma'n] *m* talisman, charm

талія [ta'leeya] *f* waist

талон [talo'n] *m* coupon

тальк [tal'k] *m* talcum powder

там [tam] *adv* 1) there 2) then, то тут, то там now here, now there

тамада [tamada'] *m* toast-master

тамбур [ta'mbur] *m* 1) tambour 2) (end of the) corridor

тамувати [tamuva'ti] *v* 1) control, curb, check, suppress, keep in 2) ~ дихання hold one's breath

тангенс [ta'ngens] *m* *мат.* tangent

танго [ta'ngo] *n* tango

танець [ta'nets'] *m* dance, піти на танці go dancing

танк [tank] *m* tank

танкер [ta'nker] *m* tanker

танкіст [tankee'st] *m* tankman, tank-soldier

танковий [ta'nkoviy] *adj* tank, armoured

танок [tano'k] *m* dance, пускатися в ~ fling oneself into dance

танути [ta'nuti] *v* 1) melt, thaw 2) melt, away, dwindle

танцювальний [tantsyuva'l'niy] *adj* dance, ~ зал dance hall, ~ вечір dancing-party

танцювати [tantsyuva'ti] *v* dance

танцюрист, ~ка [tantsyuri'st, ~ka] *m, f* dancer

тара [ta'ra] *f* packing, container

тарабанити [taraba'niti] *v* drum, patter

таран [tara'n] *m* *віськ.* ram

таранити [tara'niti] *v* ram

тарган [targa'n] *m* cockroach

тариф [tari'f] *m* rate, tariff

тарілка [taree'lka] *f* 1) plate, plateful (of) 2) *муз.* cymbals *мн.*

тасувати [tasuva'ti] *v* shuffle

тасьма [ta's'ma'] *f* braid

татарин, **~ка**, **~ ський** [tata'rin, ~ka, ~s'kiy] *m, f, adj* Ta(r)tar

тато [ta'to] *m* dad(dy), papa, father

тахта [takhta'] *f* ottoman

тачанка [tacha'nka] *f* кулеметна **~** machine-gun cart

тачка [ta'chka] *f* wheelbarrow

тванистий [tva'nistiy] *adj* slimy, oozy

твань [tvan'] *f* slime, ooze

тварина [tvari'na] *f* animal, brute, beast

тваринний [tvari'nniy] *adj* animal

тваринник [tvari'nnik] *m* stockbreeder

тваринництво [tvari'nnitstvo] *n* stock-breeding

тваринницький [tvari'nnits'kiy] *adj* stock-breed, **~ницька ферма** live-stock farm

твердження [tve'rdzhennya] *n* affirmation, assertion, allegation

твердий [tve'rdi'y] *adj* solid, hard, steadfast, firm, steady, strong, stable, established

твердиня [tverdi'nya] *f* stronghold

твердити [tverdi'ti] *v* affirm, assert, allege

твердість [tve'rdeest'] *f* hardness, firmness

твердіти, твердішати [tverdee'ti, tverdee'shati] *v* harden, become hard

тверднути [tve'rdnuti] *v* become firm, solidity

твердо [tve'rdo] *adv* firmly, steadfastly

тверезий [tvere'ziy] *adj* sober

тверезість [tvere'zeest'] *f* sobriety, soberness

твій [tveey] *pron* your, yours

твір [tveer] *m* work, writing, composition

творець [tvore'ts'] *m* creator

творити [tvori'ti] *v* create, do, perform

творитися [tvori'tisya] *v* be going on, happen

творіння [tvoree'nnya] *n* creation, work

творчий [tvo'rchiy] *adj* creative

творчість [tvo'rcheest'] *f* creation, creative work, works

творчо [tvo'rcho] *adv* creatively

те [te] *pron* that, the other, the right

театр [tea'tr] *m* theatre, play-house

театральний [teatra'l'niy] *adj* theatre, **~альна каса** box-office, ticket-office

теж [trezh] *adv* also, as well, too

теза, **~ис** [te'za, ~is] *f, m* thesis

тезко [te'zko] *m* namesake

текст [tekst] *m* text, words

текстильний [teksti'l'niy] *adj* textile

текстильник [teksti'l'nik] *m* textile-worker

текти [tekti'] *v* 1) flow, run 2) leak 3) pass, pass on

телебачення [teleba'chennya] *n* television, TV

телевізор [televee'zor] *m* television set, TV set

телевізійний [televeezee'yniy] *adj* television

телеглядач [teleglyada'ch] *m* tele-viewer

телеграма [telegra'ma] *f* telegram, wire

телеграма-блискавка [telegra'ma-bliska'vka] *f* express-telegram

телеграф [telegra'f] *m* telegraph

телеграфіст, **~ка** [telegrafee'st, ~ka] *m, f* telegraph-operator

телеграфний [telegra'fniy] *adj* telegraphic, telegraph

телеграфувати [telegrafuva'ti] *v* telegraph, wire

телескоп [telesko'p] *m* telescope

телескопічний [teleskopee'chniy] *adj* telescopic

телефон [telefo'n] *m* telephone, phone

телефон-автомат [telefo'n-avtoma't] *m* public telephone

телефоніст, ~ка [telefonee'st, ~ka] *m, f* telephone-operator

телефонувати [telefonuva'ti] *v* (tele)phone, ring up

телитися [teliti'sya] *v* calve

телиця [teli'tsya] *f* heifer

теля [telya'] *n* calf

телятина [telya'tina] *f* veal

телятник [telya'tnik] *m* calf-house

тема [te'ma] *f* subject, theme, topic

тематика [tema'tika] *f* subject, themes

тембр [tembr] *m* timbre

темний [te'mniy] *adj* 1) dark, deep 2) shady 3) obscure 4) ignorant, benighted

темниця [temni'tsya] *f* dungeon

темніти, стемніти [temnee'ti, stemnee'ti] *v* grow/get dark, darken 2) loom dark

темно [te'mno] *v* it is dark

темноволосий [temnovo'losiy] *adj* dark(-haired)

темносиній [temnosi'neey] *adj* dark-blue, deep-blue

темнота [temnota'] *f* 1) 1) darkness, dark 2) ignorance

темп [temp] *m* pace, rate, tempo

темперамент [tempera'ment] *m* temperament

темпераментний [tempera'mentniy] *adj* temperamental, spirited

температура [temperatu'ra] *f* temperature

температурити [temperatu'riti] *v* run/have temperature

темрява [te'mryava] *f* darkness, dark

тенденційний [tendentsee'yniy] *adj* tendentious

тенденційність [tendentsee'yneest'] *f* tendentiousness

тенденція [tende'ntseeya] *f* tendency, **мати ~ю** tend (to)

тендітний [tendee'tniy] *adj* frail, tender, delicate, fragile, brittle

тенета [tene'ta] *pl* net

теніс [te'nees] *m* (lawn)tennis

тенісист, ~ка [teneesi'st, ~ka] *m, f* tennis-player

теніска [te'neeska] *f* tennis shirt

тенісний [te'neesniy] *adj* tennis

тенор [te'nor] *m* tenor

тент [tent] *m* awning

теорема [teore'ma] *f* theorem

теоретик [teore'tik] *m* theorist

теоретичний [teoreti'chniy] *adj* theoretical

теорія [teo'reeya] *f* theory

тепер [tepe'r] *adv* now, at present, nowadays

теперішній [tepe'reeshniy] *adj* present, of nowadays, modern, **~ час** the present (tense)

теплий [te'pliy] *adj* warm, cordial, **~а зима** mild winter

теплиця [tepli'tsya] *f* hothouse

тепліти, потепліти [teplee'ti, poteplee'ti] *v* grow warm

тепло [te'plo] *adv* 1) warmly, cordially 2) **сьогодні тепло** it is warm today

тепло [te'plo] *n* 1) warmth, cordiality, affection 2) heat

тепловий [teplovi'y] *adj* heat, thermal

тепловоз [teplovo'z] *m* diesel locomotive

теплопровідність [teploprovee'dneest'] *f* thermal conductivity

теплота [teplota'] *f* 1) warmth 2) heat

теплотехніка [teplote'khneeka] *f* thermotechnics

теплохід [teplokhee'd] *m* motor-vessel, motor-ship

теплоцентраль [teplotsentra'l'] *f* heating plant

терапевт [terape'vt] *m* therapeutist

терапевтичний [terapevti'chniy] *adj* therapeutic

терапія [terapee'ya] *f* 1) therapeutics 2) therapy

тераса [tera'sa] *f* terrace

терези [tere'zi] *pl* scales

терен [te'ren] *m* sloes, blackthorn

терзати [terza'ti] *v* 1) tear (to pieces) 2) torment, torture

терзатися [terza'tisya] *v* be in torment

територіальний [teritoreea'l'niy] *adj* territorial

територія [terito'reeya] *f* territory

термін [te'rmeen] *m* 1) date, term, time 2) term

терміновий [termeeno'viy] *adj* 1) pressing, urgent, ~ **а телеграма** express telegram 2) fixed-term

терміново [termeeno'vo] *adv* urgently

термінологія [termeenolo'geeya] *f* terminology

терміт [termee't] *m* termite, white ant

термічний [termeec'hniy] *adj* thermal

термодинаміка [termodina'meeka] *f* thermodynamics

термометр [termo'metr] *m* thermometer

термос [te'rmos] *m* thermos (flask)

тернистий, терновий [terni'stiy, terno'viy] *adj* thorny

терор [tero'r] *m* terror

тероризувати [terorizuva'ti] *v* terrorize

терорист [terori'st] *m* terrorist

терористичний [teroristi'chniy] *adj* terrorist

терпимий [terpi'miy] *adj* 1) tolerable, bearable 2) tolerant

терпимість [terpi'meest'] *f* tolerance

терпіння [terpee'nnya] *n* patience

терпіти [terpee'ti] *v* 1) stand bear 2) suffer, endure 3) tolerate

терпкий [terpki'y] *adj* astringent

терпнути [te'rpnuti] *v* grow numb/stiff

терти [te'rti] *v* 1)rub 2) grind

тертися [te'rtisya] *v* rub oneself, rub up (against)

тертя [tertya'] *n* friction, rubbing

тесати [tesa'ti] *v* cut, hew

тесля, тесляр [te'slya, teslya'r] *m* carpenter

тесть [test'] *m* father-in-law

тетерук [teteru'k] *m* black-cock, heath-cock

технік [te'khneek] *m* technician, **зубний** ~ dental mechanic

техніка [te'khneeka] *f* 1) technics, engineering, technology 2) equipment, machinery 3) technique

технікум [te'khneekum] *m* technical college/school

технічний [tekhnee'chniy] *adj* 1) technical 2) industrial

технолог [tekhno'log] *m* technologist

технологічний [tekhnologee'chniy] *adj* technological

технологія [tekhnolo'geeya] *f* technology

теча [te'cha] *f* leak

течія [techee'ya] *f* current, stream

теща [te'shcha] *f* mother-in-law

ти [ti] *pron* you, thou

тигр [tigr] *m* tiger

тигриця [tigri'tsya] *f* tigress

тиждень [ti'zhden'] *m* week, **два ніжні** two weeks, fortnight

тижневий [tizhne'viy] *adj* week's

тижневик [tizhne'vik] *m* weekly

тикати, ткнути [ti'kati, tknu'ti] *v* thrust (into), poke (into), stick (into)

тил [til] *m* rear

тим [tim] *conj* so much the, ~ **краще/гірше** so much the better/worse, **чим скоріше,** ~ **краще** the sooner, the better, **разом з** ~ at the same time

тимчасовий [timchaso'viy] *adj* temporary, provisional

тимчасово [timchaso'vo] *adv* temporarily, provisionally

тимчасом [timcha'som] *adv* 1) meanwhile 2) ~ **як** while, whereas

тин [tin] *m* wattle-fence

тинятися [tinya'tisya] *v* loaf about

тип [tip] *m* 1) type, model, class 2) fellow

типовий [ti'poviy] *adj* type, model, standard

типовий [tipo'viy] *adj* typical, characteristic, representative

тир [tir] *m* shooting-gallery

тираж [tira'zh] *m* 1) draw 2) printing, number of copies printed, edition, issue, circulation

тиран [tira'n] *m* tyrant

тиранити [tira'niti] *v* tyrannize

тиранія [tiranee'ya] *f* tyranny

тире [tire'] *n* dash

тирса [ti'rsa] *f* sawdust

тиск [tisk] *m* pressure, **кров'яний ~** blood pressure

тиснути, стиснути [ti'snuti, sti'snuti] *v* 1) press, squeeze, shake 2) be tight, pinch

тиснява [ti'snyava] *f* throng, crush

тисяча [ti'syacha] *num* a thousand

тисячоліття [tisyacholee'ttya] *n* millennium, thousandth anniversary

титан [tita'n] *m* Titan

титанічний [titanee'chniy] *adj* titanic

титр [titr] *m* subtitle

титул [titu'l] *m* title

тиф [tif] *m* typhus

тихий [ti'khiy] *adj* 1) still, quiet, low, soft, gentle 2) quiet, calm 3) slow

тихо [ti'kho] *adv* 1) quietly, softly, silently, noiselessly 2) quietly, calmly 3) slowly 4) it is quiet, it is (very) still

тихше [ti'khshe] *adv* more quietly/softly 2) **~** ! hush!, quiet there! be silent!, silence!

тичинка [tichi'nka] *f* stamen

тиша [ti'sha] *f* silence, quiet, stillness calm, peace

ті [tee] *pron* those, **~ самі,** the same

тік [teek] *m* threshing-floor

тікати [teeka'ti] *v* 1) run away 2) escape

тілесний [teele'sniy] *adj* corporal, bodily

тіло [tee'lo] *n* body, *фіз.* liquid, solid

тільки [tee'l'ki] *adv* only, **як тільки** as soon as, **тільки що** just

тім'я [tee'm''ya] *n* crown (of the head)

тінистий [teeni'stiy] *adj* shady

тінь [teen'] *f* 1) shade 2) shadow

тіньовий [teenyovi'y] *adj* shady

тісний [teesni'y] *adj* 1) cramped, narrow, small tight 2) close, intimate

тіснити, потіснити [teesni'ti, poteesni'ti] *v* press, crown, drive back

тіснитися [teesni'tisya] *v* 1) throng, crowd 2) be crowded together

тісно [tee'sno] *adv* 1) tight 2) closely, intimately 3) **йому ~** he has not enough room

тіснота [teesnota'] *f* 1) lack of space, narrowness 2) crush

тістечко [tee'stechko] *n* (fancy) cake, pastry

тісто [tee'sto] *n* paste, dough

тітка [tee'tka] *f* aunt

тішити [tee'shiti] *v* 1) amuse, entertain, flatter 2) console, soothe

тішитися [tee'shitisya] *v* 1) amuse oneself 2) console oneself (with)

ткаля [tka'lya] *f* weaver

тканий [tka'niy] *adj* woven

тканина [tkani'na] *f* 1) fabric, material, cloth 2) tissue

ткати [tka'ti] *v* weaver

ткацький [tka'ts'kiy] *adj* **~ верстат** loom

ткач [tkach] *m* weaver

тління [tlee'nnya] *n* 1) smouldering 2) decaying

тліти [tlee'ti] *v* 1) smoulder 2) decay, rot

тло [tlo] *n* background, back-cloth

тлумач [tluma'ch] *m* interpreter, commentator

тлумачення [tluma'chennya] *n* interpretation, reading

тлумачити [tluma'chiti] *v* give an interpretation (of), comment, explain

тлумачний [tluma'chniy] *adj* explanatory

то [to] *pron, conj* 1) that, it 2) then 3) **то...то** now...now, **чи то..., чи то** either ... or

тобто [to'bto] *parenth* that is, I mean

товар [tova'r] *m* 1) goods, wares 2) commodity

товариство [tovari'stvo] *n* 1) association, society 2) company 3) comradeship, companionship

товариський [tovari's'kiy] *adj* comradely, friendly, sociable

това'риш, ~ка [tovarish, ~ka] *m, f* comrade, friend, mate

товаришувати [tovarishuva'ti] *v* be friends (with)

товарний [tova'rniy] *adj* 1) goods, freight, ~ **знак** trade mark, ~ **поїзд** goods/freight train 2) **товарна продукція** commodity output

товарообіг [tovaroo'beeg] *m* commodity circulation

товарообмін [tovaroo'bmeen] *m* barter

товкти [tovkti'] *v* pound

товпитися [tovpi'tisya] *v* throng, pack, crowd

товстий [tovsti'y] *adj* thick, heavy, fat, stout

товстіти [tovstee'ti] *v* grow stout

товстошкірий [tovstoshkee'riy] *adj* thick-skinned

товстун [tovstu'n] *m* fat fellow

товщати [to'vshchati] *v* grow stout, become thicker

товщина [tovshchina'] *f* thickness, corpulence, stoutness

тогочасний [togocha'sniy] *adj* the then, of that time, of those days

тоді [todee'] *adv* then, at the time, **тоді як** while

тодішній [todee'shneey] *adj* the then, of that time, of those days

той [toy] *pron* 1) that 2) the other 3) the right

токар [to'kar] *m* turner

токарний [toka'rniy] *adj* ~ **верстат** lathe

том [tom] *m* volume

томат [toma't] *m* tomato

томатний [toma'tniy] *adj* tomato, ~ **сік** tomato juice

томити [tomi'ti] *v* weary, tire, torture

томитися [tomi'tisya] *v* languish, pine

тому [tomu'] *adv* 1) there, that is why 2) ~ **що** because, as 3) ago, **два дні** ~ two days ago

тон [ton] *m* tone, style, manner

тональність [tona'l'neest'] *f* key

тонкий [to'nkiy] *adj* 1) thin, slender, slim, fine 2) subtle, delicate, keen, ~ **смак** refined taste

тонко [to'nko] *adv* 1) thinly 2) subtly

тонкощі [to'nkoshchee] *pl* niceties, details

тонна [to'nna] *f* ton

тоннаж [tonna'zh] *m* tonnage

тонути [tonu'ti] *v* sink, go down, drown

тоншати [to'nshati] *v* grow thinner

топити [topi'ti] *v* 1) fire, heat 2) melt, melt down

топити, потопити [to'piti, potopi'ti] *v* sink, drown

топитися [topi'tisya] *v* 1) burn, be heated 2) melt

топитися, утопитися [topi'tisya, utopi'tisya] *v* drown oneself

топлений [to'pleniy] *adj* melted, baked

топограф [topo'graf] *m* topographer

топографічний [topografee'chniy] *adj* topographic(al)

топографія [topogra'feeya] *f* topography

тополя [topo'lya] *f* poplar

топтати(ся) [topta'ti(sya)] *v* trample (down)

торба [to'rba] *f* bag, shopping-bag

торг [torg] *m* bargaining, haggling, auction

торгівля [torgee'vlya] *f* trade, commerce

торговельний, торговий [torgove'l'niy, torgo'viy] *adj* trade, commercial

торговець [torgo'vets'] *m* tradesman, merchant, dealer

торгувати [torguva'ti] *v* 1) deal (in) 2) trade (with)

торгуватися [torguva'tisya] *v* bargain (with), haggle (with)

торжество [torzhestvo'] *n* triumph, celebration

торжествувати [torzhestvuva'ti] *v* triumph

торік [toree'k] *adv* last year

торішній [toree'shneey] *adj* last year's

торкати(ся), торкнути(ся) [torka'-ti(sya), torknu'ti(sya)] *v* touch

тормошити [tormoshi'ti] *v* tug (at), shake

торохтіти [torokhtee'ti] *v* 1) rattle 2) rattle off, chatter

торпеда [torpe'da] *f* torpedo

торт [tort] *m* tort, cake

тортури [tortu'ri] *v* torture

торф [torf] *m* peat

торфорозробка [torforozro'bka] *f* peatery

тост [tost] *m* toast

тотальний [tota'l'niy] *adj* total

тотожний [toto'zhniy] *adj* identical (with)

тотожність [toto'zhneest'] *f* identity

точило [tochi'lo] *n* grindstone

точильник [tochi'l'nik] *m* knife-grinder

точити [tochi'ti] *v* 1) sharpen, grind 2) turn 3) eat away, corrode 4) gnaw, ~ зуби на когось have a grudge against *smb* 5) pour

точитися [tochi'tisya] *v* ooze, trickle, bleed

точка [to'chka] *f* point, dot

точний [to'chniy] *adj* exact, precise, accurate, punctual

точність [to'chneest] *f* exactness, precision, accuracy, punctuality

точно [to'chno] *adv* exactly, precisely, accurately, punctually

тощо [to'shcho] *adv* and so forth

трава [trava'] *f* grass

травень [tra'ven'] *m* May, Перше травня May Day, First of may

травинка [travi'nka] *f* blade of grass

травити [travi'ti] *v* 1) damage 2) etch

травлення [tra'vlennya] *n* digestion

травма [tra'vma] *f* trauma, injury, shock

травматичний [travmati'chniy] *adj* traumatic

травневий [travne'viy] *adj* 1) May 2) (першотравневий) May-Day

травний [travni'y] *adj* digestive

травоїдний [travoyee'dniy] *adj* зоол. herbivorous

трав'яний, трав'янистий [trav"yani'y, trav"yani'stiy] *adj* grass, grassy

трагедія [trage'deeya] *f* tragedy

трагік [tra'geek] *m* tragedian

традиційний [traditsee'yniy] *adj* traditional

традиційно [traditsee'yno] *adv* traditionally

традиція [tradi'tseeya] *f* tradition, за традицією traditionally

траєкторія [trayekto'reeya] *f* trajectory

тракт [trakt] *m* highway, road

трактат [trakta't] *m* treatise

трактор [tra'ktor] *m* tractor

тракторист [traktori'st] *m* tractor driver

трактувати [traktuva'ti] *v* interpret

трал [tral] *m* trawl

тральщик [tra'l'shchik] *m* 1) trawler 2) mine-sweeper

трамбувати [trambuva'ti] *v* ram (down)

трамвай [tramva'y] *m* 1) tramway 2) tram, tram-car, street-car

трамвайний [tramva'yniy] *adj* tram, ~а зупинка tram-stop

трамплін [tramplee'n] *m* spring-board, ski-jump

транзистор [tranzi'stor] *m* transistor radio

транзисторний [tranzi'storniy] *adj* transistor

трансатлантичний [transatlanti'-chniy] *adj* transatlantic

трансконтинентальний [transkon-tinenta'l'niy] *adj* transcontinental

транскрипція [transkri'ptseeya] *f* transcription

транслювати [translyuva'ti] *v* trans-mit, broadcast

трансляція [translya'tseeya] *f* broad-cast(ing), transmission

транспарант [transpara'nt] *m* streamer, placard

транспорт [tra'nsport] *m* transport, transportation

транспортер [transporte'r] *m* con-veyer

транспортир [transporti'r] *m* protac-tor

транспортний [tra'nsportniy] *adj* transport

транспортник [tra'nsportnik] *m* transport worker

транспортувати [transportuva'ti] *v* transport, convey

трансформатор [transforma'tor] *m* transformer

трансформація [transforma'tseeya] *f* transformation, conversion

трансформувати [transformuva'ti] *v* transform, convert

траншея [transhe'ya] *f* trench

трап [trap] *m* ladder, stairs

трапеза [tra'peza] *f* meal

трапеція [trape'tseeya] *f* 1) trapezium 2) trapeze

траплятися, трапитися [traplya'-tisya, trapi'tisya] *v* happen, occur

траса [tra'sa] *f* route, road

тратити [tra'titi] *v* spend, waste

траулер [tra'uler] *m* trawler

траур [tra'ur] *m* mourning

траурний [tra'urniy] *adj* mourning, funeral

трафарет [trafare't] *m* stencil

трахкати, трахнути [tra'khkati, tra'khnuti] *v* knock, bang

треба [tre'ba] *adv* 1) it is necessary 2) (потрібно) мені ~ молока I want some milk

трек [trek] *m* track

трель [trel'] *f* thrill, warble, tremble, shake, quiver

тремтіти [tremtee'ti] *v* shiver

тремтячий [tremtya'chiy] *adj* trem-bling, tremulous

тренер [tre'ner] *m* trainer, coach

тренований [treno'vaniy] *adj* trained

тренувальний [trenuva'l'niy] *adj* training

тренування [trenuva'nnya] *n* training, coaching

тренувати [trenuva'ti] *v* train, coach

тренуватися [trenuva'tisya] *v* train oneself (in), practise

трест [trest] *m* trust

третина [treti'na] *f* a/one third

третій [tre'teey] *adj* third

трефа [tre'fa] *f* clubs

три [tri] *num* three

трибун [tribu'n] *m* tribune

трибуна [tribu'na] *f* 1) rostrum, plat-form, tribune 2) stand

трибунал [tribuna'l] *m* tribunal

тривалий [triva'liy] *adj* long, long-term, lasting

тривалість [triva'leest'] *f* length, du-rability, duration

тривати [triva'ti] *v* last, go on, con-tinue

тривіальний [triveea'l'niy] *adj* trivial, banal, trite

тривкий [trivki'y] *adj* strong, durable, stable, enduring, lasting

тривога [trivoʻga] f alarm, anxiety, alert

тривожити [trivoʻzhiti] v 1) alarm, worry, make uneasy 2) disturb, trouble

тривожитися [trivoʻzhitisya] v be uneasy, be worried about

тривожний [trivoʻzhniy] adj 1) uneasy, anxious, disturbed, troubled 2) alarming, disturbing

тригонометричний [trigonometriʻchniy] adj trigonometric(al)

тригонометрія [trigonomeʻtreeya] f trigonometry

тригранний [trigraʻnniy] adj trihedral

триденний [trideʻnniy] adj three-day

тридцятий [tridtsyaʻtiy] num thirtieth

тридцять [triʻdtsyat'] num thirty

трико [trikoʻ] n 1) tricot 2) tight, knickers

триколірний [trikoʻleerniy] adj three-coloured

трикотаж [trikotaʻzh] m 1) knitted fabric, jersey 2) knitted goods

трикотажний [trikotaʻzhniy] adj (machine-)knitted, jersey

трикутний [trikuʻtniy] adj triangular

трикутник [trikuʻtnik] m triangle

трилогія [triloʻgeeya] f trilogy

тримати [trimaʻti] v 1) hold 2) support 3) keep

триповерховий [tripoverkhoʻviy] adj three-storeyed

трирічний [trireeʻchniy] adj 1) three-year 2) three-year old

триста [triʻsta] num three hundred

тричі [triʻchee] adv three times

трійка [treeʻyka] f 1) three (of) 2) three

тріо [treeʻo] n trio

тріпати [treepaʻti] v shake, pull about, tousle, make flutter

тріпатися [treepaʻtisya] v flutter, quiver

тріпотіти [treepoteeʻti] v flutter, quiver, tremble, palpitate

тріск [treesk] m cracking, crackle

тріска [treeʻska] f chip, splinter

тріска [treeskaʻ] f cod(-fish)

тріскатися, тріснути [treeʻskatisya, treeʻsnuti] v crack, chap

тріскотіти [treeskoteeʻti] v 1) crackle, crack 2) chirp 3) chatter, jabber

тріскотливий [treeskotliʻviy] adj crackling

тріумф [treeuʻmf] m triumph

тріумфальний [treeumfaʻl'niy] adj triumphal, triumphant

тріщати [treeshchaʻti] v crackle, crack

тріщина [treeʻshchina] v crack, fissure, cleft

троє [troʻye] num three, the three (of)

тролейбус [troleʻybus] m trolley-bus

трон [tron] m throne

тропік [troʻpeek] m tropic

тропічний [tropeeʻchniy] adj tropical

трос [tros] m rope

тростина [trostiʻna] f 1) reed 2) walking-stick

тротуар [trotuaʻr] m pavement, sidewalk

трофей [trofeʻy] m trophy, booty, ~ ї мн. spoils of war

трохи, трошки [troʻkhi, troʻshki] adv 1) a little, few, some 2) slightly, somewhat

трощити, потрощити [troshchiʻti, potroshchiʻti] v 1) break up, smash up, destroy, wreck 2) rout, defeat, crush

троянда [troyaʻnda] f rose

труба [trubaʻ] f 1) pipe, tube 2) муз. trumpet

трубити [trubiʻti] v blow, trumpet

трубка [truʻbka] f 1) tube 2) receiver

трубопровід [truboproʻveed] m pipeline

труд [trud] m 1) work, labour 2) job

трудитися [trudiʻtisya] v work, toil, labour

трудівник [trudeevniʻk] m toiler, worker

трудний [tru'dniy] *adj* 1) heavy 2) hard, difficult 3) serious

трудність, труднощі [tru'dneest', tru'dnoshchee] *f, pl* difficulty

трудовий [trudovi'y] *adj* working, labour

трудящий [trudya'shchiy] *adj* toiler, worker, ~ ї *мн.* working people

труїти, отруїти [truyee'ti, otruyee'ti] *v* poison

труна [truna'] *f* coffin

труп [trup] *m* corpse, dead body

трупа [tru'pa] *f* company, troupe

труси [trusi'] *pl мн.* shorts, swimming trunks

трусити, трясти [trusi'ti, tryasti'] *v* shake

труський [trus'ki'y] *adj* jolty, bumpy

трутень [tru'ten'] *m* drone

труха [trukha'] *f* dust, bits of hay/straw

трухлявий [trukhlya'viy] *adj* mouldering, rotten

трюк [tryuk] *m* trick, stunt

трюм [tryum] *m* hold

тряска [trya'ska] *f* shaking, jolting

трясовина [tryasovina'] *f* bog, quagmire

трястися [tryasti'sya] *v* shake, tremble, shiver, be jolted

трьохсотий [tryokhso'tiy] *num* three hundredth

туалет [tuale't] *m* 1) dress 2) lavatory, W.C., rest-room, toilet

туберкульоз [tuberkulyo'z] *m* tuberculosis, ~ легень consumption

туберкульозний [tuberkulyo'zniy] *adj* tubercular

тубілець [tubee'lets'] *m* native

тубільний [tubee'l'niy] *adj* native

туга [tuga'] *f* anguish, yearning

тугий [tugi'y] *adj* tight, taut

туго [tu'go] *adv* tight(ly), taut

туди [tudi'] *adv* there, in that direction, ~ і назад there and back, не ~ not that way

тужити [tuzhi'ti] *v* be sad grieve (over), complain, moan

тужливий [tuzhli'viy] *adj* melancholy, sad, sorrowful

туз [tuz] *m* ace

тулити, притулити [tuli'ti, prituli'ti] *v* press, clasp, put, place (against)

тулитися, притулитися [tuliti'sya, prituli'tisya] *v* press oneself (to)

тулуб [tu'lub] *m* trunk, body

туман [tuma'n] *m* mist, fog, сьогодні ~ it is misty/foggy today

туманний [tuma'nniy] *adj* 1) misty, foggy 2) hazy, vague

тумба [tu'mba] *f* post, stone

тумбочка [tu'mbochka] *f* bedside table

тундра [tu'ndra] *f* tundra

тунель [tune'l'] *m* tunnel

тупати, тупнути [tu'pati, tu'pnuti] *v* stamp

тупий [tupi'y] *adj* 1) blunt 2) dull, obtuse 3) dull 4) ~ кут *мат.* obtuse angle

тупик [tupi'k] *m* blind alley, deadlock

тупити [tupi'ti] *v* blunt

тупитися [tupi'tisya] *v* become blunt

тупість [tu'peest'] *f* dullness, obtusement

тупіт [tu'peet] *m* tramp

тупо [tu'po] *adv* dully

тупотіти [tupotee'ti] *v* stamp

тур [tur] *m* round

тура [tura'] *f шах.* castle

турбіна [turbee'na] *f* turbine

турбота [turbo'ta] *f* trouble, disturbance, care (for), concern (for), worry, anxiety

турбувати [turbuva'ti] *v* 1) trouble, disturb, bother 2) worry, upset

турбуватися [turbuva'tisya] *v* be anxious (about), worry (about)

турецький [ture'ts'kiy] *adj* Turkish

туризм [turi'zm] *m* tourism, touring, walking, hiking, гірський ~ mountain walking

турист [turi'st] *m* tourist, hiker, walker

туристичний [turisti'chniy] *adj* tourist

туркеня [turke'nya] *f* Turkish woman

туркмен, ~ка, ~ський [turkme'n, ~ka, ~s'kiy] *m, f, adj* Turkmen

турне [turne'] *n* tour

турнір [turnee'r] *m* tournament

турок [tu'rok] *m* Turk

тут [tut] *adv* here

тухлий [tu'khliy] *adj* putrid, bad, rotten

туш [tush] *m, f* 1) *муз.* flourish 2) Indian ink

тушкувати [tushkuva'ti] *v* stew, braise

тушувати [tushuva'ti] *v* shade

тхір [tkheer] *m* polecat

тхнути [tkhnu'ti] *v* stink, smell nasty

тюбик [tyu'bik] *m* tube

тюк [tyuk] *m* bale, bundle, package

тюлень [tyule'n'] *m* seal

тюль [tyul'] *m* tulle

тюльпан [tyul'pa'n] *m* tulip

тюремний [tyure'mniy] *adj* prison

тюремник [tyure'mnik] *m* warder

тюрма [tyurma'] *f* prison, jail

тютюн [tyutyu'n] *m* tobacco

тяга [tya'ga] *f* draught, traction

тягар [tyaga'r] *m* weight, burden, load

тягати [tyaga'ti] *v* pull, drag

тягатися [tyaga'tisya] *v* 1) traipse, hang about 2) measure one's strength (with) 3) bring a suit (against)

тягач [tyaga'ch] *m* tractor

тягнути, тягти, потягнути, потягти [tyagnu'ti, tyagti', potyagnu'ti, potyagti'] *v* 1) pull, draw, drag, haul, tow 2) delay, drag out

тягтися [tyagti'sya] *v* 1) stretch 2) extend, stretch out 3) move (slowly) 4) reach out (for) 5) strive (after) 7) drag out

тягучий [tyagu'chiy] *adj* 1) clinging, viscous, ductile 2) slow, drawling

тяжіння [tyazhee'nnya] *n* gravity, gravitation

тяжіти [tyazhee'ti] *v* 1) gravitate (towards) 2) hang (over), weigh (upon)

тяжкий [tyazhki'y] *adj* 1) heavy 2) severe 3) hard, difficult 4) serious 5) painful

тяжко [tya'zhko] *adv* 1) heavily 2) it is hard, it is difficult

тяжчати [tya'zhchati] *v* grow heavy, begin to feel heavy

тямити [tya'miti] *v* understand, be able to reason

тямущий [tyamu'shchiy] *adj* clever, bright

тятива [tyativa'] *f* bow-string

тьма [t'ma] *f* dark, darkness

тьмянити [t'myanee'ti] *v* (grow) dim, dull, tarnish

тьмяний [t'mya'niy] *adj* dim, dull, tarnished

тьохкати [tyo'khkati] *adj* warble, sing, throb

У

у [u] *prep* at, in, into

убавляти, убавити [ubavlya'ti, uba'viti] *v* reduce

уберігати, уберегти [ubereega'ti, uberegti'] *v* preserve (from), guard (against), keep safe (from)

убивати [ubiva'ti] *v* kill, murder, assassinate

убивство [ubi'vstvo] *n* murder, assassination

убивця [ubi'vtsya] *m* killer, murderer, assassin

убивчий [ubi'vchiy] *adj* murderous, deadly

убиральня [ubira'l'nya] *f* 1) lavatory, toilet 2) dressing-room

убирати [ubira'ti] *v* 1) dress (up) 2) decorate, adore

убитий [ubi'tiy] *adj* dead, murdered

убігати [ubeega'ti] *v* come running (into), run (into)

убік [ubeek] *adv* sideways, to the side

убір [ubeer] *m* attire, dress

убогий [ubo'giy] *adj* 1) poor, wretched, squalid 2) mediocre

убогість [ubo'geest'] *f* 1) poverty, wretchedness, squalor 2) mediocrity

уболівання [uboleeva'nnya] *n* grief, sorrow

уболівати [uboleeva'ti] *v* worry (about), mourn (over, for)

убрання [ubra'nnya'] *n* attire, clothes, dress

увага [uva'ga] *f* 1) attention 2) consideration, care, **брати до уваги** take into consideration, **не звертати уваги** disregard, take to notice

уважний [uva'zhniy] *adj* 1) attentive 2) considerate

уважність [uva'zhneest'] *f* 1) attentiveness 2) consideration, kindness

уважно [uva'zhno] *adv* 1) attentively, keenly, closely, ~ **стаивтися** be considerate

увертюра [uvertyu'ra] *f* overture

увесь [uve's'] *pron* all, the whole

увечері [uve'cheree] *adv* in the evening, **сьогодні** ~ tonight, **вчора** ~ last night

увіковічувати, увіковічити [uveekovee'chuvati, uveekovee'chiti] *v* immortalize, perpetuate

увімкнути [uveemknu'ti] *v* start, switch on, turn on

увінчувати, увінчати [uvee'nchuvati, uveencha'ti] *v* crown

увінчуватися, увінчатися [uvee'nchuvatisya, uveenchati'sya] *v* be crowned (with)

увірвати(ся) [uveerva'ti(sya)] *v* break off

увічнити, увічнювати [uvee'chniti, uvee'chnyuvati] *v* immortalize, perpetuate

уводити [uvo'diti] *v* lead in, introduce

увозити [uvo'ziti] *v* bring in, import

ув'язнений [uv"ya'zneniy] *m* prisoner

ув'язнення [uv"ya'znennya] *n* imprisonment, confinement

ув'язнювати, ув'язнити [uv"ya'znyuvati, uv"yazni'ti] *v* imprison, gaol

угадувати, угадати [uga'duvati, uga'da'ti] *v* guess

угамовувати(ся), угамувати(ся) [ugamo'vuvati(sya), ugamuva'ti-(sya)] *v* calm, quiet, soothe, assuage, appease

угноєння [ugno'yennya] *n* manuring

угноювати [ugno'yuvati] *v* manure

угода [ugo'da] *f* agreement

угодовець [ugodo'vets'] *m* conciliator, compromiser

угодовство [ugodo'vstvo] *n* compromise, cap-in-hand policy

уголос [ugo'los] *adv* aloud

угорець [ugo'rets'] *m* Hungarian

угорі [ugoree'] *adv* above, overhead

угорка [ugo'rka] *f* Hungarian (woman)

угорський [ugo'rs'kiy] *adj* Hungarian

угору [ugo'ru] *adv* up, upwards

угрупування [ugrupuva'nnya] *n* group, grouping, alignment

удав [uda'v] *m зоол.* boa(-constrictor)

удаваний [uda'vaniy] *adj* feigned, affected

удавано [uda'vano] *adv* affectedly, ~ **погодитися** pretend to agree

удавати, удати [udava'ti, uda'ti] *v* feign, simulate, sham, pretend, ~ **з себе** pretend (to be), sham, imitate

удаватися [udava'tisya] *v* 1) turn out well, be success 2) take after *smb*

удар [uda'r] *m* 1) blow, chop, stab, kick 2) *військ.* attack 3) *мед.* stroke

ударний [uda'rniy] *adj* 1) *муз.* percussion 2) urgent, pressing 2) shock

ударник [uda'rnik] *m* 1) *військ.* striker, firing pin 2) *муз.* drummer

ударяти(ся) [udarya'ti(sya)] *v* 1) strike, hit 2) plunge (into), fall (into), give oneself up (to)

удача [uda'cha] *f* luck, piece of luck, success, achievement

удвічі [udvee'chee] *adv* double, twice, ~ більше twice as much

удвох [udvo'kh] *adv* the two of us/you/them

удень [ude'n'] *adv* in the day-time, by day, in the afternoon

удій [udee'y] *m* 1) milk-yields 2) milking

удобрювати, удобрити [udo'bryuvati, udo'briti] *v* fertilize

удома [udo'ma] *adv* at home

удосвіта [udo'sveeta] *adv* at dawn, at daybreak

удосконалювати, удосконалити [udoskona'lyuvati, udoskona'liti] *v* perfect, improve, make improvement (to)

удосконалюватися, удосконалитися [udoskona'lyuvatisya, udoskona'litisya] *v* perfect oneself

удочеряти, удочерити [udocherya'ti, udocheri'ti] *v* adopt (as one's daughter)

удруге [udru'ge] *adv* for the second time

удружити [udruzhi'ti] *v* 1) do *smb* a good turn 2) do *smb* a bad turn

ужалити [uzha'liti] *v* sting, bite

ужахнутися [uzhakhnu'tisya] *v* be horrified

уже [uzhe'] *adv* already

уживаний [uzhi'vaniy] *adj* 1) common, in common use 2) second-hand

уживання [uzhiva'nnya] *n* 1) use, usage, application 2) taking

уживати [uzhiva'ti] *v* use, apply

ужиток [uzhi'tok] *m* use, usage

узагальнений [uzaga'l'neniy] *adj* generalized, general

узагальнення [uzaga'l'nennya] *n* generalization

узагальнювати, узагальнити [uzaga'l'nyuvati, uzaga'l'niti] *v* generalize, draw a general conclusion (from)

узаконення [uzako'nennya] *n* legalization

узаконювати, узаконити [uzako'nyuvati, uzako'niti] *v* legalize, legitimate

узбек [uzbe'k] *m* Uzbek

узбережжя [uzbere'zhzhya] *n* coast, coastline, seaboard

узбецький [uzbe'ts'kiy] *adj* Uzbek

узбечка [uzbe'chka] *f* Uzbek woman

узбіччя [uzbee'chchya] *n* side of the road, curb

узвар [uzva'r] *m* stewed fruit, compote

узгір'я [uzgee'r"ya] *n* 1) hill 2) hillside, slope

узгоджувати, узгодити (з) [uzgo'dzhuvati, uzgo'diti (z)] *v* co-ordinate (with)

узголів'я [uzgolee'v"ya] *n* head of the bed

уздечка [uzde'chka] *f* bridle

уздовж [uzdo'vzh] *adv, prep* 1) lengthwise, lengthways 2) along

узимку [uzi'mku] *adv* in winter

узлісся [uzlee'ssya] *n* edge of the forest

узор [uzo'r] *m* pattern, design

узорчастий [uzo'rchastiy] *adj* patterned

узяти(ся), взяти(ся) [uzya'ti(sya), vzya'ti(sya)] *v* 1) take up, set to 2) touch

указ [uka'z] *m* decree, edit

указка [uka'zka] *f* pointer

указувати [uka'zuvati] *v* show, indicate, point out, give instructions

уквітчувати, уквітчати [ukvee'tchuvati, ukveetcha'ti] *v* adorn/decorate with flowers

укіс [ukee's] *m* slope

уклад [ukla'd] *m* structure, organization

укладати, укласти [uklada'ti, ukla'sti] *v* 1) conclude 2) compile

укладач [uklada'ch] *m* compiler

уклін [uklee'n] *m* 1) bow 2) regards

уклонятися [uklonya'tisya] *v* bow (to), greet

укол [uko'l] *m* injection, **зробити ～** give an injection

уколоти [ukolo'ti] *v* prick

уколотися [ukolo'tisya] *v* prick oneself

укомплектовувати, укомплектувати [ukomplekto'vuvati, ukomplektuva'ti] *v* complete, make up

укорочувати [ukoro'chuvati] *v* shorten

українець, ～ка, ～ський [ukrayee'nets', ～ka, ～s'kiy] *m, f, adj* Ukrainian

украсти [ukra'sti] *v* steal

укривало [ukriva'lo] *n* cloth, coverlet

укривати, укрити [ukriva'ti, ukri'ti] *v* 1) cover (up/with) 2) conceal, shelter

укриватися, укритися [ukriva'tisya, ukri'tisya] *v* take shelter, be protected

укриття [ukri'ttya] *n* cover, shelter

укріплення [ukree'plennya] *n* 1) strengthening, reinforcement, consolidation 2) *військ.* fortification

укріплювати, укріпляти, укріпити [ukree'plyuvati, ukreeplya'ti, ukreepi'ti] *v* 1) strengthen, consolidate 2) fortify

укріплюватися, укріплятися, укріпитися [ukree'plyuvatisya, ukreeplya'tisya, ukreepi'tisya] *v* 1) become stronger, consolidate 2) fortify one's positions

укрупнення [ukru'pnennya] *n* integration, amalgamation

укрупнювати, укрупнити [ukru'pnyuvati, ukrupni'ti] *v* integrate, amalgamate

укус [uku's] *m* bite, sting

укусити [ukusi'ti] *v* bite, sting

улагоджувати, улагодити [ulago'dzhuvati, ulago'diti] *v* settle, arrange, patch up

уламок [ula'mok] *m* fragment, **～ки** *мн.* wreckage

улаштовувати [ulashto'vuvati] *v* 1) arrange, organize, establish, place

улесливий [ule'sliviy] *adj* flattering

улещувати, улестити [ule'shchuvati, ule'stiti] *v* flatter

улов [ulo'v] *m* catch

уловлювати, уловити [ulo'vlyuvati, ulovi'ti] *v* catch

улоговина [ulogo'vina] *f* hollow

улюбленець [ulyu'blenets'] *m* favourite

улюблений [ulyu'bleniy] *adj* 1) (dearly) loved 2) favourite, **～е заняття** hobby

ультиматум [ul'tima'tum] *m* ultimatum

умивальник [umiva'l'nik] *m* washstand, wash-basin

умивати, умити [umiva'ti, umi'ti] *v* wash

умиватися, умитися [umiva'tisya, umi'tisya] *v* have a wash

умисел [u'misel] *m* intention, design

умова [umo'va] *f* condition, **～и** *мн.* terms, circumstances

умовляти, умовити [umovlya'ti, umo'viti] *v* persuade, urge, try to persuade

умовлятися, умовитися [umovlya'tisya, umo'vitisya] *v* arrange, agree

умовний [umo'vniy] *adj* 1) conventional 2) conditional

умовність [umo'vneest'] *f* conditionality

умовно [umo'vno] *adv* conditionally

унадитися [una'ditisya] *v* get into the habit (of)

унаочнювати, унаочнити [unao'chnyuvati, unao'chniti] *v* apply visual methods (of teaching)

униз [uni'z] *adv* down, downwards, ~ по сходах downstairs

унизу [unizu'] *adv* below, downstairs

уникати, уникнути [unika'ti, uni'knuti] *v* avoid, elude

універмаг [uneeverma'g] *m* department store

універсальний [uneeversa'l'niy] *adj* universal, all-round

університет [uneeversite't] *m* university

університетський [uneeversite't-s'kiy] *adj* university

унікальний [uneeka'l'niy] *adj* exceptional, rare, unique

унісон [uneeso'n] *m* unison

унітаз [uneeta'z] *m* lavatory pan

уніфікація [uneefeeka'tseeya] *f* unification

уніфікувати [uneefeekuva'ti] *v* unify

уособлення [uoso'blennya] *n* embodiment, incarnation

уособлювати, уособити [uoso'blyuvati, uosobiti] *v* personify, be the embodiment/personification (of)

упаковка [upako'vka] *f* packaging, cover

упасти [upa'sti] *v* fall (down)

упевнений [upe'vneniy] *adj* 1) assured, certain 2) confident

уперед [upere'd] *adv* on, forward, onward, ahead

упереджений [upere'dzheniy] *adj* prejudiced

упередженість [upere'dzheneest'] *f* prejudice

уповільнення [upovee'l'nennya] *n* 1) slowing down, deceleration 2) moderation

уповільнювати, уповільнити [upovee'l'nyuvati, upovee'l'niti] *v* 1) slow, down 2) moderate

уповноважений [upovnova'zheniy] *adj* representative

уповноваження [upovnova'zhennya] *n* plenary powers

уповноважувати, уповноважити [upovnova'zhuvati, upovnova'zhiti] *v* authorize

упорядник [uporya'dnik] *m* compiler

управління [upravlee'nnya] *n* 1) operation, control, management, government 2) board, administration, head-office

управляти [upravlya'ti] *v* 1) operate, drive 2) direct, manage, administer, govern, rule

упряж [u'pryazh] *f* harness

упряжка [uprya'zhka] *f* team

ура [ura'] *interj* hurrah!, hurray!

ураган [uraga'n] *m* hurricane

уран [ura'n] *m* uranium

уривати(ся), урвати(ся) [uriva'ti(sya), urva'ti(sya)] *v* 1) break off 2) snatch

уривок [uri'vok] *m* 1) scrap, bit, end 2) fragment, passage, extract

уривчастий [uri'vchastiy] *adj* abrupt, intermittent

урізноманітнювати, урізноманітити [ureeznomanee'tnyuvati, ureeznomanee'titi] *v* vary, diversify

урна [u'rna] *f* 1) urn 2) ballot box

уродженець [uro'dzhenets'] *m* native (of)

урожай [urozha'y] *m* harvest, crop

урожайний [urozha'yniy] *adj* good for the crops

урожайність [urozha'yneest'] *f* crop capacity

урок [uro'k] *m* lesson

урочистий [urochi'stiy] *adj* solemn, festive, gala

уряд [u'ryad] *m* government, administration

урядовий [uryado'viy] *adj* government, governmental

усвідомлення [usveedo'mlennya] *n* realization, awareness

усвідомлювати, усвідомити [usveedo'mlyuvati, usveedo'miti] *v* realize, be aware (of)

усе [use] *pron* all

усиновляти, усиновити [usinov-lya'ti, usinovi'ti] *v* adopt

усипляти, усипити [usiplya'ti, usipi'ti] *v* 1) lull *smb* to sleep 2) lull

ускладнення [uskla'dnennya] *n* complications, after-effects

ускладнювати, ускладнити [uskla'dnyuvati, uskla'dniti] *v* complicate

усміхатися, усміхнутися [usmeekha'tisya, usmeekhnu'tisya] *v* smile

усмішка [usmee'shka] *f* smile, sneer

усний [u'sniy] *adj* oral, verbal

усно [u'sno] *adv* orally

успадковувати, успадкувати [uspadko'vuvati, uspadkuva'ti] *v* inherit

успіх [uspee'kh] *m* success, achievement, progress, **мати** ~ be successful, be a success, **бажаю** ~y! good luck (to you)!

успішний [uspee'shniy] *adj* successful

успішність [uspee'shneest'] *f* progress

успішно [uspee'shno] *adv* successfully

уста [usta'] *pl* lips, mouth

усталювати, усталити [usta'lyuvati, usta'liti] *v* firmly establish, fix

установа [ustano'va] *f* institution, organization

установка [ustano'vka] *f* 1) putting, setting, arranging, establishing 2) installation

установчий [ustano'vchiy] *adj* ~i збори Constituent Assembly

устатковувати, устаткувати [ustatko'vuvati, ustatkuva'ti] *v* equip, fit out

устаткування [ustatkuva'nnya] *n* equipment

устої [usto'yee] *pl* foundations, **моральні** ~ moral principles

устриця [ustri'tsya] *f* oyster

устрій [u'streey] *m* system, order

уступ [ustu'p] *m* ledge, projection

усувати, усунути [usuva'ti, usu'nuti] *v* remove, eliminate, eradicate

усуспільнювати, усуспільнити [ususpee'l'nyuvati, ususpee'l'niti] *v* socialize

усюди [usyu'di] *adv* everywhere, anywhere

усякий [usya'kiy] *adj* 1) any, all sorts of 2) everybody

утворювати, утворити [utvo'ryuvati, utvori'ti] *v* 1) form 2) organize

утилізувати [utileezuva'ti] *v* utilize, find a use

утилітарний [utileeta'rniy] *adj* utilitarian

утиль [uti'l'] *m* scrap

утирати(ся), утерти(ся) [utira'ti(sya), ute'rti(sya)] *v* wipe

утікати [uteeka'ti] *v* run away, escape

утікач [uteeka'ch] *m* fugitive, runaway

утіха [utee'kha] *f* 1) joy, delight 2) comfort, consolation

утішати, утішити [uteesha'ti, utee'shiti] *v* 1) comfort, console 2) gladden

утішатися, утішитися [uteesha'tisya, utee'shitisya] *v* console oneself (with)

утопізм [utopee'zm] *m* utopism

утопіст [utopee'st] *m* utopian

утопічний [utopee'chniy] *adj* utopian

утопія [uto'peeya] *f* utopia

уточнення [utochne'nnya] *n* closer definition

уточнювати, уточнити [utochnyuva'ti, utochni'ti] *v* make *smth* more exact/accurate

утрамбовувати, утрамбувати [utrambo'vuvati, utrambuva'ti] *v* ram (down)

утримання [utri'mannya] *n* бути на ~i be dependent (on)

утримувати, утримати [utri'muvati, utri'mati] *v* 1) hold 2) keep (from), hold back, restrain

утримуватися, утриматися [utri'-
muvatisya, utri'matisya] v 1) hold
out, hold one's ground 2) keep
(from), refrain (from)

утюг [utyu'g] m iron

ухил [u'khil] m 1) incline, inclination,
slope 2) deviation 3) bias

ухилятися, ухилитися [ukhilya'-
tisya, ukhili'tisya] v 1) dodge, side-
step 2) evade, elude, deviate

ухильний [ukhi'l'niy] adj evasive

ухитрятися, ухитритися [ukhit-
rya'tisya, ukhitri'tisya] v contrive

учасник [ucha'snik] m participant,
member, competitor

участь [u'chast'] f participation, брати
~ take part (in), participate (in)

учений [uche'niy] adj 1) scientific 2)
learned 3) як ім. scientist, scholar

учень, ~иця [u'chen', ~itsya] m, f
1) pupil, student 2) apprentice 3)
disciple, follower

училище [uchi'lishche] n (specialized)
school

учитель, ~ка [uchi'tel', ~ka] m, f
teacher

учити [uchi'ti] v 1) teach 2) learn,
study

учитися [uchi'tisya] v learn, study

учнівський [uchnee'vs'kiy] adj
school, pupil's

учора [ucho'ra] adv yesterday

учорашній [uchora'shneey] adj yes-
terday's, last night's

ушкодження [ushko'dzhennya] n
damage, injury

ушкоджувати, ушкодити [ushko'-
dzhuvati, ushko'diti] v damage, in-
jury, hurt

ущелина [ushche'lina] f ravine, gorge,
canyon

ущипливий [ushchi'pliviy] adj caus-
tic, biting

ущільнювати, ущільнити [us
hchee'l'nyuvati, ushcheel'ni'ti] v
condense, pack (down), tighten up

уява [uya'va] f imagination

уявлення [uya'vlennya] n idea, notion

уявляти, уявити [uyavlya'ti, uyavi'ti]
v imagine, fancy

уявний [uya'vniy] adj imaginary

Ф

фабрика [fa'brika] f factory, mill

фабрикант [fabrika'nt] m manufac-
turer, factory owner

фабрикат [fabrika't] m manufac-
tured/finished product

фабрикувати [fabrikuva'ti] vfabricate,
forge

фабричний [fabri'chniy] adj factory

фабула [fa'bula] f plot

фаворит, ~ка [favori't, ~ka] m, f
favourite

фаза [fa'za] f phase

фазан [faza'n] m pheasant

факел [fa'kel] m forch

факт [fakt] m fact

фактичний [fakti'chniy] adj actual,
real

фактично [fakti'chno] adv in fact, ac-
tually

фактор [fa'ktor] m factor

факультативний [fakul'tati'vniy] adj
optional, elective

факультет [fakul'te't] m faculty, de-
partment, school

фальсифікатор [fal'sifeeka'tor] m
falsifier

фальсифікація [fal'sifeeka'tseeya] f
falsification, adulteration, forgery

фальсифікувати [fal'sifeekuva'ti] v
falsify, distort

фальш [fal'sh] f falsify, falseness

фальшивий [fal'shi'viy] adj false,
forged

фальшивити [fal'shi'viti] v be false,
sing/play out of tune

фальшивка [fal'shi'vka] f forgery,
fake

фамільярний [fameel'ya'rniy] adj un-
ceremonious, familiar

фамільярність [fameel'ya'rneest'] *f* familiarity, liberties

фанатизм [fanati'zm] *m* fanaticism

фанатик [fana'tik] *m* fanatic

фанатичний [fanati'chniy] *adj* fanatical

фанера [fane'ra] *f* veneer, plywood

фантазер, ~ка [fantaze'r, ~ka] *m, f* dreamer, visionary

фантазія [fanta'zeeya] *f* 1) fantasy, fancy, imagination, dreams 2) caprice, whim

фантазувати [fantazuva'ti] *v* dream, romance, make things up

фантаст [fanta'st] *m* fantast, science fiction writer

фантастика [fanta'stika] *f* fantasy, science fiction

фантастичний [fantasti'chniy] *adj* fantastic(al)

фара [fa'ra] *f* headlight

фарба [fa'rba] *f* 1) paint, dye 2) colour

фарбувати [farbuva'ti] *v* paint, dye

фарватер [farva'ter] *m* fairway

фармацевт [farmatse'vt] *m* pharmaceutics

фарс [fars] *m* farce

фартух [fa'rtukh] *m* apron

фарфор [farfo'r] *m* china, porcelain

фарфоровий [farfo'roviy] *adj* china

фарш [farsh] *m* stuffing, force-meat, minced meat

фаршрувати [farshiruva'ti] *v* stuff

фасад [fasa'd] *m* facade

фасон [faso'n] *m* fashion, style, cut

фата [fata'] *f* bridal veil

фаталізм [fatalee'zm] *m* fatalism

фатальний [fata'l'niy] *adj* fatal

фауна [fa'una] *f* fauna

фах [fakh] *m* speciality, profession, trade, за фахом by profession

фахівець [fakheeve'ts'] *m* expert, specialist

фаховий [fakhovi'y] *adj* professional

фашизм [fashi'zm] *m* fascism

фашист [fashi'st] *m* fascist

фашистський [fashi'sts'kiy] *adj* fascist

фаянс [faya'ns] *m* faience, glazed pottery

федеральний [federa'l'niy] *adj* federal

федеративний [federati'vniy] *adj* federative

федерація [federa'tseeya] *f* federation

феєричний [feyeri'chniy] *adj* magic(al), enchanting

феєрверк [feyerve'rk] *m* fireworks

фейлетоп [feyleto'n] *m* newspaper satire

фейлетонист [feyletoni'st] *m* newspaper satirist

фельдмаршал [fel'dma'rshal] *m* Field-Marshal

фельдшер [fe'l'dsher] *m* medical assistant

феномен [feno'men] *m* phenomenon

феноменальний [fenomena'l'niy] *adj* phenomenal

феодал [feoda'l] *m* feudal lord

феодалізм [feodalee'zm] *m* feudalism

феодальний [feoda'l'niy] *adj* feudal

ферзь [ferz'] *m* queen

ферма [fe'rma] *m* farm

фермент [ferme'nt] *m хім.* ferment, enzyme

ферментація [fermenta'tseeya] *f* fermentation

фермер [fe'rmer] *m* farmer

фестиваль [festiva'l'] *m* festival

фестивальний [festiva'l'niy] *adj* festival

фетиш [feti'sh] *m* fetish

фетр [fetr] *m* felt

фетровий [fe'troviy] *adj* felt

фехтувальний [fekhtuva'l'niy] *adj* fencing

фехтувальник [fekhtuva'l'nik] *m* fencer

фехтування [fekhtuva'nnya] *n* fencing

фехтувати [fekhtuva'ti] *v* fence

фея [fe'ya] *f* fairy

фіалка [feea'lka] *f* violet

фіаско [feea'sko] *n* fiasco, **зазнати ~** be a failure

фігляр [feeglya'r] *m* mountebank

фігура [feegu'ra] *f* 1) figure 2) step 3) piece, chessman

фігуральний [feegura'l'niy] *adj* figurative

фігурист, ~ка [feeguri'st, ~ka] *m, f* figure skater

фігурний [feegu'rniy] *adj* shaped, figured, **~е катання** figure skating

фігурувати [feeguruva'ti] *v* figure as

фізик [fee'zik] *m* physicist

фізика [fee'zika] *f* physics

фізичний [feezi'chniy] *adj* 1) physical 2) physics

фізіолог [feezeeo'log] *m* physiologist

фізіологічний [feezeeologee'chniy] *adj* physiological

фізіологія [feezeeolo'geeya] *f* physiology

фізіономія [feezeeono'meeya] *f* physiognomy, face

фізкультура, ~ний [feezkul'tu'ra, ~niy] *f, adj* physical culture

фізкультурник, фізкультурниця [feezkul'tu'rnik, feezkul'turnitsya] *m, f* athlete

фіксаж [feeksa'zh] *m* fixing agent

фіксувати [feeksuva'ti] *v* fix

фіктивний [feekti'vniy] *adj* fictious

фікція [fee'ktseeya] *f* fiction

філантроп [feelantro'p] *m* philanthropist

філантропічний [feelantropee'chniy] *adj* philanthropic

філантропія [feelantro'peeya] *f* philanthropy

філармонія [feelarmo'neeya] *f* philharmonic

філателіст [feelatelee'st] *m* philatelist, stamp-collector

філателістичний [feelateleesti'chniy] *adj* philatelic

філателія [feelatelee'ya] *f* philately

філіал [feeleea'l] *m* branch (office)

філолог [feelo'log] *m* philologist

філологічний [feelologee'chniy] *adj* philological

філологія [feelolo'geeya] *f* philology

філософ [feelo'sof] *m* philosopher

філософія [feeloso'feeya] *f* philosophy

філософствувати [feeloso'fstvuvati] *v* philosophize

філософський [feeloso'fs'kiy] *adj* philosophic(al)

фільм [feel'm] *m* film, (motion) picture, **знімати ~** film, shoot/make a film

фільтр [feel'tr] *m* filter

фільтрувати [feel'truva'ti] *v* filter

фінал [feena'l] *m* 1) finale 2) final

фінальний [feena'l'niy] *adj* final

фінанси [feena'nsi] *pl* finances

фінансист [feenansi'st] *m* financier

фінансовий [feena'nsoviy] *adj* financial

фінансувати [feenansuva'ti] *v* finance

фінік, ~овий [fee'neek, ~oviy] *m, adj* date

фініш [fee'neesh] *m спорт.* finish

фінн [feenn] *m* Finn

фінський [fee'ns'kiy] *adj* Finnish

фіолетовий [feeole'toviy] *adj* violet

фірма [fee'rma] *f* firm

флагшток [flagshto'k] *m* flagstaff

флакон [flako'n] *m* bottle

фланг [flang] *m* flank, side

фланговий [flango'viy] *adj* flank

фланель [flane'l'] *f* flannel

флегматик [flegma'tik] *m* phlegmatic person

флейта [fle'yta] *f* flute

флексія [fle'kseeya] *f лінгв.* inflexion

флігель [flee'gel'] *m* wing, side house, annex

флірт [fleert] *m* flirtation

фліртувати [fleertuva'ti] *v* flirt

флора [flo'ra] *f* flora

флот [flot] *m* fleet, navy

флотилія [floti'leeya] *f* fleet, flotilla

флотський [flo'ts'kiy] *adj* naval

флюгер [flyu'ger] *m* weathercock

флюс [flyus] *m* 1) gumboil 2) flux

фляга [flya'ga] *f* flask, water-bottle

фойе [foye'] *n* foyer

фокстрот [fokstro't] *m* fox-trot

фокус [fo'kus] *m* 1) *фіз.* focus 2) trick

фокусник [fo'kusnik] *m* conjurer

фольга [fol'ga'] *f* (wrapping) foil

фольклор [fol'klo'r] *m* folklore

фон [fon] *m* background

фонд [fond] *m* fund, stock, reserve

фонетика [fone'tika] *f* phonetics

фонетичний [foneti'chniy] *adj* phonetic

фонотека [fonote'ka] *f* record library

фонтан [fonta'n] *m* fountain

фонтанувати [fontanuva'ti] *v* gush, spout

форель [fore'l'] *f* trout

форма [fo'rma] *f* 1) form, shape 2) uniform 3) mould, cast

формалізм [formalee'zm] *m* formalism

формаліст [formalee'st] *m* formalist

формальний [forma'l'niy] *adj* formal

формат [forma't] *m* format, size

формація [forma'tseeya] *f* formation

формувальник [formuva'l'nik] *m* moulder

формувати [formuva'ti] *v* 1) form, raise 2) shape, mould

формуватися [formuva'tisya] *v* form, be formed, take shape

формула [fo'rmula] *f* formula

формулювання [formulyuva'nnya] *n* formulation

формулювати [formulyuva'ti] *v* formulate

формуляр [formulya'r] *m* ticket, card

форпост [forpo'st] *m* outpost

форсувати [forsuva'ti] *v* force, speed up

форт [fort] *m* fort

фортепіано [fortepeea'no] *n* piano

фортеця [forte'tsya] *f* fortress

фортуна [fortu'na] *f* fortune

форум [foru'm] *m* forum

фосфат [fosfa't] *m* phosphate

фосфор [fo'sfor] *m* phosphorus

фото [fo'to] *n* photo, picture

фотоапарат [fotoapara't] *m* camera

фотоательє [fotoatel'yc'] *n* photographer's (studio)

фотограф [foto'graf] *m* photographer

фотографічний [fotografee'chniy] *adj* photographic

фотографія [fotogra'ffeeya] *f* 1) photography 2) photograph 3) photographer's (studio)

фотографувати [fotografuva'ti] *v* photograph, take photo(graph)

фотографуватися [fotografuva'tisya] *v* have one's photo taken

фрагмент [fragme'nt] *m* fragment

фраза [fra'za] *f* phrase, sentence

фразер [fraze'r] *m* phrase-monger

фрак [frak] *m* dress-coat, evening-dress

фракційний [fraktsee'yniy] *adj* fractional

фракція [fra'ktseeya] *f* fraction

фрамуга [framu'ga] *f* 1) upper window-pane 2) transom

франт [frant] *m* dandy

француженка [frantsu'zhenka] *f* Frenchwoman

француз [frantsu'z] *m* Frenchman

французький [frantsu'z'kiy] *adj* French

фрахт [frakht] *m* freight

фрегат [frega't] *m* frigate

фреза [freza'] *f* milling cutter

фрезерний [fre'zerniy] *adj* ~ верстат milling machine

фрезерувальник [frezeruva'l'nik] *m* milling machine operator

фрезерувати [frezeruva'ti] *v* cut, mill

фреска [fre'ska] *f* fresco

фривольний [frivo'l'niy] *adj* frivolous

фронт, ~овий [front, ~ovi'y] *m, adj* front

фронтовик [frontovi'k] *m* front-line soldier

фрукт, ~овий [frukt, ~o'viy] *m, adj* fruit

фундамент [funda'ment] *m* foundation, basis

фундаментальний [fundamenta'l'niy] *adj* fundamental, solid, basic

фундатор [funda'tor] *m* founder

фунікулер [funeekule'r] *m* funicular (railway)

функціонувати [funktseeonuva'ti] *v* function

функція [fu'nktseeya] *f* function

фунт [funt] *m* 1) pound 2) pound (sterling)

фураж [fura'zh] *m* forage, fodder

фургон [furgo'n] *m* van

фурія [fu'reeya] *f* fury

фурункул [furu'nkul] *m мед.* furuncle

фут [fut] *m* foot

футбол [futbo'l] *m* football, soccer

футболіст [futbolee'st] *m* footballer, footballplayer

футбольний [futbo'l'niy] *adj* football

футляр [futlya'r] *m* case, cover

футуризм [futuri'zm] *m* futurism

футурист [futuri'st] *m* futurist

фуфайка [fufa'yka] *f* sweater, jersey, padded jacket

фюзеляж [fyuzelya'zh] *m* fuselage

X

хабар [khaba'r] *m* bribe

хабарник [khaba'rnik] *m* bribe-taker

хабарництво [khaba'rnitstvo] *n* bribery

хазяїн [khazya'yeen] *m* master, boss

хазяйновитий [khazyaynovi'tiy] *adj* practical, thrifty

хазяйнувати [khazyaynuva'ti] *v* 1) keep house 2) do as one likes, boss the show

хай [khay] *part, conj* 1) let 2) though, even if

хакі [kha'kee] *adj* khaki

халат [khala't] *m* dressing-gown, bathrobe, overalls, coat

халатний [khala'tniy] *adj* negligent

халатність [khala'tneest'] *f* negligence

халепа [khale'pa] *f* trouble, scrape, mishap, **потрапити у халепу** get into a scrape

халтура [khaltu'ra] *f* slapdash work, trash, pot-boiler, catchpenny job

халтурити [khaltu'riti] *v* slapdash, be a pot-boiler

халтурний [khaltu'rniy] *adj* slapdash, catchpenny

халтурник [khaltu'rnik] *m* pot-boiler, botcher

халупа [khalu'pa] *f* hovel, shanty, shack

халява [khalya'va] *f* boot-top

хам [kham] *m* cad, boor, heel

хамелеон [khameleo'n] *m* chameleon, turncoat

хамство [kha'mstvo] *n* caddishness, boorishness

хан [khan] *m* khan

хандра [khandra'] *f* spleen, the blues

хандрити [khandri'ti] *v* be in the blues

ханжа [khanzha'] *m* hypocrite

хаос [khao's] *m* chaos

хаотичний [khaoti'chniy] *adj* chaotic

хапати, схопити [kha'pati, skhopi'ti] *v* seize, snatch, grab, snap

хапатися, схопитися [kha'patisya, skhopi'tisya] *v* 1) snatch (at), catch (at), grip 2) seize (upon), take up

характер [khara'kter] *m* 1) temper, disposition, character 2) native

характеризувати [kharakterizuva'ti] *v* characterize, describe, delineate

характеристика [kharakteri'stika] *f* 1) character, reference, testimonial 2) characteristic

характерний [kharakte'rniy] *adj* characteristic, typical, distinctive

харкати, харкнути [kha'rkati, kha'rknuti] *v* hawk, expectorate

хартія [kha'rteeya] *f* charter

харч [kharch] *m* food, grub

харчовий [kharchovi'y] *adj* food

харчувати(ся) [kharchuva'ti(sya)] *v* feed, nourish

хата [kha'ta] *f* cottage

хатина [khati'na] *f* small cottage, hut, cabin

хатній [kha'tneey] *adj* home, indoor

хаща, ~і [kha'shcha, ~ee] *f, pl* thicket

хвала [khvala'] *f* praise

хвалений [khvale'niy] *adj* vaunted, much praised

хвалити, похвалити [khvali'ti, pokhvali'ti] *v* praise

хвалитися, похвалитися [khvali'tisya, pokhvali'tisya] *v* boast (of)

хвалько [khval'ko'] *m* boaster, braggart, show-off

хвалькуватий [khval'kuva'tiy] *adj* boastful, bragging

хвастати(ся), похвастати(ся) [khva'stati(sya), pokhva'stati(sya)] *v* boast (of), brag (of)

хвастощі [khva'stoshchee] *pl* boasting, bragging

хвилина, ~ка [khvili'na, ~ka] *f* minute

хвилинний [khvili'nniy] *adj* minute

хвилювання [khvilyuva'nnya] *n* 1) agitation, emotion, excitement 2) rough water(s), rough sea

хвилювати, схвилювати [khvilyuva'ti, skhvilyuva'ti] *v* 1) agitate, excite, stir 2) ruffle

хвилюватися [khvilyuva'tisya] *v* 1) be/become excited/agitated, be uneasy (about) 2) be/get rough, surge

хвилюючий [khvilyu'yuchiy] *adj* 1) stirring, exciting, thrilling 2) perturbing, disturbing

хвиля [khvi'lya] *f* wave

хвилястий [khvilya'stiy] *adj* wavy

хвіртка [khvee'rtka] *f* wicket-gate

хвіст [khveest] *m* 1) tail, brush 2) tail-end, back

хвойний [khvo'yniy] *adj* coniferous

хворий [khvo'riy] *adj* 1) ill, sick, sore, bad 2) як *ім.* sick man/person, patient

хворіти [khvoree'ti] *v* be ill (with), be sick (with)

хвороба [khvoro'ba] *f* disease, illness

хворобливий [khvorobli'viy] *adj* sickly, delicate, unhealthy

хворост [khvo'rost] *m* brushwood

хворостина [khvorosti'na] *f* switch, long branch

хвоя [khvo'ya] *f* (pine-)needles

хиба [khi'ba] *f* defect, flaw, mistake, error

хибний [khi'bniy] *adj* erroneous, mistaken, **~ не уявлення** misconception

хижак [khizha'k] *m* 1) beast of prey, bird of prey 2) predator, shark

хижацький [khizha'ts'kiy] *adj* predatory

хижий [khi'zhiy] *adj* predatory, rapacious

хизуватися [khizuva'tisya] *v* show off, boast (of)

хилити(ся) [khili'ti(sya)] *v* bend, lean

химера [khime'ra] *f* chimera

химерний [khime'rniy] *adj* chimeric(al), whimsical, fanciful

хиріти [khiree'ti] *v* grow feeble/sickly

хист [khist] *m* ability, aptitude, gift

хитати [khita'ti] *v* sway, rock

хитатися [khita'tisya] v 1) sway, swing, rock 2) stagger 3) be shaky, be loose

хиткий [khitki'y] adj unsteady, shaky, rickety

хитрий [khi'triy] adj 1) cunning, sly, crafty 2) intricate

хитрість [khi'treest'] f 1) cunning, slyness 2) trick, ruse

хитромудрий [khitromu'driy] adj cunning, crafty, artful

хитрувати [khitruva'ti] v be cunning, try to outwit, dodge

хитрун [khitru'n] m cunning person

хіба [kheeba'] adv, conj 1) really 2) perhaps 3) unless

хід [kheed] m 1) motion, speed 2) course 3) move, lead 4) entrance, entry

хімік [khee'meek] m chemist

хімікат [kheemeeka't] m chemical

хімічний [kheemee'chniy] adj chemical, chemistry

хімія [khee'meeya] f chemistry

хіна [khee'na] f quinine

хірург [kheeru'rg] m surgeon

хірургічний [kheerurgee'chniy] adj surgical

хірургія [kheerurgee'ya] f surgery

хлипання [khli'pannya] n sobbing

хлипати [khli'pati] v sob

хліб [khleeb] m 1) bread 2) corn 3) grain

хлібина [khleebi'na] f loaf (of bread)

хлібний [khlee'bniy] adj 1) bread, grain 2) rich in grain

хлібозавод [khleebozavo'd] m (mechanical) bakery

хлібозаготівля [khleebozagotee'vlya] f grain purchases

хлібороб [khleeboro'b] m corn-grower

хліборобство [khleeboro'bstvo] n corn-growing

хлів [khleev] m cattle-shed, pigsty

хлопець [khlo'pets'] m boy, youngster, fellow, lad, chap

хлопчик [khlo'pchik] m (little) boy

хлоп'ячий [khlop''ya'chiy] adj boy's, boyish

хлор [khlor] m chlorine

хлористий [khlo'ristiy] adj chloride

хлюпати(ся) [khlyu'pati(sya)] v 1) lap 2) splash

хльоскати, хльостати, хльоснути [khlyoska'ti, khlyosta'ti, khlyosnu'ti] v lash, whip

хмара [khma'ra] f cloud

хмаритися [khma'ritisya] v cloud over, be overcast

хмарний [khma'rniy] adj cloudy

хмарочос [khmarocho's] m skyscraper

хмеліти [khmelee'ti] v grow tipsy

хмиз [khmiz] m 1) brushwood 2) deadfall, wind-fallen wood

хміль [khmeel'] m 1) hop 2) drunkenness, intoxication

хмільний [khmeel'ni'y] adj 1) heady, intoxicating 2) intoxicated, tipsy

хмурити(ся), нахмурити(ся) [khmu'riti(sya), nakhmu'riti(sya)] v frown

хмурніти, похмурніти [khmurnee'ti, pokhmurnee'ti] v become gloomier

хобот [kho'bot] m trunk

хованка [kho'vanka] f hiding-place, secret recess

ховати, поховати [khova'ti, pokhova'ti] v 1) hide, conceal 2) bury

ховрах [khovra'kh] m gopher

хода [khoda'] f walk, march

ходити [khodi'ti] v 1) go, walk 2) attend, run 4) move, play

ходулі [khodu'lee] pl stilts

ходячий [khodya'chiy] adj 1) walking 2) current

ходьба [khod'ba'] f walking

хокей, ~ний [khoke'y, ~niy] m, adj ice hockey, hockey

хокеїст [khokeyee'st] m (ice-)hockey player

холера [khole'ra] f cholera

холод [kho‘lod] *m* 1) cold 2) coldness

холодець [kholode‘ts’] *m* aspic jelly

холодильний [kholodi‘l’niy] *adj* refrigerating, cooling

холодильник [kholodi‘l’nik] *m* refrigerator, fridge

холодити [kholodi‘ti] *v* make *smth* cold, cool

холодіти [kholodee‘ti] *v* grow cold

холодний [kholo‘dniy] *adj*1) cold, cool 2) thin

холодно [kho‘lodno] *adv* 1) coldly 2) it is cold

холоднокровний [kholodnokro‘vniy] *adj* 1) cool, composed 2) cold-blooded

холонути, охолонути [kholo‘nuti, okholo‘nuti] *v* be getting cold, cool

холостий [kholosti‘y] *adj* 1) idle 2) blank

холоша [kholo‘sha] *f* trouser leg

хомут [khomu‘t] *m* horse's collar

хом'як [khom''ya‘k] *m* hamster

хор [khor] *m* chorus, choir

хорей [khore‘y] *m лім.* trochee

хореографічний [khoreografee‘chniy] *adj* choreographic

хореографія [khoreogra‘feeya] *f* choreography

хорист, ~ка [khori‘st, ~ka] *m, f* member of a chorus, chorister

хормейстер [khorme‘yster] *m* chorus leader

хоробрий [khoro‘briy] *adj* brave, courageous

хоробрість [khoro‘breest’] *f* courage, bravery

хоровий [khorovi‘y] *adj* choral

хороший [khoro‘shiy] *adj* good, fine

хотіти(ся) [khotee‘ti(sya)] *v* want, wish, like

хоч, ~а [khoch, ~a] *conj* 1) though, although 2) just 3) for example

хоч-не-хоч [khoch-ne-khoch] *adv* willy-nilly, whether you like it or not

храм [khram] *m* temple

хребет [khrebe‘t] *m* 1) spine, backbone 3) range

хребець [khrebe‘ts] *m анат.* vertebra

хрест [khrest] *m* cross

хрестоматія [khrestoma‘teeya] *f* reader

хрип [khrip] *m мед.* wheeze, **~ и (у легенях)** crepitation

хрипіти [khripee‘ti] *v* 1) wheeze 2) be hoarse

хрипкий [khripki‘y] *adj* hoarse

хрипота [khripota‘] *f* hoarseness

хрипнути, охрипнути [khri‘pnuti, okhri‘pnuti] *v* become hoarse

християнин [khristiya‘nin] *m* Christian

християнство [khristiya‘nstvo] *m* Christianity

християнський [khristiya‘ns’kiy] *adj* Christian

хрін [khreen] *m* horse-radish

хром [khrom] *m* (шкіра) boxcalf

хроніка [khro‘neeka] *f* 1) chronicle 2) news item 3) newsreel

хронічний [khronee‘chniy] *adj* chronic

хронологічний [khronologee‘chniy] *adj* chronological

хронологія [khronolo‘geeya] *f* chronology

хронометр [khrono‘metr] *m* chronometer

хропіти, хропти [khropee‘ti, khropti‘] *v* 1) snore 2) snort

хрускіт [khru‘skeet] *m* crunching (sound)

хрустіти [khrustee‘ti] *v* crunch

хрусткий [khrustki‘y] *adj* 1) crunching 2) fragile, brittle

хрущ [khrushch] *m* cockchafer

хрюкати, хрюкнути [khryu‘kati, khryu‘knuti] *v* grunt

хрящ [khryashch] *m анат.* cartilage, gristle

хтивий [khti‘viy] *adj* lustful

хтивість [khti'veest'] *f* lust

хто [khto] *pron* who, he, whoever

хтозна-де [khto'zna-de] *adv* goodness knows where

хтозна-звідки [khto'zna-zvee'dki] *adv* goodness knows where from

хтозна-коли [khto'zna-koli'] *adv* goodness knows when

хтозна-куди [khto'zna-kudi'] *adv* goodness knows where

хтозна-хто [khto'zna-khto] *pron* goodness knows who

хтозна-що [khto'zna-shcho] *pron* goodness knows what

хтозна-який [khto'zna-yaki'y] *pron* goodness knows which/what

хто-небудь, хтось [khto-ne'bud', khtos'] *pron* someone, somebody, anyone, anybody

хуга [khu'ga] *f* snow-storm

худий [khudi'y] *adj* thin, lean

худнути, схуднути [khudnu'ti, skhudnu'ti] *v* grow thin, lose flesh

худоба [khudo'ba] *f* cattle, livestock, **племінна ~** breeding stock, pedigree cattle

художник [khudo'zhnik] *m* artist, painter

художній [khudo'zhneey] *adj* artistic, **~ образ** image, character, **~ твір** work of art, **~ фільм** feature film

худорлявий [khudorlya'viy] *adj* lean, spare

хуліган [khuleega'n] *m* hooligan, rowdy, rough, hoodlum

хуліганити [khuleega'niti] *v* act like a hooligan

хуліганство [khuleega'nstvo] *n* hooliganism, rowdyism

хуртовина [khurtovi'na] *f* snow-storm, blizzard

хустина, хустка [khusti'na, khu'stka] *f* shawl, kerchief

хусточка [khu'stochka] *f* (носова) handkerchief

хутір [khu'teer] *m* farmstead, hamlet, small village

хуткий [khutki'y] *adj* quick, swift

хутко [khu'tko] *adv* quickly, swiftly

хутро [khu'tro] *n* fur

Ц

цап [tsap] *m* (he-)goat

цар [tsar] *m* tsar, king

цариця [tsari'tsya] *f* tsarina

царство [tsa'rstvo] *n* 1) kingdom, realm 2) reign

царський [tsa'rs'kiy] *adj* 1) tsar's 2) tsarist

царювати [tsaryuva'ti] *v* reign

цвинтар [tsvi'ntar] *m* cemetery, graveyard

цвілий [tsveeli'y] *adj* mouldy

цвіль [tsveel'] *f* mould

цвірінчати, цвірінькати [tsveere-encha'ti, tsveeree'n'kati] *v* chirp, twitter

цвіркун [tsveerku'n] *m* cricket

цвірчати [tsveertcha'ti] *v* chirr

цвісти [tsveesti'] *v* 1) bloom, flower, blossom, be in blossom, flourish 3) grow mouldy

цвіт [tsveet] *m* 1) blossom, flowers 2) flower (of), pick

цвях [tsvyakh] *m* nail, **прибивати цвяхами** nail

це [tse] *pron* this, that, is

цебто [tse'bto] *parenth* that is

цегельня [tsege'l'nya] *f* brick-yard, brickworks

цегла, цеглина [tse'gla, tsegli'na] *f* brick

цей [tsey] *pron* 1) this (these) 2) this one

цейтнот [tseytno't] *m* time-trouble

целофан [tselofa'n] *m* cellophane

целулоїд [tselulo'yeed] *m* celluloid

целюлоза [tselyulo'za] *f* cellulose

цемент [tseme'nt] *m* cement

цементувати [tsementuva'ti] *v* cement

ценз [tsenz] *m* qualification

цензор [tsenzo'r] *m* censor

цензура [tsenzu'ra] *f* censorship

цензурний [tsenzu'rniy] *adj* censorial

центнер [tse'ntner] *m* double/metric centner (=100 kilograms)

центр [tsentr] *m* center

централізація [tsentraleeza'tseeya] *f* centralization

централізм [tsentralee'zm] *m* centralism

централізувати [tsentraleezuva'ti] *v* centralize

центральний [tsentra'l'niy] *adj* central

центрифуга [tsentrifu'ga] *f* centrifuge

цеп [tsep] *m* 1) chain 2) line

церемонитися [tseremo'nitisya] *v* stand upon ceremony

церемонія [tseremo'neeya] *f* ceremony

церемонний [tseremo'nniy] *adj* ceremonious

церква [tse'rkva] *f* church

церковний [tserko'vniy] *adj* church, ecclesiastical

цех [tsekh] *m* shop, department

цеховий [tsekhovi'y] *adj* shop

цибулина [tsibuli'na] *f* 1) bulb 2) onion

цибуля [tsibu'lya] *f* onion

цивілізація [tsiveeleeza'tseeya] *f* civilization

цивілізований [tsiveeleezo'vaniy] *adj* civilized

цивілізувати [tsiveeleezuva'ti] *v* civilize

цивільний [tsivee'l'niy] *adj* 1) civil 2) civilian

циган, ~ський [tsi'gan, ~s'kiy] *m*, *adj* Jipsy

циганка [tsiga'nka] *f* Jipsy (woman)

цигарка [tsiga'rka] *f* cigarette

цигарковий (папір) [tsigarko'viy (papee'r)] *adj+m* tissue-paper

цигейка [tsige'yka] *f* beaver lamb

цикл [tsikl] *m* cycle, course (of), a series (of)

циклічний [tsiklee'chniy] *adj* cyclic

циклон [tsiklo'n] *m* cyclone

цикорій [tsiko'reey] *m* chicory

циліндр [tsilee'ndr] *m* 1) cylinder 2) top-hat, silk hat

циліндричний [tsileendri'chniy] *adj* cylindrical

цинга [tsinga'] *f* scurvy

цинізм [tsince'zm] *m* cynicism

цинік [tsi'neek] *m* cynic

цинічний [tsinee'chniy] *adj* cynical

цинк [tsink] *m* zinc

цирк [tsirk] *m* circus

циркач [tsirka'ch] *m* circus performer

цирковий [tsirkovi'y] *adj* circus

циркулювати [tsirkulyuva'ti] *v* circulate

циркуляр [tsirkulya'r] *m* circular

циркулярний [tsirkulya'rniy] *adj* circular

циркуляція [tsirkulya'tseeya] *f* circulation

циркуль [tsi'rkul'] *m* (pair of) compasses

цистерна [tsiste'rna] *f* cistern, tank, tanker, tank wagon

цитадель [tsitade'l'] *f* citadel, stronghold

цитата [tsita'ta] *f* quotation

цитрус [tsi'trus] *m* citrus

цитрусові [tsi'trusovee] *pl* citric (plants)

цитувати [tsituva'ti] *v* quote

циферблат [tsiferbla't] *m* dial(-plate), face

цифра [tsi'fra] *f* figure, cipher

цифровий [tsifrovi'y] *adj* figure

ці [tsee] *pron* these

цівка [tsee'vka] *f* jet, spurt

цідити [tseedi'ti] *v* strain, filter

цікавий [tseeka'viy] *adj* interesting, curious

цікавити [tseeka'viti] *v* interest

цікавитися [tseeka'vitisya] *v* be interested (in), take an interest (in)

цікавість [tseeka'veest'] *f* interest, curiosity

цікаво [tseeka'vo] *adv* interesting(ly), it is interesting

ціле [tsee'le] *n* the whole

цілеспрямований [tseelespryamo'vaniy] *adj* goal-directed, goal-oriented

цілий [tsee'liy] *adj* 1) whole, entire 2) safe, unharmed, intact

цілина [tseelina'] *f* virgin land/soil

цілинний [tseeli'nniy] *adj* virgin

цілити(ся) [tsee'liti(sya)] *v* aim (at), take aim (at)

цілковитий [tseelkovi'tiy] *adj* complete, perfect, absolute

цілком [tseelko'm] *adv* entirely, completely, wholly

цілодобовий [tseelodobovi'y] *adj* around-the-clock, day-and-night

цілувати, поцілувати [tseeluva'ti, potseeluva'ti] *v* kiss

цілуватися, поцілуватися [tseeluva'tisya, potseeluva'tisya] *v* kiss (each other)

цілющий [tseelyu'shchiy] *adj* medicinal, healthy

ціль [tseel'] *f* 1) target 2) aim, goal

ціна [tseena'] *f* price, cost, worth, value

цінитель [tseeni'tel'] *m* judge, connoisseur

цінити [tseeni'ti] *v* value, estimate

цінитися [tseeni'tisya] *v* be valued

цінний [tsee'nniy] *adj* 1) valuable 2) expensive 3) registered

цінність [tsee'nnest'] *f* value, valuable

цінувати [tseenuva'ti] *v* 1) value, estimate 2) appreciate

цінуватися [tseenuva'tisya] *v* be appreciated

ціп [tseep] *m* flail

ціпеніти [tseepenee'ti] *v* grow torpid

ціпок [tseepo'k] *m* stick, staff, walking-stick

цокати, цокнути [tso'kati, tso'knuti] *v* click, clatter

цокатися, цокнутися [tso'katisya, tso'knutisya] *v* clink glasses (with)

цокіт [tso'keet] *m* clatter

цоколь [tso'kol'] *m* 1) plinth, socle 2) base

цокольний [tso'kol'niy] *adj* ground

цокотати, цокотіти [tsokota'ti, tsokotee'ti] *v* rattle

цукат [tsuka't] *m* candied peel/fruit

цукерка [tsuke'rka] *f* sweet, candy

цукор [tsu'kor] *m* sugar

цукорниця [tsu'kornitsya] *f* sugar-bowl

цукровий [tsukro'viy] *adj* sugar

цупкий [tsupki'y] *adj* thick, stiff, close

цуратися [tsura'tisya] *v* shun, avoid, keep away (from)

цуценя [tsutsenya'] *n* puppy

цуцик [tsu'tsik] *m* 1) puppy 2) (small) dog

цятка [tsya'tka] *f* spot, stain

цяткований [tsyatko'vaniy] *adj* spotted, speckled

цяткувати [tsyatkuva'ti] *v* spot

цькувати [ts'kuva'ti] *v* hunt, bound, persecute

Ч

чабан [chaba'n] *m* shepherd

чавити [chavi'ti] *v* squeeze, crush, smash

чавун [chavu'n] *m* 1) cast iron 2) cast-iron kettle

чавунний [chavu'nniy] *adj* cast-iron

чагарник [chagarni'k] *m* bushes

чад [chad] *m* fumes, smoke

чадити [chadi'ti] *v* (make a) smoke

чадний [cha'dniy] *adj* ~ газ carbon monoxide

чай [chay] *m* tea, **заварити** ～ make tea, **давати на** ～ tip

чайка [cha'yka] *f* sea-gull

чайна [cha'yna] *f* tea-room, tea-house

чайний [cha'yniy] *adj* tea

чайник [cha'ynik] *m* (tea-) kettle, tea-pot

чаклувати [chakluva'ti] *v* practise witchcraft

чаклун [chaklu'n] *m* sorcerer

чаклунка [chaklu'nka] *f* sorceress

чаклунство [chaklu'nstvo] *n* sorcery, witchcraft

чалий [cha'liy] *adj* roan

чалма [chalma'] *f* turban

чан [chan] *m* vat

чапля [cha'plya] *f* heron

чари [cha'ri] *pl* 1) spel(s), magic, charms 2) sorcery, witchcraft

чарівний [charee'vni'y] *adj* magic(al), enchanting, bewitching

чарівник [chareevni'k] *m* wizard, magician

чарівниця [chareevni'tsya] *f* enchantress

чарівність [charee'vneest'] *f* charm

чарка [cha'rka] *f* cup, goblet

чарувати [charuva'ti] *v* charm, bewitch

час [chas] *m* 1) time 2) age 3) *грам.* tense 4) **під** ～ during, while

часник [chasni'k] *adj* garlic

часом [cha'som] *adv* sometimes, now and then

частий [cha'stiy] *adj* frequent, quick, rapid

частина [chasti'na] *f* 1) part, share, component 2) unit

частішати [chastee'shati] *v* become more frequent

частка [cha'stka] *f* part, share, particle, fraction 2) particle

частковий [chastko'viy] *adj* partial

частково [chastko'vo] *adv* partly

часто [cha'sto] *adv* often, frequently

частота [chastota'] *f* frequency, ～ пульсу pulse rate

частотний [chasto'tniy] *adj* frequency

частування [chastuva'nnya] *n* regaling

частувати, почастувати [chastuva'ti, pochastuva'ti] *v* entertain (to), treat (to), regale (with)

чаша [cha'sha] *f* bowl, cup, scale

чашка [cha'shka] *f* cup, teacup

чванитися [chva'nitisya] *v* swagger, swank, boast

чванливий [chvanli'viy] *adj* swaggering, conceited

чванство [chva'nstvo] *n* swagger, superciliousness, conceit

чвари [chva'ri] *pl* discord, strife

чверть [chvert'] *f* 1) quarter 2) term

чебрець [chebre'ts'] *m* thyme

чек [chek] *m* cheque, check, receipt, ticket

чеканити [cheka'niti] *v* mint, coin, engrave, chase

чеканка [cheka'nka] *f* engraving, minting, coinage

чекати [cheka'ti] *v* 1) wait (for), await 2) expect, **чекай(те)!** wait a moment!

чековий [che'koviy] *adj* cheque

чемний [che'mniy] *adj* courteous, polite, civil

чемність [che'mneest'] *f* courtesy, politeness, civility

чемодан [chemoda'n] *m* suitcase, valise, trunk

чемпіон [chempeeo'n] *m* champion, title-holder

чемпіонат [chempeeona't] *m* championship

чепурити, причепурити [chepuri'ti, prichepuri'ti] *v* tidy up

чепуритися, причепуритися [chepuri'tisya, prichepuri'tisya] *v* smarten oneself up, preen oneself

чепурний [chepurni'y] *adj* tidy, neat, clean

червень [che'rven'] *m* June

червивий [chervi'viy] *adj* maggoty, worm-eaten, wormy

червневий [chervne'viy] *adj* June

червоний [chervo'niy] *adj* red, ruddy

червонити [chervo'niti] *v* crimson, stain red

червоніти, почервоніти [chervonee'ti, pochervonee'ti] *v* 1) redden, grow/turn red, flush, blush 2) be ashamed

червонощокий [chervonoshcho'kiy] *adj* red-cheeked

червоточина [chervoto'china] *f* worm-hole

черв'як [cherv"ya'k] *m* worm

черга [che'rga] *f* 1) turn, по черезі in turn, by turns 2) queue, line 3) кулеметна ~ burst of machine-gun fire

черговий [chergovi'y] *adj* 1) regular, ordinary, next, immediate 2) on duty 3) як *ім.* man on duty

чергування [cherguva'nnya] *n* duty, watch

чергувати [cherguva'ti] *v* be on duty, watch

чергуватися [cherguva'tisya] *v* alternate, interchange

черевик [cherevi'k] *m* shoe

черево [che'revo] *n* belly, stomach, abdomen

череда [chereda'] *f* herd

чередник [cheredni'k] *m* herdsman

через [che'rez] *prep* 1) across, over, through 2) in, **через рік** in a year 3) because of, owing to

черемха [chere'mkha] *f* bird-cherry tree

череп [che'rep] *m* skull

черепаха [cherepa'kha] *f* tortoise, turtle

черепаховий [cherepa'khoviy] *adj* tortoise, turtle

черепашка [cherepa'shka] *f* shell, cockle-shell

черепиця [cherepi'tsya] *f* tile

черепичний [cherepi'chniy] *adj* tile, tiled

черепний [cherepni'y] *adj* cranial, ~ коробка *анат.* cranium

черепок [cherepo'k] *m* crock

черешня [chere'shnya] *f* cherry, cherry-tree

черкати, черкнути [cherka'ti, cherknu'ti] *v* cross out, cross off

чернетка [cherne'tka] *f* rough draft/copy

чернець [cherne'ts'] *m* monk

черниця [cherni'tsya] *f* nun

черпак [cherpa'k] *m* scoop, bucket

черпати [cherpa'ti] *v* scoop, draw, derive

черствий [cherstvi'y] *adj* stale, callous, hard-hearted

черствіти [cherstvee'ti] *v* get stale, grow callous, harden

чесати [chesa'ti] *v* 1) scratch 2) comb 3) card

чесний [che'sniy] *adj* honest, fair

чесно [che'sno] *adv* honestly, fairly

чеснота [chesno'ta] *f* virtue

честолюбний [chestolyu'bniy] *adj* ambitious

честолюбство [chestolyu'bstvo] *n* ambition

честь [chest'] *f* honour, salute

чеський [che's'kiy] *adj* Czech

четвер [chetve'r] *m* Thursday

четверо [che'tvero] *num* four

четвертий [chetve'rtiy] *num* fourth

четвертувати [chetvertuva'ti] *v* *ісm.* quarter

четверть [che'tvert'] *f* 1) quarter 2) term

четвірка [chetvee'rka] *f* 1) four 2) good

чех [chekh] *m* Czech

чешка [che'shka] *f* Czech (woman)

чи [chi] *conj, part* 1) or, **чи...чи...** either...or 2) if, whether 3) ~ **вам це подобається?** do you like it?

чиж [chizh] *m* siskin

чий, чия, чиє, чиї [chiy, chiya', chiye', chiyee'] *pron* whose

чий-небудь, чийсь [chiy-ne'bud', chiys'] *pron* somebody's, anybody's

чималий [chima'liy] *adj* rather big/large, considerable

чимало [chima'lo] *adv* much, a good deal (of), quite a number

чин [chin] *m* 1) rank 2) таким чином so, in such a way, яким чином? how?

чинити, вчинити [chini'ti, vchini'ti] *v* 1) do, act, make 2) accomplish, commit

чинний [chi'nniy] *adj* valid

чинність [chi'nneest'] *f* validity

чиновник [chino'vnik] *m* official, bureaucrat

чирва [chi'rva] *f карт.* hearts

чиркати, чиркнути [chi'rkati, chi'r-knuti] *v* strike

чиряк [chirya'k] *m* boil

чисельний [chise'l'niy] *adj* numeral, numerical

чисельник [chise'l'nik] *m мат.* numerator

чисельність [chise'l'neest'] *f* number, quantity, strength

численний [chisle'nniy] *adj* numerous

численність [chisle'nneest'] *f* multiplicity, large number, great size

числення [chi'slennya] *f мат.* numeration

числитися [chi'slitisya] *v* be registered (as), be on the list, be listed

числівник [chislee'vnik] *m* numeral

число [chislo'] *n* 1) number 2) quantity 3) date

числовий [chislovi'y] *adj* numerical

чистий [chi'stiy] *adj* 1) clean, neat, tidy 2) pure 3) honest 4) meer, sheer 5) net, clear

чистильник [chisti'l'nik] *m* cleaner, ~ взуття bootblack, shoeblack

чистити, почистити [chi'stiti, po-chi'stiti] *v* 1) clean, brush, scour, scrub, curry 2) peel, shell, scale

чисто [chi'sto] *adv* 1) neatly 2) truly, purely

чистовий [chistovi'y] *adj* fair, clean

чистокровний [chistokro'vniy] *adj* thoroughbred, purebred

чистота [chistota'] *f* cleanness, cleanliness, purity, neatness

читальний [chita'l'niy] *adj* reading

читальня [chita'l'nya] *f* reading-room

читанка [chi'tanka] *f* reader

читання [chita'nnya] *n* reading

читати, прочитати [chita'ti, prochita'ti] *v* read

читацький [chita'ts'kiy] *adj* reader's

читач, ~ка [chita'ch, ~ka] *m, f* reader

читець [chite'ts'] *m* reciter

чілієць, ~йський [cheelee'yets', ~ys'kiy] *m, adj* Chilean

чільний [chee'l'niy] *adj* prominent, leading, chief

чіп [cheep] *m* plug, stopper

чіпати [cheepa'ti] *v* touch

чіпкий [cheepki'y] *adj* strong, tenacious

чіпляти [cheeplya'ti] *v* get hold (of), catch (on), hang (up)

чіплятися [cheeplya'tisya] *v* cling (to)

чіткий [cheetki'y] *adj* clear, distinct, legible

чіткість [chee'tkeest'] *f* clearness, legibility

член [chlen] *m* 1) limb 2) part 3) member

членство [chle'nstvo] *n* membership

членський [chle'ns'kiy] *adj* membership

членороздільний [chlenorozdee'l'-niy] *adj* articulate

чмихати, чмихнути [chmi'khati, chmikhnu'ti] *v* snort

чобіт [cho'beet] *m* (high) boot, topboot

човгати, човгнути [cho'vgati, cho'v-gnuti] *v* ~ ногами shuffle one's feet

човен [cho'ven] *m* boat

човник [cho'vnik] *m* 1) small boat 2) shuttle

чоло [cholo'] *n поет.* brow, **бити чолом** ask *smb* humbly

чоловік [cholovee'k] *m* 1) man 2) person 3) husband

чоловічий [cholovee'chiy] *adj* masculine, male, men's

чомусь [chomu's'] *adv* for some reason

чорний [cho'rniy] *adj* 1) black, dark, ~ хід back entrance 2) rough, ~ хліб brown bread

чорнило [chorni'lo] *n* ink

чорнильний [chorni'l'niy] *adj* ink

чорнильниця [chorni'l'nitsya] *f* inkpot, inkstand

чорнити [chorni'ti] *v* blacken

чорніти, почорніти [chornee'ti, pochornee'ti] *v* get black, blacken

чорнобривий [chornobri'viy] *adj* black-browned

чорнобривець [chornbri'vets'] *m* French marigold

чорнобурий [chornobu'riy] *adj* black-brown, ~а лисиця silver fox

чорновий [chornovi'y] *adj* rough, draft

чорноволосий [chornovo'losiy] *adj* black-haired

чорногуз [chornogu'z] *m* stork

чорнозем [chornoze'm] *m* black soil

чорноморський [chornomo'rs'kiy] *adj* Black Sea

чорноокий [chornoo'kiy] *adj* black-eyed, dark-eyed

чорнороб [chornoro'b] *m* unskilled worker

чорношкірий [chornoshkee'riy] *adj* black-skinned, black

чорнявий [chornyaviy] *adj* black-haired, dark, dark-skinned

чорт [chort] *m* devil

чортополох [chortopolo'kh] *m* thistle

чотири [choti'ri] *num* four

чотиригранний [chotirigra'nniy] *adj* tetrahedral

чотиригранник [chotirigra'nnik] *m* tetrahedron

чотирикутний [chotiriku'tniy] *adj* quadrangular

чотирикутник [chotiriku'tnik] *m* quadrangle

чотириста [choti'rista] *num* four hundred

чотирнадцятий [chotirna'dtsyatiy] *num* fourteenth

чотирнадцять [chotirna'dtsyat'] *num* fourteen

чохол [chokho'l] *m* cover, case

чуб [chub] *m* forelock

чубок [chubo'k] *m* crest, topknot, tuft (of hair)

чудак [chuda'k] *m* crank, strange fellow

чудакуватий [chudakuva'tiy] *adj* strange, eccentric

чудесний [chude'sniy] *adj* wonderful, marvellous, splendid

чудний [chudni'y] *adj* queer, strange, funny

чудо [chu'do] *n* miracle, wonder

чудовий [chudo'viy] *adj* wonderful, marvellous, excellent, fine, splendid

чудодійний [chudodee'yniy] *adj* miraculous

чужий [chuzhi'y] *adj* strange, unfamiliar, foreign, alien

чужинець [chuzhi'nets'] *m* foreigner, stranger

чужоземець [chuzhoze'mets'] *m* foreigner, stranger

чужоземний [chuzhoze'mniy] *adj* foreign

чуйний [chu'yniy] *adj* keen, sensitive, delicate, responsive

чуйність [chu'yneest'] *f* sensitiveness, keenness, delicacy, consideration

чулий [chu'liy] *adj* sensitive, delicate, responsive

чума [chuma'] *f мед.* plague

чути [chu'ti] *v* 1) hear 2) feel
чутка [chu'tka] *f* rumour
чутливий [chutli'viy] *adj* sensitive
чутливість [chutli'veest'] *f* sensitivity
чутний [chu'tniy] *adj* audible
чутно [chu'tno] *adv* one can hear
чуття [chuttya'] *n* sense, feeling
чухати, почухати [chu'khati, pochu'-khati] *v* scratch
чхати, чхнути [chkha'ti, chkhnu'ti] *v* sneeze

Ш

шаблон [shablo'n] *m* stencil, pattern, mould
шаблонний [shablo'nniy] *adj* standard, unoriginal, trite
шабля [sha'blya] *f* sabre
шайба [sha'yba] *f* 1) washer 2) *спорт.* puck
шакал [shaka'l] *m* jackal
шалений [shale'niy] *adj* frantic, furious, fierce, wild
шаленість [shale'neest'] *f* fury, rage, frenzy
шаленіти [shalenee'ti] *v* rage, storm, get into a rage
шалено [shale'no] *adv* frantically, furiously, fiercely
шаль [shal'] *f* shawl
шампанське [shampa'ns'ke] *n* champagne
шампунь [shampu'n'] *m* shampoo
шана [sha'na] *f* respect, honour
шанобливий [shanobli'viy] *adj* respectful, deferential
шановний [shano'vniy] *adj* respected, dear
шанс [shans] *m* chance
шантаж [shanta'zh] *m* blackmail
шантажист, ~ка [shantazhi'st, ~ka] *m, f* blackmailer
шантажувати [shantazhuva'ti] *v* blackmail

шанування [shanuva'nnya] *n* respect, honour
шанувати [shanuva'ti] *v* respect, esteem, honour
шапка [sha'pka] *f* cap, fur-cap
шар [shar] *m* 1) layer, coat 2) stratum
шарада [shara'da] *f* charade
шарж [sharzh] *m* caricature
шаржувати [sharzhuva'ti] *v* caricature, overact, overdo
шарлатан [sharlata'n] *m* charlatan, impostor, quack
шарлатанство [sharlata'nstvo] *n* imposture, hocus-pocus
шарманка [sharma'nka] *f* barrel-organ
шарманщик [sharma'nshchik] *m* organ-grinder
шарнір [sharnee'r] *m* hinge
шарпати, шарпнути [sha'rpati, sha'-rpnuti] *v* pull, jerk
шарудіти [sharudee'ti] *v* rustle
шарф [sharf] *m* scarf, muffler
шасі [shasee'] *n* chassis, undercarriage
шатен, ~ка [shate'n, ~ka] *m, f* brown-haired person
шаткувати [shatkuva'ti] *v* slice, ~ капусту shred cabbage
шатро [shatro'] *n* tent
шафа [sha'fa] *f* cupboard, dresser, wardrobe, bookcase
шах [shakh] *m* 1) shah 2) check
шахи [sha'khi] *pl* chess
шахівниця [shakheevni'tsya] *f* chessboard
шаховий [sha'khoviy] *adj* chess
шахрай [shakhra'y] *m* swindler
шахрайство [shakhra'ystvo] *n* swindle, swindling
шахраювати [shakhrayuva'ti] *v* swindle
шахта [sha'khta] *f* mine, pit
шахтар [shakhta'r] *m* miner
шахтарський [shakhta'rs'kiy] *adj* miner's, miners'

шашка [sha'shka] *f* 1) sabre 2) draught, *pl* draughts, checkers

швабра [shva'bra] *f* mop

швачка [shva'chka] *f* seamstress

швед, ~ка [shved, ~ka] *m, f* Swede

шведський [shve'ds'kiy] *adj* Swedish

швейцар [shveytsa'r] *m* door-keeper, hall-porter

швейцарець, ~ка, ~ський [shveytsa'rets', ~ka, ~s'kiy] *m, f, adj* Swiss

швець [shvets'] *m* shoemaker

швидкий [shvidki'y] *adj* rapid, swift, fast, quick, **~а допомога** first-aid, ambulance

швидкісний [shvi'dkeesniy] *adj* high-speed, fast

швидкість [shvi'dkeest'] *f* speed, rate

швидко [shvi'dko] *adv* quickly, rapidly, swiftly

швидкохідний [shvidkokhee'dniy] *adj* fast

шворка [shvo'rka] *f* string, twine

шевський [she'vs'kiy] *adj* shoe, shoe-maker's

шедевр [shede'vr] *m* masterpiece

шезлонг [shezlo'ng] *m* deck-chair

шелест [she'lest] *m* rustle, rustling

шелестіти [shelestee'ti] *v* rustle

шепелявий [shepelya'viy] *adj* lisping

шепелявити [shepelya'viti] *v* lisp

шепіт [she'peet] *m* whisper

шепотіти, шепнути, шептати [shepotee'ti, shepnu'ti, shepta'ti] *v* whisper

шеренга [shere'nga] *f* rank

шерстяний [sherstyani'y] *adj* woolen

шерсть [sherst'] *f* 1) hair, fur 2) wool 3) woolen stuff

шершавий [shersha'viy] *adj* rough

шершень [she'rshen'] *m* hornet

шестеро [she'stero] *num* six

шестигранник [shestigra'nnik] *m мат.* hexahedron

шестикутний [shestiku'tniy] *adj мат.* hexagonal

шестикутник [shestiku'tnik] *m мат.* hexagon

шестисотий [shestiso'tiy] *num* six-hundredth

шестірка [shestee'rka] *num* six, six-oar(boat)

шестірня [shesteernya'] *f* gear

шеф [shef] *m* chief, patron

шефство [she'fstvo] *n* patronage

шефствувати [she'fstvuvati] *v* be patron (of), give voluntary assistance (to)

шефський [she'fs'kiy] *adj* voluntary assistance

шибениця [shi'benitsya] *f* gallows

шибка [shi'bka] *f* window-pane, window-glass

шикарний [shika'rniy] *adj* smart, splendid

шикати, шикнути [shi'kati, shi'knuti] *v* hush down, hiss

шикувати(ся) [shikuva'ti(sya)] *v* form up, draw up

шило [shi'lo] *n* awl

шина [shi'na] *f* 1) tyre 2) *мед.* splint

шинель [shine'l'] *f* greatcoat, overcoat

шинка [shi'nka] *f* ham

шип [ship] *m* 1) *техн.* tenon 2) thorn

шипіти [shipee'ti] *v* hiss, fizz

шиплячий [shiplya'chiy] *adj* sibilant

шипучий [shipu'chiy] *adj* fizzing, sparkling

шипшина [shipshi'na] *f* sweet-brier, dog-rose, wild rose, (ягоди) hips (*pl*)

ширина [shirina'] *f* width

ширитися [shi'ritisya] *v* extend (to), spread

ширма [shi'rma] *f* screen

широкий [shiro'kiy] *adj* 1) wide, broad, extensive 2) loose, too wide 3) broad, general

широко [shiro'ko] *adv* widely, broadly

широкоплечий [shirokople'chiy] *adj* broad-shouldered

широта [shirota'] *f* 1) breadth, width, wideness 2) *геогр.* latitude

широчінь [shirochee'n'] *f* (wide) expanse, wide open space

ширшати, поширшати [shi'rshati, poshi'rshati] *v* become wider, widen, be expanded

ширяти [shirya'ti] *v* soar

шитво [shitvo'] *n* sewing, needlework

шити, зшити [shi'ti, zshi'ti] *v* 1) sew, make 2) make oneself a suit

шитий, зшитий [shi'tiy, zshi'tiy] *adj* sewn

шифер [shi'fer] *m* slate

шифр [shifr] *m* 1) code, cipher 2) press-mark

шифрований [shifro'vaniy] *adj* ciphered, coded

шифрувати [shifruva'ti] *v* cipher

шишка [shi'shka] *f* cone

шия [shi'ya] *f* neck

шістдесят [sheestdesya't'] *num* sixty

шістдесятий [sheestdesya'tiy] *num* sixtieth

шістка [shee'stka] *num* six

шістнадцятий [sheestna'dtsyatiy] *adj* sixteenth

шістнадцять [sheestna'dtsyat'] *num* sixteen

шістсот [sheestso't] *num* six hundred

шість [sheest'] *num* six

шкала [shkala'] *f* scale, dial, indicator panel

шкандибати [shkandiba'ti] *v* limp, hobble

шкаралупа [shkaralu'pa] *f* shell

шкарпетка [shkarpe'tka] *f* sock

шкарубкий [shkarubki'y] *adj* hardened, horny

шквал [shkval] *m* squall

шкварчати [shkvarcha'ti] *v* sizzle

шкереберть [shkerebe'rt'] *adv* head over heels, topsy-turvy

шкідливий [shkeedli'viy] *adj* harmful, injurious, bad, unhealthy

шкідливо [shkeedli'vo] *adv* injuriously, bad

шкідник [shkeedni'k] *m* 1) pest, saboteur, wrecker

шкідництво [shkeedni'tstvo] *n* sabotage, wrecking

шкідницький [shkeedni'ts'kiy] *adj* sabotaging, wrecking

шкільний [shkee'l'niy] *adj* school, ~ товариш schoolmate

шкіра [shkee'ra] *f* 1) skin, hide 2) leather

шкірка [shkee'rka] *f* (thin)skin, peel, rind

шкірний [shkee'rniy] *adj* skin

шкіряний [shkeeryani'y] *adj* leather

шкода [shko'da] *f* 1) harm, injury, damage 2) (жаль) як ~! what a pity! мені вас ~ I'm sorry for you

шкодити [shko'diti] *v* harm, injure, hurt, damage

шкодувати [shkoduva'ti] *v* pity, be sorry (for, about), regret

школа [shko'la] *f* school, schoolbuilding

школяр [shkolya'r] *m* schoolboy

школярка [shkolya'rka] *f* schoolgirl

школярський [shkolya'rs'kiy] *adj* school

шкребти(ся), шкрябати(ся) [shkrebti'(sya), shkrya'bati(sya)] *v* scratch

шкура [shku'ra] *f* skin, hide, pelt

шкурка [shku'rka] *f* skin, fell

шкурний, шкурницький [shku'rniy, shku'rnits'kiy] *adj* selfish

шкурник [shku'rnik] *m* self-seeker

шкутильгати [shkutil'ga'ti] *v* limp, hobble

шлагбаум [shlagba'um] *m* barrier

шлак [shlak] *m* 1) slag, dross 2) clinker

шланг [shlang] *m* hose

шлейф [shleyf] *m* train

шліфувальний [shleefuva'l'niy] *adj* grinding, polishing

шліфувальник [shleefuva'l'nik] *m* grinder, polisher

шліфувати [shleefuva'ti] *v* grind, polish

шлунковий [shlunko'viy] *adj* gastric

шлунок [shlu'nok] *m* stomach

шлуночок [shlu'nochok] *m мед.* ventricle

шлюб [shlyub] *m* marriage, wedlock, matrimony

шлюбний [shlyu'bniy] *adj* marriage

шлюз [shlyuz] *m* lock, sluise

шлюпка [shlyu'pka] *f* (ship's) boat

шлях [shlyakh] *m* 1) road, way, rout, track 2) course, way 3) means, мирним шляхом peacefully

шляхетний [shlyakhe'tniy] *adj* noble, generous

шляхетність [shlyakhe'tneest'] *f* nobleness, generosity

шляховий [shlyakhovi'y] *adj* road, railway, line

шляховик [shlyakhovi'k] *m* railwayman

шляхом [shlyakho'm] *adv* by means of, by

шмагати [shmaga'ti] *v* lash, whip

шматок [shmato'k] *m* 1) peace, bit, morsel

шматувати [shmatuva'ti] *v* tear (up)

шмигати, шмигнути [shmiga'ti, shmignu'ti] *v* dart, run about

шморгати [shmo'rgati] *v* sniff

шнур [shnur] *m* cord, flex

шнурок [shnuro'k] *m* lace, shoe-lace

шнурувати [shnuruva'ti] *v* lace up

шов [shov] *m* 1) seam 2) *мед.* stitch 3) joint, junction

шовінізм [shoveenee'zm] *m* chauvinism, jingoism

шовініст [shoveenee'st] *m* chauvinist

шовіністичний [shoveeneesti'chniy] *adj* chauvinistic

шовк [shovk] *m* silk, velvet

шовковий [shovko'viy] *adj* silk

шовковистий [shovkovi'stiy] *adj* silky

шовковиця [shovko'vitsya] *f* mulberry(-tree)

шовкопряд [shovkoprya'd] *m* silkworm (moth)

шоколад [shokola'd] *m* chocolate

шоколадний [shokola'dniy] *adj* chocolate, (колір) dark-brown

шокувати [shokuva'ti] *v* shock

шолом [sholo'm] *m* helmet

шолудивий [sholudi'viy] *adj* mangy, scabby

шомпол [sho'mpol] *m військ.* cleaning rod

шори [sho'ri] *pl* blinkers

шорсткий [shorstki'y] *adj* rough, coarse

шосе [shose'] *n* (high-)road, highway

шостий [sho'stiy] *num* sixth

шотландець [shotla'ndets'] *m* Scot, Scotchman

шотландка [shotla'ndka] *f* Scotchwoman

шотландський [shotla'nds'kiy] *adj* Scottish, Scotch

шофер [shofe'r] *m* driver

шоферський [shofe'rs'kiy] *adj* driver's

шпага [shpa'ga] *f* (small)sword

шпагат [shpaga't] *m* 1) twine, string 2) *спорт.* splits

шпак [shpak] *m* starling

шпаківня [shpakee'vnya] *f* starling-box

шпаклівка [shpaklee'vka] *f* putty

шпаклювати [shpaklyuva'ti] *v* putty

шпала [shpa'la] *f* sleeper, tie

шпалери [shpale'ri] *pl* wallpaper

шпальта [shpa'l'ta] *f* column

шпаргалка [shparga'lka] *f* crib

шпигати, шпигнути [shpiga'ti, shpignu'ti] *v* prick, taunt, gibe (at)

шпигувати [shpiguva'ti] *v* spy

шпигун [shpigu'n] *v* spy

шпигунство [shpigu'nstvo] *n* espionage

шпигунський [shpigu'ns'kiy] *adj* spy

шпиль [shpil'] *m* 1) steeple, spire 2) *мор.* capstan

шпилька [shpi'l'ka] *f* pin, hair-pin

шпинат [shpina't] *m* spinach

шпичак [shpicha'k] *m* thorn

шприц [shpits] *m мед.* syringe

шпроти [shpro'ti] *pl* spats in oil

шпулька [shpu'l'ka] *f* spool, bobbin

шпурляти [shpurlya'ti] *v* fling

шрам [shram] *m* scar

шрапнель [shrapne'l'] *f* shrapnel

шрифт [shrift] *m* type, print

штаб [shtab] *m* headquarters (H.Q.), staff

штаба [shta'ba] *f* strip

штабель [shta'bel'] *m* stack, pile

штабний [shtabni'y] *adj* staff

штамп [shtamp] *m* 1) stamp 2) punch 3) cliche, stock-phrase

штампувати [shtampuva'ti] *v* stamp, press, pinch

штанга [shta'nga] *f* 1) bar 2) *спорт.* bar-bell, goast-post

штангіст [shtangee'st] *m* weight-lifter

штани [shtani'] *pl* trousers, pants

штапель [shta'pel'] *m* staple

штат [shtat] *m* 1) state 2) staff

штатив [shtati'v] *m* support, tripod

штемпелювати [shtempelyuva'ti] *v* stamp, postmark

штемпель [shte'mpel'] *m* stamp, поштовий ~ postmark

штепсель [shte'psel'] *m* (electric)plug

штиль [shtil'] *m мор.* calm

штовханина [shtovkhani'na] *f* commotion, crush

штовхати, штовхнути [shtovkha'ti, shtovkhnu'ti] *v* 1) push, shove, elbow 2) instigate, incite (to)

штовхатися [shtovkha'tisya] *v* push (one another)

штольня [shto'l'nya] *f* adit

штопати [shto'pati] *v* darn, mend

штопор [shto'por] *m* 1) corkscrew 2) spin

штора [shto'ra] *f* blind

шторм [shtorm] *m* gale, storm

штормовий [shtormovi'y] *adj* gale, storm, stormy

штраф [shtraf] *m* fine, penalty

штрафний [shtrafni'y] *adj спорт.* penalty, ~ удар penalty kick

штрафувати [shtrafuva'ti] *v* fine

штрек [shtrek] *m* drift

штейкбрехер [shtreykbre'kher] *m* strike-breaker, scab, blackleg

штрикати, штрикнути [shtri'kati, shtriknu'ti] *v* thrust, poke, stick (into)

штрих [shtrikh] *m* stroke, hachure, touch, detail, feature

штрихувати [shtrikhuva'ti] *v* shade, hatch

штука [shtu'ka] *f* 1) thing 2) trick

штукатур [shtukatu'r] *m* plasterer

штукатурити [shtukatu'riti] *v* plaster

штукатурка [shtukatu'rka] *f* plaster

штурвал [shturva'l] *m* steering-wheel, control column

штурвальний [shturva'l'niy] *m* wheelsman

штурм [shturm] *m* assault, storm

штурман [shtu'rman] *m* navigator, navigating officer, mate

штурмовий [shturmovi'y] *adj* assault

штурмовик [shturmovi'k] *m* assault-plane

штурмувати [shturmuva'ti] *v* storm, conquer

штучний [shtu'chniy] *adj* 1) artificial, synthetic 2) affected, artificial

штучність [shtu'chneest'] *f* artificiality

шуба [shu'ba] *f* fur-coat

шукати [shuka'ti] *v* 1) look (for), search (for) 2) seek

шукач [shuka'ch] *m* seeker, ~ пригод adventurer

шулер [shu'ler] *m* (card-)sharper

шуліка [shulee'ka] *f* kite

шум [shum] *m* 1) noise, sound (of), murmur 2) uproar

шуміти [shumee'ti] *v* 1) make a noise, murmur, roar 2) make a hubbub

шумовиння [shumovi'nnya] *n* feam, froth

шумувати [shumuva'ti] *v* feam, froth, ferment, seethe

шурувати [shuruva'ti] *v* poke, stoke

шуруп [shuru'p] *m техн.* screw

шурф [shurf] *m геол.* bore pit

шухляда [shukhlya'da] *f* drawer

шхуна [shkhu'na] *f* schooner

Щ

щабель [shchabe'l'] *m* rung, level

щавель [shchave'l'] *m* sorrel

щасливий [shchasli'viy] *adj* happy, fortunate, lucky

щасливо [shchasli'vo] *adv* happily

щастити, пощастити [shchasti'ti, poshchasti'ti] *v* be lucky/fortunate, be a success, **не** ~ be a failure

щастя [shcha'stya] *n* happiness, good fortune, (good) luck

ще [shche] *adv* 1) more, another 2) still, yet 3) as far as, as long as 4) even

щебет, щебетання [shche'bet, shchebeta'nnya] *m, n* twitter(ing)

щебетати [shchebeta'ti] *v* twitter

щебінь [shche'been'] *m* broken stone

щедрий [shche'driy] *adj* generous, lavish

щедрість [shche'dreest'] *f* generousity, lavishness

щедро [shche'dro] *adv* generously, lavishly

щелепа [shche'lepa] *f* jaw

щеміти [shchemee'ti] *v* ache, feel constricted

щеня [shchenya'] *n* puppy

щепа [shche'pa] *f* graft

щепити, прищепити [shchepi'ti, prishchepi'ti] *v* 1) graft 2) inoculate, vaccinate

щеплення [shche'plennya] *n* 1) grafting 2) inoculation, vaccination

щербатий [shcherba'tiy] *adj* chipped, pitted, gap-toothed

щербина [shcherbi'na] *f* pit, gap, notch

щетина [shcheti'na] *f* bristles

щетинистий [shcheti'nistiy] *adj* bristly

щиголь [shchi'gol'] *m зоол.* goldfinch

щиколотка [shchi'kolotka] *f* ankle

щипати(ся) [shchipa'ti(sya)] *v* pinch, bite

щипці [shchiptsee'] *pl* pincers, tongs

щирий [shchi'riy] *adj* sincere, frank, candid

щирість [shchi'reest'] *f* sincerity, candour

щиро [shchi'ro] *adv* sincerely, candidly

щит [shchit] *m* 1) shield 2) screen 3) billboard 4) panel

щитовидний [shchitovi'dniy] *adj* ~ **а золоза** *мед.* thyroid gland

щілина [shcheeli'na] *f* 1) chink, crack, **голосова** ~ *мед.* glottis 3) *техн.* aperture 4) *військ.* slit trench

щільний [shchee'l'niy] *adj* 1) compact, dense, solid 2) thick, tight 3) tight-packed, close

щільність [shchee'l'neest'] *f* compactness, density, solidity

щільно [shchee'l'no] *adv* closely, tightly

щітка [shchee'tka] *f* (hair-)brush

що [shcho] *pron, conj* 1) what, which 2) that

щоб [shchob] *conj, part* so as to, in order to, so that

щовечора [shchove'chora] *adv* every evening

щогла [shcho'gla] *f* mast, tower

щогодини [shchogodi'ni] *f* hourly, every hour

щогодинний [shchogodi'nniy] *adj* hourly

щодалі [shchoda'lee] *adv* in the course of time, gradually

щоденний [shchode'nniy] *adj* daily

щоденник [shchode'nnik] *m* diary

щоденно, щодня [shchode'nno, shchodnya'] *adv* daily, every day

щодо [shcho'do] *prep* about, of, concerning, in regard to

щодуху [shchodu'khu] *adv* with all one's might

щойно [shcho'yno] *adv* just (now)

щока [shchoka'] *f* cheek

щомісяця [shchomee'syatsya] *adv* monthly, every month

щомісячний [shchomee'syachniy] *adj* monthly

щомісячник [shchomee'syachnik] *m* monthly (magazine)

щонайбільше [shchonaybee'l'she] *adv* at most

щонайменше [shchonayme'nshe] *adv* at least

що-нибудь [shcho-ne'bud'] *pron* something, anything

щоночі [shchono'chee] *adv* every night, nightly

щоправда [shchopra'vda] *adv* true

щораз(у) [shchora'z(u)] *adv* every time

щоранку [shchora'nku] *adv* every morning

щорічний [shchoree'chniy] *adj* early, annual

щорічник [shchoree'chnik] *m* yearbook, annual

щорічно, щороку [shchoree'chno, shchoro'ku] *adv* yearly, every year

щось [shchos'] *pron, adv* 1) something, anything 2) rather, a bit 3) about

щотижневий [shchotizhne'viy] *adj* weekly, every week

щотижневик [shchotizhne'vik] *m* weekly (magazine)

щотижня [shchoti'zhnya] *adv* every week, weekly

щохвилини [shchokhvili'ni] *adv* every minute

щука [shchu'ka] *f* pike

щулити [shchu'liti] *v* 1) narrow, screw up 2) lay (one's ears) back

щупальце, ~я *мн.* [shchu'pal'tse, ~ya] *n, pl* tentacle(s), feeler(s)

щупати [shchupa'ti] *v* feel, touch

щуплий [shchu'pliy] *adj* puny, skinny

щур [shchur] *m* 1) rat 2) pine-finch

Ю

ювелір [yuvelee'r] *m* jeweller

ювелірний [yuvelee'rniy] *adj* jewelry, jeweller's, ~ні вироби jewelry

ювілей [yuveele'y] *m* anniversary, jubilee

ювілейний [yuveele'yniy] *adj* jubilee

ювіляр [yuveelya'r] *m* hero of the day

югослав [yugosla'v] *m* Yugoslav

югославський [yugosla'vs'kiy] *adj* Yugoslav(ian)

юнак [yuna'k] *m* youth, young man

юнацтво [yuna'tstvo] *n* young people, youth

юнацький [yuna'ts'kiy] *adj* youthful

юнга [yu'nga] *m* (ship's) boy

юний [yu'niy] *adj* young, youthful

юність [yu'neest'] *f* 1) youth 2) young people, youth

юннат (юний натураліст) [yunna't (yu'niy naturalee'st)] *m* young naturalist

Юпітер [yupee'ter] *m* (планета) Jupiter

юпітер [yupee'ter] *m* Jupiter lamp, flood-light

юрба [yurba'] *f* crowd

юрбитися [yurbi'tisya] *v* throng, pack, crowd, (in, around)

юридичний [yuridi'chniy] *adj* legal, juridical, ~а консультація legal advice bureau

юрисконсульт [yurisko'nsul't] *m* legal adviser

юриспруденція [yurisprude'ntseeya] *f* jurisprudence, law

юрист [yuriˈst] *m* lawyer

юрма [yurmaˈ] *f* crowd

юрмитися [yurmiˈtisya] *v* throng, pack, crowd (in, around)

юродивий [yurodiˈviy] *adj* 1) mad, feeble-minded 2) як *ім.* God's/holy fool

юрта [yuˈrta] *f* yurta (nomad's tent)

юстиція [yustiˈtseeya] *f* justice

юхта [yuˈkhta] *f* yuft, Russian leather

юшка [yuˈshka] *f* broth, soup, (рибна) fish-soup

Я

я [ya] *pron* I

ябеда [yaˈbeda] *m, f* sneak

яблуко [yaˈbluko] *n* apple

яблуневий [yabluneˈviy] *adj* apple

яблуня [yaˈblunya] *f* apple-tree

яблучний [yaˈbluchniy] *adj* apple

явище [yaˈvishche] *n* 1) phenomenon, fact, thing 2) occurrence

явір [yaˈveer] *m* sycamore (maple)

явка [yaˈvka] *f* 1) presence, attendance 2) secret address, safe house 3) secret meeting

являти [yavlyaˈti] *v* be

явний [yaˈvniy] *adj* obvious, evident

явно [yaˈvno] *adv* obviously

явочний [yaˈvochniy] *adj* 1) secret 2) **~им порядком** without previous permission

ягідний [yaˈgeedniy] *adj* berry

ягідник [yaˈgeednik] *m* patch of berries, small-fruit/berry plantation

ягня [yagnyaˈ] *n* lamb

ягода [yaˈgoda] *f* berry, small fruit

ягуар [yaguaˈr] *m* jaguar

ядерний [yaˈderniy] *adj* nuclear

ядро [yadroˈ] *n* 1) kernel, core, heart, nucleus 2) cannon-ball 3) shot, **штовхати ~** put the shot

яєчний [yayeˈchniy] *adj* egg

яєчня [yayeˈchnya] *f* fried eggs, scrambled eggs, omelet(te)

язик [yaziˈk] *m* 1) tongue 2) clapper 3) *військ.* information prisoner

язикатий [yazikaˈtiy] *adj* talkative, chatty, gossipy

язиковий [yazikoviˈy] *adj* tongue

язичок [yazichoˈk] *m* 1) uvula 2) boot-tongue

яйце [yaytseˈ] *n* egg, ovum

як [yak] *1)* *adv* how 2) *conj* as, like 3) since, when 4) but

якби [yakbiˈ] *conj* if

який [yakiˈy] *pron* 1) what sort of, what 2) which

який-нибудь [yakiˈy-neˈbudʼ] *pron* some, any

якийсь [yakiˈysʼ] *pron* some (...or other), a sort of

якір [yaˈkeer] *m* 1) *мор.* anchor 2) armature, rotor

якірний [yaˈkeerniy] *adj* anchor

якісний [yaˈkeesniy] *adj* 1) qualitative 2) high-quality

якість [yaˈkeestʼ] *f* quality

якнайбільший [yaknaybeeˈlʼshiy] *adj* the biggest, the largest, the greatest

якнайкращий [yaknaykraˈshchiy] *adj* the best

якнайменший [yaknaymeˈnshiy] *adj* the smallest, the least

як-небудь [yak-neˈbudʼ] *adv* 1) somehow, anyhow 2) some day/time

як-не-як [yak-ne-yak] *adv* still, and still

якомога [yakomoˈga] *adv* **~ швидше** as quick/fast as possible

якось [yaˈkosʼ] *adv* 1) somehow 2) once

як-от [yak-ot] *parenth* namely, for example

якраз [yakraˈz] *adv* just, right, exactly

якут, ~ка, ~ський [yakuˈt, ~ka, ~sʼkiy] *m, f, adj* Yakut

якщо [yakshchoˈ] *conj* if

ялина, ~ка [yaliˈna, ~ka] *f* fir(-tree), spruce

яловичина [ya'lovichina] *f* beef

яма [ya'ma] *f* pit, hole

ямб [yamb] *m* iambus

янкі [ya'nkee] *m, pl* Yankee

янтар [yanta'r] *m* amber

янтарний [yanta'rniy] *adj* amber, amber-coloured

японець, ~ка, ~ський [yapo'nets', ~ka, ~s'kiy] *m, f, adj* Japanese

яр [yar] *m* ravine

ярд [yard] *m* yard

ярий, яровий [ya'riy, yarovi'y] *adj* 1) spring 2) *ім. мн.* spring crops

ярлик [yarli'k] *m* label

ярмарок [ya'rmarok] *m* fair

ярмо [yarmo'] *n* yoke, burden

ярус [ya'rus] *m* circle, **другий ~** upper circle

ясен [ya'sen] *m бот.* ash(-tree)

яскравий [yaskra'viy] *adj* 1) bright, blazing, vivid 2) striking, brilliant

ясла [ya'sla] *pl* 1) manger 2) (day) nursery, creche

ясна [ya'sna] *pl* gum

ясний [ya'sniy] *adj* 1) clear, bright, fine, serene 2) distinct, lucid, clear

ясно [ya'sno] *adv* 1) clearly, distinctly 2) **сьогодні ~** it is bright today, it is clear today

яструб [ya'strub] *m* hawk

ятрити [ya'triti] *v* chafe, irritate

яхта [ya'khta] *f* yacht

ячмінний [yachmee'nniy] *adj* barley

ячмінь [yachmee'n'] *m* 1) *бот.* barley 2) sty

ящик [ya'shchik] *m* 1) box, (packing-)case 2) drawer

ящірка [ya'shcheerka] *f зоол.* lizard

ящур [ya'shchur] *m* foot-and-mouth disease

ГЕОГРАФІЧНІ НАЗВИ

Абакан [abaka'n] Abakan

Абу Дабі [abu'-dabee'] Abu Dhabi

Абхазія [abkha'zeeya] Abkhazia

Аваруа [avarua'] Avarua

Австралія [avstra'leeya] Australia

Австрія [a'vstreeya] Austria

Адціс-Абеба [addee's-abe'ba] Addis Ababa

Аден [a'den] Aden

Аджарія [adzha'reeya] Adjaria

Адигея [adige'ya] Adygei

Адріатичне море [adreeati'chne mo're] the Adriatic Sea

Азербайджан [azerbaydzha'n] Azerbaijan

Азія [a'zeeya] Asia

Азовске море [azo'vs'ke mo're] the Sea of Azov

Азорські острови [azo'rs'kee ostrovi'] the Azores

Аккра [a'kkra] Accra

Аландські острови [ala'nds'kee ostrovi'] the Aland Islands

Албанія [alba'neeya] Albania

Александрія [aleksandree'ya] Alexandria

Алеутські острови [aleu'ts'kee ostrovi'] the Aleutian Islends

Алжір [alzhee'r] Algeria

Алжір (місто) [alzhee'r] Algiers

Алма-Ата [alma'-ata'] Alma-Ata

Алтай [alta'y] Altai

Альпи [a'l'pi] the Alps

Аляска [alya'ska] Alaska

Амазонка [amazo'nka] the Amazon

Америка [ame'rika] America

Амман [amma'n] Amman

Амстердам [amsterda'm] Amsterdam

Аму-Дар'я [amu'-dar"ya'] the Amu Darya

Амур [amur] the Amur

Ангара [angara'] the Angara

Англія [a'ngleeya] England

Ангола [ando'la] Angola

Андаманські острови [andama'ns'kee ostrovi'] the Andaman Islands

Андорра [ando'rra] Andorra

Анди [a'ndi] the Andes

Анкара [ankara'] Ankara

Антарктида [antarkti'da] the Antarctic Continent, Antarctica

Антарктика [anta'rktika] the Antarctic

Антверпен [antve'rpen] Antwerp

Антігуа і Барбуда [antee'gua ee barbu'da] Antigua and Barbuda

Антільські острови [antee'l's'kee ostrovi'] the Antilles

Апеннінські гори, Апенніни [apennee'ns'kee go'ri, apennee'ni] the Apennines

Апіа [a'peea] Apia

Аппалачські гори [appala'chs'kee gori'] the Appalachian Mountains

Аравійське море [aravee'ys'ke mo're] the Arabian Sea

Аравія [ara'veeya] Arabia

Аральське море [ara'l's'ke mo're] the Aral Sea

Аргентіна [argentee'na] Argentina

Ардени [arde'nni] the Ardennes

Арктика [a'rktika] the Arctic

Аруба [aru'ba] Aruba

Архангельськ [arkha'ngel's'k] Arkhangelsk

Астрахань [a'strakhan'] Astrakhan

Асунсьон [asuns'o'n] Asunscion

Атлантичний океан [atlanti'chniy okea'n] the Atlantic (Ocean)

Атлаські гори [atla's'kee gori'] the Atlas Mountains

Афганістан [afganeesta'n] Afganistan

Афіни [afee'ni] Athens

Африка [a'frika] Africa

Ашхабад [ashkhaba'd] Ashhabad

Баб-ель-Мандебська протока [bab-el'-mande'bs'ka proto'ka] Bab el Mandeb

Баварія [bava'reeya] Bavaria

Багамські Острови [baga'ms'kee ostrovi'] the Bahams

Багдад [bagda'd] Bag(h)dad

Базель [ba'zel'] Basel or Basle

Байкал [bayka'l] (lake) Baikal

Баку [baku'] Baku

Балеарські острови [balea'rs'kee ostrovi'] the Balearic Islands

Балканський півострів [balka'ns'k iy peevo'streev] the Balkan Peninsula

Балканські гори [balka'ns'kee go'ri] the Balkan Mountains

Балкани [balka'ni] the Balkan states, the Balkans

Балтійське море [baltee'ys'ke mo're] the Baltic Sea

Балтімор [balteemo'r] Baltimore

Балхаш [balkha'sh] (lake) Balkhash

Бамако [bama'ko] Bamako

Бангі [ba'ngee] Bangui

Бангкок [bangko'k] Bangkok

Бангладеш [banglade'sh] Bangladesh

Бандар-Сері-Бегаван [banda'r-seri'-begava'n] Bandar Seri Begawan

Бандунг [bandu'ng] Bandung

Банжул [banzhu'l] Banjul

Барбадос [barba'dos] Barbados

Баренцеве море [ba'rentseve mo're] the Barents Sea

Барнаул [barnau'l] Barnaul

Барселона [barselo'na] Barcelona

Бас-Тер [bas-ter] Basse-Terre

Бастер [ba'ster] Basseterre

Батумі [batu'mee] Batumi

Баффінова затока [baffi'nova zato'ka] Baffin Bay

Бахрейн [bakhre'in] Bahrain

Башкірія [bashkee'reeya] Bashkiria

Бейрут [beiru't] Beirut or Beyrouth

Бельгія [be'l'geeya] Belgium

Бельмопан [bel'mopa'n] Belmopan

Бенарес [bena'res] Benares

Бенгалія [benga'leeya] Bengal

Бенгальська затока [benga'l's'ka zato'ka] the Bay of Bengal

Бенін [benee'n] Benin

Берінгове море [be'reengove mo're] the Bering Sea

Берінгова протока [be'reengova proto'ka] the Bering Strait

Берлін [berlee'n] Berlin

Бермудські острови [bermu'ds'kee ostrovi'] Bermuda

Берн [bern] Berne

Бешкек [beshke'k] Beshkek

Бєлград [byelgra'd] Belgrade

Біле море [bee'le mo're] White Sea

Білорусія [beeloru'seeya] Byelorussia

Бірма [bee'rma] Burma

Бірмінгем [beermeenge'm] Birmingham

Бісау [beesa'u] Bissau

Біскайська затока [beeska'ys'ka zato'ka] the Bay of Biscay

Богота [bogo'ta] Bogota

Болгарія [bolga'reeys] Bulgaria

Болівія [bolee'veeya] Bolivia

Бомбей [bombe'y] Bombay

Бонн [bonn] Bonn

Борнео [borne'o] Borneo

Бородіно [borodeeno'] Borodino

Боснія [boʻsneeya] Bosnia
Бостон [boʻston] Boston
Босфор [bosfoʻr] the Bos(h)orus
Ботнічна затока [botneeʻchna zatoʻ-ka] the Julf of Bothnia
Ботсвана [botsvaʻna] Botswana
Браззавіль [brazzaveeʻlʼ] Brazzaville
Бразілія [brazeeʻleeya] Brazil
Брайтон [brayʻton] Brighton
Братіслава [brateeslaʻva] Bratislava
Братськ [bratsʼk] Bratsk
Бретань [bretaʻnʼ] Britany
Британські острови [britaʻnʼsʼkee ostroviʻ] the British Isles
Бріджтаун [breedzhtaʻun] Bridgetown
Брістоль [breestoʻlʼ] Bristol
Брно [brno] Brno
Бруней [bruneʻy] Brunei
Брюгге [bryuʻgge] Bruges
Брюссель [bryusseʻlʼ] Brussels
Буг [bug] the Bug
Будапешт [budapeʻsht] Budapest
Буенос-Айрес [buʻenos aʻyres] Buenos Aires
Булонь [buloʻnʼ] Boulogne
Буркіна-Фасо [burkeeʻna-fasoʻ] Burkina Faso
Бурунді [buruʻndee] Burundi
Бурятія [buryaʻteeya] Buryatia
Бутан [butaʻn] Bhutan
Бухарест [bukhareʻst] Buchurest
Вадуц [vaduʻts] Vaduz
Валетта [valleʻtta] Valletta
Вальпараісо [valʼparaeeʻso] Valparaiso
Ванкувер [vankuʻver] Vancouver
Вануату [vanuaʻtu] Vanuatu
Варшава [varshaʻva] Warsaw
Ватікан [vateekaʻn] Vatican City
Вашингтон [vashingtoʻn] Washington
Везувий [vezuʻveey] Vesuvius
Великобританія [velikobritaʻneeya] Great Britain
Веллінгтон [vellingtoʻn] Wellington

Венесуела [venesueʻla] Venezuela
Венеція [veneʻtseeya] Venice
Верден [veʻrden] Verdun
Версаль [versaʻlʼ] Versailles
Верхнє озеро [veʻrkhnye oʻzero] Lake Superior
Вест-Індія [vest-eeʻndeeya] the West Indies
Вʼєнтьян [vʼʼyentʼyaʻn] Vientiane
Вʼєтнам [vʼʼyetnaʻm] Vietnam
Відень [veeʻdenʼ] Vienna
Вільнюс [veeʻlʼnyus] Vilnius
Віндхук [veendkhuʻk] Windhoek
Вінніпег [veenneepeʻg] Winnipeg
Віргінські острови [veergeeʻnsʼkee ostroviʻ] the Virgin Islands
Вірменія [veermeʻneeya] Armenia
Вісла [veeʻsla] the Vistula
Віші [viʻshee] Vichy
Владивосток [vladivostoʻk] Vladivostok
Вогези [vogeʻzi] the Vosges
Волга [voʻlga] the Volga
Волгоград [volgograʻd] Volgograd
Гаага [gaaʻga] the Hague
Габон [gaboʻn] Gabon
Габороне [gaboroʻne] Gaborone
Гаваї [gavaʻyee] Hawaii
Гавайські острови [gavaʻysʼkee ostroviʻ] the Havaiian Jslands
Гавана [gavaʻna] Havana
Гавр [gavr] Havre
Гаїті [gayeeʻtee] Haiti
Гайана [gayaʻna] Guyana
Галапагос [galapagoʻs] the Galapagos Islands
Галліполі [galleeʻpolee] Gallipoli
Гамбія [gaʻmbeeya] the Gambia
Гамбург [gaʻmburg] Hamburg
Гамільтон [gameelʼtoʻn] Hamilton
Гана [gaʻna] Ghana
Ганг [gang] the Ganges
Гваделупа [gvadeluʻpa] Guadeloupe
Гватемала [gvatemaʻla] Guatemala

Гвіана [gveeaʻna] Guiana

Гвінея-Бісау [gveeneʻya-beesaʻu] Guinea-Bissau

Гданськ [gdansʼk] Gdansk

Гент [gent] Ghent

Генуя [geʻnuya] Genoa

Герцеговина [gertsegoviʻna] Herzegovina

Гібралтар [geebraltaʻr] Gibraltar

Гібралтарська протока [geebraltaʻrsʼka protoʻka] the Strait of Gibraltar

Гімалаї [geemalaʻyee] the Himalaya(s)

Гіндукуш [geendukuʻsh] the Hindu Kush

Глазго [glaʻzgo] Glasgow

Гоа [goʻa] Goa

Гобі [goʻbee] the Gobi

Голландія [gollaʻndeeya] Holland

Гольфстрім [golʼfstreeʻm] the Gulfstream

Гондурас [gonduraʻs] Honduras

Гонконг [gonkoʻng] Hong-Kong

Гонолулу [gonoluʻlu] Honolulu

Горн (мис) [gorn (mis)] Cape Horn

Гренада [grenaʻda] Grenada

Гренландія [grenlaʻndeeya] Greenland

Греція [greʻtseeya] Greece

Грінвіч [greeʻnveech] Greenwich

Грозний [groʻzniy] Grozny

Грузія [gruʻzeeya] Georgia

Гуам [guaʻm] Guam

Гудзон [gudzoʻn] the Hudson

Гудзонова затока [gudzoʻnova zatoʻka] Hudson Bay

Гулль [gullʼ] Hull

Гурон [guroʻn] (lake) Huron

Дагестан [dagestaʻn] Daghestan

Дакар [dakaʻr] Dakar

Дакка [daʻkka] Dacca

Дамаск [damaʻsk] Damascus

Данія [daʻneeya] Denmark

Дарданелли [dardaneʻlli] the Dardanelles

Дар-ес-Салам [dar-es-salaʻm] Dar es Salaam

Даугава [daugaʻva] the Daugava

Делі [deʻlee] Delhi

Детройт [detroʻyt] Detroit

Джакарта [dzhakaʻrta] Jakarta

Джеймстаун [dzheymstaʻun] Jamestown

Джибуті [dzhibuʻtee] Djibouti

Джомолунгма [dzhomoluʻngma] Chomolungma

Джорджтаун [dzhordzhtaʻun] Georgetown

Дніпро [dneeproʻ] the Dnieper

Дніпропетровськ [dneepropetroʻvsʼk] Dniepropetrovsk

Дністер [dneeʻster] the Dniester

Домініка [domeeneeʻka] Dominica

Домініканська Республіка [domeeneekaʻnsʼka respuʻblica] the Dominican Republic

Дон [don] the Don

Донбас [donbaʻs] the Donbas, the Donets Basin

Донець [doneʻtsʼ] the Donets

Донецьк [doneʻtsʼk] Donetsk

Доха [doʻkha] Doha

Дрезден [dreʻzden] Dresden

Дублін [duʻbleen] Dublin

Дувр [duvr] Dover

Дунай [dunaʻy] the Danube

Душанбе [dushanbeʻ] Gyushambe

Дьепп [dʼyepp] Dieppe

Дюнкерк [dyunkeʻrk] Dunkirk

Еверест [evereʻst] Everest

Егейське море [egeʻysʼke moʻre] the Aegean (Sea)

Едінбург [edeenbuʻrg] Edinburgh

Еквадор [ekvadoʻr] Ecuador

Ельбрус [elʼbruʻs] Elbrus

Ер-Ріяд [er-reeyaʻd] Riyadh

Естонія [estoʻneeya] Estonia

Ефіопія [efeeoʻpeeya] Ethiopia

Европа [yevro'pa] Europe

Евфрат [yevfra't] the Euphrates

Египет [yegi'pet] Egypt

Енісей [yeneese'y] the Yenisei

Єреван [yereva'n] Yerevan

Жовте море [zho'vte mo're] the Yellow Sea

Женева [zhene'va] Geneva

Заір [zaee'r] Zaire

Замбезі [zambe'zee] the Zambezi or Zambesi

Замбія [za'mbeeya] Zambia

Запоріжжя [zaporee'zhzhya] Zaporizhzhya

Західна Двіна [za'kheedna dveena'] the Zakheedna Dveena

Західне Самоа [za'kheedne samoa'] Western Samoa

Земля Франца Йосифа [zemlya' frantsa' yo'sifa] Franz Josef Land

Зімбабве [zeemba'bve] Zimbabwe

Зунд [zund] the Sound

Ієрусалим [eeyerusali'm] Jerusalem

Ізмір [eezmee'r] Izmir

Ізраїль [eezrayee'l'] Israel

Інд [eend] the Indus

Індійський океан [eendee'ys'kiy okea'n] the Indian Ocean

Індія [ee'ndeeya] India

Індокитай [eendokita'y] Indochina

Індонезія [eendone'zeeya] Indonesia

Індостан [eendosta'n] Hindostan

Ірак [eera'k] Iraq

Іран [eera'n] Iran

Ірландія [eerla'ndeeya] Ireland

Іртиш [eerti'sh] the Irtysh

Ісламабад [eeslamaba'd] Islamabad

Ісландія [eesla'ndeeya] Iceland

Іспанія [eespa'neeya] Spain

Іссик-Куль [eessi'k-kul'] Issyk Kul

Ісфахан [eesfakha'n] Isfahan

Італія [eeta'leeya] Italy

Йемен [ye'men] Yemen

Йоганнесбург [yoga'nnesburg] Johannesburg

Йокогама [yokoga'ma] Yokohama

Йонічне море [yonee'chne mo're] the Ionian Sea

Йордан [yorda'n] The Jordan

Йорданія [yorda'neeya] Jordan

Йошкар-Ола [yoshka'r-ola'] Yoshkar-Ola

Кабардино-Балкарія [kabardi'nobalka'reeya] Kabardino-Balkaria

Кабо-Верде [kabo'-verde'] Cape Verde

Кабул [kabu'l] Kabul

Кавказ [kavka'z] the Caucasus

Кадіс [kadee's] Cadiz

Казань [kaza'n'] Kazan

Казахстан [kazakhsta'n] Kazakhstan

Казбек [kazbe'k] Kazbek

Каїр [kayee'r] Cairo

Кайенна [kaye'nna] Cayenne

Кале [kale'] Calais

Калімантан [kaleemanta'n] Kalimantan

Калінінград [kaleeneengra'd] Kaliningrad

Калмикія [kalmi'keeya] Kalmykia

Калькутта [kal'ku'tta] Calcutta

Кама [ka'ma] the Kama

Камбоджа [kambo'dzha] Cambodia

Камерун [kameru'n] Cameroon

Кампала [kampa'la] Kampala

Камчатка [kamcha'tka] Kamchatka

Канада [kana'da] Canada

Канарські острови [kana'rs'kee ostrovi'] the Canary Islands

Канберра [kanbe'rra] Canberra

Каракалпакія [karakalpa'keeya] Karakalpakia

Каракас [kara'kas] Caracas

Каракуми [karaku'mi] the Kara Kum

Карачаєво-Черкесія [karacha'yevocherke'seeya] Karachayevo-Charḱessia

Карачі [kara'chee] Karachi

Кардіфф [kardee'ff] Cardiff
Карелія [kare'leeya] Karelia
Карібське море [karee'bs'ke mo're] the Caribbean Sea
Каролінські острови [karolee'ns'kee ostrovi'] the Caroline Islands
Карпати [karpa'ti] the Carpathians
Карське море [ka'rs'ke mo're] the Kara Sea
Каспійске море [kaspee'yes'ke mo're] the Caspian Sea
Кастрі [ka'stree] Castries
Катар [kata'r] Qatar
Катманду [katmandu'] Kat(h)mandu
Каттегат [kattega't] the Kattegat
Каунас [ka'unas] Kaunas
Кашмір [kashmee'r] Kashmir
Квебек [kvebe'k] Quebec
Квінсленд [kvee'nsland] Queensland
Кейптаун [keypta'un] Cape Town or Capetown
Кельн [kel'n] Cologne
Кембрідж [ke'mbreedzh] Cambridge
Кемерово [ke'merovo] Kemerovo
Кенія [ke'neeya] Kenya
Київ [ki'yeev] Kiev
Киргизія [kirgi'zeeya] Kirghizia
Кирибаті [kiriba'tee] Kiribati
Китай [kita'y] China
Кито [ki'to] Quito
Кишинів [kishinee'v] Kishinev
Кігалі [keega'lee] Kigali
Кіліманджаро [keeleemandzha'ro] Kilimanjaro
Кіль [keel'] Kiel
Кінгстаун [keengsta'un] Kingstown
Кінгстон [keengsto'n] Kingston
Кіншаса [keensha'sa] Kinshasa
Кіото [keeo'to] Kyoto or Kioto
Кіпр [keepr] Cyprus
Клайпеда [kla'ypeda] Klaipeda
Клондайк [klonda'yk] the Klondike
Ковентрі [ko'ventree] Coventry

Коломбо [kolo'mbo] Colombo
Колумбія [kolu'mbeeya] Colombia
Кольский півострів [ko'l's'kiy peevo'streev] the Kola Peninsula
Комі (Республіка) [ko'mee (respu'bleeka] the Komi Republic
Коморські Острови [komo'rs'ki ostrovi'] the Comoro Islands
Конакрі [kona'kree] Conakry
Конго [ko'ngo] Congo, the Congo
Копенгаген [kopenga'gen] Copengagen
Кордільєри [kordee'l'yeri] the Cordilleras
Кордова [kordo'va] Cordova
Корея (Республіка) [kore'ya (respu'bleeka)] Korea
Корейська Народно-Демократична Республіка [kore'ys'ka naro'dno-demokrati'chna respu'bleeka] the Korean People's Democratic republic (KNDR)
Корсіка [ko'rseeka] Corcica
Корфу [ko'rfu] Corfu
Коста-Ріка [ko'sta-ree'ka] Costa Rica
Кот-д'Івуар [kot-d"eevua'r] Cote d'Ivoire
Краків [kra'keev] Cracow
Краснодар [krasnoda'r] Krasnodar
Крим [krim] the Crimea
Кріт [kreet] Crete
Кронштадт [kronshta'dt] Kronshtadt
Куала-Лумпур [kua'la-lumpu'r] Kuala Lumpur
Куба [ku'ba] Cuba
Кубань [kuba'n'] the Kuban
Кувейт [kuve'yt] Kuwait
Кузбас [kuzba's] the Kuzbass, the Kuznetsk Basin
Кука острови [ku'ka ostrovi'] Cook Islands
Курильські острови [kuri'l's'kee ostrovi'] the Kuril(e) Islands
Лабрадор [labrado'r] Labrador
Лагос [la'gos] Lagos

Ладожське озеро [la'dozhs'ke o'zero] Lake Ladoga

Ла-Манш [la-ma'nsh] the English Channel

Ланкашир [lankashi'r] Lancashire

Лаос [lao's] Laos

Ла-Пас [la-pa's] La Paz

Ла-Плата [la-pla'ta] La Plata

Лаптевих море [la'ptevikh mo're] The Laptev Sea

Латвія [la'tveeya] Latvia

Лахор [lakho'r] Lahore

Лейпциг [le'yptsig] Leipzig

Лена [le'na] the Lena

Ленінакан [leneenaka'n] Leninakan

Лесото [leso'to] Lesotho

Литва [litva'] Lithuania

Ліберія [leebe'reeya] Liberia

Лібревіль [leebrevee'l'] Libreville

Ліван [leeva'n] Lebanon

Ліверпуль [leeverpu'l'] Liverpool

Лівія [lee'veeya] Libya

Ліворно [leevo'rno] Leghorn

Лілонгве [leelo'ngve] Lilongwe

Ліма [lee'ma] Lima

Ліон [leeo'n] Lyons

Ліссабон [leessabo'n] Lisbon

Ліхтенштейн [leekhtenshte'yn] Liechtenstein

Ломе [lome'] Lome

Лондон [lo'ndon] London

Лос-Анжелес [los-a'nzheles] Los Angeles

Лотарінгія [lotaree'ngeeya] Lorraine

Лофотенські острови [lofote'ns'kee ostrovi'] the Lofoten Islands

Луанда [lua'nda] Luanda

Луара [lua'ra] the Loire

Лусака [lusa'ka] Lusaka

Люксембург [lyuksembu'rg] Luxemb(o)urg

Львів [l'veev] Lviv

Льеж [l'yezh] Liege

Магелланова протока [magella'nova proto'ka] the Straits of Magellan

Магнітогорськ [magneetogo'rs'k] Magnitogorsk

Мадагаскар [madagaska'r] Madagaskar

Мадрас [madra's] Madras

Мадрид [madri'd] Madrid

Македонія [makedo'neeya] Macedonia

Малаві [mala'vee] Malawi

Малайзія [mala'yzeeya] Malaysia

Мала Азія [ma'la a'zeeya] Asia Minor

Малі [malee'] Mali

Мальта [ma'l'ta] Malta

Маніла [manee'la] Manila

Марі ел [maree' el] Mari el

Марокко [maro'kko] Morocco

Марсель [marse'l'] Marseilles

Махачкала [makhachkala'] Makhach-Kala

Мекка [me'kka] Mecca

Мексика [Me'ksika] Mexico

Мельбурн [me'l'burn] Melbourne

Мертве море [me'rtve mo're] the Dead sea

Мехіко [me'kheeko] Mexico City

Мис Доброї Надії [mis do'broyee nadee'yee] the Cape of Good Hope

Мінськ [meens'k] Minsk

Міссісіпі [meesseesee'pee] the Mississipi

Міссурі [meessu'ree] the Missouri

Молдова [moldo'va] Moldova

Монблан [monbla'n] Mont Blanc

Монголія [mongo'leeya] Mongolia

Монтевідео [monteveede'o] Montevideo

Мордовія [mordo'veeya] Mordovia

Москва [moskva'] Moskow

Мурманськ [mu'rmans'k] Murmansk

Мюнхен [myu'nkhen] Munich

Нагасакі [nagasa'kee] Nagasaki

Нагірний Карабах [nagee'rniy karaba'kh] Nagirny Karabakh

Нальчик [na'l'chik] Nalchik

Нахічевань [nakheecheva'n'] Nakhichevan

Нева [neva'] the Neva

Непал [nepa'l] Nepal

Нєман [nye'man] the Niemen

Нижній Новгород [ni'zhneey no'vgorod] Nizhny Novgorod

Ніагара [neeaga'ra] Niagara

Нігер [nee'ger] Niger

Нігерія [neege'reeya] Nigeria

Нідерланди [neederla'ndi] the Netherlands

Нікарагуа [neekara'gua] Nicaragua

Нікосія [neekosee'ya] Nicosia

Ніл [neel] the Nile

Німеччина [neeme'chchina] Germany

Нова Зеландія [nova' zela'ndeeya] new Zealand

Нова Земля [nova' zemlya'] Novaya Zemlya

Новий Орлеан [novi'y Orlea'n] New Orleans

Новоросійськ [novorosee'ys'k] Novorossiisk

Новосибірськ [novosibee'rs'k] Novosibirsk

Норвегія [norve'geeya] Norway

Нюрнберг [nyurnbe'rg] Nuremberg

Нью-Йорк [nyu-yo'rk] New York

Ньюфаундленд (острів) [nyufa'undlend (o'streev)] Newfoundlend

Об [ob] the Ob

Об'єднані Арабські Емірати [ob''yedna'nee ara'bs'kee emera'ti] United Arab Emirates

Одеса [ode'sa] Odes(s)a

Ока [oka'] the Oka

Оксфорд [o'ksford] Oxford

Ольстер [ol'ster] Ulster

Онезьке озеро [one'z'ke o'zero] Lake Onega

Осло [o'slo] Oslo

Оттава [otta'va] Ottava

Охотське море [okho'ts'ke mo're] the Sea of Okhotsk

Па-де-Кале [pa-de-kale'] the Strait of Dover

Пакістан [pakeesta'n] Pakistan

Палестина [palesti'na] Palestine

Памір [pamee'r] the Pamirs

Панама [pana'ma] Panama

Панамський канал [pana'ms'kiy kana'l] the Panama Canal

Парагвай [paragva'y] Paraguay

Париж [pari'zh] Paris

Пекін [pekee'n] Peking

Перська затока [pe'rs'ka zato'ka] the Persian Gulf

Перу [peru'] Peru

Південна Америка [peevde'nna ame'rika] South America

Південна Корея [peevde'nna kore'ya] South Korea

Південна Осетія [peevde'nna ose'teeya] South Ossetia

Південно-Африканська Республіка [peevde'nno-afrika'ns'ka respu'bleeka] the South African Republic

Північна Америка [peevnee'chna ame'rika] North America

Північна Корея [peevnee'chna kore'ya] North Korea

Північна Осетія [peevnee'chna ose'teeya] North Ossetia

Північне море [peevnee'chne mo're] North Sea

Північний Льодовитий океан [peevnee'chniy lyodovi'tiy okea'n] the Arctic Ocean

Піренеї [peerene'yee] the Pyrenees

Полтава [polta'va] Poltava

Польша [po'l'sha] Poland

Порт-Саїд [port-sayee'd] Port Said

Португалія [portuga'leeya] Portugal

Прага [pra'ga] Prague

Преторія [preto'reeya] Pretoria

Приморський край [primo's'kiy kray] Primorsky Territory

Пхеньян [pkhen'ya'n] Pyongyang

Равалпінді [ravalpee'ndee] Rawalpindi

Рангун [rangu'n] Rangoon

Рейк'явік [reyk''ya'veek] Reykjavik

Рейн [reyn] the Rhine

Рига [ri'ga] Riga

Ризька затока [ri'z'ka zato'ka] the Gulf of Riga

Рим [rim] Rome

Ріо-де-Жанейро [ree'o-de-zhane'y-ro] Rio de Janeiro

Російська Федерація [rosee'ys'ka federa'tseeya] Russian Federation

Росія [rosee'ya] Russia

Румунія [rumu'neeya] R(o)umania

Самара [sama'ra] Samara

Сантьяго [sant'ya'go] Santiago

Сан-Сальвадор [san-sal'vado'r] San Salvador

Сан-Франціско [san-frantsee'sko] San Francisco

Саранськ [sara'ns'k] Saransk

Саудівська Аравія [sau'deevs'ka ara'veeya] Saudi Arabia

Сахалін [sakhalee'n] Sakhalin

Сахара [sakha'ra] the Sahara

Свердловськ [sverdlo'vs'k] Sverdlovsk

Севан [seva'n] Sevang

Севастополь [sevasto'pol'] Sevastopol

Сена [se'na] the Seine

Середземне море [seredze'mne more] the Mediterranean Sea

Сеул [seu'l] Seoul

Сибір [sibee'r] Siberia

Симферополь [simfero'pol'] Simferopol

Сирдар'я [sirdar''ya'] the Syr-Darya

Сідней [see'dney] Sydney

Сінгапур [seengapu'r] Singapore

Сірія [see'reeya] Syria

Сіцилія [seetsi'leeya] Sicily

Скандінавський півострів [skandeena'vs'kiy peevo'streev] Scandinavian Peninsula

Словакія [slova'keeya] Slovakia

Сомалі [somalee'] Somali(a)

Софія [sofee'ya] Sofia

Сочі [so'chee] Sochi

Сполучене Королівство Великобританії і Північної Ірландії [spolu'chene korolee'vstvo velikobrita'neeyee ee peevnee'chnoyee eerla'ndeeyee] United Kingdom of Great Britain and Northern Ireland

Сполучені Штати Америки (США) [spolu'chenee shta'ti ame'riki (ssha)] the United States of America (the USA)

Ставрополь [sta'vropol'] Stavropol

Ставропольський край [stavro'pol's'kiy kray] Stavropol Territory

Стамбул [stambu'l] Istambul

Стокгольм [stokgo'l'm] Stockholm

Судан [suda'n] the Sudan

Суецький канал [sue'ts'kiy kana'l] the Suez Canal

Суми [su'mi] Sumi

Сухумі [sukhu'mee] Sukhumi

Таджикистан [tadzhikista'n] Tajikistan

Таїланд [tayeela'nd] Thailand

Тайвань [tayva'n'] Taiwan

Таймир [taymi'r] Taimyr

Таллін [ta'lleen] Tallin(n)

Танжер [tanzhe'r] Tangier

Танзанія [tanza'neeya] Tanzania

Татарстан [tatarsta'n] Tatarstan

Ташкент [tashke'nt] Tashkent

Тбілісі [tbeelee'see] Tbilisi

Твер [tver] Tver

Тегеран [tegera'n] Teg(e)ran

Тель-Авів [tel'-avee'v] Tel Aviv

Темза [te'mza] the Thames

Тихий Океан [ti'khiy okea'n] the Pacific Ocean

Тібет [teebe't] Tibet

Тірана [teera'na] Tirana

Токіо [to'keeo] Tokyo

Трієст [treeye'st] Trieste

Тува [tuva'] the Tuva

Туніс (країна) [tunee's] Tunisia

Туніс (місто) [tunee's] Tunis

Туреччина [ture'chchina] Turkey

Туркменістан [turkmeneesta'n] Turkmenistan

Тянь-Шань [tyan'-sha'n'] Tien Shan

Уганда [uga'nda] Uganda

Угорщина [ugo'rshchina] Hungary

Удмуртія [udmu'rteeya] Udmurtia

Уельс [uel's] Wales

Узбекістан [uzbekeesta'n] Uzbekistan

Україна [ukrayee'na] the Ukraine

Улан-Батор [ulan-ba'tor] Ulan-Bator

Улан-Уде [ulan-ude'] Ulan-Ude

Урал [ural] the Urals

Уругвай [urugva'y] Uruguay

Уфа [ufa'] Ufa

Філадельфія [feelade'l'feeya] Philadelphia

Філіппіни [feeleeppee'ni] the Philippines

Фінляндія [feenlya'ndeeya] the Finland

Фінська затока [fee'ns'ka zato'ka] the Gulf of Findland

Фолклендські острови [folkle'nds' kee ostrovi'] the Falkland Islands

Франція [fra'ntseeya] France

Хабаровськ [khaba'rovs'k] Khabarovsk

Ханой [khano'y] Hanoi

Харбін [kharbee'n] Harbin

Харків [kha'rkeev] Kharkiv

Хартум [khartu'm] Khart(o)um

Хельсінкі [khe'l'seenki] Helsinki

Хібіни [kheebee'ni] the Khibini Mountains

Хіросіма [kheerosee'ma] Hiroshima

Хуанхе [khuankhe'] the Hwang Ho

Цейлон [tseylo'n] Ceylon

Чад [chad] Tchad

Чебоксари [cheboksa'ri] Cheboksari

Челябінськ [chelya'beens'k] Chelyabinsk

Чернігів [chernee'geev] Chernigiv

Чорне море [cho'rne mo're] the Black Sea

Чехія [che'kheeya] Chechia

Чечня [chechnya'] Chechnya

Чікаго [cheeka'go] Chicago

Чілі [chee'lee] Chile

Чувашія [chuva'sheeya] Chuvashia

Чукотка [chuko'tka] Chukotka

Чукотське море [chuko'ts'ke mo're] Chuckchee See

Шанхай [shankha'y] Shanghai

Швейцарія [shveytsa'reeya] Switzerland

Швеція [shve'tseeya] Sweden

Шотландія [shotla'ndeeya] Scotland

Шпіцберген [shpeetsbe'rgen] Spitsbergen

Шрі Ланка [shree lanka'] Shri Lanka

Югославія [yugosla'veeya] Yugoslavia

Ютландія [yutla'ndeeya] Jutland

Ява [ya'va] Java

Якутія [yaku'teeya] Yakutia

Ялта [ya'lta] Yalta

Ямайка [yama'yka] Jamaica

Японія [yapo'neeya] Japan

Японське море [yapo'ns'ke mo're] the Sea of Japan

Also from Hippocrene Books...

Language and Travel Guide to Ukraine, *by Linda Hodges and George Chumak*

This newly independent country is replete with beautiful landscape and rich with history and culture; yet changes since independence have affected tourism and traveling. This book addresses those changes. Detailed chapters on the leading tourist destinations—Kyyiv (formerly Kiev), Lviv, and Odesa—as well as details of many other destinations from the Carpathians to the Crimean Republic make this book an indispensable authority on Ukraine.

The Language and Travel Guide to Ukraine gives tourists, business people, and students the ability to communicate with Ukrainians with a full complement of phrases. Each chapter first presents language in English, then translates it into modern, everyday Ukrainian (which is in the Cyrillic alphabet), then gives an easy-to-follow phonetic transcription for help with pronunciation.

The guide anticipates everything a first time traveler to this "new" old country might want to know with the most up-to-date answers to questions about obtaining a visa, changing money, and socializing, as well as an exploration of the unique aspect of Ukraine's history and culture.

Because of a lack of materials written in contemporary Ukrainian, this book is a considerable resource for anyone teaching or learning the Ukrainian language.

Author Linda Hodges, a food writer, is second generation Ukrainian. She has also written about Ukrainian topics for the the *Des Moines Register* and *The Ukrainian Weekly*. George Chumak came to the U.S. to work as a visiting scientist at Iowa State University from Lviv, Ukraine, in 1990. Written jointly by a native Ukrainian and an American journalist, this guide details the culture, the people, and the highlights of the Ukrainian experience, with a convenient (romanized) guide to the essentials of Ukrainian.
266 pages • $14.95 • 0-7818-0135-4
maps, index, b\w photos

Ukrainian Phrasebook and Dictionary, *by Olesj Benyuch and Raisa I. Galushko*

This invaluable guide to the Ukrainian language, including a 3,000 word mini-dictionary, provides situational phrases and vocabulary that's the most up-to-date available.More than simply a dictionary, the book offers advice for ordering meals, making long-distance calls, shopping procedures, and countless tips to greatly enhance your visit to the new republic of Ukraine.
205 pages • $9.95 • 0-7818-0188-5

Accompanying audio cassettes designed to increase vocabulary and pronunciation are also available.
set of two • $12.95 • 0-7818-0191-5

(All prices subject to change.)

TO PURCHASE HIPPOCRENE BOOKS contact your local bookstore, or write to: HIPPOCRENE BOOKS, 171 Madison Avenue, New York, NY 10016. Please enclose check or money order, adding $4.00 shipping (UPS) for the first book and $.50 for each additional book.

HIPPOCRENE FOREIGN LANGUAGE
DICTIONARIES
Modern ● Up-to-Date ● Easy-to-Use ● Practical

Afrikaans-English/English-Africaans Dictionary
0134 ISBN 0-7818-0052-8 $11.95 pb

Albanian-English Dictionary
0744 ISBN 0-7818-0021-8 $14.95 pb

English-Albanian Dictionary
0518 ISBN 0-7818-0021-8 $14.95 pb

Arabic-English Dictionary
0487 ISBN 0-7818-0153-2 $14.95 pb

Arabic-English Learner's Dictionary
0033 ISBN 0-7818-0155-9 $24.95 hc

English-Arabic Learner's Dictionary
0690 ISBN 0-87052-914-5 $14.95 pb

Armenian-English/English-Armenian Concise Dictionary
0490 ISBN 0-7818-0150-8 $11.95 pb

Armenian Dictionary in Translation (Western)
0059 ISBN 0-7818-0207-5 $9.95 pb

Bulgarian-English/English-Bulgarian Practical Dictionary
0331 ISBN 0-87052-145-4 $11.95 pb

Byelorussian-English/English-Byelorussian Concise Dictionary
1050 ISBN 0-87052-114-4 $9.95 pb

Cambodian-English/English-Cambodian Standard Dictionary
0143 ISBN 0-87052-818-1 $14.95 pb

Catalan-English/English-Catalan Dictionary
0451 ISBN 0-7818-0099-4 $8.95 pb

Classified and Illustrated Chinese-English Dictionary
(Mandarin)
0027 ISBN 0-87052-714-2 $19.95 hc

An Everyday Chinese-English Dictionary (Mandarin)
0721   ISBN 0-87052-862-9 $12.95 hc

Czech-English/English-Czech   Concise Dictionary
0276   ISBN 0-87052-981-1 $11.95 pb

Danish-English/English-Danish   Practical Dictionary
0198   ISBN 0-87052-823-8 $12.95 pb

Dutch-English/English-Dutch   Concise Dictionary
0606   ISBN 0-87052-910-2 $11.95 pb

Estonian-English/English-Estonian   Concise Dictionary
1010   ISBN 0-87052-081-4 $11.95 pb

Finnish-English/English-Finnish   Concise Dictionary
0142   ISBN 0-87052-813-0 $9.95 pb

French-English/English-French   Practical Dictionary
0199   ISBN 0-7818-0178-8 $8.95 pb

Georgian-English/English-Georgian   Concise Dictionary
1059   ISBN 0-87052-121-7 $8.95 pb

German-English/English-German   Practical Dictionary
0200   ISBN 0-88254-813-1 $6.95 pb

English-Hebrew/Hebrew English Conversational Dictionary
(Revised Edition)
0257   ISBN 0-87052-625-1 $8.95 pb

Hindi-English/English-Hindi   Practical Dictionary
0442   ISBN 0-7818-0084-6 $16.95 pb

English-Hindi   Practical Dictionary
0923   ISBN 0-87052-978-1 $11.95 pb

Hindi-English   Practical Dictionary
0186   ISBN 0-87052-824-6 $11.95 pb

English-Hungarian/Hungarian-English   Dictionary
2039   ISBN 0-88254-986-3 $9.95 hc

Hungarian-English/English-Hungarian   Concise Dictionary
0254   ISBN 0-87052-891-2 $8.95 pb

Icelandic-English/English-Icelandic Concise Dictionary
0147 ISBN 0-87052-801-7 $8.95 pb

Indonesian-English/English-Indonesian Practical Dictionary
0127 ISBN 0-87052-810-6 $11.95 pb

Irish-English/English-Irish Dictionary and Phrasebook
1037 ISBN 0-87052-110-1 $7.95 pb

Italian-English/English-Italian Practical Dictionary
0201 ISBN 0-88254-816-6 $6.95 pb

Japanese-English/English-Japanese Concise Dictionary
0474 ISBN 0-7818-0162-1 $11.95 pb

Korean-English/English-Korean Dictionary
1016 ISBN 0-87052-092-X $9.95 pb

Latvian-English/English-Latvian Dictionary
0194 ISBN 0-7818-0059-5 $14.95 pb

Lithuanian-English/English-Lithuanian Concise Dictionary
0489 ISBN 0-7818-0151-6 $11.95 pb

Malay-English/English-Malay Dictionary
0428 ISBN 0-7818-0103-6 $16.95 pb

Nepali-English/English Nepali Concise Dictionary
1104 ISBN 0-87052-106-3 $8.95 pb

Norwegian-English/English-Norwegian Dictionary
(Revised Edition)
0202 ISBN 0-7818-0199-0 $11.95 pb

Persian-English Dictionary
0350 ISBN 0-7818-0055-2 $16.95 pb

English-Persian Dictionary
0365 ISBN 0-7818-0056-0 $16.95 pb

Polish-English/English-Polish Concise Dictionary
(Completely Revised)
0268 ISBN 0-7818-0133-8 $8.95 pb

Polish-English/English-Polish Standard Dictionary
0665 ISBN 0-87052-882-3 $22.50 hc

Polish-English/English-Polish Standard Dictionary
0207 ISBN 0-7818-0183-4 $16.95 pb

Portugese-English/English-Portugese Dictionary
0477 ISBN 0-87052-980-3 $14.95 pb

English-Punjabi Dictionary
0144 ISBN 0-7818-0060-9 $14.95 hc

Romanian-English/English-Romanian Dictionary
0488 ISBN 0-87052-986-2 $19.95 pb

Russian-English/English-Russian Standard Dictionary
0440 ISBN 0-7818-0083-8 $16.95 pb

English-Russian Standard Dictionary
1025 ISBN 0-87052-100-4 $11.95 pb

Russian-English Standard Dictionary
0578 ISBN 0-87052-964-1 $11.95 pb

Russian-English/English-Russian Concise Dictionary
0262 ISBN 0-7818-0132-X $11.95 pb

Concise Sanskrit-English Dictiontary
0164 ISBN 0-7818-0203-2 $14.95 pb

English-Sinhalese/Sinhalese-English Dictionary
0319 ISBN 0-7818-0219-9 $24.95 hc

Slovak-English/English-Slovak Concise Dictionary
1052 ISBN 0-87052-115-2 $9.95 pb

Spanish-English/English-Spanish Practical Dictionary
0211 ISBN 0-7818-0179-6 $8.95 pb

Swedish-English/English-Swedish Dictionary
0761 ISBN 0-87052-871-8 $19.95 hc

English-Tigrigna Dictionary
0330 ISBN 0-7818-0220-2 $34.95 hc

English-Turkish/Turkish-English Concise Dictionary
0338 ISBN 0-7818-0161-3 $8.95 pb

English-Turkish/Turkish-English Pocket Dictionary
0148 ISBN 0-87052-812-2 $14.95 pb

Ukrainian-English/English Ukrainian Practical Dictionary
1055 ISBN 0-87052-116-0 $8.95 pb

Ukrainian-English/English-Ukrainian Standard Dictionary
0006 ISBN 0-7818-0189-3 $16.95 pb

Urdu-English Gem Pocket Dictionary
0289 ISBN 0-87052-911-0 $6.95 pb

English-Urdu Gem Pocket Dictionary
0880 ISBN 0-87052-912-9 $6.95 hc

English-Urdu Dictionary
0368 ISBN 0-7818-0222-9 $24.95 hc

Urdu-English Dictionary
0368 ISBN 0-7818-0222-9 $24.95 hc

Uzbek-English/English-Uzbek
0004 ISBN 0-7818-0165-6 $11.95 pb

Vietnamese-English/English-Vietnamese Standard Dictionary
0529 ISBN 0-87052-924-2 $19.95 pb

Welsh-English/English-Welsh Dictionary
0116 ISBN 0-7818-0136-2 $19.95 pb

English-Yiddish/Yiddish-English Conversational Dictionary
(Romanized)
1019 ISBN 0-87052-969-2 $7.95 pb

HIPPOCRENE BEGINNER'S SERIES

The Beginner's Series consists of basic language instruction, which includes vocabulary, grammar, and common phrases and review questions; along with cultural insights, interesting historical background, the country's basic facts, and hints about everday living—driving, shopping, eating out, making phone calls, extending and accepting an invitation and much more.

Beginner's Romanian
This is a guide designed by **Eurolingua**, the company established in 1990 to meet the growing demand for Eastern European language and cultural instruction. The institute is developing books for business and leisure travelers to all Eastern European countries. This Romanian learner's guide is a one-of-a-kind for those seeking instant communication in this newly independent country.
0-7818-0208-3 • $7.95 paper

Beginner's Hungarian
For the businessperson traveling to Budapest, the traveler searching for the perfect spa, or the Hungarian-American searching to extend his or her roots, this guide by **Eurolingua** will aide anyone searching for the words to express basic needs.
0-7818-0209-1 • $7.95 paper

Beginner's Czech
The city of Prague has become a major tour destination for Americans who are now often chosing to stay. Here is a guide to the complex language spoken by the natives in an easy to learn format with a guide to phonetics. Also, important Czech history is outlined with cultural notes. This is another guide designed by Eurolingua.
0-7818-0231-8 • $9.95

Beginner's Russian
Eurolingua authors **Nonna Karr** and **Ludmila Rodionova** ease English speakers in the Cyrillic alphabet, then introduce enough language and grammar to get a traveler or businessperson anywhere in the new Russian Republic. This book is a perfect stepping-stone to more complex language learning.
0-7818-0232-6 • $9.95

Beginner's Japanese
Author **Joanne Claypoole** runs a consulting business for Japanese people working in America. She has developed her Beginner's Guide for American businesspeople who work for or with Japanese companies in the U.S. or abroad.

Her book is designed to equip the learner with a solid foundation of Japanese conversation. Also included in the text are introductions to Hiragana, Katakana, and Kanji, the three Japanese writing systems.
0-7818-0234-2 • $11.95

Beginner's Esperanto
As a teacher of foreign languages for over 25 years, **Joseph Conroy** knows the need for people of different languages to meet on a common ground. Though Esperanto has no parent country or land, it is developing an international society all its own. *Beginner's Esperanto* is an introduction to the basic grammar and vocabulary students will need to express their thoughts in the language.

At the end of each lesson, a set of readings gives the student further practice in Esperanto, a culture section will present information about the language and its speakers, a vocabulary lesson group together all the words which occur in the text, and English translations for conversations allow students to check comprehension. As well, the author provides Esperanto contacts with various organizations throughout the world.
0-7818-0101-X • $14.95

Coming Soon...

Beginner's Ukrainian

(All prices subject to change.)